广东省"十四五"职业教育规划教材
高职高专汽车类专业技能型教育教材
大学生公选课教材

汽车概论

第5版

主　编　郑锦汤　蔡兴旺
副主编　黄松宽　陈灿林
参　编　杨丹丹　周　逊　卢丽华

机械工业出版社
CHINA MACHINE PRESS

本书包含 10 个认知模块 38 个任务，主要讲述内容包括：内燃机汽车的基本结构原理与操作认知，汽车发明与发展简史，国内外著名汽车公司及商标，传统汽车基本结构及工作原理，新能源汽车与智能网联汽车，汽车主要应用性能指标、选购技巧和保险索赔，汽车驾驶与考证方法，汽车油料选用与维护以及汽车文化等。本书知识覆盖面广，内容新颖、实用性强，结构科学。

本书以内容模块化为导向，以任务为驱动，以学生为本，图文并茂，直观明了，通俗易懂。本书配备了丰富的视频资源、教学文件及教师参考资料（含课程教学计划、多媒体课件、视频库、图库等），方便教师授课和学生课外学习。

本书可以作为高职高专及普通高等院校的公选课教材及汽车专业基础课教材，还可以作为汽车培训及中专技校参考教材。对广大汽车爱好者而言，本书也是一本值得收藏的阅读材料。

图书在版编目（CIP）数据

汽车概论 / 郑锦汤，蔡兴旺主编. -- 5版. -- 北京：机械工业出版社，2024. 12（2025.8重印）. --（高职高专汽车类专业技能型教育教材）. -- ISBN 978-7-111-77104-3

Ⅰ. U46

中国国家版本馆CIP数据核字第2024D7S579号

机械工业出版社（北京市百万庄大街22号　邮政编码100037）
策划编辑：谢　元　丁　锋　　责任编辑：谢　元　丁　锋　章承林
责任校对：王　延　李　杉　　封面设计：张　静
责任印制：单爱军
中煤（北京）印务有限公司印刷
2025年8月第5版第2次印刷
184mm×260mm · 17.75印张 · 461千字
标准书号：ISBN 978-7-111-77104-3
定价：69.90元

电话服务　　网络服务
客服电话：010-88361066　　机　工　官　网：www. cmpbook. com
010-88379833　　机　工　官　博：weibo. com/cmp1952
010-68326294　　金　书　网：www. golden-book. com
封底无防伪标均为盗版　　机工教育服务网：www. cmpedu. com

序

本套教材坚持“德技并修、知行合一”的育人理念，突出了职业教育的特色，具有如下特点。

1. 落实立德树人的根本任务：坚持以习近平新时代中国特色社会主义思想引领职业教育工科类专业教材建设，提升教材的思想性、科学性、时代性。贯彻落实党的二十大精神，融入职业素养等内容，发挥教材培根铸魂、启智润心的作用，激发学生科技报国的家国情怀和使命担当，塑造学生工程伦理意识，培养学生精益求精的工匠精神，培养适合新时代发展需要的汽车领域高素质人才。

2. 教材编写理念：遵循“职业导向”“理实一体”“学生为本”的编写理念，聚焦“岗课赛证”，将理论与技能融入每个任务中，注重职业岗位能力的培养，加强实践环节的训练。

3. 教材结构体系：采用任务驱动、项目导向的编写模式，理论教学与技能训练有机融合，系统性与模块化有机融合，方便不同学校、不同专业、不同实验条件剪裁选用。编写结构确定为“学习目标－任务接收－获取资讯－任务实施－任务评价”等若干环节，以激发学生的阅读兴趣，符合学生的认知规律。

4. 教材资源数字化：按照工作手册式教材形式开发，借助信息技术，主动适应教育领域教材数字化契机，将二维码等数字技术融入教材，拓展学生学习空间，进一步丰富、优化、更新教材数字化资源、推进教育数字化。

5. 教学评价多元化：引入了教师评价、生生互评和学生自评的评价三主体，采用过程性与总结性评价相结合的评价方式，评价细则涵盖课程思政育人的专业理论知识、情感态度、价值观、行为表现等多个维度，客观、全面地评价学生在学习过程中的表现。

此外，为构建立体化教材，方便教师和学生课外学习，本套教材配备了丰富的视频资源教学文件及教师参考资料（含课程教学计划、多媒体课件、视频库、图库等），均可在机械工业出版社教育服务网（www.cmpedu.com）免费下载。

虽然本套教材的各参编院校在教、学、做一体化教学方面进行了有益探索，但限于认识水平和工作经历，教材中仍难免有不足之处，恳请各位专家和同行批评指正。

高职高专汽车类专业技能型教育教材编委会

前言

“汽车概论”是汽车相关专业的必修课，也是当代大学生的公共选修课。本书自2008年8月出版至今，已历经4版，印刷32次，累计发行超10万册，受到同行专家认可和广大师生普遍欢迎。

随着国民经济的蓬勃发展，我国连续15年汽车产销量稳居世界第一。2023年汽车产销量分别为3016.1万辆和3009.4万辆，显示了我国汽车工业在世界经济发展中的重要作用。自本书第4版出版3年多来，国内外各大汽车公司在激烈的竞争中进一步分化改组，汽车行业的新技术、新产品和新标准大量涌现。在高职教育改革深入发展的背景下，为贯彻党的二十大精神进教材、进课堂、进头脑，紧跟汽车专业教育发展与变化，编者对本书进行第5版修订。

本次修订以国务院《国家职业教育改革实施方案》（国发〔2019〕4号）和教育部《职业院校教材管理办法》（教材〔2019〕3号）为指导，吸收了近年来新能源汽车、智能网联汽车等新技术、新成果、新标准和高职教育教学改革所取得的新经验；以立德树人为根本任务，提炼教材所蕴含的思政元素和承载的德育功能，将专业技能、职业素养与爱国情怀、工匠精神、科技创新、环境保护、工程伦理、传统文化和企业文化深度融合，优化教材内容供给；形成知识、能力、课程思政于一体的内容体系，确保学生在学习的各阶段都能得到思想的引领；立足以学生为本、以基本技能为主线，按照内容模块化和任务驱动形式组织教材体系，突出实用性和新颖性。本书知识覆盖面广、内容新颖、实用性强、结构科学，从汽车的主要性能、选购、基本结构原理、使用维护到新能源汽车与智能网联汽车、汽车文化、汽车发明与发展等方面进行了系统描述。本书内容呈现形式多样，配备了丰富的视频资源、教学文件及教师参考资料（含课程教学计划、多媒体课件、视频库、图库等），方便教师授课和学生课外学习。

本书由郑锦汤、蔡兴旺进行策划组织并审阅修改。认知模块2、5、6、8、10由郑锦汤副教授编写，认知模块4由黄松宽工程师编写，认知模块3由陈灿林讲师编写，认知模块9由杨丹丹工程师编写，认知模块7由周逊高级工程师编写，认知模块1由卢丽华讲师编写。本书在编写及课件制作过程中，得到了广东省教育厅、机械工业出版社、北汽（广州）汽车有限公司、广州华商职业学院、韶关学院等单位的大力支持与帮助，此外，本书还参考了大量汽车网站及汽车教材、论文资料，在此，对以上单位和相关文献的作者表示深深的谢意。

本书涉及的知识面广，限于编者的水平和能力，书中难免存在错漏之处，希望同行专家和广大读者批评指正（敬请发至邮箱 zhjt_hsxy@sina.com），谨先致谢！

编　者

目　录

序

前言

认知模块 01
内燃机汽车的基本认知

任务 1　认识内燃机汽车总体组成与行驶原理 / 003

知识点 1　汽车总体组成　/ 003
知识点 2　汽车外表结构　/ 003
知识点 3　汽车行驶原理　/ 004

任务 2　认识内燃机汽车的主要操纵机构与使用 / 006

知识点 1　汽车离合器、制动踏板及加速踏板　/ 006
知识点 2　汽车转向盘　/ 006
知识点 3　汽车安全带　/ 007
知识点 4　汽车座椅　/ 008
知识点 5　驻车制动　/ 008
知识点 6　变速器　/ 008
知识点 7　点火开关　/ 009
知识点 8　灯光组合开关　/ 010
知识点 9　风窗刮水及洗涤系统　/ 011
知识点 10　暖风、通风及空调装置　/ 011

任务 3　认识汽车的分类与汽车产业 / 012

知识点 1　汽车的定义　/ 013
知识点 2　汽车的分类　/ 013
知识点 3　汽车的 VIN　/ 014
知识点 4　汽车产业　/ 014

认知模块 02
汽车发明与汽车工业发展简史

任务 1　检索汽车的由来 / 019

知识点 1　人畜运输　/ 019
知识点 2　非机动车　/ 019
知识点 3　机动车初探　/ 021
知识点 4　蒸汽汽车发明史　/ 022
知识点 5　内燃机发明史　/ 024
知识点 6　内燃机汽车发明史　/ 026
知识点 7　内燃机汽车的外形演变　/ 027
知识点 8　电动汽车发明史　/ 030
知识点 9　智能网联汽车发明史　/ 030

任务 2　检索汽车工业发展史 / 034
知识点 1　汽车诞生于德国 / 034
知识点 2　汽车成长于法国 / 035
知识点 3　汽车成熟于美国 / 035
知识点 4　汽车兴旺于欧洲 / 037
知识点 5　汽车挑战于亚洲 / 038
知识点 6　中国汽车工业发展与现状 / 039
知识点 7　世界汽车工业生产现状及发展趋势 / 044

认知模块 03 国外著名汽车公司介绍

任务 1　了解欧洲主要汽车集团公司 / 049
知识点 1　梅赛德斯－奔驰集团股份公司 / 049
知识点 2　宝马汽车集团 / 051
知识点 3　大众汽车集团 / 054
知识点 4　雷诺－日产－三菱联盟 / 060
知识点 5　斯特兰蒂斯集团 / 062
知识点 6　阿斯顿·马丁汽车公司 / 070
知识点 7　俄罗斯高尔基汽车集团 / 070
知识点 8　荷兰世爵汽车公司 / 071

任务 2　了解美国主要汽车集团公司 / 073
知识点 1　通用汽车公司 / 074
知识点 2　福特汽车公司 / 079
知识点 3　FCA 美国有限责任公司 / 081
知识点 4　特斯拉公司 / 083

任务 3　了解亚洲主要汽车集团公司 / 087
知识点 1　丰田汽车公司 / 087
知识点 2　本田汽车公司 / 090
知识点 3　日本其他汽车公司 / 091
知识点 4　现代汽车集团 / 092
知识点 5　印度塔塔汽车公司 / 092
知识点 6　宝腾汽车公司 / 094

认知模块 04 国内主要汽车公司介绍

任务 1　了解上汽集团 / 099
知识点 1　现状概述 / 099
知识点 2　主要汽车品牌 / 100
知识点 3　发展简史 / 101

任务 2　了解一汽集团 / 103
知识点 1　现状概述 / 103
知识点 2　主要汽车品牌 / 103
知识点 3　发展简史 / 104

任务 3　了解东风集团 / 106
知识点 1　现状概述 / 106
知识点 2　主要汽车品牌 / 106
知识点 3　发展简史 / 108

任务 4　了解广汽集团 / 109
知识点 1　现状概述 / 110
知识点 2　主要汽车品牌 / 110
知识点 3　发展简史 / 111

任务 5　了解长安集团 / 113
知识点 1　现状概述 / 113
知识点 2　主要汽车品牌 / 113
知识点 3　发展简史 / 114

任务 6 了解吉利集团 / 116
知识点 1 现状概述 / 116
知识点 2 主要汽车品牌 / 117
知识点 3 发展简史 / 118

任务 7 了解比亚迪集团 / 120
知识点 1 现状概述 / 120
知识点 2 主要汽车品牌 / 120
知识点 3 发展简史 / 121

任务 8 了解北汽集团 / 123
知识点 1 现状概述 / 123
知识点 2 主要汽车品牌 / 124
知识点 3 发展简史 / 125

任务 9 了解奇瑞汽车公司 / 127
知识点 1 现状概述 / 127
知识点 2 主要汽车品牌 / 128
知识点 3 发展简史 / 128

任务 10 了解长城汽车公司 / 130
知识点 1 现状概述 / 130
知识点 2 主要汽车品牌 / 130
知识点 3 发展简史 / 131

认知模块 05
传统汽车基本结构及工作原理

任务 1 认识汽车发动机结构原理 / 135
知识点 1 四冲程汽油机基本结构及工作原理 / 135
知识点 2 四冲程柴油机结构及工作特点 / 137
知识点 3 发动机总体组成与结构原理 / 137

任务 2 认识汽车底盘结构原理 / 146
知识点 1 汽车传动系统 / 146
知识点 2 汽车行驶系统 / 149
知识点 3 汽车转向系统 / 150
知识点 4 汽车制动系统 / 152

任务 3 认识汽车车身、电器结构原理 / 156
知识点 1 汽车车身结构 / 156
知识点 2 汽车空调系统 / 158
知识点 3 汽车仪表及照明 / 159
知识点 4 汽车总线路 / 161

认知模块 06
新能源汽车与智能网联汽车

任务 1 认识电动汽车结构 / 165
知识点 1 电动汽车的特点及类型 / 165
知识点 2 纯电动汽车 / 166
知识点 3 混合动力电动汽车 / 167
知识点 4 燃料电池电动汽车 / 170

任务 2 认识智能网联汽车结构 / 172
知识点 1 智能网联汽车简介 / 173
知识点 2 智能网联汽车发展动态 / 173
知识点 3 智能网联汽车技术分级 / 175
知识点 4 智能网联无人驾驶汽车基本结构原理 / 176

任务 3 认识其他新能源汽车结构 / 180
知识点 1 太阳能汽车 / 180
知识点 2 生物燃料汽车 / 182
知识点 3 氢内燃机汽车 / 184

认知模块 07 汽车选购与保险索赔

任务 1 辨别汽车的主要性能指标 / 189
知识点 1 汽车主要尺寸参数 / 189
知识点 2 汽车的质量参数 / 190
知识点 3 汽车主要性能指标 / 191
知识点 4 汽车发动机特性曲线 / 194

任务 2 汽车选型 / 196
知识点 1 汽车类别选择 / 197
知识点 2 购车档次选择 / 197
知识点 3 汽车款式选择 / 198
知识点 4 汽车颜色选择 / 199
知识点 5 汽车性能比较 / 200
知识点 6 汽车配置比较 / 201
知识点 7 比较他人对汽车的评价 / 201

任务 3 新车现场选购技巧 / 203
知识点 1 新车的表面检查 / 204
知识点 2 新车的试车检查 / 205

任务 4 选择汽车保险 / 207
知识点 1 汽车保险概述 / 207
知识点 2 汽车保险种类 / 207
知识点 3 汽车保险种类的选择 / 209
知识点 4 汽车投保方式 / 210
知识点 5 汽车投保流程 / 210

任务 5 进行汽车保险索赔 / 213
知识点 1 汽车理赔与索赔 / 213
知识点 2 汽车赔偿计算 / 214

任务 6 进行汽车的消费贷款 / 216
知识点 1 我国的汽车消费信贷方式与内容 / 216
知识点 2 汽车消费信贷的程序 / 217

认知模块 08 汽车驾驶与考证

任务 1 考取汽车驾驶证 / 223
知识点 1 汽车驾驶考证概述 / 223
知识点 2 小型汽车驾驶员科目二考试简介 / 225

任务 2 了解汽车道路行驶技巧 / 228
知识点 1 汽车道路驾驶节油技术 / 228
知识点 2 特殊道路和天气条件下的驾驶技巧 / 229
知识点 3 汽车道路驾驶应急处理 / 230

认知模块 09 汽车油料选用与维护

任务 1 选用汽车油料 / 235

知识点 1 汽油 / 235
知识点 2 柴油 / 236
知识点 3 发动机机油 / 237
知识点 4 汽车齿轮油 / 238
知识点 5 汽车润滑脂 / 239
知识点 6 汽车自动变速器油 / 240
知识点 7 汽车制动液 / 240

任务 2 汽车维护 / 242

知识点 1 汽车磨合 / 242
知识点 2 汽车维护 / 243

认知模块 10 汽车文化

任务 1 检索汽车竞赛 / 249

知识点 1 汽车竞赛与分类 / 249
知识点 2 方程式汽车赛 / 250
知识点 3 世界汽车拉力锦标赛 / 252
知识点 4 汽车越野赛 / 253
知识点 5 汽车耐力赛 / 253
知识点 6 其他汽车赛 / 254
知识点 7 著名车队与车手 / 256

任务 2 检索国内外著名汽车展览 / 259

知识点 1 世界著名汽车展览 / 259
知识点 2 中国主要汽车展览 / 261
知识点 3 概念车 / 262
知识点 4 汽车模特 / 262
知识点 5 艺术汽车 / 262
知识点 6 汽车博物馆 / 263

任务 3 介绍汽车俱乐部活动 / 265

知识点 1 汽车俱乐部及其主要活动内容 / 265
知识点 2 汽车俱乐部类型及其组织 / 266

任务 4 检索汽车媒体 / 269

知识点 1 汽车报刊 / 269
知识点 2 汽车网站 / 269

参考答案 / 272

参考文献 / 274

01 认知模块

内燃机汽车的基本认知

内燃机汽车的基本认知

- 认识内燃机汽车总体组成与行驶原理
  - 汽车总体组成
    - 发动机
    - 底盘
    - 车身
  - 汽车外表结构
    - 外表
    - 驾驶室内部
    - 组合仪表
  - 汽车行驶原理
    - 驱动力
    - 附着力
    - 行驶阻力
- 认识内燃机汽车的主要操纵机构与使用
  - 汽车离合器、制动踏板及加速踏板
    - 离合器踏板
    - 制动踏板
    - 加速踏板
  - 汽车转向盘
    - 转向盘调节
    - 转向盘使用
  - 汽车安全带
    - 安全带使用方法
    - 安全带使用注意事项
  - 汽车座椅
    - 座椅的前后调整
    - 座椅的上下调整
    - 座椅靠背角度调整
    - 腰部支撑调整
    - 头枕调整
  - 驻车制动
    - 使用驻车制动
    - 放松驻车制动
  - 变速器
    - 手动变速器
    - 自动变速器
  - 点火开关
    - 一键启动开关
    - 传统点火开关
  - 灯光组合开关
    - 位置灯
    - 近、远光灯
    - 转向灯
    - 雾灯
  - 风窗刮水及洗涤系统
    - 风窗刮水系统使用
    - 自动洗窗装置使用
  - 暖风、通风及空调装置
    - 空调开启
    - 风量调节
    - 模式控制
    - 温度设置
- 认识汽车的分类与汽车产业
  - 汽车的定义
  - 汽车的分类
    - 按用途分
      - 载客汽车
      - 载货汽车
      - 专项（专用）作业车
      - 教练车
      - 残疾人专用汽车
    - 按发动机位置及驱动形式分
      - 前置发动机前轮驱动
      - 前置发动机后轮驱动
      - 中置发动机后轮驱动
      - 后置发动机后轮驱动
      - 四轮驱动
    - 乘用车按车身分类
      - 单厢式
      - 两厢式
      - 三厢式
    - 按汽车动力装置类型分
      - 内燃机汽车
      - 电动汽车
      - 燃气轮机汽车
  - 汽车的VIN
    - VIN包含的信息
    - 车辆识别代码标记的位置
  - 汽车产业
    - 产值巨大
    - 提供大量的就业机会
    - 有力推动科技和社会发展进步

认知模块 01

任务 1　认识内燃机汽车总体组成与行驶原理

学习目标

- 能辨识汽车发动机、底盘和车身三大总成。
- 能阐述汽车的主要结构和基本行驶原理。
- 培养学生严谨求实的工作态度，增强民族自豪感。

任务接收

学校科普协会举办以“汽车是如何跑起来的”为主题的汽车沙龙活动，并请科普小分队来担任本次活动的解说员。

获取资讯

汽车总体组成

知识点 1 汽车总体组成

汽车是公路运输中最主要的交通工具，给人类出行提供便捷、舒适的方式。它是由成千上万个零部件装配而成的复杂机器。以传统汽车为例，它们的基本构成是一致的，都由发动机、底盘、车身（含电气设备）三大部分组成（图 1-1）。

发动机为汽车提供动力，负责将燃料燃烧所产生的热能转化为机械能。

底盘负责将发动机的动力进行传递和分配，并按驾驶员要求进行行驶（加速、减速、转向以及制动等）。

汽车车身是驾驶员操作和容纳乘客及货物的场所。汽车车身一般由车身本体、开启件（各种门、窗、行李舱和车顶盖等）、附件（各种座椅、内外饰、仪表电器、刮水器、洗涤器、风窗除霜装置和空调等）和安全保护装置（保险杠、安全带以及安全气囊等）组成，货车及专用车辆还有货箱及专用设备。

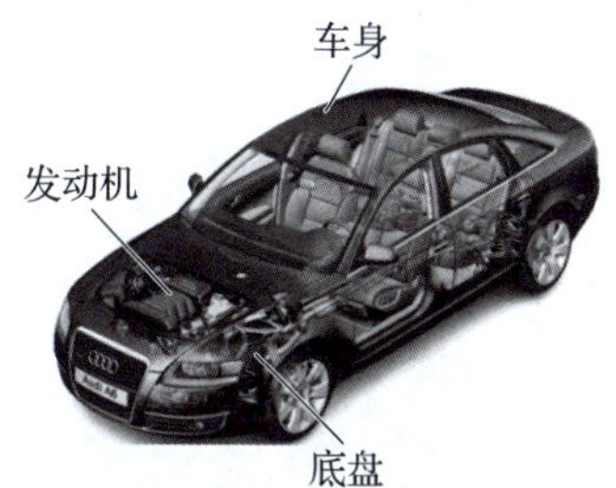

图 1-1　汽车总体组成

知识点 2 汽车外表结构

以吉利帝豪汽车为例，其外表结构如图 1-2 所示，汽车驾驶室内部总体结构如图 1-3 所示，组合仪表结构如图 1-4 所示。

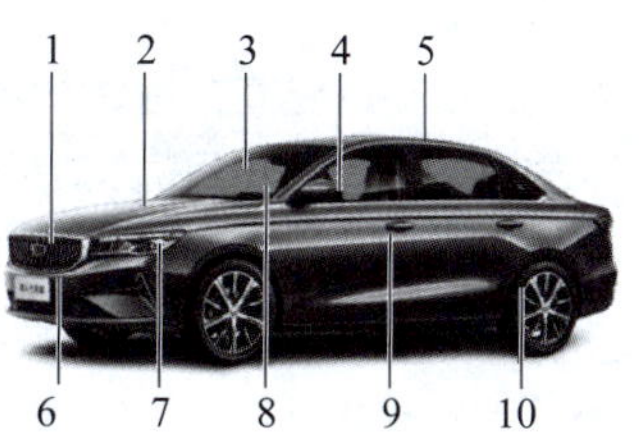

图 1-2　吉利帝豪汽车外表结构

1—进气格栅　2—发动机舱盖
3—前风窗玻璃　4—后视镜
5—车顶　6—前保险杠　7—前照灯
8—刮水器　9—车门　10—车轮

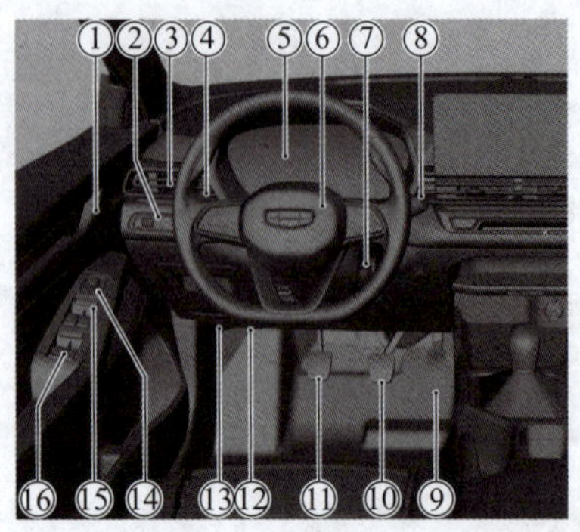

图 1-3 吉利帝豪汽车驾驶室内部结构

1—车门内拉手 2—仪表板开关组 3—左侧出风口 4—灯光组合开关 5—组合仪表 6—转向盘 7—点火开关 8—刮水器组合开关 9—加速踏板 10—制动踏板 11—离合踏板 12—发动机舱盖开启拉手 13—加油口盖开启拉手 14—外后视镜调整开关 15—中控门锁开关 16—电动车窗控制开关

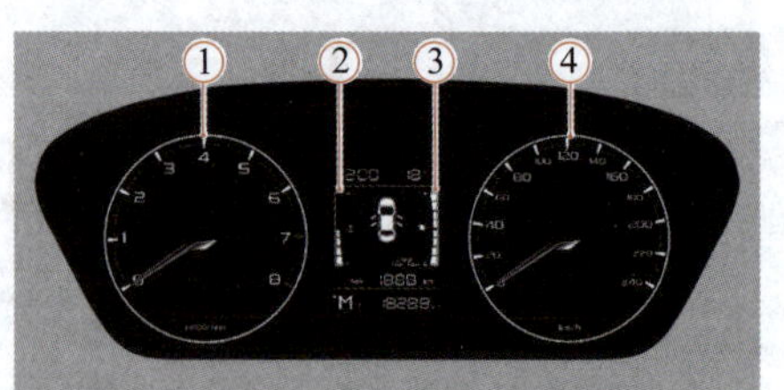

图 1-4 吉利帝豪汽车组合仪表结构

1—发动机转速表 2—水温表 3—燃油表 4—车速表

知识点3 汽车行驶原理

汽车行驶原理

汽车发动机输出的转矩经底盘传动系统传至驱动车轮，在地面附着条件支持下，产生推动汽车前进的驱动力，用于克服汽车行驶的滚动阻力、空气阻力、爬坡阻力和加速阻力等（图 1–5），推动汽车前进。

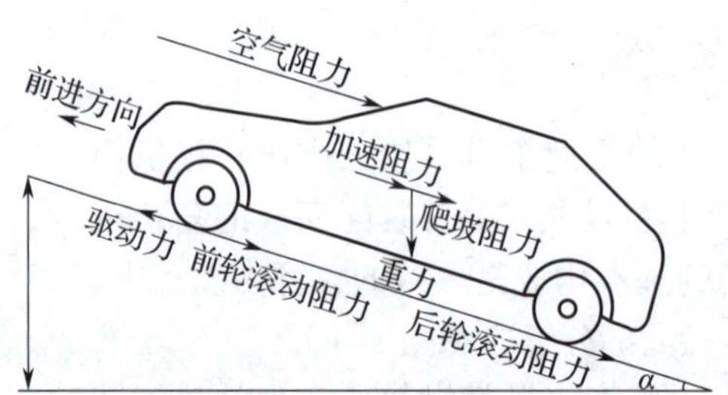

图 1-5 汽车驱动力与行驶阻力

启示角

近年来众多国产汽车厂商志存高远，追求卓越，凭借超高性价比、简洁外观、科技感内饰，带着自主研发的自信开启了家用轿车的新时代，不断刷新自主品牌纪录，造车标准上对齐全球水平，在国内外舞台上展现中国汽车制造业的实力和品牌魅力，是中国民族汽车工业的典范。

任务实施

1. 采用小组合作形式，分工完成汽车的总体组成、汽车的外部结构、汽车的行驶原理的内容检索，科普小分队组内讨论交流。
2. 由队员结合吉利帝豪汽车描述汽车总体组成。

3. 推选小分队代表解释汽车是如何跑起来的。

4. 练习题

（1）汽车的主要组成有哪几大部分？（　　）

A. 发动机　B. 车门　C. 车身　D. 底盘

（2）发动机的作用是什么？（　　）

A. 提供动力　B. 将动力进行分配

C. 切断和连接动力　D. 支撑、安装汽车各部件、总成

（3）吉利帝豪汽车组合仪表包含哪几个部分？（　　）

A. 发动机转速表　B. 车速表　C. 燃油表　D. 水温表

（4）汽车驱动力用于克服汽车行驶过程中的________、________、爬坡阻力和加速阻力等。

（5）汽车________负责将发动机的动力进行传递和分配，并按驾驶员要求进行行驶。

任务评价

在完成本学习任务后，通过小组会议的形式进行总结与反思，并完成多元化评价，评分细则见表 1-1。

表 1-1　认识汽车总体组成与行驶原理评价表

序号	考核内容	配分	评分细则	自评得分	小组评价	教师评价
1	组员准备、学习态度、自主探究与团队协作能力	20	准备是否充分、学习态度是否认真、能否进行自主探究与团队协作 □优秀 □良好 □一般 □不合格			
2	描述汽车总体组成	30	汽车总体组成及功能的介绍是否正确、内容脉络是否清晰、内容是否全面 □优秀 □良好 □一般 □不合格			
3	描述汽车的外部结构	20	汽车外部结构的描述是否正确、内容脉络是否清晰、内容是否全面 □优秀 □良好 □一般 □不合格			
4	解释汽车是如何跑起来	15	解释是否正确、条理、清晰 □优秀 □良好 □一般 □不合格			
5	练习题完成正确率	15	共 5 题、每小题 3 分			
总分（自评 20%，小组评价 30%，教师评价 50%）						
学生建议：			教师指导意见：			

认知模块 01

任务2 认识内燃机汽车的主要操纵机构与使用

学习目标

- 能识别汽车主要操纵机构的安装位置。
- 能掌握汽车主要操纵机构的操作方法。
- 在操纵机构使用上，养成文明驾驶好习惯，树立社会责任感。

任务接收

作为一名吉利汽车4S店的销售顾问，请你给客户演示并讲解吉利帝豪汽车主要操纵机构的操作方法。

获取资讯

知识点1 汽车离合器、制动踏板及加速踏板

离合器、制动及加速踏板位置如图1–6所示。

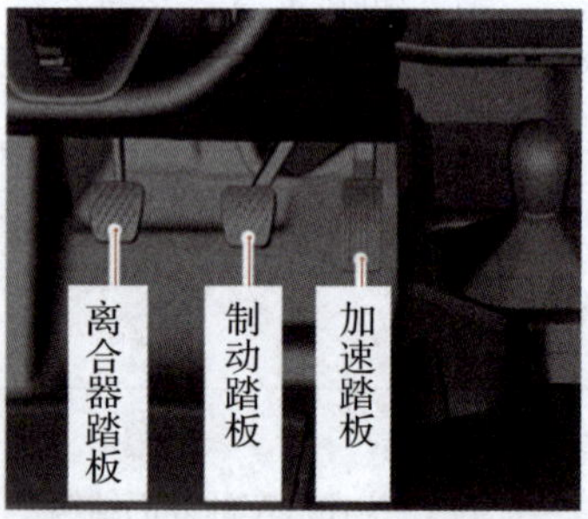

1. 离合器踏板

离合器安装于发动机与变速器之间，用于暂时分离和平顺接合发动机的动力传递，保证汽车平稳起步，使换档时工作平顺和防止传动系过载。离合器踏板由左脚控制，要求踩离合器踏板要踩到底，放离合器踏板要缓慢，以免汽车起步冲击。配置自动变速器的汽车，没有离合器踏板。

图1-6 汽车离合器、制动及加速踏板

2. 制动踏板

制动踏板用来实施汽车制动，由右脚控制，非紧急情况下，不要急踩制动踏板，一般采用轻点制动踏板。

3. 加速踏板

加速踏板俗称“油门”，用来控制发动机节气门开度（发动机转速），由右脚控制，右脚掌轻放于加速踏板2/3处，根据道路、车载及环境情况确定节气门开度大小。

知识点2 汽车转向盘

转向盘用于转向，就像驾驶员的指挥棒（图1–7）。使用时左手轻握转向盘左上方，右手轻

握转向盘右上方，左手和右手大拇指自然伸直靠于转向盘轮缘上部，其余四指应由外向内轻握。

在平直的道路上使用转向盘，应避免不必要的晃动；如果转向盘受路面凸凹的影响，应紧握转向盘，以免转向盘受车辆的猛烈振动而回转，击伤手指或手腕；若车头向左（右）偏斜时，应向右（左）修正方向，待车头接近回到行驶线时，再逐渐将转向盘回正，此时应牢记打回方向的原则：打多少回多少，少打少回，慢打慢回，大打大回，快打快回。

图 1-7　汽车转向盘

知识点 3 汽车安全带

汽车安全带对保护人身安全起重要作用，在驾驶汽车时应始终系好安全带（图 1-8）。安全带使用方法如下：

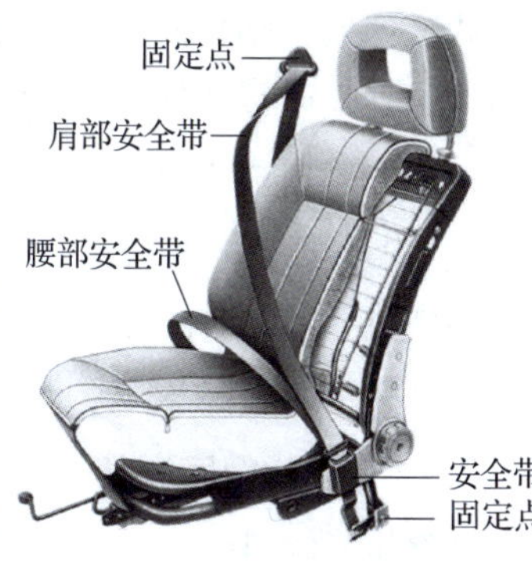

图 1-8　汽车安全带

1. 系上安全带

缓慢拉出安全带舌片，将其通过胸部，然后将其插入座椅侧的锁止机构，直至听到啮合声（拉动检查）。

2. 取下安全带

按下锁止机构上的红色按钮以取出安全带，舌片会弹出。用手将舌片送向车门使回位器卷起安全带，挡板会将舌片保持在合适的位置。

3. 安全带使用注意事项

①使用三点式安全带应注意使安全带贴靠肩膀中部，不应让安全带勒在颈部。

②身高小于 1.5 m 的儿童不可以配用常规安全带，而应使用儿童约束系统，以免在腹部或颈部造成伤害（图 1-9）。

图 1-9　婴儿正确使用安全带

③孕妇配用安全带应使上半截安全带穿过胸部中间，下半截安全带拉到大腿上，水平保持在腹部下，收紧安全带（图 1-10）。

④安全带应通畅、清洁，不得在锋利边缘上摩擦，安全带出口处别让纸片或其他东西堵塞。

⑤因损坏或事故而拉长的安全带必须更换。

图 1-10　孕妇正确使用安全带

启示角

上车系好安全带，对己对人是关爱。每次乘车出行时应做好自身安全防护，拒绝交通陋习，坚决做到安全文明守法，确保出行安全，牢固树立“安全带就是生命带”的交通安全意识。

知识点 4 汽车座椅

汽车座椅可以通过相关的拨杆（图 1–11）或按钮进行前后、上下及角度等调整，使驾驶人感到舒适轻松。

一般调整步骤如下：

1. 座椅的前后调整

调整座椅与踏板的距离，使脚向下踩住制动踏板至最深处时，腿部仍要有一定的弯曲，感到自然轻松。

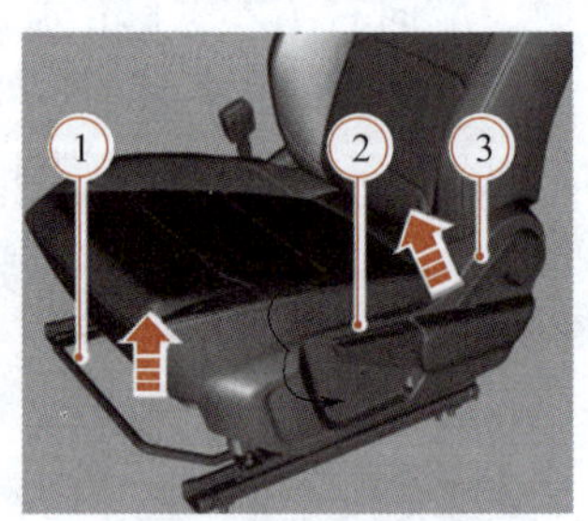

图 1–11　座椅的调整

1—座椅前后调节杆
2—座椅高度调节手柄
3—靠背角度调节手柄

2. 座椅的上下调整

上下调整座椅，使驾驶员的目光平视时，视线能够落在前风窗玻璃的中线上。同时注意头部离车顶要有一个拳头左右的距离，手握转向盘的高度大约低于肩部 10cm 左右为宜。

3. 座椅靠背角度调整

调整靠背倾斜度，注意不可过于倾斜，否则影响操控汽车。

4. 腰部支撑调整

腰部支撑调整的标准是：让座椅支撑住腰，向后靠时，不要让腰部悬空。这样的位置可以最大程度上减少驾驶过程中的疲劳。有些座椅没有腰部支撑的功能，可以自己买个小垫子支在腰后。

5. 头枕调整

头枕的最佳位置是头枕的中心线恰好与眼眉在一条线上，并尽可能让后脑和头枕完全接触。

知识点 5 驻车制动

驻车制动应用于汽车停车时制动。吉利帝豪汽车驻车制动拉杆位于两个前座椅之间（图 1–12）。

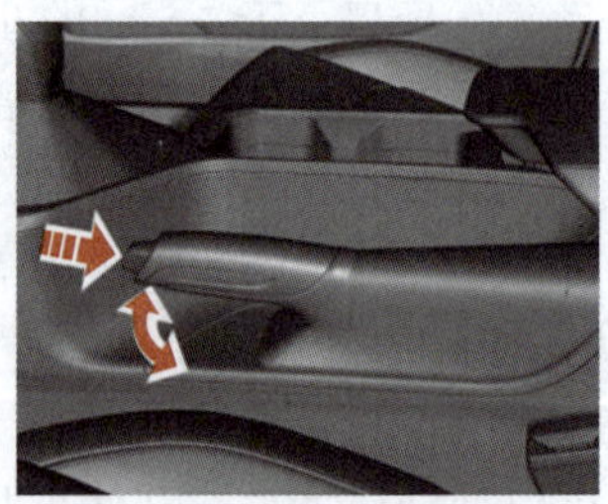
图 1–12　驻车制动器使用

1. 使用驻车制动

将手柄向上拉，必须拉紧，以防汽车自动滑移。如果在接通点火开关时使用驻车制动，制动警告信号灯会发亮。

2. 放松驻车制动

将手柄略朝上拉，按下锁钮并将驻车制动拉杆向下推到底。

知识点 6 变速器

变速器用于改变汽车行驶速度，分手动变速器和自动变速器两种类型。

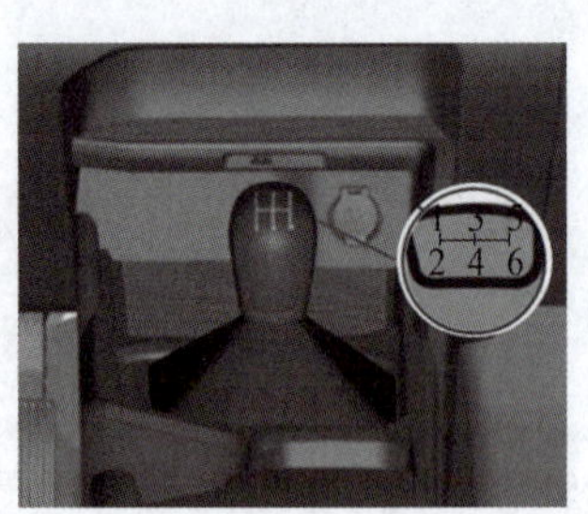

图 1–13　手动变速器

1. 手动变速器

吉利帝豪汽车手动变速器有 5 个前进档和 1 个倒档，如图 1–13

所示。

手动变速器换档动作依次为：踩离合同时松加速踏板→从原档位经空档拨入另一档位→适当踩加速踏板→松离合器。挂入倒档时，应在车辆静止时，将变速杆按下，再挂入倒档。

注意：对手动变速器，行驶时请不要将手放在变速杆上，否则手上的压力会传到变速器内换档拨叉上，造成拨叉过早磨损。

2. 自动变速器

吉利帝豪汽车的自动变速器有 5 个档位，它们从前到后依次排列。分别为：P（驻车档）、R（倒档）、N（空档）、D（前进档）、M（手动模式），如图 1–14 所示。

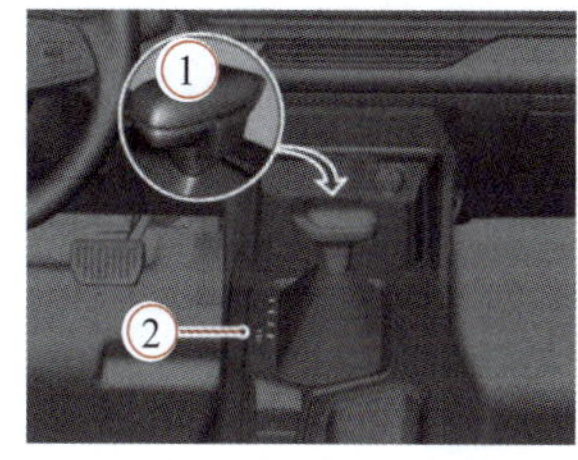

图 1–14 自动变速器
1—档位解锁按钮 2—档位排布

P 位和 N 位都是使发动机和车轮传动系统脱离运转。不同的是，在发动机停止运转的时候，挂 N 位可以随意推动车辆。挂 P 位时，利用机械锁销把传动轴锁固定在变速器壳上，起制动车辆作用，不能随意推动车辆。而且车辆只有在 P 位时才能拔出点火开关钥匙。P 位起动是经常使用的模式，N 位起动用于行驶中“熄火”后起动。

自动变速器汽车正确的驾驶方法是在 P 位或 N 位起动发动机，至少停留 3s，待发动机运转平稳后，踩下制动踏板，确认已释放驻车制动后，按下档位解锁按钮并将变速杆置于 D 位，松开制动踏板，轻踩加速踏板。

必须先挂档后踩加速踏板，不允许边踩加速踏板边挂档，或者先踩加速踏板后挂档。

知识点 7 点火开关

吉利帝豪汽车一键起动开关模式与传统点火开关档位一致，钥匙在车内时，“START/STOP”开关可以选择 ACC 档、ON 档、起动和停止发动机（图 1–15）。

图 1–15 一键起动开关

当起动开关置于 OFF 档时，踩下制动踏板，短按起动开关，可以直接起动发动机（变速杆处于 P 位或 N 位）。如未踩下制动踏板，直接按起动开关，起动开关转为 ACC 档。

ACC 档允许使用备用电源等电器附件。在此模式时，踩下制动踏板，再短按起动开关，可以起动发动机（变速杆处于 P 位或 N 位）。如未踩下制动踏板，直接按起动开关，起动开关转为 ON 档。

ON 档允许使用组合仪表等大多数电器设备。在此模式时，踩下制动踏板，再短按起动开关，可以起动发动机（变速杆处于 P 位或 N 位）。如未踩下制动踏板，直接按起动开关，起动开关回到 OFF 档。

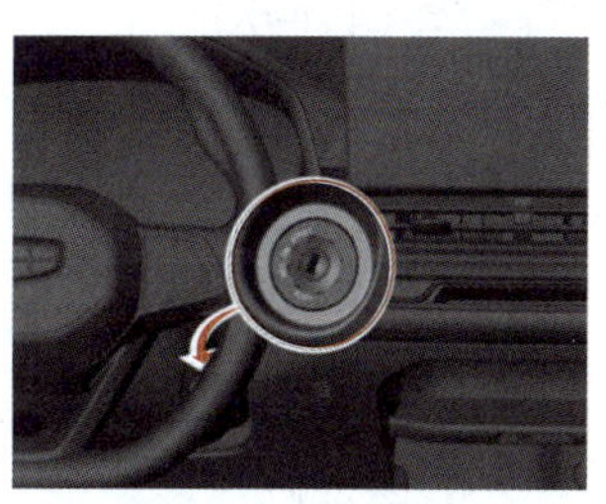

图 1–16 传统点火开关

传统点火开关共有四个档位（图 1–16）：LOCK——车辆停车位置，在该位置方能插入或拔出钥匙；ACC——座椅加热及点烟器等附件电路接通；ON——车辆行驶时钥匙的位置，所有用电设备

均处于接通状态；START——仅用于起动发动机。

知识点 8 灯光组合开关

汽车灯光组合开关用于接通左右转向信号灯，指示汽车转弯方向，或进行汽车前照灯远近光变换、发出变换车道信号、停车指示，给路上行人和车辆提供指示，可以有效避免交通事故的发生。吉利帝豪汽车灯光组合开关结构如图 1–17 所示。

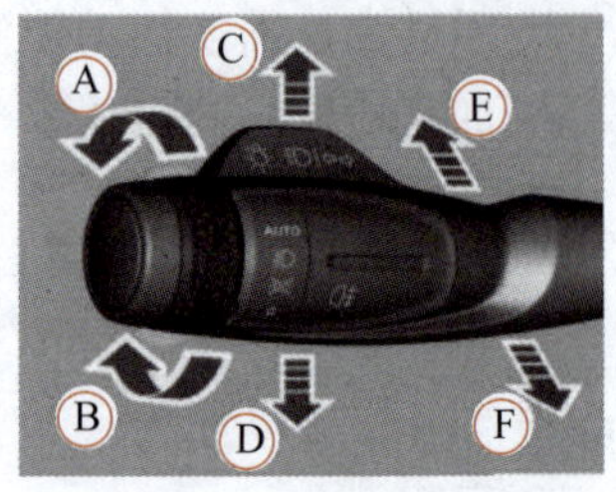

图 1–17 灯光组合开关

1. 位置灯

向 A 方向旋转灯光控制开关指到位置，位置灯和背光灯全部点亮并可以在多媒体设置中进行调光设置（部分车型）。向 B 方向旋转灯光控制开关指到 O 位置，位置灯和控制开关上的背光灯全部恢复至初始状态。

2. 近光灯

当点火 / 起动开关置于 ON 档时，向 A 方向旋转灯光控制开关指到位置，近光灯点亮。向 B 方向旋转灯光控制开关直到标识指到 O 位置，近光灯关闭。

3. 远、近光灯切换

在近光灯打开的前提下，向 E 方向推动灯光开关手柄到极限位置，开启远光灯。向 E 或向 F 方向推动灯光开关手柄，切换回近光灯。

4. 远光灯闪光

向 F 方向拨动灯光开关手柄到极限位置，远光灯点亮，释放手柄后，远光灯自动关闭；重复操作远光灯闪光。

5. 自动灯光

当点火 / 起动开关置于 ON 档时，向 A 方向旋转灯光控制开关指到 AUTO 位置，开启前照灯自动点亮功能，自动灯光系统则根据外界光线强度自动控制前照灯的点亮和关闭。在车辆进入隧道内将自动点亮位置灯、近光灯，出隧道内则自动关闭位置灯、近光灯。外界环境较暗时，该系统亦将点亮位置灯、近光灯。

6. 右转向灯

向 C 方向拨动灯光开关手柄，右侧转向指示灯闪亮，转向完成后，将灯光开关手柄回位，转向灯关闭。

7. 左转向灯

向 D 方向拨动灯光开关手柄，左侧转向指示灯闪亮，转向完成后，将灯光开关手柄回位，转向灯关闭。

8. 变道灯功能

向 C 或向 D 方向短时拨动灯光开关手柄，右侧或左侧转向指示灯闪烁 3 下。

9. 后雾灯

在近光灯打开的前提下，按下雾灯控制开关，后雾灯点亮。

知识点 9 风窗刮水及洗涤系统

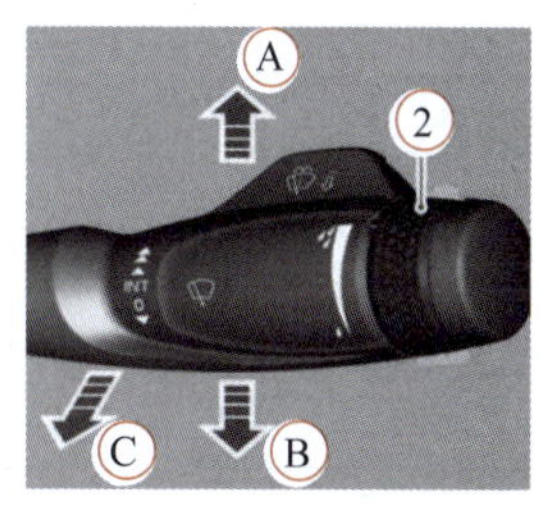

图 1-18 风窗刮水及洗涤系统组合开关

图 1-18 为吉利帝豪汽车风窗刮水及洗涤系统组合开关，用于操纵风窗刮水器运动和洗窗装置。

1. 风窗刮水系统使用

向 B 方向拨动刮水器控制手柄并释放手柄，手柄自动回位到 O 位置，刮水器执行点动刮刷操作。刮水器控制手柄处于 O 位置时，刮水器关闭。向 A 方向拨动刮水器控制手柄到 INT 档位置，刮水器执行间歇刮刷操作。此时风窗刮水系统根据间歇刮刷灵敏度调整旋钮 2 调节刮刷速度。向 A 方向拨动刮水器控制手柄三个档位，则刮水器执行高速刮刷操作。

2. 自动洗窗装置使用

向 C 方向拨动刮水器控制手柄，前风窗洗涤器喷水的同时，刮水器进行刮刷，放开刮水器控制手柄后，洗涤器停止喷水，刮水器仍运行三个刮刷周期，并在刮水器停止间隔 5s 后进行一个周期的刮刷。

> **注意：**寒冷季节在起动刮水器开关前应检查刮水片是否与玻璃冻在一起。

图 1-19 吉利帝豪汽车暖风、通风及空调控制装置

1—温度调节按键 2—风量调节按键 / 空调关闭按键 3—A/C 按键 4—内外循环按键 5—风窗玻璃除霜 / 除雾按键 6—后风窗 / 外后视镜除霜按键

知识点 10 暖风、通风及空调装置

现代汽车都安装有暖风、通风及空调装置，用于清洁空气和调节汽车内部温度。图 1-19 为吉利帝豪汽车暖风、通风及空调控制装置。

任务实施

1. 采用小组合作形式，分工完成汽车主要操纵机构的安装位置、功能和操作方法的内容检索，并在组内讨论交流。
2. 各小组分别总结归纳在操纵机构使用上的文明驾驶好习惯。
3. 推选小组代表对汽车的主要操纵机构进行功能介绍和操作方法讲解。
4. 练习题

（1）以下哪个部件的作用是暂时分离和平顺接合发动机的动力传递，保证汽车平稳起步？（　　）

A. 离合器　　B. 制动踏板　　C. 加速踏板　　D. 转向盘

（2）根据操纵方式，变速器可以分为哪两类？（　　）

A. 手动变速器　　B. 双离合变速器　　C. 无级变速器　　D. 自动变速器

（3）吉利帝豪的传统点火开关一共有几个档位？（　　）

A.2　　B.3　　C.4　　D.5

（4）________用于停车时制动，吉利帝豪汽车该操纵部件位于两个前座椅之间。

（5）暖风、通风及空调装置的主要作用是________和调节汽车内部温度。

任务评价

在完成本学习任务后，通过小组会议的形式进行总结与反思，并完成多元化评价，评分细则见表 1–2。

表 1–2　汽车主要操纵机构评价表

序号	考核内容	配分	评分细则	自评得分	小组评价	教师评价
1	组员准备、学习态度、自主探究与团队协作能力	20	准备是否充分、学习态度是否认真、能否进行自主探究与团队协作 □优秀 □良好 □一般 □不合格			
2	描述汽车主要操纵机构的功能操作方法	30	汽车总体组成及功能的介绍是否正确、内容脉络是否清晰、内容是否全面 □优秀 □良好 □一般 □不合格			
3	演示汽车主要操纵机构的使用方法	20	演示操作是否熟练、正确无误 □优秀 □良好 □一般 □不合格			
4	总结汽车操纵机构使用上的文明驾驶好习惯	15	总结是否全面、是否到位、是否有参考价值 □优秀 □良好 □一般 □不合格			
5	练习题完成正确率	15	共 5 题、每小题 3 分			
总分（自评 20%，小组评价 30%，教师评价 50%）						
学生建议：			教师指导意见：			

认知模块 01

任务 3　认识汽车的分类与汽车产业

学习目标

- 能描述汽车的定义。
- 能对汽车进行分类并识别 VIN。
- 鼓励广大青年学生努力学习、增长知识，为世界汽车产业变革注入更多的中国力量、中国元素及中国方案。

任务接收

以某车型的 VIN“LNBSCCBK1DF014317”为例，检索代码含义并进行解说。

获取资讯

知识点 1 汽车的定义

不同时代、不同国家，对汽车定义有所不同。根据国家标准《机动车运行安全技术条件》（GB 7258—2017）规定，汽车的定义为：由动力驱动、具有四个或四个以上车轮的非轨道承载的车辆，包括与电力线相联的车辆（如无轨电车）。

知识点 2 汽车的分类

1. 按用途分

我国目前对汽车按用途可分为载客汽车、载货汽车、专项（专用）作业车、教练车和残疾人专用汽车 5 种类型，其中载客汽车包括乘用车、旅居车、客车、校车 4 种类型，载货汽车包括半挂牵引车和低速汽车（即三轮汽车和低速货车）两种类型。

2. 按发动机位置及驱动形式分（图 1-20）

汽车的分类

① 前置发动机前轮驱动（FF）：发动机位于汽车前部，前轮是驱动轮。
② 前置发动机后轮驱动（FR）：发动机位于汽车前部，后轮是驱动轮。
③ 中置发动机后轮驱动（MR）：发动机位于汽车中部，后轮是驱动轮。
④ 后置发动机后轮驱动（RR）：发动机位于汽车中部，后轮是驱动轮。
⑤ 四轮驱动（4WD）：汽车所有车轮都是驱动轮，一般用于越野车。

汽车驱动形式常用 4×2、4×4 等表示，前一位数表示汽车总车轮数，后一位数表示汽车驱动轮数。

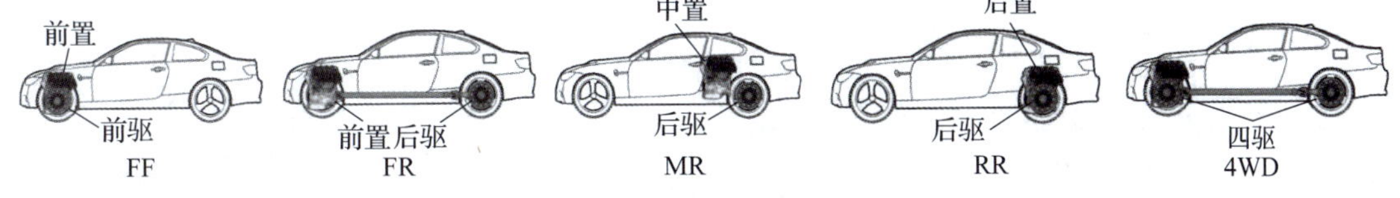

图 1-20 发动机位置及驱动形式

3. 乘用车按车身分类（图 1-21）

① 单厢式：发动机舱、乘员舱和行李舱在外形上形成一个空间形态。
② 两厢式：发动机舱、乘员舱和行李舱在外形上形成两个空间形态。
③ 三厢式：发动机舱、乘员舱和行李舱在外形上形成三个空间形态。

若乘用车顶盖不可开启，称该车身为闭式；若客舱顶为敞顶或按需要可开闭，称该车身为开式。

a）单厢式

b）两厢式

c）三厢式

图 1-21 乘用车车身分类

4. 按汽车动力装置类型分

有内燃机汽车、电动汽车和燃气轮机汽车三类。

① 内燃机汽车：将燃料在气缸内燃烧所产生的热能转化为机械能的机器。例如，汽油车（以汽油为燃料）、柴油车（以柴油为燃料）、气体燃料汽车（以天然气、液化石油气等气体为燃料）、两用燃料汽车（有两套相互独立的燃料供给系统）和双燃料（同时使用两种燃料）汽车。

② 电动汽车：指的是以车载电源为动力，用电机驱动车轮行驶，符合道路交通、安全法规各项要求的车辆，种类包括纯电动汽车、混合动力电动汽车和燃料电池电动汽车（详见认知模块 6）。

车辆识别代号

③ 燃气轮机汽车：采用航空发动机或火箭发动机及特殊燃料，用喷气反作用力驱动的发动机，主要用于赛车。

知识点 3 汽车的 VIN

一辆汽车就有一个车辆识别代码（VIN），就像人的身份证号码，它由 17 位编码组成。从中可以识别出该车的生产国家、制造厂家、汽车类型、品牌名称、车型系列、车身形式、发动机型号以及车型年款等信息，它是汽车修理、配件选购的重要依据。

车辆识别代码应位于仪表板上靠近风窗立柱的位置（图 1-22），以便于观察检查。

图 1-22 车辆识别代码

知识点 4 汽车产业

与汽车相关的行业称为汽车产业（图 1-23）。汽车产业的特点如下：

1. 产值巨大

汽车是世界上唯一的一种零件以万计、产量以千万计、保有量以亿计、售价以万元计的商品。

它可以带动相关行业的全面发展。有资料报道，每年汽车行业约消耗世界钢铁总产量的 24% 左右、铝产量的 25% 左右、橡胶产量的 50% 左右、塑

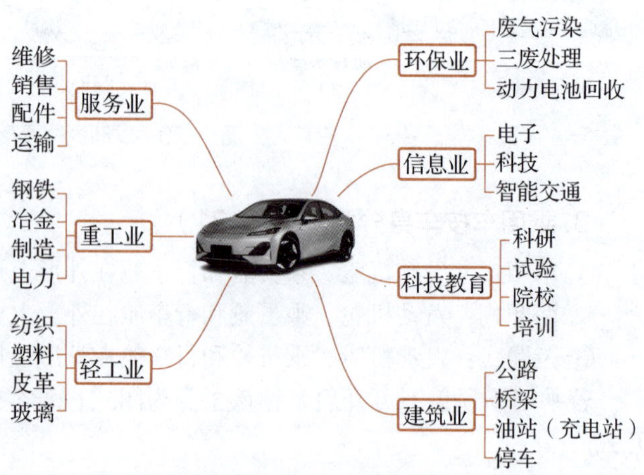

图 1-23 汽车产业

料产量的 10% 左右、石油产量的 46% 左右，从而带动整个产业链的发展。

汽车产业可以推动国民经济的综合发展。有统计分析指出，汽车产业是一个 1∶10 的产业，汽车产业 1 个单位的产出，可以带动整个国民经济总体增加 10 个单位的产出。美国、日本、德国和中国等都把汽车产业作为国家支柱产业。

2. 提供大量的就业机会

与汽车产业相关的就业岗位主要有汽车设计、制造、销售、维修、配件、油站、停车、银行、保险、理赔、医院、学校、环境以及交通管理等。

在美国及西欧，每 6 个就业岗位中就有一个与汽车有关。专家预测，到 2030 年，我国汽车相关产业从业人数将达 1 亿人以上。汽车维修服务人才已经成为我国四大紧缺人才之一。

3. 有力推动科技和社会发展进步

汽车是高科技产品。一辆汽车具有上万个零部件，集声、光、机、电、热、电子、化工以及美工于一身，有的智能网联汽车中甚至装有 100 多个微处理器。汽车产业巨大的市场潜力，使它成为各种高新技术争相应用的强大载体。

汽车产业是现代企业科学管理的集中体现，是大批量、高效率、专业化、标准化产业的代表，有力地推动了社会进步与发展。

汽车的普及，进一步优化了交通，促进了城市和农村道路建设，缩小了城乡差别。目前世界城市化水平已经超过 50%，其中发达国家一般都在 80% 以上。

启示角

全球局势多变，回顾世界汽车发展史，汽车产业经历了 3 次重心转移，100 年前看国外，30 年前看合资，现在看中国自主。面对世界百年未有之大变局，中国抓住机遇，不断突破难点，推动汽车产业的高质量发展。2023 年，我国新能源汽车产销分别完成 958.7 万辆和 949.5 万辆，继续领跑全球，更重要的是国内自主品牌“三电”技术和智能驾驶技术成果丰硕，正为世界汽车产业变革注入更多的中国力量、中国元素及中国方案。

任务实施

1. 采用小组合作形式，分工完成 VIN 的内容检索，并在组内讨论交流。
2. 各小组进行 VIN 含义的解说。
3. 推选小组代表就汽车对国民经济的影响发表看法。
4. 练习题

（1）发动机位于汽车前部，后轮是驱动轮的应为以下哪种类型？（　　）

A. 前置前驱　　B. 前置后驱　　C. 中置后驱　　D. 后置后驱

（2）按汽车动力装置类型分类，汽车可分为哪三种？（　　）

A. 内燃机汽车　　B. 电动汽车　　C. 燃气轮机汽车　　D. 汽油车

（3）VIN 标记的位置一般在哪里？（　　）

A. 仪表板上靠近风窗立柱的位置　　B. 车顶

C. 仪表　　D. 座椅

（4）汽车按用途分类可分为载客汽车、________、专项（专用）作业车、教练车和残疾人专用车。

（5）VIN就像人的身份证号码，它由________位编码组成。

任务评价

在完成本学习任务后，通过小组会议的形式进行总结与反思，并完成多元化评价，评分细则见表1-3。

表1-3 汽车分类与汽车产业评价表

序号	考核内容	配分	评分细则	自评得分	小组评价	教师评价
1	组员准备、学习态度、自主探究与团队协作能力	20	准备是否充分、学习态度是否认真、能否进行自主探究与团队协作 □优秀 □良好 □一般 □不合格			
2	VIN的内容检索	30	检索工具是否科学、检索内容脉络是否清晰、内容是否充实 □优秀 □良好 □一般 □不合格			
3	解说VIN含义	20	解说内容是否正确、表达是否清晰到位 □优秀 □良好 □一般 □不合格			
4	就汽车对国民经济的影响发表看法	15	观点鲜明、逻辑合理、推理清晰 □优秀 □良好 □一般 □不合格			
5	练习题完成正确率	15	共5题、每小题3分			
总分（自评20%，小组评价30%，教师评价50%）						
学生建议：			教师指导意见：			

02

认知模块

汽车发明与汽车工业发展简史

汽车发明与汽车工业发展简史

检索汽车的由来

- 智能网联汽车发明史
  - 无线电遥控时代
  - 单片机控制时代
  - 高级驾驶辅助时代
  - 智能网联时代
- 电动汽车发明史
  - 电动汽车史上重大发明
  - 电动汽车黄金发展期
- 内燃机汽车的外形演变
  - 马车形汽车
  - 箱形汽车
  - 甲壳虫形汽车
  - 船形汽车
  - 鱼形汽车
  - 楔形汽车
  - 现代汽车造型特点
- 内燃机汽车发明史
  - 第一辆三轮汽车
  - 第一辆四轮汽车
- 人畜运输
  - 人力运输
    - 肩扛
    - 肩挑
  - 畜力运输
    - 动物：马、牛等
    - 工具：原始雪橇架
- 非机动车
  - 车轮的发明
  - 非机动车诞生
  - 秦始皇陵铜车马
  - 记里鼓车与指南车
  - 独轮车
  - 公共马车
- 机动车初探
  - 设想汽车
  - 发条车
  - 双桅风力帆车
- 蒸汽汽车发明史
  - 蒸汽机的发明
  - 蒸汽汽车的发明
  - 水陆两用蒸汽汽车
  - 蒸汽火车
  - 蒸汽公共汽车
- 内燃机发明史
  - 火药机
  - 煤气机
  - 汽油机
  - 柴油机

检索汽车工业发展史

- 汽车诞生于德国
  - 现代汽车发动机的发明来自德国
  - 现代汽车的发明来自德国
  - 世界最早的汽车制造公司来自德国
  - 世界最早的汽车批量生产来自德国
- 汽车成长于法国
  - 法国的社会经济环境为汽车的发展准备了条件
  - 较早出现了著名的汽车及其配件公司
  - 法国人善于学习和创新
  - 法国的汽车产量增长较快
- 汽车成熟于美国
  - 美国的社会经济发展为汽车的普及创造了条件
  - 美国三大汽车公司创立
  - 福特汽车公司成功开发T型车
  - 福特汽车公司的流水生产线
  - 通用汽车公司组建现代化集团公司
  - 克莱斯勒汽车公司汽车品牌
  - 美国汽车产量与普及率
- 汽车兴旺于欧洲
  - 第二次世界大战结束后，欧洲著名汽车公司重振雄风
  - 欧洲微型汽车开发取得重大成功
  - 欧洲汽车产量猛增
- 汽车挑战于亚洲
  - 亚洲著名汽车公司
  - 日本汽车工业崛起
  - 韩国汽车工业崛起
  - 中国汽车工业崛起
  - 印度汽车工业崛起
- 中国汽车工业发展与现状
  - 艰苦创业（1953—1992）
  - 改革开放与改组兼并（1993—2000）
  - 汽车产量快速增长（2001—2010）
  - 稳步发展与转型升级（2011至今）
- 世界汽车工业生产现状及发展趋势
  - 汽车保有量
  - 汽车年销量
  - 汽车市场竞争激烈
  - 汽车技术发展趋势

认知模块 02

任务 1　检索汽车的由来

学习目标

- 能描述汽车发明史的重要事件。
- 能制作一份汽车发明史的思维导图。
- 领略中华古代科技文明，感受千年遗迹，树立科技自信。

任务接收

请按时间轴制作一份汽车发明史的思维导图，并预测未来汽车的发展趋势。

获取资讯

汽车为人类立下了不朽的功勋，但汽车的发明和发展却经历了漫长的过程，经过了无数发明家、科学家的努力，绝非一人所为、一日之功。人类在对“代步工具”的探索历程中，尽管经历了无数的失败，但他们那种坚韧的创造精神和严谨的科学态度，永远值得后人敬仰和学习。

知识点 1 人畜运输

1. 人力运输

从人类起源至公元前 5000 年左右，此阶段没有运输工具，全靠手提、头顶、肩扛、背挑完成（图 2–1、图 2–2）。

图 2–1　肩扛

图 2–2　肩挑

2. 畜力运输

公元前 5000 年至公元前 4000 年左右，人类驯服马、牛来驮运物品（图 2–3）。在北欧，人们会使用鹿拉雪橇（图 2–4）。

图 2–3　畜力运输

图 2–4　雪橇架

知识点 2 非机动车

1. 车轮的发明

公元前 4000 年左右，美索不达米亚（今叙利亚东部和伊拉克境内，世界文明发源之一）发明了车轮。图 2–5 是从美索不达米亚出土的木箱装饰图，是目前发现最早的车轮图案。

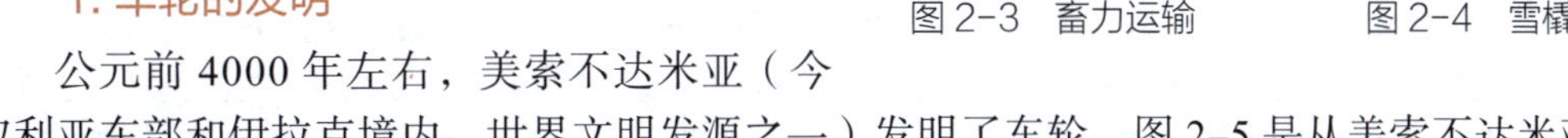

车的发明始于车轮，它使滑动摩擦变为滚动摩擦。车轮的演变进程如图 2–6 所示。

图 2-5 发现最早的车轮

图 2-6 车轮的演变

2. 非机动车诞生

公元前 3300 年左右，古巴比伦的苏美尔已出现战车（图 2-7）。

图 2-7 苏美尔战车

中国是世界文明古国，传说轩辕黄帝造车。轩是古代一种有帷幕而前顶较高的车，辕是车的基本构件，是指车前驾牲畜的两根横木。

公元前 2200 年左右，我国出现了辁（没有轮辐的车轮），如图 2-8 所示，图中木制车轮上固定上了横木，可防止木纹裂开。后来又出现了各种有辐条的车轮（图 2-9）；设立了“车正”，即车辆总管。

公元前 1000 多年我国的甲骨卜辞中，已出现象形文字“車”（图 2-10），我们从“車”字本身的形象不难看出它由车轮、车轴、车篷组成的痕迹。

图 2-8 没有轮辐车轮

图 2-9 有轮辐车轮

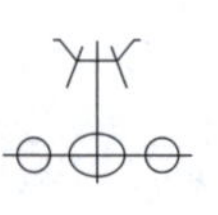
a）直行

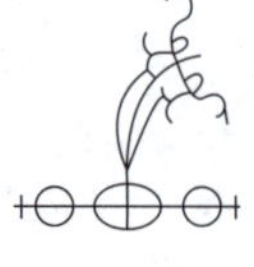
b）转弯

图 2-10 商代“車”字

大约在春秋时代，我国出现古代战车。图 2-11 是我国春秋时代战车复原图。

3. 秦始皇陵铜车马

秦始皇陵铜车马

图 2-11 我国春秋时代战车复原图

图 2-12 秦始皇陵铜车马

秦始皇陵出土的铜车马如图 2-12 所示，该车长 3.17m，由 3000 多个零件组装而成，用了铸造、镶嵌、焊接、铆接、子母扣连接等十几种工艺手法，全部可以自由开合，所有窗板均镂空铸成菱形花纹小孔，用来调节空气，具有通风保温的作用，马络头装饰的缨络采用青铜拔丝法，直径只有 0.3~0.5mm 。它代表了我国当时铸造技术、金属加工和组装工艺的高超水平。

启示角

中国古代的青铜冶炼、制作和雕刻技术长期位居世界前列，从后母戊鼎到曾侯乙青铜，古代的前辈们为我们留下了太多曾经惊艳过全世界的青铜器具，而这还原之后的秦始皇陵铜车马，是中国考古史上截至目前出土的结构最复杂、系驾关系最完整的古代青铜车马，它体型巨大、精巧绝伦，被誉为“青铜之冠”。铜车马的人、马造型逼真，形象生动、传神。车的结构清晰，同时以塑形和彩绘双重手法表现出结构体本来的材质、构造、状态、表面装饰和皮条缠扎关系，将秦代马车的形制、结构和驾引方式形象、具体地呈现出来。

4. 记里鼓车与指南车

图 2-13　记里鼓车

汉代出现的记里鼓车（图 2-13）是利用齿轮原理，由车轮带动大小不同的一组齿轮，使车轮走满一里时，其中一个齿轮刚好转动一圈，该轮轴拨动车上木人打鼓或击钟，报告行程，被誉为汽车里程表和减速装置的先驱。

指南车（图 2-14）的车上立一个木人伸臂南指，只要一开始行车的时候木人的手臂向南指，此后不管车怎样转弯，由于齿轮系的作用，木人的手臂始终指向南方。

图 2-14　指南车

5. 独轮车

大约在公元前 1 世纪，中国人发明了独轮手推车（图 2-15），而西方则大约到公元 11 世纪才使用独轮车。独轮车能在极其狭小的路面行驶，比用肩膀挑担省力。

图 2-15　独轮手推车

公元 3 世纪，三国时代的诸葛亮发明“木牛流马”（图 2-16），用其在崎岖的栈道上运送军粮，且“人不大劳，牛不饮食”。

6. 公共马车

马车的历史极为久远，从公元前 700 多年一直到 19 世纪汽车诞生之前，马车就是城市交通的主要工具。图 2-17 为 19 世纪美国康科德城公共马车。

图 2-16　木牛流马

知识点 3 机动车初探

1. 设想汽车

公元 7 世纪，我国唐代天文学家僧一行（原名张遂，683—727 年）（图 2-18），第一个提出“激铜轮自转之法，加以火蒸汽运，名曰汽车”。他是世界上设想汽车的第一人。

图 2-17　公共马车

2. 发条车

15 世纪，意大利文化巨人达·芬奇（Leonardo Da Vinci）（图 2-19）开始设计发条汽车（图 2-20）。他神奇地预测了现代社会的文明，是汽车、飞机、潜水艇、自行车、蒸汽机等机械的初始设计者。

1649 年，德国的钟表匠汉斯·赫丘根据达·芬奇的设计图试制成功一辆依靠发条驱动的四轮车（图 2-21），行驶速度达 1.6km/h，每走 230m 要上一次发条。该发条车在当时是一件稀世珍宝，被瑞典王子卡尔·古斯塔夫用重金购买。

图 2-18　僧一行

图 2-19　达 · 芬奇

图 2-20　达 · 芬奇设计的发条汽车

图 2-21　发条车

3. 双桅风力帆车（图 2-22）

1600 年，荷兰物理学家西蒙·斯蒂芬把木轮装到船上，制造出一辆双桅风力帆车。凭借风力驱动帆车行进，其行驶速度达 24km/h。但是没有风，车就不能开动，况且风和道路的方向会不断变化，所以这是一辆“不听话的车”。

图 2-22 双桅风力帆车

知识点 4 蒸汽汽车发明史

1. 蒸汽机的发明

1629 年，意大利工程师布兰卡（Branca）发明了利用蒸汽冲击叶轮旋转的机器，这是冲动式汽轮机的雏形（图 2-23）。

蒸汽机的发明

1663 年，英国大科学家艾萨克·牛顿（Isaac Newton）（图 2-24）提出按“蒸汽射流”原理制造蒸汽汽车。

1668 年，比利时传教士南怀仁（康熙皇帝的数学老师）在北京成功制造一辆蒸汽射流式的蒸汽汽车（图 2-25），车身中安装一个煤炉，加热水，利用一定温度和压力的水蒸气的喷射作用，推动叶轮旋转，从而带动车轴转动，推动汽车前进。

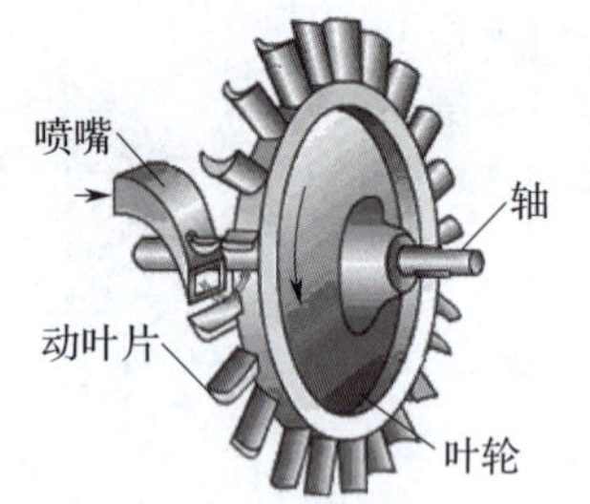

图 2-23 冲动式汽轮机原理

图 2-24 艾萨克·牛顿

图 2-25 蒸汽射流式蒸汽汽车

1712 年，英国工程师托马斯·纽柯门（Thomas Newcommen）综合前人试验，成功制造第一台实用的大气式蒸汽机（图 2-26）。蒸汽通入气缸后推动活塞上行，接着在气缸内部喷水使它冷凝，造成气缸内部真空，气缸外的大气压力推动活塞向下，再通过杠杆、链条等机构带动水泵活塞提升做功。纽柯门蒸汽机热效率低，燃料消耗量大，在欧洲流行 60 年，主要用于矿井排水。

图 2-26 纽柯门蒸汽机

1765 年，英国的詹姆斯·瓦特（James Watt）（图 2-27）在修理纽柯门蒸汽机时，发现气缸一会儿被加热，一会儿又被冷却，白白浪费了很多热量，于是研制成功分离冷凝器的单动式蒸汽机，让气缸始终是热的，负责做功，让另一个容器始终是冷的，负责使蒸汽冷凝，比纽柯门的蒸汽机节约煤 75%。该发明于 1769 年取得专利。之后，他又研究制造了蒸汽机的曲柄连杆机构、行星齿轮机构、四连杆机构、配气机构、飞轮、离心调速器、压力表等，历经 20 余年不懈研究，取得了多个专利。1781 年，瓦特的双作用式蒸汽机（图 2-28、图 2-29）广泛运用于火车、轮船、采矿、冶金等行业，极大地推动了世界各国生产力的发

图 2-27 詹姆斯·瓦特

展。恩格斯评论“蒸汽机是第一个真正国际性的发明”。为了纪念这位伟大的发明家，人们把常用的功率单位定为“瓦特”（W）。

图 2-28　瓦特发明的蒸汽机

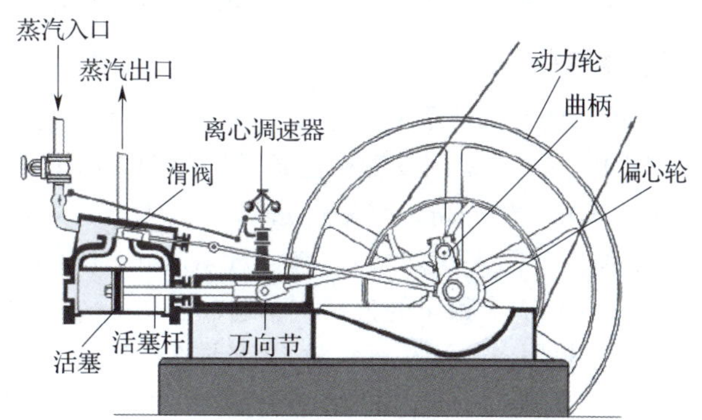

图 2-29　双作用式蒸汽机

2. 蒸汽汽车的发明

1769 年，法国炮兵大尉卡格诺在奉命研制大炮的牵引车时，研制出第一辆蒸汽三轮汽车（图 2-30）。该车前面支撑着一个梨形大锅炉，后边有两个气缸，锅炉产生的蒸汽送进气缸，推动气缸里面的活塞上下运动，再通过曲柄把动力传给前轮前进，可以达到 4km/h 左右的车速。试车时，由于下坡操纵不灵，撞到兵工厂墙上，成为世界上第一起机动车车祸。

图 2-30　第一辆蒸汽三轮汽车

1803 年，英国工程师特里维斯科制造出第一辆载客 8 人的高压蒸汽汽车（图 2-31），车速达到 13km/h。

图 2-31　载客蒸汽汽车

3. 水陆两用蒸汽汽车

1805 年，美国的奥利弗·爱文思（Oliver Evans）制造了水陆两用蒸汽汽车（图 2-32），并申请了专利。该车下面有 4 个轮子，后面还有一个蹼轮，在陆地靠车轮行走，在水里靠蹼轮驱动，成为现代水陆两用汽车（图 2-33）的先驱。

4. 蒸汽火车

1814 年，英国人史蒂芬逊制造了蒸汽火车（图 2-34）。由于蒸汽机在前进时不断从烟囱里冒出火来，所以人们称它为“火车”，它能拖得动 30 多吨货物。就像其他新事物刚出现时一样，史蒂芬逊的第一辆蒸汽火车也受到了许多非难，一些具有神学观念与守旧思想的人表示坚决反对。他们认为火车的隆隆声破坏了上帝给予世界的安宁，指责火车惊动了铁路两旁的生灵，他们还“预言”锅炉会爆炸、车厢会颠覆、乘

图 2-32　水陆两用蒸汽汽车

图 2-33　现代水陆两用汽车

图 2-34　第一辆蒸汽火车

客会因此遇难。

1825 年，史蒂芬逊又试制成功世界上第一台客货运蒸汽火车，能拖 12 节货车、7 节客车，载着 90 多吨货物和 450 名旅客，速度超过 20km/h，得到了全世界的公认。

5. 蒸汽公共汽车

1825 年，英国的嘉内公爵制造了世界上第一辆正式运营的蒸汽公共汽车（图 2–35）。该车有 18 座，车速 19km/h，采用发动机后置后轴驱动，前轴采用了巧妙的专用转向轴设计，使前面两个轮不承担车重，转向可以轻松自如。

1833 年 4 月，英国人沃尔特·汉考克（Walter Hancock）用制造的“企业”号蒸汽汽车（图 2–36），成立了世界上最早的公共汽车运输公司——“苏格兰蒸汽汽车公司”，进行固定线路收费的公共汽车运输服务。该车可承载 14 名乘客，车速可达 32km/h。

1861 年，由于蒸汽汽车存在的缺点和保守势力的反对，英国政府通过了一项《机动车道路法案》，规定蒸汽汽车的速度在乡村不得超过 16km/h，在城镇不得超过 8km/h。4 年以后，这种车速限制就降低到乡村不超过 6.4km/h，城镇不超过 3.2km/h；而且一辆车必须有 3 名驾驶员，手执红旗的车务员（“红旗条例”由此得名）必须走在车前 20m 处警告行人注意安全（图 2–37），并负责限制车速；严格限制驾驶员鸣笛放汽，以免惊吓马匹；与马车“狭路相逢”时，要为马车让路。

图 2–35 第一辆蒸汽公共汽车

图 2–36 “企业”号蒸汽汽车

图 2–37 英国政府的“红旗条例”

由于蒸汽汽车笨重、惯性大、制动困难、转向不灵敏、事故多、污染大、起动困难（约 30~45min）、热效率低（10% 左右）等原因，人们一直在探索新的汽车及其动力。

图 2–38 克里斯蒂安·惠更斯

知识点 5 内燃机发明史

内燃机汽车以内燃机为动力，内燃机是将燃料在气缸内部燃烧产生的热能直接转化为机械能的动力机械。人们对内燃机的探索从 17 世纪就已经开始。

1. 火药机

17 世纪 80 年代，荷兰物理学家、天文学家、数学家克里斯蒂安·惠更斯（Christiaan Huygens）（图 2–38）设计出一台火药机（图 2–39）。它靠少量的火药在气缸里燃烧来提升活塞；当气体冷却时，大气压力便将活塞向下推，靠此来提起重物做功。这种火药机被认为是内燃机的鼻祖。由于火药危险性大，火药机没有成功，但为后来内燃机的问世奠定了基础。

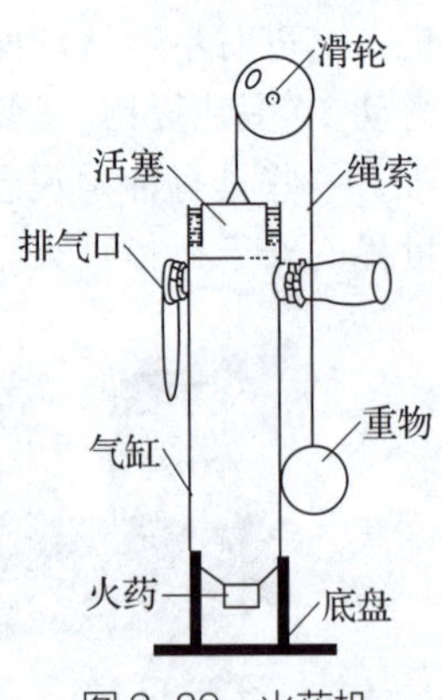

图 2–39 火药机

2. 煤气机

图 2-40 勒努瓦

1860 年，法国工程师勒努瓦（Lenoir）（图 2-40）制成了用电火花点燃煤气和空气混合物的煤气机（图 2-41）。它的结构类似蒸汽机，由水平放置的一个气缸和双侧做功的活塞组成，用滑阀开闭控制进气和排气，没有压缩，热效率只有 3%，产量达 300~400 台。

1861 年，法国工程师罗彻斯（Rochas）提出了著名的内燃机四冲程原理，即活塞在气缸中上下移动四次，完成进气、压缩、做功、排气一个循环，可以有效提高热效率。100 多年来的往复式汽车发动机，几乎都是采用这种原理。

1866 年，德国发明家尼古拉斯·奥托（Nicolaus Otto）（图 2-42）和兰根（Langen）合作制造了大气发动机，也称自由活塞发动机（图 2-43），在巴黎世界博览会上获金奖。之后由他们创建的道依茨煤气厂在 5 年内生产了 10000 多台大气发动机。当时戴姆勒（Daimler）、迈巴赫（Maybach）等一批汽车发明家都在该厂工作。

1876 年，尼古拉斯·奥托制成了一台往复活塞式、单缸、卧式、功率 3.2kW 的四冲程煤气内燃机（图 2-44）。它的压缩比为 2.66，热效率达到 14%，比没有压缩冲程的发动机提高了三倍，有力证明了科学技术是第一生产力这个真理，也结束了 200 年来人们寻找小型汽车动力的历史。

图 2-41 煤气机

图 2-42 尼古拉斯 · 奥托

图 2-43 自由活塞发动机

图 2-44 奥托内燃机

启示角

科技兴则民族兴，科技强则国家强。当代青年应该树立尊重科学技术、尊重科学家的意识，努力学习，增长知识，让科学的种子在中国的大地上生根发芽。

内燃机发明史

奥托四冲程内燃机于 1877 年 8 月 4 日获得德国专利，专利号 532。新型内燃机在 1878 年巴黎万国博览会上赢得了工程技术界的普遍称赞，认为它是“自瓦特以来在动力方面取得的最大成就”。然而奥托却在 1886 年放弃自己所获得的四冲程内燃机专利，提出任何人都可根据需要随意制作，因为他看到了法国工程师罗彻斯写的一本小册子，在他发明四冲程内燃机之前已经比较完整地提出了四冲程内燃机的原理。奥托的高尚品德博得了人们的高度赞誉。同时，大家认为第一个研制出这种内燃机的人是奥托，所以后来人们仍然一直把四冲程循环称为奥托循环原理。

名人事迹

奥托放弃四冲程内燃机专利，不计个人得失、淡泊名利，在科学发明面前尊重客观事实、坚持实事求是的世界观，值得学习和弘扬。

3. 汽油机

1883年8月15日，德国的发明家戈特利布·戴姆勒（图2-45）与威廉·迈巴赫（图2-46）合作，成功制造出世界上第一台四冲程往复式汽油机。此内燃机上安装了迈巴赫设计的化油器，还用白炽灯管解决了点火问题。它的特点是轻型和高速，当时其他内燃机的转速不超过200r/min，它却一跃达到800~1000r/min。它的特点是功率大、质量轻、体积小、转速快和效率高，特别适用于交通工具。

图2-45 戈特利布·戴姆勒

1885年，戴姆勒与迈巴赫又研制出世界第一台风冷立式单缸二冲程汽油机，功率809W，并于1885年4月3日获得专利，由于外形缘故，该专利又被称为“老爷钟”（Grandfather Clock）。之后他们又把这台汽油发动机装在两轮自行车上，制成世界上第一台摩托车（图2-47），于1885年8月25日获得德国专利，成为世界摩托车的鼻祖，而迈巴赫成为第一位摩托车手。该摩托车采用橡木车架、真皮座垫、木制车轮和带传动，利用压带轮控制传动带转动，通过一级齿轮变速，最高车速可达11.2 km/h。

图2-46 威廉·迈巴赫

图2-47 戴姆勒摩托车

4. 柴油机

1890年，德国工程师鲁道夫·狄塞尔（Rudolf Diesel）（图2-48）受面粉厂粉尘爆炸的启发，设想将吸入气缸的空气高度压缩，使其温度超过燃料的自燃温度，再将燃料喷入气缸，使之燃烧。他在题为《转动式热机的原理和结构》的论文中，第一个提出压燃式内燃机原理，于1892年2月27日取得了专利（图2-49）。他在1894年造出样机（图2-50），1898年投入商业性生产，热效率达26%，比汽油机高得多，这是一项震惊世界的卓越发明，狄塞尔为此获得了“人类最伟大的发明”金银纪念币奖（图2-51）。

图2-48 鲁道夫·狄塞尔

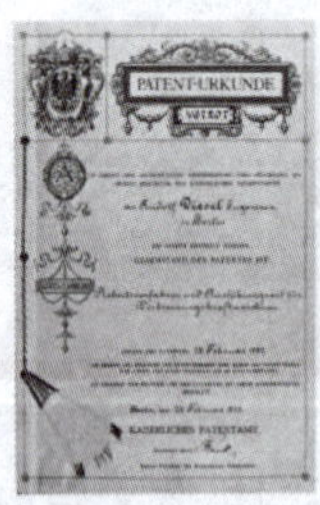

图2-49 狄塞尔柴油机专利

图2-50 样机

图2-51 “人类最伟大的发明”金银纪念币

遗憾的是，狄塞尔晚年穷困潦倒，债务重重，在1913年9月27日突然失踪。人们为了纪念这位伟大发明者，将柴油机称为“狄塞尔发动机”。

知识点6 内燃机汽车发明史

1. 第一辆三轮汽车

1886年1月29日，德国工程师卡尔·本茨（Karl Benz）（图2-52）将其研制的汽油机装

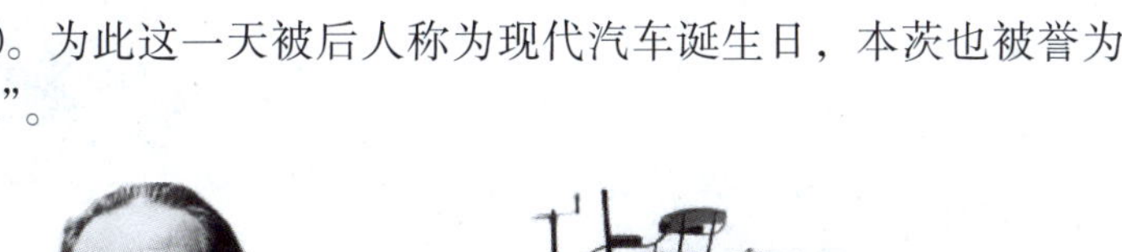

在一辆三轮车上，成为世界上第一辆汽车（图 2–53），并获得了专利（图 2–54）。为此这一天被后人称为现代汽车诞生日，本茨也被誉为“汽车之父”。

图 2–52　卡尔 · 本茨

图 2–53　世界上第一辆汽车

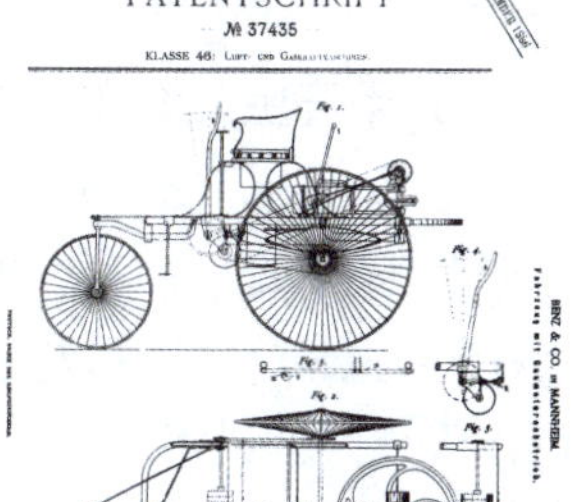

图 2–54　第一辆汽车专利

该汽车装用单缸水冷四冲程汽油机，排量 0.954L，发动机转速 400r/min，功率 550W，采用蓄电池与高压线圈点火，有散热器，发动机放在后面车架上。车身采用金属管架，装备辐条式橡胶车轮，前面一个小轮，靠操纵杆控制方向，首次采用齿轮齿条转向器；后面两个大轮，装有世界上最早的差动齿轮装置（差速器），还装有变速器和制动器；在车架和车轴之间，首次装有弹簧悬架，使乘坐舒适。该车已经具备了现代汽车的一些基本特点，最高车速约为 15km/h。

图 2–55　第一辆四轮汽车

2. 第一辆四轮汽车

1886 年，在本茨制造第一辆三轮汽车的同时，德国发明家戴姆勒成功制造了第一辆四轮汽车（图 2–55），后人把他与本茨同称为“汽车之父”。

该汽车采用单缸四冲程汽油机，功率 0.82kW，采用发动机后置后轮驱动和前轮转向杆转向，最高车速约为 16km/h。

图 2–56　标致马车形汽车

知识点 7 内燃机汽车的外形演变

内燃机汽车发明以后，历经 100 余年，汽车车身外形历经马车形、箱形、甲壳虫形、船形、鱼形和楔形等变化。

1. 马车形汽车

从 19 世纪末到 20 世纪初，早期生产的汽车外形基本上沿用了马车的造型。因此当时人们把汽车称为无马的“马车”。

图 2–57　奥兹莫比尔马车形汽车

图 2–56 是标致工厂 1891 年为摩洛哥王族生产的马车形汽车，图 2–57 是 1901—1905 年在美国最畅销的奥兹莫比尔弯挡板马车形汽车。

2. 箱形汽车

为了提高发动机的功率和汽车的速度，发动机的尺寸越变越大，在座位下面已经无法容纳，只好布置在汽车的最前面。这使得汽车的形状变成发动机舱和乘员舱两个方正部分，像个箱子，这就是箱形汽车。

图 2–58　梅赛德斯箱形汽车

图 2–58 是戴姆勒汽车公司在 1901 年推出的梅赛德斯箱形汽车，

图 2-59　福特 T 型车

图 2-59 是福特汽车公司在 1908 年推出的生产量达 1500 多万辆的 T 型车。

3. 甲壳虫形汽车

随着车速日益提高，箱形车身空气阻力大的缺点突出表现出来。汽车空气动力学的研究表明，汽车风阻随汽车速度呈级数增长，当车速超过 100 km/h 后，汽车发动机功率大部分消耗在空气阻力上。流线型车身可以大大降低风阻。

1934 年，德国著名汽车设计大师费迪南·保时捷（Ferdinand Porsche）（图 2-60）仿照甲壳虫外形设计汽车，人们称这种车为“甲壳虫”汽车。该车于 1935 年制造出第一辆样车，1939 年正式投产。由于其设计呈流线型，风阻小，且外观时尚（图 2-61、图 2-62）、价格便宜，共生产 2150 多万辆，创单产世界纪录。

图2 60　费迪南·保时捷

图 2-61　第一代甲壳虫汽车

图 2-62　2019 款甲壳虫汽车

4. 船形汽车

福特汽车公司在 1949 年推出具有历史意义的 V8 型汽车，明显地分为发动机舱、乘员舱、行李舱三个部分，中部突起，就像一条船，故称之为船形汽车，开启了现代三厢式（Three Box Type）轿车的先河（图 2-63）。

图 2-63　船形汽车

船形汽车车厢宽大、视野开阔、舒适性好、行李舱大，而且将发动机前置，从而使汽车重心相对前移，使风压中心位于汽车重心之后，由此避免了甲壳虫形汽车对横风不稳定的问题，将空气动力学和人体工程学和谐完美地结合起来。

福特 V8 型汽车的出现，成为当时的轰动事件，在经销商正式销售前便收到了 130 万张订单。从 20 世纪 50 年代至今，船形汽车已成为世界上数量最多的一种车型。

5. 鱼形汽车

船形汽车的尾部过分地伸长，形成了阶梯状，高速行驶时会产生较强的空气涡流，因此影响了车速的提高。为克服这个缺点，设计者将汽车后窗倾斜，形成斜背式，类似鱼形，所以被称为鱼形汽车。

图 2-64　1952 年别克汽车

最初的鱼形汽车是 1952 年美国通用汽车公司生产的别克汽车（图 2-64），图 2-65 是 1960 年的雪铁龙 DS19 鱼形汽车。

图 2-65　雪铁龙 DS19

6. 楔形汽车

鱼形汽车缺点是汽车后窗倾斜大、面积大，强度有所下降，而且汽

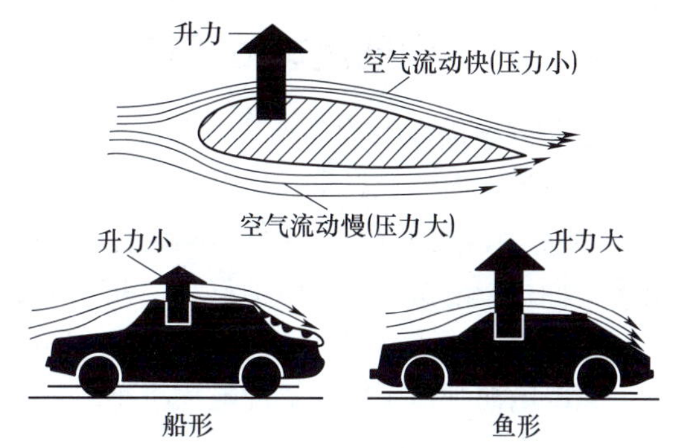

图 2-66 汽车升力产生原理

车在高速行驶时易产生很大的升力（图 2-66）。有的汽车在尾部安装了一个翘起的“尾翼”（图 2-67），也可以克服部分升力。

研究表明，减少汽车头部侧视投影的面积同时增加尾部侧视投影的面积，不但可具有较小的空气阻力，还可以提高汽车的空气动力稳定性，这就是楔形造型。

1963 年，美国司蒂倍克汽车公司第一次设计出楔形汽车（图 2-68），将车身整体向前下方倾斜，车身后部平齐，可以有效解决汽车高速行驶的升力问题。而且该车外形造型简练、动感十足，给人以美的享受和速度的快捷感，已接近于理想的造型，现在世界各大汽车公司都已生产出带有楔形效果的汽车。日本丰田汽车公司的 MR2 型汽车（图 2-69），以及 20 世纪 80 年代的意大利法拉利跑车，都是典型的楔形造型。

图 2-67 汽车尾部的“尾翼”

图 2-68 司蒂倍克汽车公司的楔形汽车

图 2-69 MR2 型汽车

由于楔形汽车诞生于船形汽车盛行的时代，与通常的汽车外形形成尖锐的对立，不但没有被接受，还在销售中一败涂地，导致司蒂倍克汽车公司破产。但是真理是永远不会被埋没的，楔形造型几年后就被凯迪拉克等很多汽车采用。

7. 现代汽车造型特点

现代汽车造型应该有完美的艺术形象，是机械工程学、人机工程学、空气动力学和现代化制造方法的有机结合。汽车的种类繁多、用途各异，以及不尽相同的审美观，决定了未来汽车外形的多样性。

作为轿车，其车身造型风格渐变圆润饱满（图 2-70），车身的各个构件尽量靠近车身表面，例如将各种外伸零部件隐入车身之内，使前照灯的灯罩和前后风窗玻璃曲面与车身曲面连续并尽量齐平，使侧窗玻璃镶在窗框的外侧，三厢车明显的阶梯感已弱化。甚至连一贯保持传统风格的劳斯莱斯和梅赛德斯 - 奔驰也开始改变方正带棱角的造型，而使车身圆滑起来。

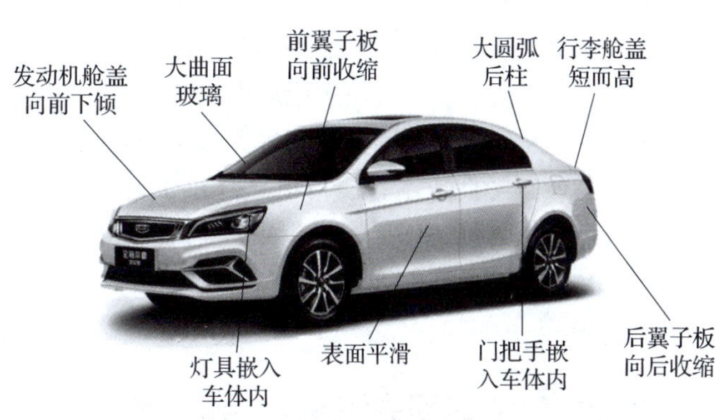

图 2-70 现代汽车造型特点

知识点 8 电动汽车发明史

电动汽车是以电能驱动的汽车，其主要特点就是环保和节能，其发明更早于内燃机汽车。

1834年，美国人托马斯·达文波特（Thomas Davenport）制造出第一辆直流电机驱动的电动汽车，并于1837年获得专利。

1839年，苏格兰人罗伯特·安德森（Robert Anderson）使用了不可充电电池制造了第一辆纯电动汽车。

1859年，法国人普兰特（Gaston Plante）发明了蓄电池。

图2-71 世界第一辆装备铅酸蓄电池的电动三轮汽车

1881年，诞生了世界第一辆装备铅酸蓄电池的电动三轮汽车（图2-71），发明人为法国工程师古斯塔夫·特鲁夫（Gustave Trouve）。

图2-72 La Jamais Contente 电动汽车

1899年，世界首辆车速超过100km/h的汽车就是电动汽车，速度为105.88km/h，由比利时工程师卡米乐·热纳茨（Camille Jenatzy）设计的名为“从不满意”（La Jamais Contente）的铝制车身汽车（图2-72），采用炮弹外形，现在保存在法国贡批尼（Compiegne）博物馆中。

电动汽车在历史上有过3个黄金发展期：

① 1885—1915年。这一期间，由于车用内燃机技术还相当落后、续驶里程短、故障多、维修困难，因此内燃机汽车性能远远不及电动汽车。电动汽车具有体积小、重量轻、成本低、耗电省、操作维修简便等优点，被普遍认可。在世纪之交，美国有40%的汽车采用蒸汽机，38%的汽车采用电力驱动，22%的汽车采用汽油动力。电动汽车的销量在1912年达到了顶峰。

② 1967—1975年。世界石油危机促使各国开发新能源汽车，在一些国家掀起了研究电动汽车的热潮。1967年，美国通用汽车公司与福特汽车公司分别研发了新型电动汽车。通用汽车公司在底特律附近的兰辛市建成EV-1电动汽车（图2-73）总装厂，雪铁龙汽车公司、标致汽车公司则将现有车型改装成小型电动汽车，全球掀起了电动汽车热潮。

图2-73 通用公司EV-1电动汽车

③ 20世纪90年代至今。随着世界环保、节能的迫切需要，电动汽车的研发有了质的飞跃，而最为关键的是在关键部件——电池上的突破。人们改变了一直使用铅酸电池的习惯，在电动汽车上应用氢镍电池、锂离子电池等，从而确保汽车拥有足够的动力和续航能力，加上大幅降低成本，使得电动汽车迅速发展。2023年，全球电动汽车销量达到1465万辆，同比增长35.4%，其中，我国新能源汽车销量累计完成949.5万辆，占全球64.8%。图2-74为比亚迪·汉纯电动汽车。

图2-74 比亚迪·汉纯电动汽车

知识点 9 智能网联汽车发明史

智能网联汽车在传统车辆基础上增加了先进的传感器、控制器、执行器等装置，通过车载传感系统和信息终端实现与人、车、路等的智能信息交换，使车辆具备辅助驾驶员操纵车辆、降低驾驶难度的功能，甚至可以替代人类驾驶员自主完成行驶或载运任务。随着电子工业、信息技术、人工智能等行业的蓬勃发展，智能网联汽车也有了长足的进步，其发展历史可以分为四个阶段。

图 2-75　基于无线电控制系统的汽车

1. 无线电遥控时代

智能网联汽车的初期形态更接近于轮式机器人，最早可追溯到1921年美国军方在俄亥俄州空军基地研发的无人三轮拖车和1925年工程师Francis研发的远程遥控汽车等（图2-75）。这些早期无人驾驶车辆均基于无线电控制系统实现远程操控，已初具无人驾驶雏形。20世纪50至60年代，科研人员做了更多的无人驾驶尝试，如通用的Firebird Ⅱ概念车、克莱斯勒的定速巡航驾驶系统、斯坦福大学开发的火星探测推车（图2-76）。

图 2-76　斯坦福大学开发的火星探测推车

2. 单片机控制时代

20世纪80年代，得益于半导体工业与集成电路的发展，车辆的电气化和智能化有了快速发展。图2-77为1986年戴姆勒－奔驰汽车公司研发的全自动化汽车，该车通过在面包车上安装计算机以及一系列传感器和摄像头，在校园内完成了无人驾驶测试。图2-78为1980年ALV公司开发的无人驾驶测试车，该车可以在封闭道路上以最高30km/h的速度定速巡航。

图 2-77　奔驰无人驾驶测试车

20世纪90年代后，车企陆续为车辆增加了智能化的电子控制系统（ABS、ESP、TCS、CCS等），车辆的操稳性和安全性都得到大幅提升。

图 2-78　ALV公司开发的测试车

3. 高级驾驶辅助时代

随着车辆智能化程度越来越高，驾驶辅助系统的功能也更加丰富且强大。相比于传统的驾驶辅助系统，这些系统智能化程度更高且具有一定的车辆控制权限。这一类的驾驶辅助系统被称为高级驾驶辅助系统（ADAS）。ADAS可以帮助驾驶员实现自动制动（图2-79）、自动泊车（图2-80）、并线辅助（图2-81）、车道偏离辅助（图2-82）等操作，极大地降低了操作难度且提升了车辆的安全性。

图 2-79　自动制动

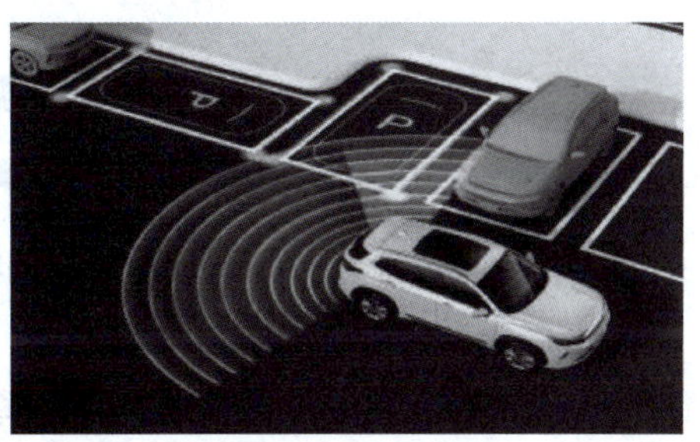
图 2-80　自动泊车

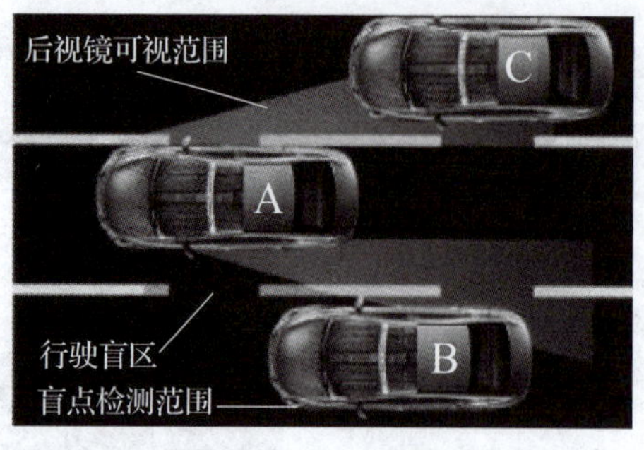

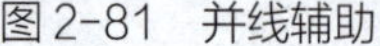

图 2-81 并线辅助

图 2-82 车道偏离辅助

4. 智能网联时代

人工智能和 5G 通信的兴起带动智能车辆走向如今的智能网联时代。随着人工智能的应用，车辆具有更强大的感知、决策、控制能力，可以自主完成各项驾驶任务，大部分操作甚至全部操作都可以由车辆独立完成。

目前商业量产车型中部分车辆已具备 L3 级别的自动驾驶能力，如装备 Autopilot 的特斯拉系列车型（图 2-83）、广汽与百度联合开发的智能车（图 2-84）等。此外，车载设备通过无线通信技术可以实现与外部终端（车辆、行人、交通设施、云端）的实时通信及数据共享（即 V2X，见图 2-85），进一步提升车辆整体的智能驾驶水平，为用户提供安全、舒适、智能、高效的驾驶感受与交通服务，同时提高交通运行效率，提升社会交通服务的智能化水平。

图 2-83 特斯拉 Autopilot 自动驾驶系统

图 2-84 百度 - 广汽智能车

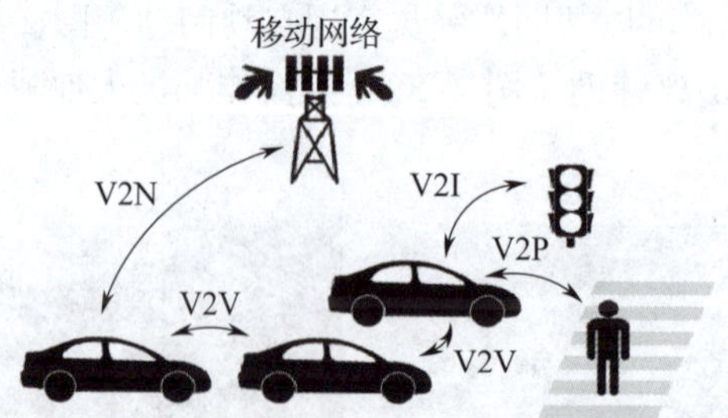

图 2-85 智能网联车辆 V2X 示意图

任务实施

1. 采用小组合作形式，分工完成古代非机车发明史、蒸汽汽车发明史、内燃机发明史、内燃机汽车的发明史、电动汽车的发明史、智能网联汽车发明史检索，并在组内讨论交流。

2. 按时间轴顺序制作一份汽车发明史的思维导图并展示。
3. 推选小组代表就未来汽车的发展趋势发表看法。
4. 练习题

（1）以下哪种非机车被誉为汽车里程表和减速装置的先驱？（　　）

A. 记里鼓车　　B. 指南车

C. 秦始皇陵铜车马　　D. 独轮车

（2）在内燃机汽车发明史中，以下谁被誉为“汽车之父”？（　　）

A. 奥托　　B. 狄塞尔

C. 戴姆勒　　D. 卡尔·本茨

（3）以下哪种车形开启了现代三厢式（Three Box Type）轿车的先河？（　　）

A. 甲壳虫形　　B. 船形

C. 鱼形　　D. 楔形

（4）唐代天文学家________是第一个提出“激铜轮自转之法，加以火蒸汽运，名曰________”。

（5）智能网联汽车通过车载传感系统和信息终端实现与________、车、________等的智能信息交换。

任务评价

在完成本学习任务后，通过小组会议的形式进行总结与反思，并完成多元化评价，评分细则见表 2-1。

表 2-1　汽车发明史检索评价表

序号	考核内容	配分	评分细则	自评得分	小组评价	教师评价
1	组员准备、学习态度、自主探究与团队协作能力	20	准备是否充分、学习态度是否认真、能否进行自主探究与团队协作 □优秀 □良好 □一般 □不合格			
2	汽车发明史检索	30	检索工具是否科学、内容脉络是否清晰、内容是否充实 □优秀 □良好 □一般 □不合格			
3	汽车发明史的思维导图制作	20	制作软件选择是否得当、制作是否精美、内容是否完整 □优秀 □良好 □一般 □不合格			
4	就汽车的发展趋势发表看法	15	观点是否鲜明、逻辑是否合理、推理是否清晰 □优秀 □良好 □一般 □不合格			
5	练习题完成正确率	15	共 5 题、每小题 3 分			
总分（自评 20%，小组评价 30%，教师评价 50%）						
学生建议：			教师指导意见：			

认知模块 02

任务2 检索汽车工业发展史

学习目标

- 能描述世界汽车工业发展与现状。
- 能描述中国汽车工业发展与现状。
- 不忘产业报国初心，牢记制造强国使命。

任务接收

检索中国汽车工业发展史，收集2009至今国内汽车销量数据并制作一份汽车产销量图表。

获取资讯

汽车诞生于德国（1876—1890），成长于法国（1891—1907），成熟于美国（1908—1946），兴旺于欧洲（1947—1975），挑战于亚洲（1976年至今）。

知识点1 汽车诞生于德国

1. 现代汽车发动机的发明来自德国

1876年，德国发明家尼古拉斯·奥托（Nicolaus Otto）制成了一台往复活塞式汽油机，人称“奥托发动机”，为现代汽油汽车的发明奠定了基础。

1892年，德国工程师鲁道夫·狄塞尔（Rudolf Diesel）发明了柴油机并取得了专利，1894年造出样机，人称“狄塞尔发动机”。

2. 现代汽车的发明来自德国

1886年1月29日，德国工程师卡尔·本茨（Karl Benz）取得了世界上第一辆三轮汽车的专利，这一天被后人称为现代汽车诞生日。

1886年，德国发明家戈特利布·戴姆勒（G.Daimler）制造了世界上第一辆四轮汽车，后人把他与卡尔·本茨同称为“汽车之父”。

3. 世界最早的汽车制造公司来自德国

1883年，卡尔·本茨成立了奔驰公司莱茵燃气发动机厂。1887年将他的第一辆汽油机汽车卖给了法国人埃米尔·罗杰斯，这是世界上第一辆现代汽车的销售。

1890年，德国戴姆勒汽车公司创立。1901年，第一辆梅赛德斯轿车（图2-86）诞生，年产量96辆。

4. 世界最早的汽车批量生产来自德国

1894 年，奔驰汽车公司开始生产威罗（Velo）牌汽车（图 2–87），至 1899 年累计生产了 1200 辆，是当时第一款大量生产的汽车。奔驰汽车公司 1899 年年产量已经达 572 辆，雇员 430 人，成为当时世界最大的汽车制造商。

图 2-86　第一辆梅赛德斯轿车

知识点 2 汽车成长于法国

图 2-87　威罗（Velo）牌汽车

1. 法国的社会经济环境为汽车的发展准备了条件

德国刚独立，经济不如法国，人们购买力低，公路差。法国经济财力雄厚，修建公路网，举行汽车赛，进行宣传。奔驰汽车公司和戴姆勒汽车公司把大部分生产移植到法国。从 1891 年起，法国占据了汽车制造的领先地位。

2. 较早出现了著名的汽车及其配件公司

1889 年，米其林公司成立。1896 年，标致汽车公司正式成立。1898 年，雷诺汽车公司成立。

3. 法国人善于学习和创新

1887 年，法国的潘哈德·勒瓦索（P&L）公司购买了戴姆勒的许可证，开始生产汽车。1891 年，P&L 公司对戴姆勒的汽车进行了改进，采用了前置发动机、后轮驱动的标准形式，设计了专用底盘，使汽车重量合理分布，改善了汽车行驶性能，被全世界广泛仿效。图 2–88 是 1891 年 P&L 公司生产的汽车。在 19 世纪 90 年代，P&L 公司生产了几万辆汽车。

图 2-88　1891 年 P&L 公司生产的汽车

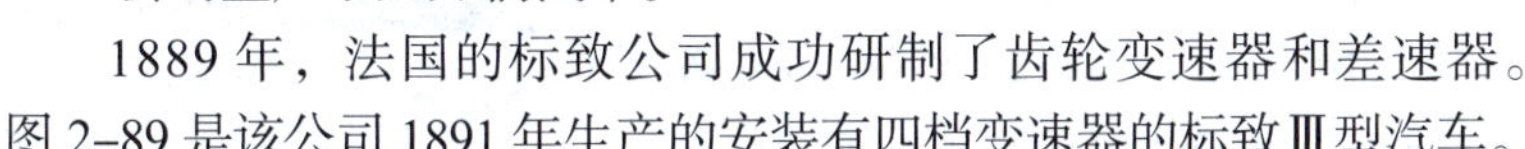

1889 年，法国的标致公司成功研制了齿轮变速器和差速器。图 2–89 是该公司 1891 年生产的安装有四档变速器的标致Ⅲ型汽车。

图 2-89　标致Ⅲ型汽车

1895 年，法国人米其林兄弟发明充气式橡胶轮胎，为汽车的性能提高作出了重要贡献。

1898 年，法国雷诺汽车公司将万向节首先应用到汽车传动系中，还发明了锥齿轮式主减速器。

1902 年，鼓式制动器专利由法国人雷诺获得。后桥独立式悬架被法国人装于赛车，使汽车的性能得到进一步的提高。

4. 法国的汽车产量增长较快

1900 年，标致汽车公司第 1000 辆汽车下线。图 2–90 是 1900 年生产的标致 28 型汽车，该车速度已达 35km/h。

1904 年，法国汽车厂达 350 家，年产量达 17000 辆。

图 2-90　标致 28 型汽车

知识点 3 汽车成熟于美国

1. 美国的社会经济发展为汽车的普及创造了条件

由于法国汽车都是以手工方式单件小批量生产，价格昂贵，限制了汽车工业的发展。美国人口众多，地大物博。美国通过独立战争结束了殖民统治，并通过南北战争扫除了奴隶制度。随着社会经济的发展，美国对汽车的需求量越来越大。

2. 美国三大汽车公司创立

1903 年，福特汽车公司成立。

1908 年，通用汽车公司成立。

1925 年，克莱斯勒汽车公司成立。

世界上第一条汽车流水生产线

3. 福特汽车公司成功开发 T 型车

1908 年，福特汽车公司成功开发了举世闻名的 T 型车（图 2–91），该车装备四缸、功率 15kW、排量 2.884L、转速 1600r/min 的发动机，可燃烧劣质油。发动机可拆卸，用于抽水、锯木。整车尺寸小，重量轻，易修理，经济实用，朴实无华。《福特传》书中称“这种车只有骨头和肌肉，没有一点脂肪”。每辆 T 型车售价最终降到 265 美元，当时一个工人工作不到四个月就可以买一辆 T 型车，因此，深受人们欢迎，供不应求。

图 2-91　福特 T 型汽车

T 型车至 1927 年共生产 1546 万辆，创下当时汽车单产世界纪录。从 1908 到 1920 年，全世界汽车保有量的 50% 是 T 型车，为“装在汽车轮子上的美国”立下了不朽功勋，福特也被誉为美国“汽车大王”。图 2–92 是当时美国街头 T 型车盛况。

图 2-92　T 型汽车盛况

4. 福特汽车公司的流水生产线

为适应 T 型车大量生产需要，福特应用创新理念和反向思维逻辑，进行汽车分块组装，于 1913 年建成了世界上第一条汽车流水生产线（图 2–93），使工人分工更为细致，产品的质量和产量大幅度提高，创造了日产汽车 10877 辆的世界纪录，每辆 T 型汽车的组装时间由原来的 12.5h 缩短至 90min，生产效率提高了约 8 倍，创造了世界汽车生产史上的奇迹。汽车生产组织形式由家庭作坊式向大规模、标准化和流水线生产方向发展，开创了现代工业生产模式的先河。

图 2-93　T 型汽车流水生产线

1923 年，福特汽车公司年产汽车达 200 万辆。

5. 通用汽车公司组建现代化集团公司

图 2-94　美国通用汽车公司总部

通用汽车公司（图 2–94）先后兼并凯迪拉克、别克、雪佛兰、庞蒂克、欧宝、莲花等 30 多个汽车公司，进行集团化生产管理，政策集中制定、分散执行，分工协作，跨国综合经营。通用汽车公司先后推出数十个品牌汽车，在全球 30 多个国家建立了汽车制造业务。自 1928 年以来，该公司一直是美国和世界最大的汽车公司。

6. 克莱斯勒汽车公司汽车品牌

克莱斯勒汽车公司不断创新，推出闻名于世的汽车品牌及独特的工程理念：率先采用“液压式”制动系统；开发了流线型小汽车（图 2–95）、前置式驾驶舱设计、高压缩比发动机；作为世界上越野车的开山鼻祖，其 Jeep 系列的越野车（图 2–96）和运动型多功能车（SUV）已畅销 100 多个国家超过 900 万辆；首创的厢式旅行车车型，已畅销全世界超过 1100 万辆。

图 2–95　流线型小汽车

7. 美国汽车产量与普及率

1918 年，美国登记客车数超过 500 万辆，居世界第一。

1920 年，美国每 7 个人有一辆汽车，普及率居世界第一。

1939 年，美国汽车产量达到 750 万辆，居世界第一。

图 2–96　Jeep 系列的越野车

知识点 4 汽车兴旺于欧洲

1. 第二次世界大战结束后，欧洲著名汽车公司重振雄风

欧洲著名汽车公司有德国的大众、戴姆勒 – 奔驰、宝马、保时捷等公司，法国的标致、雪铁龙和雷诺等公司，意大利的菲亚特、法拉利、阿尔法·罗米欧以及兰博基尼等公司，英国的劳斯莱斯、摩根、莲花及路虎等公司，瑞典的沃尔沃、萨博等公司。第二次世界大战结束后，各公司都在战争的废墟上大力重建汽车工业，为欧洲汽车兴旺作出了重要贡献。

图 2–97　雷诺 4CV 微型汽车

2. 欧洲微型汽车开发取得重大成功

针对美国车型体积大、油耗高、价格贵等缺点，欧洲汽车公司开发了多种多样的微型汽车，符合第二次世界大战后欧洲的经济条件和人们需要。

法国雷诺汽车公司在 1946 年开发了著名的四缸 0.760L 排量的 4CV 微型汽车（图 2–97），十分畅销，1954 年其产量达到 50 万辆。

图 2–98　雪铁龙 2CV 微型汽车

法国雪铁龙公司在 1948 年开发了 0.375L 排量的 2CV（Deux Chevaux Vehicle，意思是指两匹马拉的车）微型汽车，俗称丑小鸭（图 2–98）。它采用双缸、水平对置、顶置式气门、空冷发动机，车重只有 560kg。它丑而不陋，功能多，乘车空间宽敞、舒适，车窗、发动机舱盖、翼子板等都能随意拆解，车顶的布篷则可以后卷，被誉为“四个轮子一把伞”。它维修容易，价格便宜，推出后风靡世界市场数十年。它在 1949—1990 年累计产量 500 余万辆，与大众甲壳虫、英国的“迷你”，并称世界最著名的三大微型车。

图 2–99　菲亚特 500 微型汽车

意大利菲亚特公司在 1955 年开发了 0.479~0.597L 排量、风冷、后置发动机后驱动的菲亚特 500 微型汽车（图 2–99），尽管输出功率仅为 9.6~15.4kW，车速却能达到 85~105km/h。从 1955 年到 1972 年，菲亚特 500 一共生产了 360 多万辆，普及意大利中、低收入人群，与大众甲壳虫、英国的“迷你”、雪铁龙 2CV 被推举为欧洲四大民用经典车之一。2007 年，菲亚特 500 诞生 50 周年之际，菲亚特公司又推出了新款的菲亚特 500（图 2–100），被人称为“史上最美的微型车”。

图 2–100　2007 款菲亚特 500

德国大众汽车公司在1939年投产的1.192L排量的甲壳虫汽车，流线型设计，风阻小，外观时尚，风靡全球，从1939年到1973年共生产2150万辆，超过福特的T型车，创下了单产世界纪录。

德国大众汽车公司在1973年开发出高尔夫（Golf）轿车（图2-101）。该车采用水冷四缸发动机，1.1L排量，前轮驱动，轻量化底盘，两厢溜背式造型，内部空间宽敞，最高车速达到140 km/h，后来换装了1.5L发动机，车速上升到160 km/h。由于性能良好，价格比较低廉，该车深受人们欢迎，在德国，几乎每个家庭都购买一辆高尔夫轿车。2002年6月25日，高尔夫轿车的产量超过了大众甲壳虫，创下了历史纪录。迄今为止，高尔夫轿车已生产第八代（图2-102），累计销量超过4000万辆，成为德国大众汽车公司第一畅销车型。

图2-101 第一代高尔夫轿车

图2-102 第八代高尔夫轿车

1959年，英国路虎公司开发了“迷你”（Mini）微型汽车（图2-103）。该车长3.05m、宽1.41m、高1.35m，车重608kg，采用0.8L排量、25kW横置式发动机，前轮驱动，车厢下没有后轮传动轴，前后保险杠之间留有80%的空间给乘客及行李，溜背式的车尾和小得不能再小的10in（1in=0.0254m）铝合金车轮，带橡胶材料的四轮独立悬架系统。整车风格简洁大方、动感十足，乘坐舒适，这一设计理念还被人们誉为汽车技术发展史上的六大里程碑之一。该车当时的售价为790美元，深受欢迎，40年间售出超过500万辆以上，成为英国历史上单一品牌车型产量最大的车型。

图2-103 Mini微型汽车

3. 欧洲汽车产量猛增

第二次世界大战结束后，仅西欧汽车产量就由战前的80万辆猛增到750多万辆，增长了近10倍。

1966年，欧洲汽车产量突破1000万辆，超过北美汽车产量。

1973年，欧洲汽车产量1500万辆，世界汽车工业中心由美国转回欧洲。

知识点5 汽车挑战于亚洲

1. 亚洲著名汽车公司

亚洲著名汽车公司有日本的丰田、日产、本田、马自达、铃木、三菱及五十铃等公司，韩国的现代、起亚及大宇等公司，中国的一汽、东风和上汽以及印度的塔塔等汽车集团。

2. 日本汽车工业崛起

日本政府制定汽车保护和发展政策，在银行贷款和税收方面对汽车制造公司实行优惠，鼓励汽车大量出口。

丰田汽车公司创始人丰田喜一郎（图2-104）及其继承人创造了风靡全球的“丰田生产方式”（TPS），也称精益生产方式（LP），把系统化、最优化的思想运用到了管理中，以人为本，建立了“全面质量管理”和“准时化生产”（Just In Time，JIT）两种新型的管

图2-104 丰田喜一郎

理机制。前者要求以“顾客至上”的理念，把产品质量放在首要位置；后者要求做好精益生产，精心规划，彻底杜绝浪费，做到效益最大化。“丰田生产方式”为丰田、也为日本取得巨大经济效益，并被世界各国企业界所仿效。

第二次世界大战后，日本根据国内经济条件差的环境，大力发展物美价廉的经济型轿车，取得了极大成功。20 世纪 70 年代世界发生两次石油危机，日本开发的低油耗小轿车博得了消费者青睐，三年内日本汽车出口翻了一番。根据国内资源和汽车市场有限的国情，日本车企制定国际化目标，开发出皇冠（Crown）（图 2-105）、雷克萨斯（Lexus）（图 2-106）、凯美瑞（Camry）以及雅阁（Accord）等著名品牌，获得了极大的成功。

图 2-105　2018 年第 14 代皇冠

日本汽车产量从 1963 年的 100 多万辆迅速增加到 1970 年的 400 余万辆。1980 年，日本汽车年产量达 1104 万辆，首次超过美国，一直到 1993 年，年产量都居世界第一。2023 年，日本汽车产量 920 万辆，居世界第三。

图 2-106　2018 年雷克萨斯 LS

3. 韩国汽车工业崛起

韩国政府对汽车工业实行指导和扶持政策，在 20 世纪 70 年代实行“汽车国产化”政策，使韩国的汽车工业获得飞速发展。随着汽车国产化的实现，韩国政府又实施出口导向战略，从 20 世纪 80 年代开始，韩国汽车开始大量出口。

韩国汽车工业沿着“KD 装配→零部件国产化→自主开发”的发展道路，成功地实现技术跨越，创造出伊兰特（Elantra）（图 2-107）、索纳塔（Sonata）等一批畅销汽车品牌。

图 2-107　现代伊兰特汽车

2023 年，韩国汽车全球销售 799.1 万辆，产品覆盖了北美、西欧等 40 多个国家和地区，成为世界汽车产业一个重要的生产基地。

4. 中国汽车工业崛起

我国汽车工业从无到有，逐步做大做强，从 2009 年开始，连续 15 年产销量居世界第一（详见本认知模块的知识点 6“中国汽车工业发展与现状”）。

5. 印度汽车工业崛起

印度现已是世界人口第一大国，汽车保有量低，汽车潜在市场非常巨大。

印度政府在 2002 年后，先后通过了 7 项重要的汽车产业政策，调控印度汽车产业的发展，取消了汽车生产的许可证制度，鼓励新车研发，为消费者提供税收优惠及刺激消费政策，导致世界汽车巨头大量投资印度建立汽车生产厂。

2003 年后，印度汽车产量以年均超过 10% 的速度增加。2008 年，印度塔塔汽车集团收购知名品牌捷豹和路虎。

2023 年，印度汽车销量 507.9 万辆，居世界第三。

知识点 6　中国汽车工业发展与现状

在新中国成立前，我国自己的汽车工业几乎是空白，新中国成立后，汽车工业从无到有，发展到 2023 年汽车产销量分别为 3016.1 万辆和 3009.4 万辆，连续 15 年居世界第一位。新能源汽车产业规模持续扩大，发展迅速。中国汽车工业经历了艰苦创业（1953—1992）、改革开放与改组兼并（1993—2000）、产量快速增长（2001—2010）、稳步发展与转型升级（2011 至今）四个阶段。2009—2023 年我国汽车产销量如图 2-108 所示。

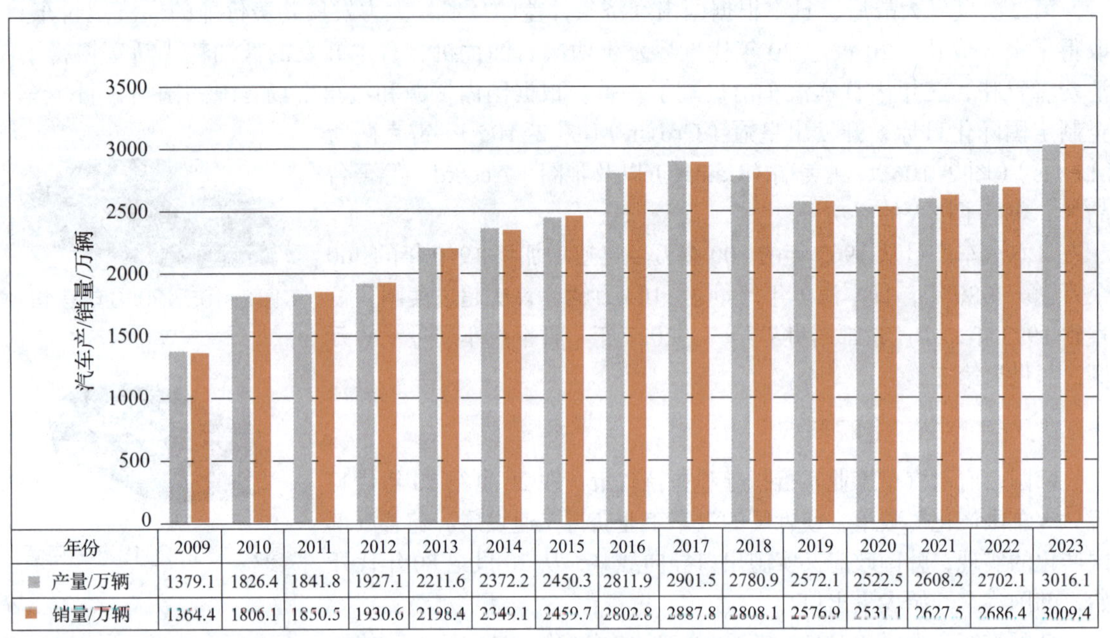

年份	2009	2010	2011	2012	2013	2014	2015	2016	2017	2018	2019	2020	2021	2022	2023
产量/万辆	1379.1	1826.4	1841.8	1927.1	2211.6	2372.2	2450.3	2811.9	2901.5	2780.9	2572.1	2522.5	2608.2	2702.1	3016.1
销量/万辆	1364.4	1806.1	1850.5	1930.6	2198.4	2349.1	2459.7	2802.8	2887.8	2808.1	2576.9	2531.1	2627.5	2686.4	3009.4

图 2-108　2009—2023 年我国汽车产销量

1. 艰苦创业（1953—1992）

（1）创建第一汽车制造厂

第一汽车制造厂于 1953 年 7 月在长春破土动工（图 2-109）。

1956 年 7 月，生产出第一辆“解放”牌载货汽车（图 2-110）。

1958 年 5 月，生产出第一辆“东风”牌轿车（图 2-111），8 月生产出第一辆“红旗”牌轿车。

第一辆东风牌轿车

第一辆解放牌货车

图 2-109　第一汽车制造厂

图 2-110　第一辆“解放”牌载货汽车

图 2-111　第一辆“东风”牌轿车

（2）创建第二汽车制造厂

第二汽车制造厂于 1967 年 4 月在湖北十堰动工兴建（图 2-112）。

1975 年 6 月，东风牌 2.5t 越野车投产。1978 年 7 月东风牌 5t 载货车投产（图 2-113）。

图 2-112　第二汽车制造厂

图 2-113　东风牌载货车

启示角

【不负期许 振兴工业】"我们也要有这样的大工厂。" 1949 年 12 月，毛主席出访苏联参观斯大林汽车厂时，这样对随行人员说。1953 年 7 月，第一汽车制造厂在长春市举行奠基典礼，毛泽东题词"第一汽车制造厂奠基纪念"。1956 年 7 月，第一汽车制造厂内，崭新的总装线装配出第一辆解放牌载货汽车，中国从此结束了不能制造汽车的历史，建设者"产业报国、工业强国"的初心从未忘怀，奋斗的脚步也从未停歇，开始了创建民族汽车工业的伟大壮举。

（3）调整与改革

1985 年，中央在"七五"计划中，把汽车工业列为国家支柱产业。

1987 年，我国政府确定了重点发展轿车工业的战略决策，具体包括以下几个方面：

第一辆红旗牌轿车

产品升级换代。1987 年，解放 CA141 汽车批量生产（图 2–114），结束了生产解放 CA10B 三十年一贯制的历史。

1）增加重型汽车生产。1960 年，济南汽车制造厂试制出中国第一辆重型汽车——黄河牌 JN150 型 8t 重型汽车，结束了中国不能生产重型汽车的历史；1989 年 6 月，第一辆国产斯达 – 斯太尔重型汽车在济汽总厂下线（图 2–115），扭转了我国汽车工业"缺重"的局面。

图 2–114 解放 CA141 汽车

2）加强轻型（含微型）汽车生产。经国家规划批准，形成天津、柳州（柳微）、哈尔滨（哈飞）、吉林、重庆（长安）、江西（昌河）和陕西（汉江）共 7 个微型汽车生产厂，适应了市场需求，提高了轻型汽车（含微型汽车）的生产比例。图 2–116 是长安汽车厂生产的"长安之星"微型汽车。

图 2–115 斯达 – 斯太尔重型汽车

3）建设轿车工业。1985 年，上海大众公司成立，与德国大众合资生产桑塔纳系列轿车，拉开了大量生产轿车的序幕。其后，一汽大众、二汽雪铁龙、广州本田等中外合资轿车项目纷纷启动，填补了我国轿车基本空白的局面。

至 1992 年，历经 40 年，我国汽车年产量达到 106 万辆。

图 2–116 "长安之星"微型汽车

2. 改革开放与改组兼并（1993—2000）

（1）改革开放进一步深入

1994 年，国务院颁布《汽车工业产业政策》，提出汽车产业"到 2010 年成为国民经济的支柱产业"的奋斗目标。

截至 2000 年，国内主要汽车公司合资企业见表 2–2。

表 2–2 国内主要汽车合资企业（2000 年以前）

企 业	合资方（合资时间）	企业	合资方（合资时间）
一汽大众汽车有限公司	一汽、德国大众（1991.2）	广州本田汽车有限公司	广汽、日本本田（1998.7）

（续）

企业	合资方（合资时间）	企业	合资方（合资时间）
一汽海南汽车有限公司	一汽、日本马自达（1998）	北京吉普汽车有限公司	北汽、美国汽车公司（后并入克莱斯勒）（1984.11）
神龙汽车有限公司	东风、法国雪铁龙（1992.5）	长安铃木汽车有限公司	长安、日本铃木（1993.5）
上海大众汽车公司	上汽、德国大众（1985.3）	南京依维柯汽车有限公司	南汽、意大利菲亚特（1996.3）
上海通用汽车有限公司	上汽、美国通用（1997.3）	天津丰田汽车有限公司	天汽、日本丰田（2000.6）

（2）改组兼并，扩大规模经营

一汽组建的第一汽车集团公司（图2-117），至1997年，已拥有成员企业270家，形成重、中、轻、轿、客、微6大系列、200多个品种，年产能力40万辆，是国内汽车产品系列最全、生产规模最大的汽车企业。

图2-117　一汽总部大楼

二汽组建的东风汽车集团公司（图2-118），相继形成了十堰、襄樊、武汉、广州四大汽车开发生产基地，拥有东风、神龙、云汽、柳汽、杭汽、风神等11个汽车生产企业，产品覆盖“重、中、轻、轿”多个品种，是国内汽车生产规模最大的汽车工业集团之一。

图2-118　东风总部大楼

上海汽车集团公司在上海、仪征、柳州、合肥、烟台等地建立了多个汽车生产基地，与德、美、日、英、法和意大利等国家的汽车和零部件企业集团建立了57家合资企业，是国内领先的乘用车制造商、最大的微型车制造商和销量最大的汽车制造企业。图2-119为1995年11月28日，上海大众第50万辆桑塔纳轿车下线情景。

图2-119　第50万辆桑塔纳轿车下线

从生产集中度看，1998年国内14家企业集团（公司）生产148.5万辆，占全国当年汽车产量的91.21%，初步形成了汽车产业的组织结构优化调整。

至2000年，历经8年，我国汽车年产量翻一番，达到207.7万辆，全球排名第八位。

3. 汽车产量快速增长（2001—2010）

（1）中国汽车年产量连续10年实现快速增长

由2001年的234万辆增加到2010年的1826万辆（图2-120），平均每年增加140多万辆，年均增长速度高达25%。

（2）出台汽车产业政策与规划

2004 年，国家新《汽车产业发展政策》发布，具体内容包括：

① 重申我国汽车产业在 2010 年前发展成为国民经济的支柱产业的奋斗目标。

② 国家鼓励汽车企业集团化发展，实现汽车产业结构优化和升级，全面提高汽车产业国际竞争力。

③ 鼓励汽车生产企业开展国际合作，坚持引进技术和自主开发相结合。

2009 年，国家出台《汽车产业振兴规划》。2009 年，我国汽车年产量强势增长，首次突破 1000 万辆，达 1379 万辆，居世界汽车产量第一位。

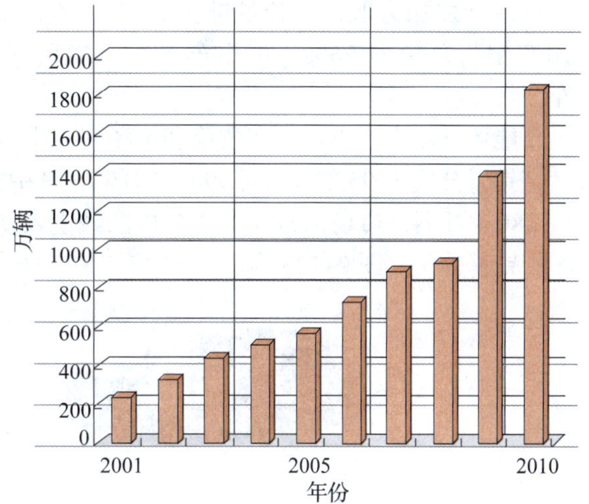

图 2-120　汽车产量跨越式增长

4. 稳步发展与转型升级（2011 至今）

我国连续 15 年汽车产销量稳居世界第一，属于全球汽车产销大国。

汽车产业结构进一步优化，汽车企业进一步改组兼并。至 2023 年，上汽、一汽、东风、比亚迪、广汽、长安等 10 个骨干汽车企业汽车产销量已经占总量的 85.4%（图 2-121）。汽车企业与互联网跨界联合已经开始，上汽与阿里巴巴，北汽与乐视，长安汽车与华为、腾讯、富士康、和谐汽车等达成战略协议，合作造车。

产品结构日趋合理。乘用车成为我国汽车产品的主体，2023 年我国乘用车产销量分别为 2612.4 万辆和 2606.3 万辆，已达到汽车总量的 88%；2015—2023 年，在乘用车购置税减征政策与环保理念的双重影响下，1.6L 排量以下的乘用车成为销售主流，对于节能减排、促进小排量车型消费起到了很大作用。

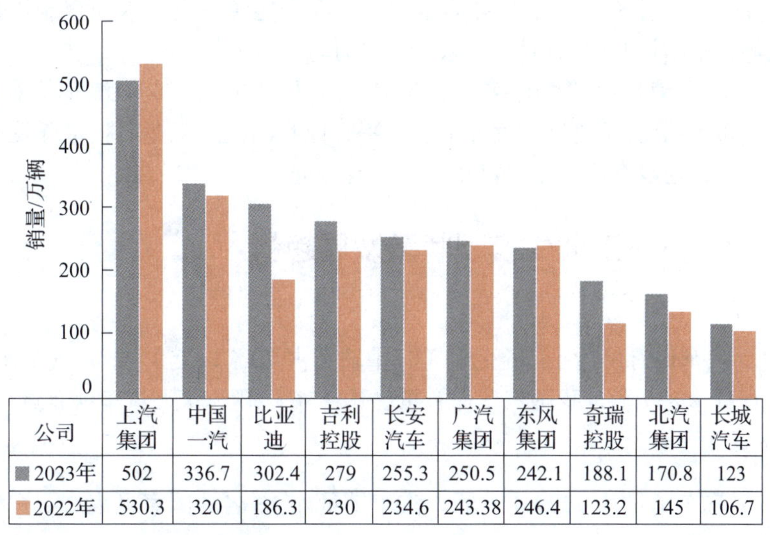

公司	上汽集团	中国一汽	比亚迪	吉利控股	长安汽车	广汽集团	东风集团	奇瑞控股	北汽集团	长城汽车
2023年	502	336.7	302.4	279	255.3	250.5	242.1	188.1	170.8	123
2022年	530.3	320	186.3	230	234.6	243.38	246.4	123.2	145	106.7

图 2-121　2022—2023 年销量前十名的企业（集团）

自主开发能力取得了长足进步。2023 年，中国自主品牌乘用车共销售 1459.6 万辆，占乘用车销售总量的 56%，乘用车自主开发已开始进入中高档领域。图 2–122 为红旗 H9+ 轿车。

新能源汽车发展迅速。在政策和市场的双重作用下，2023 年我国新能源汽车持续爆发式增长，产销量分别为 958.7 万辆和 949.5 万辆，其中纯电动汽车销量 668.5 万辆，插电式混动汽车销量 280.4 万辆，市场销售和生产规模已经进入 900 万辆级别，已经连续九年位居世界新能源汽车产销榜首位。图 2–123 为比亚迪·汉 DM–i 轿车。

图 2–122 红旗 H9+ 轿车

图 2–123 比亚迪 · 汉 DM–i 轿车

早在 2005 年，奇瑞汽车、长城汽车、长安集团等自主品牌车企就已经踏出国门，在海外寻找新的销售增长点。近几年来，比亚迪、长城汽车、上汽集团等车企在全球汽车出口市场展现出显著的竞争力。这些企业不仅销售上表现出色，还通过海外收购、投资并购及海外工厂建设等方式加速了全球布局。比亚迪在乌兹别克斯坦建立了首个海外合资工厂，并在欧洲多国探索建厂可能性。长城汽车已在泰国、马来西亚、巴西、俄罗斯和巴基斯坦等国家建立了生产基地。奇瑞汽车在阿根廷投资建厂。上汽集团则在规划在欧洲建立整车生产基地。

2018—2019 年，受宏观经济下行压力加大、居民收入增速放缓、汽车保有量持续增长带来的资源环境约束增强、汽车消费理念变化等多重因素叠加影响，汽车在中国的快速普及已经基本结束，新车市场进入低速增长的新常态。在增速放缓的同时，中国汽车市场已经具备加快实现高质量发展的基础和条件。

2020—2023 年，国内自主品牌市场份额屡创新高，汽车出口继续保持较高水平。自主品牌车企积极探索汽车电动化、智能化、网联化协同发展的有效路径，紧抓汽车行业发展新机遇与市场需求，进一步推动转型升级，实施高质量发展。在新能源三电技术和智能驾驶相关领域逐步建立起竞争优势，不断提升国内市场份额，海外出口量呈增长态势。

目前我国的汽车产销量虽然全球第一，但是由于人口众多，人均汽车保有量仍然较低。2023 年，千人汽车保有量已经超过了世界平均水平，但我国汽车工业在技术开发水平与世界汽车强国还有一些差距，还没有成为全球汽车强国，有待进一步做大做强。

知识点 7 世界汽车工业生产现状及发展趋势

1. 汽车保有量

2023 年，世界汽车保有量达 14.46 亿辆（其中轿车占 70% 以上），千人汽车保有量 181 辆；美国千人汽车保有量达 837 辆，我国汽车保有量已达 3.36 亿辆，千人汽车保有量达到 238 辆。

2. 汽车年销量

2023 年，世界汽车销量达 9272.4 万辆。汽车销量前 10 名的国家见表 2–3。我国居世界第一位。

表 2–3　2023 年世界各国汽车销量排名

名次	国家	年销量 / 万辆	名次	国家	年销量 / 万辆
1	中国	3009.4	6	巴西	217.9
2	美国	1560.8	7	英国	190.3
3	印度	507.9	8	法国	177.4
4	日本	477.9	9	韩国	173.9
5	德国	284.4	10	加拿大	166.4

2023 年世界汽车制造商汽车销量排名见表 2–4。

表 2–4　2023 年世界汽车制造商汽车销量排名

名次	汽车制造商	年销量 / 万辆	与 2022 年比较（%）	名次	汽车制造商	年销量 / 万辆	与 2022 年比较（%）
1	丰田汽车公司	1123	7.2	7	上汽集团	502	–5.31
2	大众汽车集团	924	12	8	福特汽车公司	441	4
3	现代汽车集团	730	6.6	9	本田汽车公司	410.9	11
4	斯特兰蒂斯集团	620	6.89	10	一汽集团	336.7	5.1
5	通用汽车公司	618	4.16	11	铃木汽车公司	307	3.5
6	雷诺 – 日产 – 三菱联盟	617	–0.1	12	比亚迪汽车公司	302	61.8

数据分析表明（表 2–4），世界汽车生产销售总体增长放慢，我国已经有两家汽车企业（上汽集团、一汽集团）进入世界十强。

3. 汽车市场竞争激烈

汽车产业各种形式的资产与债务重组、兼并收购层出不穷，大众、铃木正式分手，东风入股标致雪铁龙，长安跟标致雪铁龙正式分手，吉利集团收购戴姆勒股份公司股份，标致雪铁龙（PSA）和菲亚特克莱斯勒（FCA）成立斯特兰蒂斯集团，全球车企相互并购、拆分及重组已成常态，企业间也开始积极寻求更多的相互合作，以实现企业在新的竞争环境下的转型与发展。

4. 汽车技术发展趋势

当前，全球新一轮科技革命和产业变革蓬勃发展，汽车与新能源、互联网、大数据、人工智能等领域有关技术加速融合，电动化、网联化、智能化、绿色低碳成为汽车技术的发展潮流和趋势。

零碳内燃机与纯电动、燃料电池将会长期互补共存，共同促进交通能源零碳转型。如以氢 / 氨内燃机为代表的零碳内燃机是传统内燃机转型的选项。动力电池、燃料电池、电驱动系统等关键技术的创新和产业化突破，将支撑新能源汽车技术迭代升级，持续引领全球汽车电动化转型的创新方向。以人工智能、量子信息、移动通信、物联网、区块链为代表的新一代信息技术加速应用，智慧能源、智能交通、智慧城市的快速建设，将进一步推动智能网联汽车新变革。

任务实施

1. 采用小组合作形式，分工完成中国汽车工业发展的检索与分析，并在组内讨论交流。
2. 制作2009—2023年期间国内汽车产销量图表并展示。
3. 推选小组代表就汽车技术发展趋势发表看法。
4. 练习题

（1）现代汽车诞生于哪个国家？（ ）

A. 美国　B. 德国　C. 法国　D. 中国

（2）1895年，法国人________发明充气式橡胶轮胎，为汽车的性能提高作出了重要贡献。（ ）

A. 米其林兄弟　B. 卢米埃　C. 尼古拉·约瑟夫·卡尔诺　D. 约瑟夫

（3）1913年，哪个汽车公司推出了世界第一条流水生产线？（ ）

A. 通用　B. 福特　C. 奔驰　D. 菲亚特

（4）第一汽车制造厂于1953年7月在________破土动工。

（5）1956年7月，第一辆________载货车驶出总装车间，中国从此结束了不能制造汽车的历史。

任务评价

在完成本学习任务后，通过小组会议的形式进行总结与反思，并完成多元化评价，评分细则见表2-5。

表2-5 汽车工业发展史检索评价表

序号	考核内容	配分	评分细则	自评得分	小组评价	教师评价
1	组员准备、学习态度、自主探究与团队协作能力	20	准备是否充分、学习态度是否认真、能否进行自主探究与团队协作 □优秀 □良好 □一般 □不合格			
2	中国汽车工业发展史的检索	30	检索工具是否科学、内容脉络是否清晰、内容是否充实 □优秀 □良好 □一般 □不合格			
3	国内汽车产销量图表制作	20	制作软件选择是否得当、制作是否精美、内容是否完整 □优秀 □良好 □一般 □不合格			
4	就汽车技术发展趋势发表看法	15	观点是否鲜明、逻辑是否合理、推理是否清晰 □优秀 □良好 □一般 □不合格			
5	练习题完成正确率	15	共5题、每小题3分			
总分（自评20%，小组评价30%，教师评价50%）						
学生建议：			教师指导意见：			

03

认知模块

国外著名汽车公司介绍

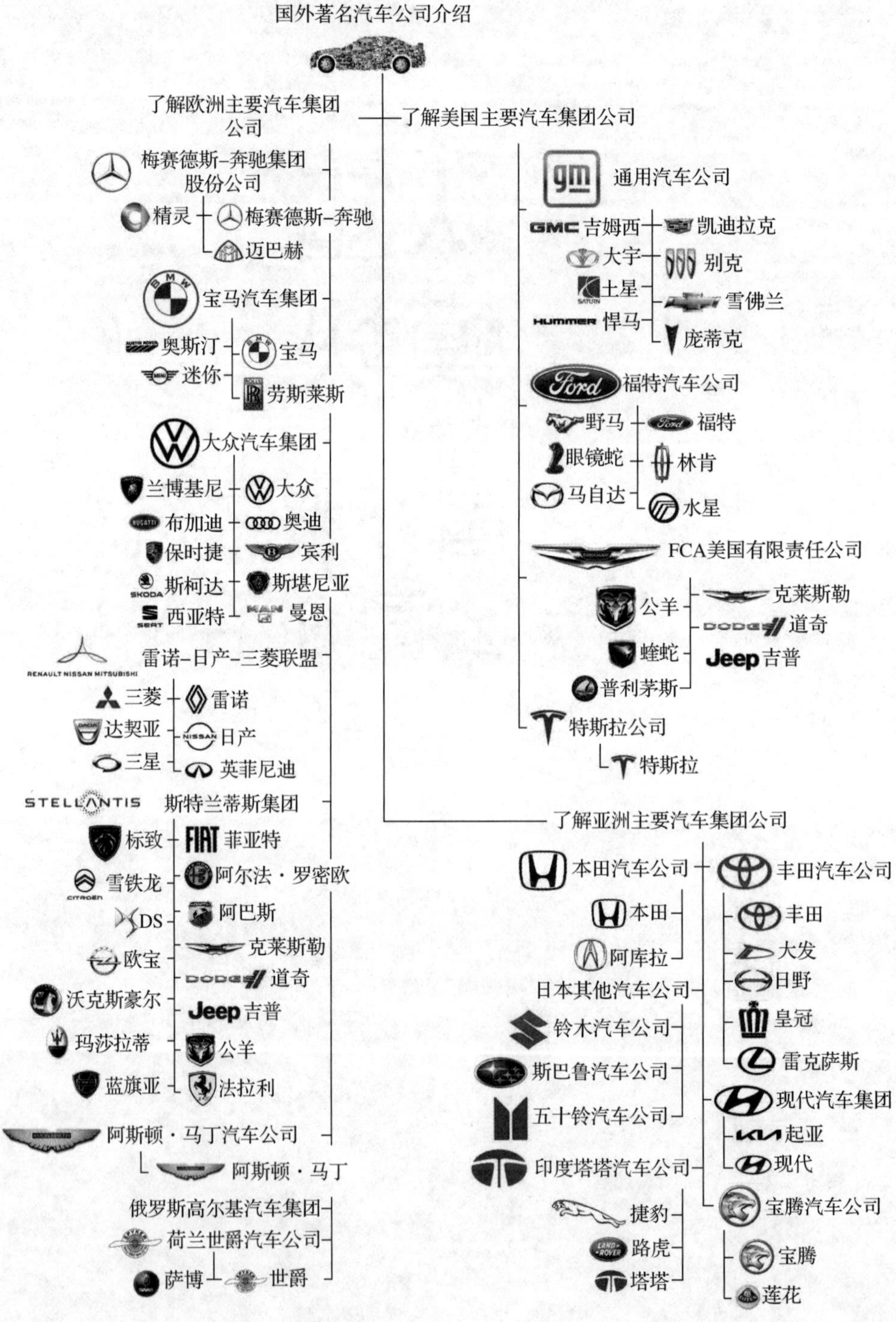

国外著名汽车公司介绍

- 了解欧洲主要汽车集团公司
  - 梅赛德斯-奔驰集团股份公司
    - 精灵
    - 梅赛德斯-奔驰
    - 迈巴赫
  - 宝马汽车集团
    - 奥斯汀
    - 迷你
    - 宝马
    - 劳斯莱斯
  - 大众汽车集团
    - 兰博基尼
    - 布加迪
    - 保时捷
    - 斯柯达
    - 西亚特
    - 大众
    - 奥迪
    - 宾利
    - 斯堪尼亚
    - 曼恩
  - 雷诺-日产-三菱联盟
    - 三菱
    - 达契亚
    - 三星
    - 雷诺
    - 日产
    - 英菲尼迪
  - 斯特兰蒂斯集团
    - 标致
    - 雪铁龙
    - DS
    - 欧宝
    - 沃克斯豪尔
    - 玛莎拉蒂
    - 蓝旗亚
    - 菲亚特
    - 阿尔法·罗密欧
    - 阿巴斯
    - 克莱斯勒
    - 道奇
    - Jeep吉普
    - 公羊
    - 法拉利
  - 阿斯顿·马丁汽车公司
    - 阿斯顿·马丁
  - 俄罗斯高尔基汽车集团
  - 荷兰世爵汽车公司
    - 萨博
    - 世爵
- 了解美国主要汽车集团公司
  - 通用汽车公司
    - 吉姆西
    - 大宇
    - 土星
    - 悍马
    - 凯迪拉克
    - 别克
    - 雪佛兰
    - 庞蒂克
  - 福特汽车公司
    - 野马
    - 眼镜蛇
    - 马自达
    - 福特
    - 林肯
    - 水星
  - FCA美国有限责任公司
    - 公羊
    - 蝰蛇
    - 普利茅斯
    - 克莱斯勒
    - 道奇
    - Jeep吉普
  - 特斯拉公司
    - 特斯拉
- 了解亚洲主要汽车集团公司
  - 本田汽车公司
    - 本田
    - 阿库拉
  - 日本其他汽车公司
    - 铃木汽车公司
    - 斯巴鲁汽车公司
    - 五十铃汽车公司
  - 印度塔塔汽车公司
    - 捷豹
    - 路虎
    - 塔塔
  - 丰田汽车公司
    - 丰田
    - 大发
    - 日野
    - 皇冠
    - 雷克萨斯
  - 现代汽车集团
    - 起亚
    - 现代
  - 宝腾汽车公司
    - 宝腾
    - 莲花

认知模块 03

任务 1　了解欧洲主要汽车集团公司

学习目标

- 能够识别欧洲主要汽车集团公司旗下的品牌与车标。
- 能够阐述欧洲主要汽车集团公司的发展历史。
- 培养学生一丝不苟、精益求精、追求卓越的工匠精神。

任务接收

请你组建一支汽车历史博物馆讲解团队，主要负责介绍欧洲展区的奔驰、宝马、雷诺、标致等汽车企业发展历史，并将汽车的文化故事传递给观众。

获取资讯

梅赛德斯－奔驰的发展历史

知识点 1 梅赛德斯－奔驰集团股份公司

1. 公司概况

（1）公司发展简介

1883 年，德国的汽车发明家卡尔·本茨在曼海姆建立奔驰汽车公司（Benz & .Co.Rheinische Gasmotoren–Fabrik）。

1886 年 1 月 29 日，本茨发明了世界上第一辆三轮汽车。同年，德国发明家戴姆勒成功制造了世界第一辆四轮汽车，后人把他们同称为“汽车之父”。

1890 年，戴姆勒汽车公司（Daimler Motoren–Gesellschaft，DMG）成立。

1897 年，戴姆勒汽车公司生产出凤凰牌汽车（图 3–1）。

图 3–1　凤凰牌汽车

1901 年，戴姆勒汽车公司轿车采用“梅赛德斯”（Mercedes）名称。“梅赛德斯”是温文尔雅的意思，也是当时奥地利驻匈牙利总领事捷里内克（Jellinek）爱女（图 3–2）的名字。捷里内克在 1899 年驾驶戴姆勒凤凰牌汽车在法国的世界汽车大赛中获头奖，建议采用他女儿的名字作为品牌商标，被戴姆勒接受。

图 3–2　梅赛德斯

1926 年，奔驰汽车公司与戴姆勒汽车公司两家公司合并，改名为戴姆勒－奔驰汽车公司，公司生产的所有汽车都命名为“梅赛德斯－奔驰”（Mercedes Benz）。

1936 年，推出了世界上第一款使用柴油发动机的轿车 206D。

1938 年，推出了根据空气动力学设计的梅赛德斯 – 奔驰 320 轿车（图 3–3）。

图 3–3 梅赛德斯 – 奔驰 320 轿车

1954 年，推出 300 SL“鸥翼”式汽车。图 3–4 为 1956 年产品，采用折叠式硬篷，铝制的轻型车身，率先使用世界最先进的电子汽油喷射系统以及独特的操纵控制技术等。

图 3–4 奔驰 300 SL 轿车

1969 年，推出了 C111 汪克尔发动机汽车（图 3–5），功率达 206kW。

图 3–5 C111 汪克尔发动机汽车

1972 年，开发了一款全新的豪华车 280 SE（图 3–6），并且正式命名为 S 系列。

图 3–6 奔驰 280 SE

1998 年，戴姆勒 – 奔驰汽车公司与克莱斯勒汽车公司合并，成立戴姆勒 – 克莱斯勒汽车公司，开创了世界大汽车集团跨国合并的先例。

2007 年，戴姆勒 – 克莱斯勒汽车公司发表公报称，经股东大会投票表决，该公司已更名为戴姆勒股份公司，从而正式完成了德国戴姆勒与美国克莱斯勒的分离程序。

2018 年 2 月，吉利集团入股戴姆勒，以 90 亿美元购得 9.69% 股权，成为奔驰母公司戴姆勒的最大股东。

2018 年 7 月，戴姆勒公司与清华大学续签合作意向书，与百度签署谅解备忘录，重点深化双方在自动驾驶和智能交通领域的合作。

2019 年 3 月 28 日，吉利集团和戴姆勒股份公司宣布，双方将成立合资公司，在全球范围内联合运营和推动 Smart 品牌转型，致力于将 Smart 打造成为全球领先的高端电动智能汽车品牌。合资公司总部设在中国，双方各持股 50%。

2021 年 12 月 13 日，北汽集团宣布，为加强双方长期战略合作，已经通过继续投资在 2019 年持有戴姆勒股份公司 9.98% 股份。这表明，双方充分认可过去长期合作的成功，并重视未来的发展。同时，戴姆勒持有北汽集团 9.55% 的股份，以及持有北汽蓝谷 2.46% 的股份，交叉持股将助力双方在中国市场的高质量发展与长期成功。

2022 年 1 月，戴姆勒宣布 2 月 1 日起将公司名称从戴姆勒股份公司（Daimler AG）更名为梅赛德斯 – 奔驰集团股份公司（Mercedes–Benz Group AG）。

（2）公司现状

公司以生产高质量、高性能豪华汽车闻名世界，也是世界上最著名的大客车和重型载货汽车生产厂家。公司总部在斯图加特。梅赛德斯 – 奔驰集团股份公司在中国与北汽集团、福建汽车集团、吉利集团等企业合资生产奔驰系列汽车。2023 年，梅赛德斯 – 奔驰集团股份公司全球汽车销量 249.18 万辆。

2. 梅赛德斯 – 奔驰集团股份公司商标

（1）奔驰商标

本茨发明了汽车，同时巧妙地将希腊文学艺术中心神话与德国制造技术有机地结合在一起，成为世界汽车文化的先驱。在两个嵌套的圆之间加月桂枝树叶（图 3–7），象征一顶桂冠，“桂冠”

在文化、艺术、体育等领域也常见到，它代表优异、成功、荣誉和辉煌，喻示奔驰公司在汽车领域独占鳌头，独夺“桂冠”。

（2）戴姆勒商标

戴姆勒商标图案是一个圆环围着一颗三叉星（图 3-8）。三叉星形似简化了的汽车转向盘，表示在陆、海、空领域全方位的机动性，圆环显示其汽车营销全球的发展势头。戴姆勒与奔驰公司合并后，也常以该商标作为公司商标，置于汽车前端散热器上，随车高速奔驰，迎风傲立，气度高雅。历史记载，戴姆勒 1873 年给妻子的明信片中画了颗三叉星，并特别声明：总有一天，这颗吉星会照耀我毕生的工作。1890 年，这颗星开始用于戴姆勒公司产品。

梅赛德斯－奔驰商标由奔驰和戴姆勒商标组合而成，历经多次演变，如图 3-9 所示。

图 3-7　奔驰商标

图 3-8　戴姆勒商标

（1933）

（1989）

（2009 至今）

图 3-9　梅赛德斯－奔驰商标

3. 公司主要汽车品牌

梅赛德斯－奔驰集团股份公司主要汽车品牌有梅赛德斯－奔驰、迈巴赫、精灵等。

（1）梅赛德斯－奔驰（Mercedes-Benz）

梅赛德斯－奔驰汽车主要有轿车、轿跑车（敞篷跑车）、SUV、MPV、纯电动车型及插电式混合动力等多个系列共几十种车型。轿车分 A、B、C、E 和 S 级。

（2）迈巴赫（Maybach）

威尔海姆·迈巴赫（Wilhelm Maybach）（图 3-10）是戴姆勒汽车公司的创始人之一，担任总工程师。Maybach 品牌商标由两个交叉的 M 围绕在一个球面三角形组成（图 3-11），两个 M 是迈巴赫汽车（Maybach Motorenbau）的缩写。迈巴赫是戴姆勒－奔驰汽车公司的超豪华顶级轿车品牌（图 3-12）。

图 3-10　威尔海姆 · 迈巴赫

（3）精灵（Smart）

精灵是由奔驰汽车公司和瑞士钟表巨子斯沃琪公司共同开发的超微型车（图 3-13）。Smart 车的外形像一个大玩具车，有人称之为“卡通车”。

图 3-11　迈巴赫车标

图 3-12　迈巴赫汽车

图 3-13　奔驰精灵汽车

知识点 2　宝马汽车集团

1. 集团概况

（1）公司发展简介

宝马汽车公司发展史

巴伐利亚发动机制造厂股份有限公司（德语：Bayerische Motoren Werke

Aktiengesellschaft，缩写为 BMW AG 或 BMW，中文名称为宝马），是德国一家跨国豪华汽车、摩托车和发动机制造商，总部位于德国巴伐利亚州的慕尼黑。目前宝马汽车集团是 BMW、MINI、Rolls-Royce 三个品牌的拥有者。

1916 年，宝马汽车集团前身——巴伐利亚发动机制造厂成立，创始人吉斯坦·奥托（Gustav Otto），其父是鼎鼎大名的四冲程内燃机发明家奥托（Otto）。1917 年，公司更名为宝马（BMW）公司。

1928 年，宝马推出首辆汽车。

1933 年，推出宝马 303 型高性能双门四座位轿车。

1939 年，推出宝马 328 型跑车（图 3-14），采用流线型设计，身段优美，赢得了当时“巴洛克天使”的美名。该车极速高达 160km/h，是当时速度最快的跑车，很受欢迎。

图 3-14 宝马 328 型跑车

1977 年，推出世界著名的宝马 7 系列豪华汽车（图 3-15）。

图 3-15 宝马 7 系列

1998 年，购买劳斯莱斯品牌和标志，并与大众签订协议，从 2003 年开始生产劳斯莱斯轿车。

1999 年，推出最新宝马 8 系列豪华汽车。

2005 年，推出宝马 H2R 氢燃料汽车（图 3-16），最高车速 302.4km/h，0—100km/h 加速时间 6s 左右。

图 3-16 宝马 H2R

2008 年，克里斯·班戈（Chris Bangle）设计出宝马 GINA Concept 的告别之作，一款极富个性的概念车。全车蒙皮均采用软性材料，超前的材料给了班戈更多发挥的空间（图 3-17）。

图 3-17 宝马 GINA Concept

2013 年，推出 i 系列的首款车型 i3（图 3-18）。

图 3-18 宝马 i3

2014 年，推出混合动力车型宝马 i8，造型沿用了在电影《碟中谍 4》中出尽风头的 Vision Efficient Dynamics 概念车的设计（图 3-19）。

图 3-19 宝马 i8

2016 年，推出宝马 VISION NEXT 100 概念车，作为宝马在百年诞辰之际的一份礼物（图 3-20）。

图 3-20 宝马 VISION NEXT100 概念车

2018 年 7 月 10 日，与中国长城汽车合资成立光束汽车有限公司。

2019 年 3 月，宝马汽车集团宣布与戴姆勒公司就自动驾驶技术展开共同开发，此前宝马已经与大众、FCA、英特尔及 Mobileye 等公司展开合作。2019 年下半年，陆续签约四维图新、联通和腾讯三大科技公司以及中国信息通信研究院，加快了宝马在自动驾驶和智能网联的密集布局。

2021 年 12 月，宝马汽车集团宣布的中国战略升级，强调“中国优先”，即在新产品开发中，宝马将优先考虑中国市场需求，不断强化与中国伙伴的共创共赢。宝马将在中国加速推进电动化、数字化和可持续发展，与中国保持同频共进。

2022 年 6 月 23 日，宝马在沈阳开设了第三家工厂。这是宝马迄今为止在中国最大的投资额，超过 20 亿欧元。9 月 9 日，宁德时代与宝马宣布达成一项长期协议，从 2025 年开始，宁德时代将为宝马的纯电车型供应圆柱电池。

（2）公司现状

宝马汽车集团目前在世界 13 个国家设有子公司和生产厂。宝马总部在德国慕尼黑（图 3-21）。2023 年，宝马汽车集团全球汽车销量 255.5 万辆。

图 3-21 宝马总部

2. 公司商标（图 3-22）

采用宝马汽车集团名称 BMW 和飞机螺旋桨图案，蓝色代表蓝天、白色代表白云，飞机螺旋桨表示宝马过去在航空发动机技术方面的领先地位，象征公司的一贯宗旨和目标：在广阔的时空中，以最新的科学技术、最先进的观念，满足顾客的最大愿望。这反映了公司蓬勃向上的精神和日新月异的新面貌。宝马汽车的性能优异是世人所公认的。

图 3-22 宝马商标

3. 主要汽车品牌

宝马汽车集团主要汽车品牌有宝马、劳斯莱斯、迷你等，见表 3-1。

表 3-1 宝马汽车集团主要汽车品牌

品牌	商标	品牌	商标	品牌	商标
宝马（BMW）	BMW	劳斯莱斯（ROLLS-ROYCE）	ROLLS RR ROYCE	迷你（MINI）	MINI

（1）宝马（BMW）

汽车品牌有 i、X、M、Z 和纯数字等 5 种车型，其中轿车有 1、2、3、4、5、6、7、8 等系列。图 3-23 为 2022 年宝马 i7。

（2）劳斯莱斯（ROLLS-ROYCE）

1906 年，劳斯莱斯汽车公司成立。创始人是劳斯（Rolls，法国汽车商）和莱斯（Royce，英国汽车工程师）（图 3-24），由劳斯负责投资营销，莱斯提供发明专利，给汽车起名为劳斯莱斯。

1998 年 6 月，公司被德国大众收购。

1998 年 7 月，宝马出资 4000 万英镑购买劳斯莱斯品牌和标志，并与大众签订协议，宝马从 2003 年开始生产劳斯莱斯轿车。

图 3-23 2022 年宝马 i7

图 3-24 劳斯与莱斯

劳斯莱斯商标中的双 R（图 3-25）是劳斯与莱斯名字的首字母，两个字母交叉，表示你中有我、我中有你、团结奋斗、携手共进。劳斯莱斯的另一个传统车标是具有古典风格的“飞翔女神”雕像（图 3-26），出现于 1911 年，由艺术家查理斯·萨科斯设计。据说其灵感来自巴黎卢浮宫艺术品走廊的一尊古希腊女神雕像，身披轻纱的“飞翔女神”两臂后伸，体态轻盈、风姿绰

图 3-25 劳斯莱斯商标

图 3-26 劳斯莱斯车标

约。当时的总经理约翰逊撰文称："这是一位优雅无比的女神，她代表着人类的崇高理想和生活的欣狂之魂，她将旅途视为至高无上的享受。"

图 3-27 2023 款劳斯莱斯幻影

劳斯莱斯汽车以外形独特、古香古色、性能优越著称于世，是当今世界最豪华、最尊贵的汽车，由于英国多位女王都曾选用，也被誉为"女王车"。图 3-27 为 2023 款劳斯莱斯幻影。

（3）迷你（MINI）

图 3-28 BMC 商标

1905 年，英国人赫伯特·奥斯汀（Hebert Austin）创建了奥斯汀汽车厂，制造了第一辆奥斯汀牌汽车。

1952 年，奥斯汀与莫里斯（Morris）等五个汽车厂合并组成英国汽车公司（British Motor Corporation, BMC）。BMC 商标如图 3-28 所示。

图 3-29 迷你商标

1959 年，英国汽车公司推出著名的"迷你"微型汽车。其商标如图 3-29 所示。

图 3-30 BLMC 商标

1969 年，BMC 公司与罗孚汽车公司合并，重新命名为英国利兰汽车公司（British Leyland Motor Corporation，BLMC），其商标如图 3-30 所示。

1975 年，利兰汽车公司由政府接管，并改名为路虎集团（Rover Group），商标改名奥斯汀路虎（Austin Rover）（图 3-31）。

图 3-31 奥斯汀路虎商标

1994 年，宝马收购路虎。

2000 年，宝马全面出售路虎资产，只留下了 MINI 一个品牌。

2001 年，宝马设计出新款 MINI（图 3-32）。

知识点 3 大众汽车集团

图 3-32 新款 MINI

1. 集团概况

（1）公司商标

采用德文 Volkswagen（大众汽车）的"V"在上，"W"在下，又像 3 个"V"（图 3-33），表示公司产品"必胜 - 必胜 - 必胜"。在德语中，Volks 为人民之意，Wagen 为汽车之意，因此，其全名之意即是"人民汽车"。大众商标简洁、鲜明，令人过目不忘。

图 3-33 大众商标

（2）公司简介

公司创立于 1938 年，总部位于德国"汽车城"沃尔夫斯堡（图 3-34），创始人是世界著名的汽车设计大师费迪南德·保时捷（Ferdinand Porsche）。

（3）公司规模

大众汽车集团是欧洲最大的汽车生产集团，世界五大汽车集团之一。2023 年，汽车销量 924 万辆，居世界第 2，《财富》世界 500 强排行第 15。在中国有上汽大众和一汽大众等合资汽车公司。

图 3-34 大众公司总部

2. 发展简史

图 3-35　甲壳虫汽车

1938 年，大众公司成立。

1933 年投产的“甲壳虫”汽车（图 3-35），至 1978 年停产共生产 2150 万辆，打破了福特 T 型车的世界纪录。

1964 年，收购德国的奥迪汽车公司。

图 3-36　高尔夫轿车

1973 年，开发出高尔夫（Golf）轿车（图 3-36），迄今已生产第八代，生产量超过 2500 多万辆，创单一车型世界冠军。车款多达二十多种，车厢十分牢固，空间宽敞，行驶性能安全可靠。

1983 年，大众汽车集团买下了西班牙的西亚特汽车公司的大部分股份，使西亚特成为大众汽车集团的子公司。

1991 年，收购捷克的斯柯达。

1998 年，收购布加迪、兰博基尼、宾利、劳斯莱斯（2002 年 12 月 31 日后归属宝马），成为欧洲第一大汽车公司。

2009 年 5 月 7 日，并购保时捷汽车公司。

大众汽车公司发展史

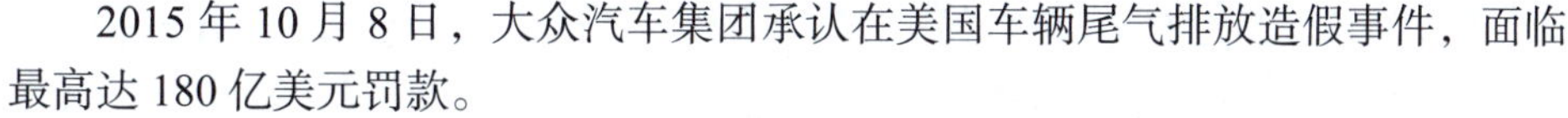

2015 年 10 月 8 日，大众汽车集团承认在美国车辆尾气排放造假事件，面临最高达 180 亿美元罚款。

2018 年 11 月，大众汽车集团宣布进军电动汽车领域，计划到 2023 年，投资近 500 亿美元开发电动汽车、自主驾驶和新型移动服务。

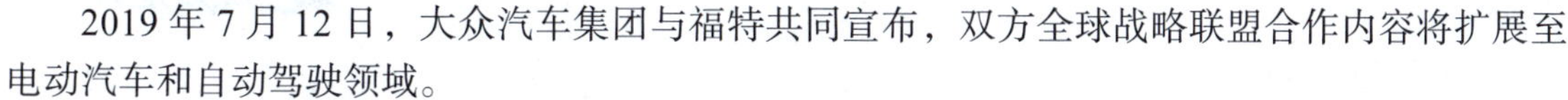

2019 年 7 月 12 日，大众汽车集团与福特共同宣布，双方全球战略联盟合作内容将扩展至电动汽车和自动驾驶领域。

2023 年 4 月，大众汽车集团宣布将成立名为 100%TechCo 的新公司，投资 10 亿欧元（约合 11 亿美元）在中国合肥建立电动汽车开发、创新与采购中心，计划 2024 年启动。

3. 汽车品牌

大众汽车集团主要品牌见表 3-2。

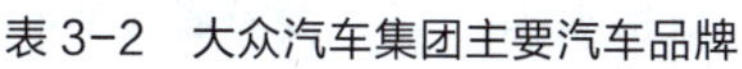

表 3-2　大众汽车集团主要汽车品牌

品牌	商标	品牌	商标	品牌	商标
大众（Volkswagen）		奥迪（Audi）		兰博基尼（Lamborghini）	
宾利（Bentley）		保时捷（Porsche）		西亚特（Seat）	
斯柯达（Skoda）		布加迪（Bugatti）		斯堪尼亚（Scania）	
				曼恩（MAN）	

（1）大众汽车品牌

大众汽车品牌主要有甲壳虫（Beetles）、波罗（Polo）、高尔夫（Golf）、帕萨特（Passat）、捷达（Jetta）、桑塔纳（Santana）、卡尔维拉客车（Bus-Caravelle）等畅销全世界。新的车型有新甲壳虫（New Beetles）、夏朗（Sharan）、宝来（Bora）、路波（Lupo）和辉腾（Phaeton）等。甲壳虫和高尔夫前面已经介绍，部分其他车型简况如下：

新甲壳虫（New Beetles）于1996年开始生产，优点是结实耐用，不讲究豪华，价格大众化。该车款是“旧瓶装新酒”，外形复古，内部结构、电器装置、喷漆防腐等采用了现代新技术。

图3-37 路波柴油轿车

路波（Lupo）（图3-37）于1998年推出，是大众品牌系列中的小型家庭用车，最著名的车型是1.2L柴油机轿车，百公里油耗仅有约3L，誉满全球，被称为“3升路波”。

图3-38 桑塔纳轿车

桑塔纳（Santana）（图3-38）是大众汽车集团在美国生产的中型轿车，该厂坐落在桑塔纳山谷下，该山谷以盛产名贵葡萄而饮誉世界，并且该山谷还经常刮起一股旋风，所以当地人就把这种旋风叫作“桑塔纳”。中国1983年4月在上海组装成功第一辆桑塔纳轿车，1987年上海大众引进该品牌。

图3-39 2016款大众辉腾

辉腾（Phaeton）（图3-39）是大众汽车集团2016年新推出的顶级旗舰产品，搭载W12发动机，其竞争对手有奔驰S级、宝马7系、奥迪A8等。

（2）奥迪（Audi）

奥迪公司（Audi AG）是一家德国汽车公司，主要从事豪华汽车、超级跑车的设计、研发、制造和销售，为大众汽车集团全资的子公司，总部位于德国巴伐利亚州英戈尔施塔特。奥迪商标是四个半径相等的连环圆圈（图3-40），表示当初公司是由四家公司合并而成，如兄弟手挽手，共创大业，平等、互利和协作，意味着“团结就是力量”。

图3-40 奥迪商标

1910年，由奥迪（Audi）、霍希（Horch）、漫游者（Wanderer）和蒸汽动力车辆厂（DKW）四家公司联合成立了汽车联盟股份公司（Auto Union AG）。1964年，公司被大众汽车公司收购，目前是大众汽车集团最大的子公司。

图3-41 2023款奥迪A4L

奥迪公司主要产品有A系列、Q系列、R系列、RS系列和TT系列及纯电e-tron系列，其中A系列有A1、A3、A4、A5、A6、A7、A8。奥迪A4轿车（图3-41）是1994年10月投产的，其销售量在德国一直位居中型轿车销售排行榜的首位。奥迪A6轿车是一种高档轿车车型，奥迪A8轿车是A系列中最高档次的顶级车型。奥迪e-tron是奥迪2019年推出的首款量产纯电动高性能SUV。

（3）宾利（Bentley）

图3-42 沃尔特·欧文·宾利

宾利汽车公司是英国豪华汽车和SUV的设计商、制造商和经销商。该公司总部位于英国克鲁，由沃尔特·欧文·宾利（Walter Owen Bentley）（图3-42）于1919年在伦敦北部的克里克伍德创立，并因在1924年、1927年、1928年、1929年和1930年赢得勒芒24h耐力赛而广为人知。宾利自 1998 年以来一直是大众汽车集团的子公司，自 2022 年起并入大众汽车公司的高端品牌部门奥迪。宾利商标是以公司名的第一个字母“B”为主体，生出一对翅膀（图 3-43），似凌空翱翔的雄鹰，喻示着宾利汽车公司在全球范围内的飞跃发展。

图 3-43　宾利商标

宾利汽车一直以千锤百炼的工艺和完美无瑕的品质占据着豪华汽车的巅峰。手工精制是宾利最引以为自豪的传统，每辆车要花上 16~20 周才能完成，绝大部分的工匠都有 20 年以上的丰富经验。仅喷漆程序就要经过 120 个独立步骤，所有车身油漆都经过 15 次喷漆处理，出厂前的最后打蜡及抛光程序就得需要专人通过人工打磨整整 10h 才能完成，品质严谨程度堪称世界汽车生产商之冠。

图 3-44　宾利 Blower

启示角

宾利汽车的生产过程展示了一种传统、经验、耐心和对品质的不懈追求。这些价值观不仅体现在产品本身，也对整个汽车制造业提供了启示，在追求卓越的道路上，手工精制、传统经验和对品质的关注是至关重要的。

图 3-45　宾利 Arnage

图 3-46　皇室御驾

宾利汽车的知名产品主要有雅致（Arnage）、皇室御驾“State Limousine”、欧陆 GT（Continental GT）、Blower、Flying Spur、Mulliner、Bentayga 和 Brooklands 等（图 3-44~ 图 3-47）。

图 3-47　欧陆 GT Supersports

（4）兰博基尼（Lamborghini）

兰博基尼汽车公司是意大利的一家兼具设计、工程、制造与销售于一身的超级跑车制造商，坐落于意大利博罗尼亚，1963 年由弗鲁西欧·兰博基尼创立（图 3-48），为大众汽车集团子公司奥迪拥有。其商标是一头蛮劲十足的斗牛，正准备向对手发动猛烈的攻击（图 3-49）。据说公司创始人兰博基尼（出生星座是金牛座）就是这种不甘示弱的牛脾气，同时，这也体现了兰博基尼汽车大功率、高速的运动车型的特点。

图 3-48　弗鲁西欧 · 兰博基尼

兰博基尼主要产品有康塔什（Countach，意大利语的意思是“难以相信的奇迹”）、米拉（Miura）、Diablo、Huracan、Avertador 等系列跑车，如图 3-50~ 图 3-56 所示。兰博基尼 V12 巨兽 Murcielago，装备 12 缸发动机，排量 6.2L，最大功率高达 427kW，最高车速超过 337km/h，0—100km/h 的加速时间仅需 3.8s。

图 3-49　兰博基尼商标

图 3-50　350GTV

图 3-51　Marzal

图 3-52　Miura Jota

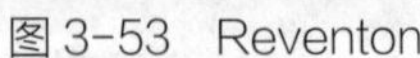
图3-53 Reventon

图3-54 Countach LP400

图3-55 Diablo GTR

图3-56 Vision Gran Turismo

（5）保时捷（Porsche）

保时捷公司是大众汽车集团旗下的汽车品牌，其总部位于斯图加特市，由费迪南德·保时捷创办，原为保时捷控股拥有，现透过大众汽车集团间接控股。保时捷主要以制造跑车及参与赛车运动闻名，1900年，推出第一辆双座电动跑车罗纳尔－保时捷（Lohner–Porsche）（图3–57）轰动世界。

图3-57 罗纳尔－保时捷

公司商标（图3–58）采用公司所在地斯图加特市的盾形市徽，上面是保时捷的姓氏“PORSCHE”；商标中间是一匹骏马，表示斯图加特这个地方盛产一种名贵种马，喻示保时捷跑车的出类拔萃；商标的左上方和右下方是鹿角的图案，表示斯图加特曾是狩猎的好地方；商标左上方和右下方的黄色条纹代表成熟了的麦子颜色，喻指五谷丰登；商标中的黑色代表肥沃土地，红色象征人们的智慧和对大自然的热爱，由此组成一幅精湛意深、秀气美丽的田园风景画，展现了保时捷公司辉煌的过去，预示了保时捷公司美好的未来。

图3-58 保时捷商标

保时捷公司以生产高性能赛车闻名于世，其辉煌历史如下：

1948年，推出保时捷356（图3–59），它与众不同，拥有轻巧的车身、低风阻系数、灵活的操纵性能及风冷式发动机，赢得了同级别勒芒24h耐力赛。

图3-59 保时捷356

1963年，保时捷推出历史上最重要的车型保时捷911（图3–60），赢得多次世界冠军赛。

图3-60 保时捷911

1970年，推出保时捷917（图3–61），获得多项世界赛事冠军。

图3-61 保时捷917

1974年，推出保时捷911 Turbo（930型）（图3–62），掀开了保时捷历史的新纪元，它是首次采用涡轮增压发动机的量产运动车，最高车速为250km/h，在相当长的一段时间内都是德国速度最快的公路跑车。

图3-62 保时捷911 Turbo

1982年，推出保时捷956（图3–63），连续四年夺得勒芒24h耐力赛冠军，在1983年一举包揽前10名中的9个座次，书写了前无古人后无来者的辉煌战绩。保时捷956的座舱造型与战斗机非常相似，整个车身也像一片平直的机翼。

图3-63 保时捷956

2010年，推出保时捷911 Turbo旗舰型跑车（图3–64），搭载3.8L水平对置发动机，采用燃油直接喷射以及可变涡轮增压器，其最大输出功率可达368kW，配备PDK双离合变速器，从静止加速到 100 km/h 仅需 3.4s，最高车速达 312 km/h，百公里油耗仅为 11.4～11.7L。

图 3-64 保时捷 911 Turbo 旗舰型跑车

（6）斯柯达（Skoda）

捷克斯柯达汽车公司是第一次世界大战后由创建于 1895 年的 L&K 公司和斯柯达·佩尔森（Skoda Pilsen）集团合并而成。斯柯达公司总部位于捷克首都布拉格北部的姆拉达·博雷斯拉夫（Mlada Boleslav，中文意为“年轻的城市”），现在是捷克“汽车城”。

图 3-65 Hispano Suiza

1924 年，斯柯达公司生产的豪华车型 Hispano Suiza（图 3-65）是当时世界上最贵的汽车，它的底盘价格比当时的劳斯莱斯还贵。

1991 年，斯柯达公司被大众汽车集团并购。

斯柯达汽车以高性价比、坚实耐用、高安全性、优良的操控性及舒适性兼备而倍受广大消费者的青睐。

图 3-66 斯柯达商标

公司商标是在银色底子上有一支绿色带翅膀的箭（图 3-66）。巨大的圆环象征着斯柯达为全世界无可挑剔的产品；鸟翼象征着技术进步的产品行销全世界；向右飞行着的箭头象征着先进的工艺和该公司无限的创造性；外环中朱黑的颜色象征着斯柯达公司百余年的传统；中央铺着的绿色，则表达了斯柯达人对资源再生和环境保护的重视。

图 3-67 2004 款布加迪威龙

（7）布加迪（Bugatti）

布加迪汽车公司创建于 1909 年，创始人是埃多尔·布加迪（Ettoren Bugatti）。艺术家出身的布加迪为了追求机器与艺术的完美结合，不计血本地制作了不少著名跑车，创造过多次汽车速度的世界纪录，轰动世界车坛。1987 年，一个意大利富商马可罗买下布加迪的商标所有权。

图 3-68 威龙发动机

1998 年被大众汽车集团收购。

2004 年推出的布加迪 EB16.4 Veyron（威龙）（图 3-67），打破当时世界汽车工业纪录的数据，最高车速 405.7 km/h，0—100km/h 加速时间为 2.9s。该车每辆售价约 120 万美元，是世界上最贵的车。其发动机（图 3-68）采用 W16 发动机，排量 8L，配备 4 个涡轮增压装置并带中冷器，最大功率 736kW。

图 3-69 布加迪商标

公司商标（图 3-69）中的英文字母即创始人布加迪，上部 EB 为埃多尔·布加迪（Ettoren Bugatti）的缩写，周围一圈小圆点象征滚珠轴承，底色为红色。布加迪的 T 系列轿车和 ID、EB 系列跑车都是精品之作，有的只限量生产几辆，有的打破世界车速纪录。部分精品如图 3-70 和图 3-71 所示。

图 3-70 Type 57

（8）西亚特（Seat）

西亚特是西班牙最大的汽车公司，于 1950 年成立于巴塞罗那。

1983 年，大众汽车集团买下了西亚特的大部分股份。

1990 年，大众汽车集团获得西雅特的全部股权，使西亚特成为大众汽车集团的子公司。

图 3-71 ID90 Concept

西亚特商标（图 3–72）由厂名 SEAT 和图标组成。SEAT 是公司全称的缩写，它的车标就是一个大写的、艺术化的“S”。图标以大红色做底，“S”字母中空状态，看似一只欲展翅腾飞的火凤凰，喻示着西亚特汽车的灵活和动力，能适应时代发展，随时把握时代动向，永不落伍。其车型有伊比萨（Ibiza，昵称“小斗牛士”）、阿罗莎（Arosa）、图雷多（Toledo）、科多巴（Cordoba）、利昂（Leon）（图 3–73）等。

图 3–72 西亚特商标

图 3–73 Leon CupraR

（9）斯堪尼亚（Scania）

斯堪尼亚公司创办于 1891 年，1969 年与萨博（Saab）合并成立。

萨博 – 斯堪尼亚有限公司于 2008 年被大众汽车集团收购。斯堪尼亚公司是世界领先的重型货车和大型客车以及工业发动机制造商之一，全球拥有 3 万名雇员。

斯堪尼亚公司商标是狮身鹰面兽（图 3–74）。在古代神话中，狮身鹰面兽一直都是最强大的动物的象征，是各种神祇的坐骑，象征力量、速度、敏捷和勇气，喻示公司生产的汽车性能优越。

公司生产的 R 系列重型货车荣膺“2010 年度卡车”大奖；2007 年，推出未来巴士，使用乙醇燃料。

图 3–74 斯堪尼亚商标

知识点 4 雷诺 – 日产 – 三菱联盟

1999 年 3 月，法国雷诺汽车公司通过收购股份成为日产的第一大股东，结成雷诺 – 日产联盟。

1999 年 7 月，控股罗马尼亚达西亚汽车公司。

2000 年，并购韩国三星汽车公司。

2010 年 4 月 7 日，戴姆勒公司与雷诺 – 日产联盟宣布建立战略联盟。

2013 年 12 月 16 日，与中国东风汽车集团合资。

2014 年 6 月 27 日，雷诺 – 日产联盟控股俄罗斯伏尔加汽车公司。

2016 年，雷诺 – 日产联盟收购三菱汽车 34% 的股份，成为三菱汽车公司的最大股东，结成雷诺 – 日产 – 三菱联盟。新的联盟商标采用三条相互交错的弧线，兼顾了三个品牌原有 Logo 的特点，表示三方之间将不断强化趋同和合作（图 3–75）。

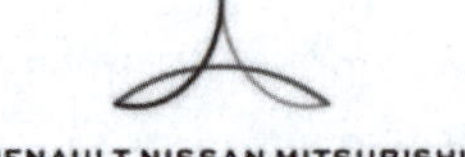

图 3–75 雷诺 – 日产 – 三菱联盟商标

2023 年，雷诺 – 日产 – 三菱联盟整车销量 617 万辆，居世界第 6。

目前拥有雷诺、日产、三菱、英菲尼迪、达契亚和三星 6 大品牌，见表 3–3。

表 3–3 雷诺 – 日产 – 三菱联盟主要汽车品牌

品牌	商标	品牌	商标	品牌	商标
雷诺（Renault）		日产（Nissan）	NISSAN	英菲尼迪（Infiniti）	INFINITI
三星（3–STAR）		达契亚（Dacia）	DACIA	三菱（Mitsubishi）	MITSUBISHI MOTORS

1. 雷诺（Renault）汽车公司

（1）公司商标

由四条线菱形变为带有现代感的两条线菱形，两条线产生互补和连续运动的感觉，类似一颗砖石的图案，如图 3-76 所示，象征雷诺三兄弟与汽车工业融为一体，表示“雷诺”能在无限的（四维）空间中竞争、生存、发展。

图 3-76　雷诺汽车公司商标

（2）公司概况

法国雷诺汽车公司成立于 1898 年，创始人是路易斯·雷诺（Louis Renault）（图 3-77）和他的两个兄弟。公司总部设在法国巴黎附近的比昂古，雇员总数为 22 万人。雷诺汽车公司是法国第二大汽车公司，其产品质量及可靠性也被认为是第一流的。汽车产品十分齐全，除轿车和载货汽车外，各种改装车、特种车应有尽有。

图 3-77　路易斯 · 雷诺

（3）汽车品牌

主要汽车品牌有梅甘娜（Megane）、克丽欧（Clio）、拉古娜（Laguna）、丽人行（Twingo）、太空车（Espace）、Avantime 等。梅甘娜（图 3-78）是雷诺近年来欧洲最畅销的车型；“丽人行”微型车（图 3-79）曾多次在欧洲获销量第一。

图 3-78　雷诺梅甘娜 CC

图 3-79　雷诺丽人行

2. 日产（Nissan）汽车公司

（1）公司商标（图 3-80）

公司商标用简洁明了的圆表示太阳，中间的“NISSAN”是“日产”两字的日语拼音形式，整个图案的意思是“以人和汽车明天为目标”。

图 3-80　日产商标

（2）公司概况

日产汽车公司是在 1933 由日本产业公司与户畑铸造公司联合成立的汽车制造公司，1934 年正式更名为日产汽车公司，总部设在东京。该公司是日本的第三大汽车生产厂家。除生产各型汽车外，该公司还涉足机床、工程机械、造船和航天技术等领域，是一个庞大的跨国集团公司。该公司在 2023 年度《财富》世界 500 强排行第 160。日产目前在中国有郑州日产和东风日产等合资企业。

图 3-81　日产公爵

（3）汽车品牌

主要汽车品牌有公爵（Cedric）、蓝鸟（Bluebird）、轩逸（Sylphy）、风度（Cefiro）、阳光（Sunny）、派美（Primera）、ELGRAND、X-Trail、西玛（Cima）、千里马、光荣、桂冠和总统等。公爵（图 3-81）是日产一款豪华高级轿车；蓝鸟（图 3-82）被日产汽车公司称为历史悠久、生产量大、技术先进、可靠性高的日产车；轩逸（图 3-83）与蓝鸟一脉相承，具有出色的舒适性、燃油经济性和可靠性。

图 3-82　日产蓝鸟

图 3-83　第十五代轩逸

英菲尼迪（Infiniti）是日产在美国市场使用的品牌，是日产专门开发美国豪华轿车市场的高级轿车品牌，车标如图 3-84 所示。作为豪华品牌的后起之秀，其顶级车是Q50（图3–85），采用后轮驱动，豪华程度与日产总统牌（日本皇室人员用车，车标如图3–86所示）如出一辙。

图3–84 英菲尼迪商标

图3–85 英菲尼迪Q50

图3–86 日产总统牌车标

3. 三菱汽车公司

（1）公司商标

三菱的标志是岩崎家族的家族标志“三段菱”和土佐藩家族标志“三柏菱”的结合，后来逐渐演变成今天的三菱钻石标志（图3–87），以突显其深邃灿烂的菱钻式的造车艺术和公司的三条原则：承担对社会的共同责任、诚实与公平、通过贸易促进国际谅解与合作。

（2）公司概况

其前身为1870年岩崎弥太朗创建的九十九商社，1873年改称为三菱商会，20世纪20年代就生产过汽车。1970年成立了三菱汽车公司，该公司生产的轿车和越野车品质优良、性能超群。

图3–87 三菱商标

（3）汽车品牌

主要汽车品牌有Colt、iMiEV、蓝瑟（Lancer）、蓝瑟翼豪陆神（Lancer Evolution）、日蚀（Eclipse）、劲炫（ASX）、欧蓝德（Outlander）、帕杰罗（Pajero）、奕歌（Eclipse Cross）和得利卡（Delica）等。蓝瑟翼豪陆神（Lancer EvolutionX，图3–88）是三菱汽车的旗舰之作，这款高性能四驱运动轿车通常被称为EVO。

图3–88 Lancer EvolutionX

4. 其他汽车品牌

（1）三星（3–STAR）

韩国三星汽车公司成立于1997年，2000年被雷诺汽车公司并购。雷诺三星目前的主要车型有SM3、SM5等。三星商标如图3–89所示。

图3–89 三星商标

（2）达契亚（Dacia）

罗马尼亚达契亚汽车制造厂成立于20世纪60年代中期。1999年7月，雷诺获得达契亚汽车制造厂51%的股份。目前达契亚的主要车型有Solenza、Logan等。达契亚商标如图3–90所示。

图3–90 达契亚商标

知识点5 斯特兰蒂斯集团

斯特兰蒂斯集团（Stellantis N.V.，商标如图3–91所示）是一家跨国汽车制造公司，由菲亚特–克莱斯勒汽车集团（FCA）和标致–雪铁龙汽车集团（PSA）合并而成。2019年10月31日，PSA集团与FCA集团发布了联合公告，创建一个由双方分别持有50%股份的新集团。2020年7月16日，PSA集团与FCA集团完成合并，并定名为

STELLANTIS

图3–91 斯特兰蒂斯集团商标

Stellantis 集团，新集团的总部设立在荷兰阿姆斯特丹，并在米兰、纽约及巴黎上市。

2023 年，斯特兰蒂斯集团全球销量 620 万辆，居世界第 4。斯特兰蒂斯集团拥有 40 万名员工，集团的生产制造业务遍布全球 30 多个国家，并在 130 多个国家和地区提供服务与产品。

旗下包括 14 个汽车品牌，包括阿巴斯、阿尔法·罗密欧、克莱斯勒、雪铁龙、道奇、DS、菲亚特、吉普、蓝旗亚、玛莎拉蒂、欧宝、标致、拉姆和沃克斯豪尔。

启示角

汽车行业竞争激烈，风起云涌中多少优秀车企淹没在历史浪潮中，又有斯特兰蒂斯这样的大型汽车集团横空出世，为一众小品牌提供庇护的羽翼。可见，汽车的发展史中永远充斥着竞争、改革、整合、拆解，危中有机，只有立足于创新开拓，才能加快实现汽车产业科技自立自强。

1. 标致 – 雪铁龙汽车集团

标致 – 雪铁龙汽车集团（简称 PSA 集团），由法国著名的标致汽车公司和雪铁龙汽车公司组成。

1976 年，标致公司兼并了雪铁龙公司。

2017 年 3 月，PSA 集团收购通用汽车旗下欧宝和沃克斯豪尔汽车公司，使得 PSA 集团成为欧洲第二大汽车公司，也是法国最大的汽车集团公司。

主要汽车品牌有标致（Peugeot）、雪铁龙（Citroen）、DS、欧宝（Opel）和沃克斯豪尔（Vauxhall）等五大汽车品牌。PSA 集团目前在中国和东风汽车集团建有合资的神龙汽车有限公司等。

（1）标致汽车公司发展简史

1810 年，标致兄弟公司成立，主要生产小型金属零件。

1890 年，标致汽车公司成立，创始人阿尔芒·标致（Armand Peugeot）（图 3–92），推出第一辆带标致名称的汽车。

1929 年，标致 201 推出（图 3–93）。它是世界上第一批采用前轮独立悬架的车型。

1978 年，标致 – 雪铁龙集团收购了克莱斯勒公司在法国、英国以及西班牙的三个欧洲子公司，并在 1979 年将其重组为 Talbot 公司。

1983 年，标致 205 运动型车面世（图 3–94），以其精准的操控反应与 WRC 赛事上杰出的表现而被誉为“神车”，生产了大约 530 万辆，树立了国际品牌的威望。

1998 年，推出标致 206（图 3–95、图 3–96），共获得包括德国和日本在内的 20 多个“年度车型”奖项，被评为 2001 年和 2002 年欧洲最佳销量车型。

图 3–92 阿尔芒 · 标致

图 3–93 标致 201

图 3–94 标致 205

图 3–95 标致 206

图 3–96 标致 206 WRC

2001年，标致307（图3–97）上市，获得2002年“欧洲最佳年度车型”的赞誉。

图3–97 标致307

标致商标是只狮子（图3–98），商标来由是阿尔芒·标致的祖先到美洲、非洲探险，在那里发现了惊人的动物——狮子，因此以狮子作为家族徽章，后来用到汽车上。这尊小狮子后来成为标致汽车公司所在地蒙贝利亚尔省的省徽。标致商标中的狮子，简洁、明快、刚劲、有力，衬托出标致汽车的力量和节奏感。

图3–98 标致商标

目前主要品牌车型有标致408、408X、508L（图3–99）、2008、4008和5008等。

图3–99 标致508L

（2）雪铁龙汽车公司发展简史

1913年，雪铁龙在巴黎建立了雪铁龙齿轮厂。

1915年，雪铁龙汽车公司成立，创始人是安德烈·雪铁龙（A·Citroen）（图3–100）。

图3–100 安德烈·雪铁龙

1948年，开发了0.375L排量的2CV微型汽车，俗称“丑小鸭”（图3–101）。它功能多、维修容易、价格便宜，推出后风靡世界市场数十年。

图3–101 2CV

1955年，雪铁龙推出的DS车型更是一款成功的前轮驱动轿车（图3–102），也是法国传奇总统戴高乐最喜欢的座驾。

1976年，标致汽车公司兼并了雪铁龙汽车公司，组成标致–雪铁龙汽车集团（PSA）。

雪铁龙汽车创造大胆，组合科技，具有艺术魅力。产品为低中档次，其中ZX曾经是欧洲最畅销的两厢汽车，它具有后轮从动转向技术功能，中国神龙汽车就是引进ZX车型技术生产的。

图3–102 DS23

安德烈·雪铁龙于1900年发明了人字斜齿轮，获专利。雪铁龙汽车的商标是两个人字（图3–103），表示人字形齿轮，以宣扬其创新，也反应出法国人生性开朗，爱赶时髦，喜欢新颖和漂亮的性格，散发着法国人的浪漫气息。因此雪铁龙轿车有“法国第一夫人”的美称。雪铁龙目前的代表车型包括：轿车系列有爱丽舍、C4、C5、C6（图3–104）；SUV系列有C3–XR、天逸C5、天逸C5等；MPV系列有C4 Picasso、Grand C4 Picasso；豪华品牌DS有DS4、DS5、DS6、DS7等。

图3–103 雪铁龙商标

图3–104 雪铁龙C6

（3）欧宝汽车公司发展简史

1862年，亚当·欧宝（Adam Opel）（图3–105）在德国的吕塞尔斯海姆（Russelsheim）创建了欧宝公司，最初生产缝纫机和自行车，1899年开始生产汽车，1914年成为德国最大的汽车生产厂家，1929年被通用汽车公司并购，2017年3月6日，欧宝加入标致–雪铁龙集团。

欧宝汽车公司重视汽车技术创新，向广大社会群体提供价廉物美的产品。旗下有欧美佳、威达、雅特和赛飞利等品牌轿车，性能优良，价位合理。

图3–105 亚当·欧宝

欧宝商标为“闪电”图案（图 3–106），代表了公司的技术进步与发展，又像闪电一样划破长空，震撼世界，喻示欧宝汽车如风驰电掣，力量和速度无与伦比，同时也炫耀它在空气动力学方面的研究成就。

欧宝历史名车如图 3–107、图 3–108 所示。

图 3–106　欧宝商标

图 3–107　1924 年欧宝绿蛙（Laubfrosch），配置了先进的干式多片离合器及四轮油压制动

图 3–108　2001 年欧宝概念车 Speedster，极速 250km/h，百公里油耗 2.5L

（4）沃克斯豪尔汽车公司

1857 年，英国人亚历山大·威尔逊创建蒸汽机制造厂，1903 年开始制造汽车，1925 年被美国通用汽车公司收购，是通用子公司欧宝下属的两大子品牌之一，2017 年 3 月 6 日，被标致 – 雪铁龙集团收购。

图 3–109　沃克斯豪尔商标

沃克斯豪尔汽车公司以生产高性能轿跑车知名，目前是英国产量较大的轿车厂商。

图 3–110　沃克斯豪尔 DX

沃克斯豪尔商标（图 3–109）选用了 13 世纪英国沃克斯豪尔地区的土地主使用的狮身鹫首的怪兽，它矫健的翅膀展开，即将腾飞，并显露出锋利的前颚，体现了英国传统文化理念中的征服与霸气。沃克斯豪尔历史名车如图 3–110、图 3–111 所示。

图 3–111　沃克斯豪尔跑车

2. 菲亚特 – 克莱斯勒汽车集团

菲亚特汽车公司是菲亚特 – 克莱斯勒汽车集团的前身，商标如图 3–112 所示。图中“FIAT”为菲亚特汽车公司全称（Fabbrica Itliana Auto–mobile di Torino）四个单词的第一个大写字母。“FIAT”在英语中具有“法令”及“许可”的含义，因此在客户的心目中，菲亚特轿车具有较高的合法性与可靠性，深得用户的信赖。

图 3–112　菲亚特商标

1899 年，乔瓦尼·阿涅利创建了意大利都灵汽车制造厂，菲亚特（FIAT）是该公司名称缩写的译音，总部设在意大利都灵市。

1911 年，制造出菲亚特 300（图 3–113），发动机功率 213kW，最高速度达 290km/h，创造了当时世界纪录。

图 3–113　菲亚特 300 汽车

1957 年，推出菲亚特 500 汽车，拥有空气冷却的双气缸发动机，产量达到了 368 万辆。

1967 年，推出菲亚特 124（图 3–114），是欧洲最出色的家庭汽车之一，共生产了 400 万辆。

图 3–114　菲亚特 124

1969年，菲亚特兼并了蓝旗亚汽车厂并购买了法拉利车厂50%的股份，把世界跑车业的第一品牌法拉利归入自己旗下。

图3-115 菲亚特熊猫汽车

1971年，收购阿巴斯（Abarth）汽车公司。

1980年，菲亚特生产熊猫（Panda）微型轿车，创立了小型多功能车的概念，目前该车仍在生产之中，图3-115是2017款菲亚特熊猫汽车。

1986年，收购了阿尔法·罗密欧。

1993年，收购了玛莎拉蒂。

1996年4月，推出面向世界的派力奥（Palio）系列轿车，产量已经超过了100万辆（图3-116）。

图3-116 菲亚特派力奥汽车

1997年，阿尔法·罗密欧推出156，是世界首款搭载共轨柴油发动机的车型。

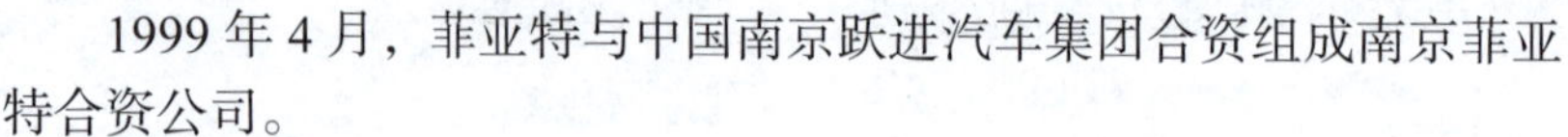

1999年4月，菲亚特与中国南京跃进汽车集团合资组成南京菲亚特合资公司。

2000年，菲亚特集团和通用汽车携手成立产业联盟（2005年解散）。

2010年3月，与中国广汽集团组建广汽菲亚特汽车公司。

2011年1月1日，集团拆分正式生效。在新的公司结构下，菲亚特集团旗下囊括了菲亚特汽车、法拉利、玛莎拉蒂、马涅蒂·马瑞利、泰克西、柯马和菲亚特动力科技（乘用车、商用车动力总成部门）。

2014年1月，菲亚特收购美国第三大汽车公司克莱斯勒集团，并更名为菲亚特－克莱斯勒汽车集团，简称FCA集团。

2018年06月，与谷歌Waymo在自动驾驶领域深化合作。

2019年10月31日，FCA集团与PSA集团发布了联合公告，创建一个由双方分别持有50%股份的新集团。2020年7月16日，PSA集团与FCA集团完成合并，并定名为斯特兰蒂斯集团，新集团的总部设在阿姆斯特丹，并在米兰、纽约及巴黎上市。

FCA集团汽车部雇员27万左右，在100多个国家有子公司和销售机构，工程车辆公司有伊维柯公司。FCA集团几乎垄断了意大利汽车、拖拉机、工程机械、飞机制造、生物工程、土木工程、能源工程等许多技术生产领域，这在世界汽车工业中是罕见的。FCA集团主要汽车品牌有菲亚特、克莱斯勒、道奇、吉普、公羊、阿尔法·罗密欧、蓝旗亚、玛莎拉蒂等，见表3-4。

表3-4 菲亚特汽车公司主要汽车品牌

品牌	商标	品牌	商标	品牌	商标
菲亚特（Fiat）	FIAT	阿尔法·罗密欧（Alfa Romeo）	ALFA ROMEO	道奇（Dodge）	DODGE
克莱斯勒（Chrysler）	CHRYSLER	公羊（RAM）		吉普（Jeep）	Jeep
蓝旗亚（Lancia）	LANCIA	玛莎拉蒂（Maserati）	MASERATI	阿巴斯（Abarth）	ABARTH

（1）菲亚特汽车品牌

菲亚特汽车品牌主要有熊猫（Panda）、派力奥（Palio）、西耶那（Siena）、派力奥周末款（Palio W.E.）、马力昂（Marea）、鹏托（Punto）、多能（Multipla）以及多宝（Doblo）等。

（2）阿尔法·罗密欧（Alfa Romeo）

图 3-117 阿尔法·罗密欧商标

阿尔法·罗密欧商标（图 3-117）有 Alfa Romeo 单词，其中“Alfa”是“Anonima Lombarda Fabbrica Automobili”的缩写。阿尔法·罗密欧的标志是中世纪意大利米兰的领主维斯康泰公爵的家徽，也是现在米兰市的市徽。标志中的十字部分来源于十字军从米兰向外远征的故事；右边部分关于蛇正在吞食撒拉逊人的图案，传说之一是维斯康泰的祖先曾经击退了使该城人民遭受苦难的“恶龙”。

图 3-118 P2 车型

1910 年，阿尔法·罗密欧公司创建，总部设在意大利米兰。

1910 年，推出最早的成名之作，型号为 24HP 的汽车。

1924 年，推出 P2 车型（图 3-118），在第一届世界赛车锦标赛上勇夺桂冠。

图 3-119 156 车型

1932 年，公司被 I.R.I.（Institute for Industrial Reconstruction，工业重建研究院）收购。

1986 年，并入菲亚特集团。

1998 年，156 车型（图 3-119）在被评为年度汽车，创新时尚的设计和优秀的机械性能，让 156 车型成为全球车迷都瞩目的一部汽车。

图 3-120 147 车型

2000 年，147 车型面世（图 3-120），并一举夺得 2001 年度之车的称号。

2013 年，推出量产版 4C 跑车，并被评为 2013 巴黎车展最美车型（图 3-121）。

图 3-121 量产版 4C

阿尔法·罗密欧汽车品牌主要有 147（中型轿车）、156 / 156 Sport Wagon（中高档轿车）、166（高档轿车）、GTV / Spider（运动型轿车）、Giulia（运动型轿车）、4C（跑车）和 Stelvio（SUV）等。

法拉利的发展历史

（3）法拉利（Ferrari）

图 3-122 法拉利商标

法拉利商标（图 3-122）由字母和图案组成，下面的字母为创始人法拉利（Ferrari）名字的缩写，图案“跃马”原来是红色，后来为纪念意大利飞行员巴拉克（生前最喜欢跃马）作战勇敢、屡建战功并为国捐躯而改为黑跃马。以跃马作为跑车商标和赛车吉祥物，比喻奔腾向前，搏击长空，一定取胜，与法拉利跑车的刚劲和难以言喻的经典红色造型相结合，更显法拉利跑车魔鬼般令人眩晕的震撼力。

图 3-123 恩佐·法拉利

1929 年，世界赛车冠军、汽车设计大师、意大利恩佐·法拉利（图 3-123）创建了法拉利汽车公司。恩佐·法拉利从 13 岁开始驾车，赢得了 9 次勒芒 24h 拉力赛冠军和 9 次 F1 总冠军，被誉为“赛车之父”。法拉利设计的赛车，截至 2019 年底，获得 15 次一级方程式车手总冠军、16 次一级方程式车队总冠军、16 次制造商世界冠军、9 次勒芒 24h 耐力赛冠军、8 次 Mille Miglia 比赛冠军、7 次 Targa Florio 比赛冠军以及不下5000多次各种车赛冠军，至今无人打破这个纪录。

1947年，第一辆法拉利赛车125 Sport（图3-124）赢得了罗马大奖赛的胜利。

图3-124 第一辆法拉利赛车

1969年，被菲亚特集团收购。

2007年，推出法拉利F2007（图3-125）。

图3-125 法拉利F2007

2015年10月21日，法拉利在纽约证券交易所上市。

2019年5月29日，法拉利发布了首款量产插电式混合动力车型SF90 Stradale（图3-126），开启混动超跑时代。

图3-126 法拉利SF90 Stradale

法拉利汽车大部分采用手工制造，年产量只有4000辆左右，发动机最高转速可达7000~10000r/min，功率超过368kW，最高车速可达300km/h。

每一辆法拉利汽车，都可以说是一件绝妙的艺术品。著名的超级跑车有1962年250 GTO、1984年288 GTO、1988—1992年F40（图3-127）、1995—1997年F50、1996年F50 GT、2003—2005年Enzo（图3-128）等。

图3-127 法拉利F40

图3-128 法拉利Enzo

（4）玛莎拉蒂（Maserati）

玛莎拉蒂商标为三叉戟造型（图3-129），相传这个兵器是罗马神话中的海神尼普顿（Neptune在希腊神话中则称波赛顿）手中的武器。它显示出海神巨大无比的威力。这个商标也是公司所在地意大利博罗尼亚市的市徽。该商标表示玛莎拉蒂牌汽车就像三叉戟一样威力无比，所向披靡。

图3-129 玛莎拉蒂商标

1914年，玛莎拉蒂家族六兄弟于意大利的科隆纳创建了玛莎拉蒂汽车公司，专门生产运动车。

1926年，制造出第一辆玛莎拉蒂Tipo 26汽车（图3-130）参加竞赛。其后的十余年间，玛莎拉蒂汽车公司又相继推出Tipo 26B、玛莎拉蒂V4、玛莎拉蒂4CTR、玛莎拉蒂4CL等经典车型，以其性能与品质的完美结合赢得多次赛事的胜利。

图3-130 玛莎拉蒂Tipo26

1957年，玛莎拉蒂250F（图3-131）取得了第五个冠军称号。三十余年的参赛历史，玛莎拉蒂取得了近500场参赛的胜利，共取得了23个冠军称号。

图3-131 玛莎拉蒂250F

1968年，玛莎拉蒂汽车公司又相继开发了一些经典车型鸟笼（Birdcage）系列（图3-132）等。

图3-132 玛莎拉蒂“鸟笼”概念车

1993年，被菲亚特集团收购。

2002年，推出玛莎拉蒂Coupe等。

2013年，玛莎拉蒂推出全新产品：轿车Ghibli（图3-133）和全新Quattroporte总裁轿车，销量迎来了井喷式的增长。

2016年，玛莎拉蒂推出了首款SUV车型Levante（图3-134），车名寓意纪念品牌的开创，百年前，玛莎拉蒂兄弟在博洛尼亚市的Via Emilia Levante大街1号开始了他们最初的梦想。

玛莎拉蒂运动车在造型设计上，将自己的传统风格与流行款式相结合，在外观造型、机械性能、舒适、安全性等方面，在运动车中都是一流的。玛莎拉蒂品牌车型有 Mistral、Sebring、Ghibli、Coupe、Birdcage、GranCabrio、GranTurismo、Levante、Quattroporte（图 3–135）及其 Quattroporte GT 等。

图 3–133 玛莎拉蒂 Ghibli

图 3–134 玛莎拉蒂 Levante

图 3–135 玛莎拉蒂 Quattroporte

（5）蓝旗亚（Lancia）

蓝旗亚商标（图 3–136）有双重意义，一是取自公司创始人之一维琴佐·蓝旗亚的姓氏；二是“蓝旗亚”在意大利语中解释为“长矛”。骑着高头大马、手持挂旗子的长矛者，便是中世纪意大利骑士的主要特征。公司最早的商标是在旗子的后面加上车轮形状的图案，20 世纪 50 年代才把图案置于盾形框架之中。商标喻示了蓝旗亚公司不畏艰难的拼搏精神。

图 3–136 蓝旗亚商标

1906 年，赛车手维琴佐·蓝旗亚在都灵创办蓝旗亚公司。

1907 年，首次推出 Alpha（图 3–137）高性能车型。

图 3–137 蓝旗亚 Alpha

1922 年，推出的 Lambda 车型，具有承载式车身和独立前悬架两项技术突破。

1969 年，菲亚特兼并了蓝旗亚公司。

蓝旗亚汽车保持一种高雅、尊贵的格调，在众多爱车族的眼中意味着健康、向上的生活品质。蓝旗亚主要汽车品牌有 Ypsilon（图 3–138）、Thesis（图 3–139）、Lybra Lanbda、Augusta、Artena、Astura、Aprilia 以及 Delta 等。

图 3–138 蓝旗亚 Ypsilon

图 3–139 蓝旗亚 Thesis

（6）阿巴斯（Abarth）

公司商标是一只小蝎子（图 3–140），最新标志中加入绿色、白色和红色条纹，以示其起源于意大利。

1950 年，阿巴斯公司在意大利成立，创始人是奥地利的卡尔·阿巴斯（Karl Abarth）（图 3–141）。

20 世纪 50 年代初期到中期，公司开始为菲亚特公司进行量产车型的改装，汽车性能得到极大提高。

20 世纪 60 年代，设计制作 F1 赛车与跑车，在大量的比赛中取得胜利。

1971 年，被菲亚特汽车公司收购。为菲亚特 Abart 设计的赛车总共赢得了 21 项世界拉力赛冠军。公司汽车品牌有阿巴斯 500、1000、1300、1600、Simca 2000 GT（图 3–142）等。

图 3–140 阿巴斯商标

图 3–141 卡尔 · 阿巴斯

图 3–142 Simca 2000 GT

知识点6 阿斯顿·马丁汽车公司

1. 公司概况

阿斯顿·马丁现归属英国 Prodrive 公司。

1913 年，公司由英国人莱昂内尔·马丁（Lionel Martin）和罗伯特·班福特（Robert Bamford）（图 3-143）共同创建。

图 3-143 罗伯特·班福特（左）和莱昂内尔·马丁（右）

1923 年，公司改名为阿斯顿·马丁。因为马丁曾驾驶自己制造的赛车在阿斯顿·克林顿山举行的山地汽车赛中获胜，为了纪念胜利而将公司和产品改名。

1947 年，公司卖给了英国拖拉机制造商戴维·布朗（David Brown）。第二年，DB1 车型（图 3-144）投产。

图 3-144 阿斯顿·马丁 DB1 车型

1987 年，福特收购了其 75% 股份，1994 年成为福特的全资子公司。

2007 年 3 月，福特将其转售给由两大国际投资机构 Investment Dar 和 Adeem Investment 组成的企业财团。

2017 年，阿斯顿·马丁公布的收入为 8.76 亿英镑，比 2016 年增长 48%，创下历史新高。

2018 年 10 月，阿斯顿·马丁在伦敦 IPO 上市。

2020 年 1 月，加拿大富商、一级方程式赛点车队拥有人劳伦斯·斯托尔宣布以 1.82 亿英镑收购阿斯顿·马丁的 16.7% 股份，成为该公司的最大股东和执行董事长。同时他宣布在 2021 年将赛点车队更名为阿斯顿·马丁车队。

图 3-145 阿斯顿·马丁商标

2. 公司商标及品牌

阿斯顿·马丁商标（图 3-145）是一只展翅飞翔的大鹏，分别加以 ASTON MARTIN 或 LACONDA（拉贡达）字样，因为阿斯顿·马丁公司原来是与拉贡达公司合并而成，喻示着公司如大鹏般远大的志向。阿斯顿·马丁以生产敞篷旅行车、赛车和限量生产的跑车而闻名于世，一直是造型别致、精工细作、性能卓越的运动跑车的代名词。著名车型有 DB 系列、飞鼠（Vantage）、Vanquish（图 3-146）、ONE-77 以及 Valkyrie 等。

图 3-146 阿斯顿·马丁 Vanquish

知识点7 俄罗斯高尔基汽车集团

图 3-147 高尔基汽车商标

1930 年 5 月，苏联自行建造高尔基汽车厂，简称 GAZ（嘎斯），后改为伏尔加汽车制造厂。商标是盾牌中有一只梅花鹿（图 3-147），预示生产的汽车像盾牌一样坚固，像梅花鹿一样善于奔跑。

1932 年，生产出第一批自己的产品——嘎斯 AA 型载货汽车。

1956 年 10 月 15 日，第一批嘎斯 -21 型轿车（图 3-148）诞生，

图 3-148 嘎斯 -21 型轿车

并正式以俄罗斯的母亲河——伏尔加河的名字命名。

1958 年，伏尔加轿车在布鲁塞尔国际工业展上夺得最高奖，并出口到 75 个国家。

2005 年，组建了高尔基汽车集团，集团包括高尔基汽车厂股份公司以及其一系列子公司、高尔基轿车厂有限责任公司、巴甫洛夫斯克公共汽车厂有限责任公司、柴油汽车股份公司等。

2023 年，与越南 Thanh Dat 公司成立汽车组装合资企业。俄罗斯高尔基汽车集团将在越南组装汽车。

知识点 8 荷兰世爵汽车公司

1. 公司概况

公司商标（图 3–149）由一个水平的飞机螺旋桨穿越镌刻公司名称和座右铭的辐轮。螺旋桨显示其制造飞机的历史；“NULLA TENACI INVIA EST VIA” 的中文意思是 “执着强悍、畅行无阻”，体现了公司为车主制造出全球最先进、设计最独特的跑车。

图 3-149　世爵汽车公司商标

1880 年，荷兰商人雅克布斯（Jacobus）和亨德里克·让·世派克（Hendrik Jan Spijker）兄弟创立公司，制造四轮马车。公司总部在阿姆斯特丹。

1900 年，为了庆祝威廉敏娜女王加冕，制造了著名的黄金马车（图 3–150）。

图 3-150　黄金马车

1903 年 12 月，制造出世界上第一辆六缸四驱并带四轮制动的世爵 60hp 汽车（图 3–151）。

1907 年，推出了世爵 14hp/18hp 旅行车，在从北京到巴黎的著名拉力赛中荣获亚军。

1914 年，世爵公司与荷兰飞机制造股份公司合并。

1925 年，世爵公司因为各种原因停止了汽车的生产，销声匿迹了 75 年。

图 3-151　世爵 60hp 汽车

2000 年，世爵公司生产出 C8 Spyder 跑车，获得了 “专业少量汽车生产商优秀技术大奖”。

2005 年 9 月 12 日，世爵 C8 Spyder 被美国《DuPont Registry》杂志评为 “全球最独一无二，最富激情” 的汽车品牌。

2010 年 2 月 1 日，世爵公司从美国通用汽车公司购得萨博（Saab）汽车品牌。

2014 年 12 月 18 日，世爵公司宣告破产。

图 3-152　世爵 C8　Laviolette

2. 汽车品牌

公司有世爵（Spyder）和萨博（Saab）品牌。

其中世爵品牌的主要产品有 C8 系列（图 3–152、图 3–153）。

萨博（Saab）原来是瑞典飞机公司，1937 年成立，1946 年开始转产汽车。1990 年，被通用汽车公司收购 50% 股权，2000 年，被通用

图 3-153　世爵 C8 Aileron

汽车公司收购100%股权。2010年2月1日，通用汽车公司将萨博汽车以4亿美元卖给世爵汽车公司。2011年12月，萨博正式向瑞典法院递交破产申请。2012年8月，被瑞典国家电动车公司（简称“NEVS”）收购。

公司以生产安全性能较好的豪华轿车和涡轮增压发动机而闻名于世。目前其主要汽车产品有Saab 9-3、Saab 9-5等。

萨博商标（图3-154）由文字“SAAB”和“头戴王冠的鹰头飞狮”组成，王冠象征着轿车的高贵，狮子为权力的象征。半鹰、半狮的怪兽图案象征着一种警觉，这是瑞典南部两个县流行的一种象征，而萨博汽车和航行器的生产就起源在这里。萨博历史名车如图3-155、图3-156所示。

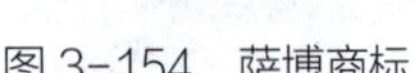
图3-154 萨博商标

图3-155 Saab 92

图3-156 世爵b6 Venator Spyder Concept

任务实施

1. 采用小组合作形式，分工完成欧洲主要汽车集团公司兼并史的检索，并进行组内讨论交流。
2. 从讲解员的身份介绍欧洲某一汽车集团公司的概况与发展史，并将汽车的文化故事传递给观众。
3. 推选小组代表就欧洲主要汽车集团公司的兴衰发表看法。
4. 练习题

（1）以下哪位人物提出了使用他女儿的名字作为戴姆勒公司品牌商标的建议？（　　）

A. 奔驰公司总裁　　B. 戴姆勒公司创始人

C. 捷里内克　　D. 戴姆勒公司总经理

（2）宝马集团目前拥有那些汽车品牌？（　　）

A. 宝马　　B. 迷你

C. 保时捷　　D. 劳斯莱斯

（3）大众汽车集团的商标采用了什么设计元素？（　　）

A. 三个“W”排列成“V”形状

B. 德文“Volkswagen”中的“V”和“W”组合

C. 三个“W”排列成“必胜－必胜－必胜”形状

D.“V”在上，“W”在下，又像3个“V”

（4）斯特兰蒂斯集团由________集团和________集团合并而成。

（5）阿巴斯公司商标中加入绿色、白色和红色条纹，以示其起源于________。

任务评价

在完成本学习任务后，通过小组会议的形式进行总结与反思，并完成多元化评价，评分细则见表3-5。

表 3-5　欧洲主要汽车集团公司检索评价表

序号	考核内容	配分	评分细则	自评得分	小组评价	教师评价
1	组员准备、学习态度、自主探究与团队协作能力	20	准备是否充分、学习态度是否认真、能否进行自主探究与团队协作 □优秀 □良好 □一般 □不合格			
2	欧洲主要汽车集团公司探究检索	30	检索工具是否科学、内容脉络是否清晰、内容是否充实 □优秀 □良好 □一般 □不合格			
3	介绍欧洲某一汽车集团公司的概况与发展史	20	介绍内容是否正确、丰富完整、表达清晰 □优秀 □良好 □一般 □不合格			
4	就欧洲主要汽车集团公司的兴衰发表看法	15	观点鲜明、逻辑合理、推理清晰 □优秀 □良好 □一般 □不合格			
5	练习题完成正确率	15	共 5 题、每小题 3 分			
总分（自评 20%，小组评价 30%，教师评价 50%）						
学生建议：			教师指导意见：			

认知模块 03

任务 2　了解美国主要汽车集团公司

学习目标

- 能够识别美国主要汽车集团公司旗下的品牌与车标。
- 能够阐述美国主要汽车集团公司的发展历史。
- 培养创新意识和科学精神，激发自主创新、民族振兴的信心。

通用汽车公司发展史

任务接收

请你组建一支汽车历史博物馆讲解团队，主要负责介绍北美展区通用、福特、FCA、特斯拉等汽车企业发展历史，并将汽车的文化故事传递给观众。

获取资讯

知识点 1 通用汽车公司

1. 公司概况

（1）公司商标（图 3–157）

图 3–157　通用汽车公司商标

公司商标“GM”由公司英文名称的前两个单词的第一个大写字母组成，蓝底白字，简洁明快。

（2）公司简介

图 3–158　威廉 · 杜兰特

1908 年 9 月 16 日，威廉·杜兰特（William C.Durant）（图 3–158）在美国“汽车城”底特律（图 3–159）创建通用汽车公司。

图 3–159　美国“汽车城”底特律

从 1928 到 2015 年，通用汽车公司一直是全世界最大的汽车公司，下属 20 多个分部。1984 年公司有员工 81.3 万人，1993 年世界 500 强排第 1 名（销售额），被誉为“世界汽车巨人”。2023 年汽车销量 618 万辆，居世界第 5。2023 年《财富》世界 500 强排行榜发布，通用汽车公司位居第 50 位。

2. 公司发展简史

1904 年，美国最大的马车制造商杜兰特买下了别克（Buick）汽车公司。

1908 年，杜兰特成立了通用汽车公司，收购了奥兹莫比尔（Oldsmobile）汽车公司。

1909 年，收购了奥克兰汽车公司（1932 年更名为庞蒂克汽车公司），并购了凯迪拉克（Cadillac）等汽车公司。

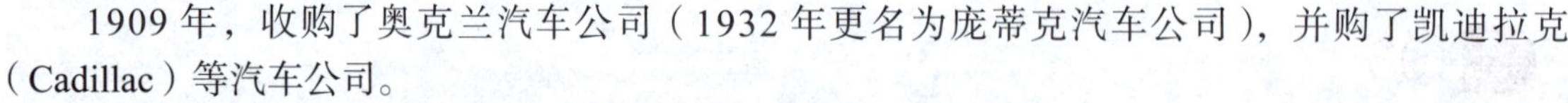

1910 年，过快的发展使公司产生财务危机，杜兰特被免职。

1915 年，杜兰特创立了雪佛兰汽车公司。他通过秘密收购通用汽车公司的股票，于 1917 年再次获得了通用汽车公司的控制权，重新担任公司总裁。

1917—1920 年，杜兰特又先后购进了 17 家小汽车公司，4 年规模扩大了 8 倍，但各分公司各自为政、产品重复，一系列的失误导致通用汽车公司濒临倒闭。通用汽车公司被杜邦公司收购，杜兰特再次被免职。

1923 年，著名“经营之神”阿尔弗雷德·斯隆（Alfred Sloan）（图 3–160）担任公司总经理，建立了集中制定政策和分散管理模式，提出“为每一个消费者和每一种用途生产一种车”的产品策略，推出新款雪佛兰轿车与福特汽车公司竞争，取得极大成功，1928 年成为世界上最大的汽车公司，其国内市场占有率达到 43%。斯隆担任通用汽车公司总裁长达 23 年，为通用汽车公司的发展作出了卓越的贡献，也为全球开创了大集团公司现代管理的先河。

图 3–160　阿尔弗雷德 · 斯隆

1925 年，并购了沃克斯豪尔汽车公司。

1929 年，收购欧宝公司。

1939—1945 年，第二次世界大战期间，公司接受了大量军事订货，从而大大地壮大了公司的经济实力。战争期间，美国 1/4 左右的坦克、装甲车和飞机，1/2 左右的子弹和步枪，2/3 的重型载货汽车均来自通用汽车公司。

20 世纪 50 年代末到 90 年代，由于世界经济危机、石油危机以及汽车市场的激烈竞争，使公司“大的就是好的”汽车设计思想遭到了严重打击，投资 700 亿美元进行设备和产品更新，导致 1990—1991 年的巨额亏损（1991 年亏损近 50 亿美元），公司不得不进行大规模调整、改组和裁员。

21 世纪前后，通用汽车公司着眼于向全球市场扩张，包括日本（参股五十铃、富士和铃木汽车公司）、中国（合资上海通用、一汽通用）、韩国（通用大宇）、巴西及俄罗斯等。

2009 年 6 月 1 日，通用汽车公司申请破产保护，7 月 10 日更名为通用汽车有限公司，结束破产保护。

2010 年 2 月，通用将萨博汽车品牌卖给荷兰世爵汽车公司。同年 2 月 29 日，与法国标致 - 雪铁龙集团结成联盟。

2016 年，通用以现金 5.81 亿美元收购了自动驾驶公司 Cruise Automation。

2017 年 3 月 6 日，通用将旗下的欧宝、沃克斯豪尔公司转让给标致 - 雪铁龙集团。

2021 年，与三菱汽车公司合资成立了一家电动汽车公司，旨在推出适用于亚洲市场的电动汽车。

3. 子公司（分部）及其品牌

通用目前的子公司（分部）及其品牌见表 3-6。

表 3-6　通用子公司（分部）及其汽车品牌

品牌	商标	品牌	商标	品牌	商标
凯迪拉克（Cadillac）	Cadillac	别克（Buick）	BUICK	雪佛兰（Chevrolet）	
吉姆西（GMC）	GMC	土星（Saturn）	SATURN	悍马（Hummer）	HUMMER
大宇（Daewoo）	DAEWOO	庞蒂克（Pontiac）			

（1）凯迪拉克（Cadillac）

1）基本情况。1902 年，美国人亨利·利兰德（Henry Leland）（图 3-161）创建凯迪拉克汽车公司，1909 年被通用汽车公司并购，成为其一个分部，以生产豪华汽车著称。其突破性的外形设计和引领潮流的科技创新赢得了世人的推崇，主要产品有 CT4、CT5、CT6、XT4、XT5、XT6、ATS-L、XTS、Escalade、CUE 等。

图 3-161　亨利·利兰德

2）公司商标与历史名车。凯迪拉克是英国的贵族，其后代安东尼·门斯·凯迪拉克到美国传教，并创建底特律城，为纪念他的功绩，1902 年，亨利·利兰德在底特律建立汽车公司，并以凯迪拉克命名。

凯迪拉克车标在不同时代不断变化，百余年来竟达 30 多次。早期公司商标由“冠”和“盾”组成（图 3-162）。其中：“冠”上有 7 颗明珠，象征

图 3-162　凯迪拉克早期商标

凯迪拉克的皇家贵族尊贵血统，隐喻汽车高贵、豪华、气派、风度；“盾”象征凯迪拉克军队是一支金戈铁马、英勇善战、攻无不克、无坚不摧的英武之师，隐喻其生产的汽车拥有巨大的市场竞争能力。

21 世纪初，凯迪拉克再次对徽标进行了一系列令人耳目一新的革新（图 3–163），新徽标色彩明快、轮廓鲜明，呈现简单化，突出了凯迪拉克品牌的经典、尊贵和突破精神。

图 3–163　2014 至今凯迪拉克车标（燃油版车型使用）

凯迪拉克历史名车如图 3–164~ 图 3–171 所示。

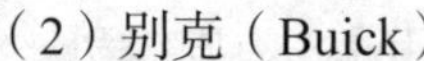

（2）别克（Buick）

1）基本情况。别克汽车公司由美国人大卫·别克（David D. Buick）（图 3–172）于 1903 年创建，1908 年并入通用汽车公司，主要设计制造中档家庭轿车，其销量居通用汽车公司第 3 位。

图 3–164　1905 年凯迪拉克 Osceola，四缸发动机，5 座，木质车身，铝皮包裹

图 3–165　1914 年装有 V8 发动机的凯迪拉克

图 3–166　1927 年凯迪拉克拉赛尔（La Salle）汽车，由时尚设计师哈利 · 厄尔（Harley Earl）设计

图 3–167　1931 年装载 VI6 大排量发动机的凯迪拉克跑车

图 3–168　1949 年凯迪拉克 Rhinebace，尾部设计是一个时代的象征

图 3–169　1959 年凯迪拉克 Eldorado 敞篷车

图 3–170　1989 年凯迪拉克弗利特伍德（Fleetwood）礼宾车，长 12.19m

图 3–171　2023 年凯迪拉克 CT 628T 风尚型

图 3–172　大卫 · 别克

2）公司商标与历史名车。别克商标经过多次变化（图 3–173），目前最新的商标为平行开放的三色盾，代表了别克安全、质感、舒适的产品基因，每个盾牌的边缘都以象征着科技的金属加持赋能，三个盾牌依次排开，寓意别克在智能电动时代破茧新生，驾乘体验全面升级。

别克历史名车如图 3–174~ 图 3–177 所示。别克主要产品有世纪（Century）、皇朝（Regal）、林荫大道（Electra/Parkavenue）等。

（3）雪佛兰（Chevrolet）

1）基本情况。通用汽车公司创始人威廉·杜兰特和瑞士的赛车手、工程师路易斯·雪佛兰

（Louis Chevrolet）（图 3-178）于 1911 年创建雪佛兰，1918 年并入通用汽车公司。雪佛兰主产经济型轿车及中、高级跑车，其产品被称为“地道美国车”，先后十多次获得美国《汽车时尚》杂志的“年度最佳轿车”奖。其主要产品有卢米娜（Lumina）、卢米娜多用途车（Lumina APV）、星旅（Astro）、科迈罗（Camaro）、科沃兹（Cavalier）、克尔维特（Corvette）、科鲁兹（Cruze）、赛欧（Sail）、乐骋（Aveo）、乐风（Love）、迈锐宝（Malibu）、万程（Venturo）、飞越运动厢式车（Trans Sport）以及科帕奇（Captiva）等。

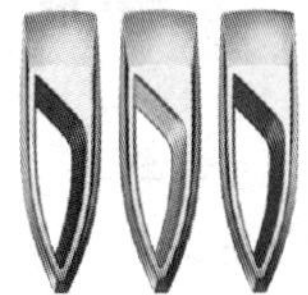

图 3-173　别克商标

图 3-174　1936 年别克 Roadmaster

图 3-175　1951 年别克 LeSabre 概念车

图 3-176　1959 年别克旗舰车 Electra

图 3-177　1996—2005 年别克林荫大道（Park Avenue）

图 3-178　路易斯 · 雪佛兰

2）公司商标与历史名车。雪佛兰商标是抽象化了的蝴蝶领结（图 3-179），象征雪佛兰汽车的大方、气派和风度。

图 3-179　雪佛兰商标

雪佛兰历史名车如图 3-180~ 图 3-183 所示。

（4）庞蒂克（Pontiac）

1）基本情况。1907 年，爱德华·墨菲创建奥克兰汽车公司。1908 年，公司并入通用汽车公司成为奥克兰分部，1932 年改名为庞蒂克分部（2009 年 4 月 29 日，通用汽车公司正式宣布砍掉庞蒂克这个品牌，历史悠久的庞蒂克品牌从此消失）。庞蒂克生产中档汽车，主要产品有太阳火（Sunfire）、博纳威（Bonneville）、格兰艾姆（Grandam）以及火鸟（Firebird）等。

图 3-180　1917 年雪佛兰 490 型轿车，售价 490 美元，开创了产品高性价比和大众化的新篇章

图 3-181　1935 年雪佛兰 Suburban Carryall，是今天运动型多用途汽车（SUV）的鼻祖，率先采用独立悬架系统，极大提高了行驶的舒适性

图 3-182　1977 年雪佛兰凯普瑞（Caprice），荣获《汽车时尚》杂志的“年度最佳轿车”奖，成为美国最热销的小轿车

图 3-183　2007 年雪佛兰 Camaro 跑车

2）公司商标与历史名车。庞蒂克是一个印第安酋长的名字，18世纪他曾率部在底特律附近抵抗英法殖民者，为纪念他，靠近底特律的一座小城被命名为庞蒂克市。

图3-184　庞蒂克商标

商标（图3-184）由“PONTIAC”（庞蒂克）和带十字标记的箭头组成。十字形标记表示庞蒂克是通用汽车公司的重要成员，也象征庞蒂克汽车安全可靠；箭头则代表庞蒂克的技术超前和攻关精神。

庞蒂克历史名车如图3-185、图3-186所示。

图3-185　1926年庞蒂克轿车“六缸之冠”，在纽约汽车展览上名声大振

图3-186　1967年“火鸟”（Firebird）

（5）土星（Saturn）

1）基本情况。土星汽车是1985年通用汽车公司唯一从内部建立起来的分部，以抵御外国轿车大规模进入美国市场。2009年，因次贷危机，土星汽车与庞蒂克、悍马被宣告为重整后取消的品牌。其主要产品分为豪华轿车（SL）、旅行轿车（SW）和跑车（SC）。

2）土星商标。土星商标由图形和文字组成（图3-187）。SATURN是土星的英文名。图形是在红色背景前的土星两条轨迹，给人一种高科技、新观念、超时空的感觉，寓意土星汽车技术先进，设计超前且最具时代魅力。

图3-187　土星商标

（6）通用汽车公司其他汽车品牌与合作伙伴

1）悍马（Hummer）。美国AMG公司以生产悍马汽车而扬名世界。创始人乌特是一位自行车制造商，1903年成立越野汽车部，几经易手，如今通用汽车公司已从AMG公司得到了悍马的商标使用权和生产权，悍马H2（图3-188）就是在通用旗下诞生的第一辆悍马。悍马以其霸气、强悍、富有冒险精神的品牌形象高居越野车市场之首。2009年，腾中重工从通用手中收购悍马以失败告终，最后，通用宣布悍马品牌将在2010年8月月底完全关闭，为其18年的民用运营画上句号。

图3-188　悍马H2

2）吉姆西（GMC）。它是通用公司旗下生产载货汽车的公司，成立于1911年，以生产皮卡为主。

3）霍顿（Holden）。1931年，通用收购澳大利亚的霍顿（Holden）汽车公司，与通用澳大利亚分公司合并成通用－霍顿汽车公司。霍顿汽车品牌在澳大利亚颇受欢迎。2017年10月23日，最后一辆霍顿汽车从阿德莱德伊丽莎白的工厂推出后，工厂正式停止了所有汽车生产线，这也标志着霍顿在澳大利亚近70年的生产和760万辆车的生产历史的结束。

4）大宇（Daewoo）。大宇汽车公司是韩国第二大汽车生产企业，在1967年由金宇中创建，总部在韩国首尔，主要产品以轿车和货车为主。由于经营不利，公司于2000年11月8日正式宣布破产。2002年10月，通用汽车公司接手大宇，成立通用大宇汽车科技公司，被通用汽车公司定为全球小型轿车开发基地。

5）其他。通用汽车公司还与日本的丰田、本田、铃木、五十铃、富士重工，德国的戴姆勒、宝马，法国的雷诺，中国的上汽、一汽以及俄罗斯的AVTOVAZ等汽车公司开展合作生产和销售汽车。

知识点 2 福特汽车公司

福特公司发展史

1. 公司概况

（1）公司商标

福特汽车公司商标采用蓝底白字，选用艺术化的“Ford”英文字母（图 3–189），形似一只活泼可爱、充满活力的小白兔奔向前方，以象征福特汽车奔驰在世界各地，令人爱不释手。福特生前十分喜爱动物，商标设计也暗示了福特对动物的宠爱。

图 3–189 福特汽车公司商标

（2）公司简介

1903 年 6 月 16 日，亨利·福特（Henry Ford）（图 3–190）在美国密歇根州的里尔本市（图 3–191）创建福特汽车公司。它是世界汽车销量前十的汽车企业之一，美国第二大汽车公司，2023 年汽车销量 441 万辆，居世界第 8，2023 年《财富》世界 500 强排名第 46。

图 3–190 亨利·福特

2. 公司发展简史

1903 年，亨利·福特和 11 个股东用 28000 美元共同创立福特汽车公司。

图 3–191 福特汽车公司总部

1908 年，福特汽车公司成功开发了举世闻名的 T 型车，共生产 1546 万辆，创下当时汽车单产世界纪录。

1913 年，建成世界上第一条汽车生产流水线。

1922 年，收购“林肯”（Lincoln）品牌。

1927 年，由于福特故步自封，坚持单一车型，无视富裕了的美国人民要求，没有进一步推出新的车型，使汽车市场占有率从最高时期的 70% 下降到不足 20%，T 型车被迫停产，福特全国各地的工厂关闭半年。历史证明，逆水行舟，不进则退。

1935 年，自创水星品牌。

图 3–192 福特 49 型汽车

1949 年，推出福特 49 型汽车（图 3–192），拥有独立前悬架和可开启的新型后角窗。车身与翼子板的融合是一种创新。

1955 年，福特雷鸟（Thurderbird）汽车（图 3–193）诞生，它是美国历史上最成功的小型运动车。

图 3–193 福特雷鸟汽车

1964 年，推出轮廓鲜明的四座福特野马（Mustang）（图 3–194），成了美国的“宠儿”。时至今日，它在人们的心中还是魅力不减。

1987 年，收购阿斯顿·马丁（Aston Martin）公司，2007 年又将其转售出去。

图 3–194 1964 年福特野马

1989 年，收购捷豹（Jaguar）汽车公司。2008 年，捷豹品牌被印度塔塔集团收购。

1991 年，推出既省油又标新立异福特特使（Taurus）汽车，为汽车的空气动力设计潮流奠定了基础，在 1992—1996 年期间雄踞“全美最畅销汽车”的宝座（图 3–195），2003 年福特特使汽车如图 3–196 所示。

图 3–195 1993 年福特特使

图 3-196 2003 年福特特使

图 3-197 1993 年福特蒙迪欧

1993 年，推出福特首辆家庭型全球车福特蒙迪欧（图 3-197）。

1995 年，参股中国江铃汽车公司。

1996 年，收购马自达（Mazda）的股份扩大到 33.4%，成为马自达最大的股东。

1999 年，收购沃尔沃（Volvo）轿车业务。2010 年 3 月，中国吉利汽车集团收购沃尔沃轿车 100% 股权。

2000 年，从宝马手中收购路虎（Land Rover）品牌。

2001 年，参股中国长安汽车集团。

2008 年，路虎品牌被印度塔塔集团收购。

2017 年，Navigant Research 最新发布的一份自动驾驶领域实力报告显示，福特汽车排名第一。

2018 年 7 月 24 日，整合旗下自动驾驶业务，福特投入 40 亿美元成立福特自动驾驶汽车公司（Ford Autonomous Vehicles LLC），用以开发 L4 级别自动驾驶汽车。

2022 年 3 月，福特大规模重组，电动汽车和内燃机汽车业务单独运营。

3. 公司主要汽车品牌

福特汽车公司主要汽车品牌见表 3-7。

表 3-7 福特汽车公司主要汽车品牌

品牌	商标	品牌	商标	品牌	商标	品牌	商标
福特（Ford）	Ford	林肯（Lincoln）		水星（Mercury）		马自达（Mazda）	mazda

（1）福特（Ford）汽车品牌

福特主要的品牌有 T 型车、雷鸟（Thurderbird）、野马（Mustang）、F 系列皮卡、雅士（Escort）、特使（Taurus）、稳达（Windstar）、皇冠维多利亚（Crown Victoria）、伊普拉（Explorer）、全顺（Transit）、福克斯（Focus）、福睿斯（Escort）、蒙迪欧（Mondeo）、金牛座（Taurus）、锐界（Edge）、撼路者（Everest）及探险者（Explorer）等，其中福克斯（图 3-198）是福特旗下最畅销的紧凑型轿车之一。

图 3-198 2020 年福克斯

福特旗下的“野马”牌跑车是美国名牌跑车，商标采用了一匹正在奔驰的野马（图 3-199 左侧），这种野马是墨西哥和美国加利福尼亚州出产的名贵野马，身强力壮、善于奔跑。商标中的野马形象强劲有力，热情奔放，表示该车的速度极快。“眼镜蛇”跑车由“野马”跑车改装而成，“野马”商标仍在车的前部，“眼镜蛇”商标（图 3-199 右侧）在后，像是“眼镜蛇”追击“野马”而不得不急驰，给人留下极深的印象。

图 3-199 野马和眼镜蛇商标

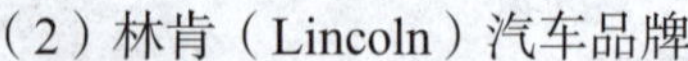

（2）林肯（Lincoln）汽车品牌

1907 年，亨利·利兰德（Henry Leland）创立林肯汽车公司，1922 年被福特汽车公司收购。

林肯汽车商标设计源于美国第 16 任总统林肯的名字，借助总统的名字来树立公司的形象。商标（图 3-200）是一个矩形中含有一颗闪闪放光的星辰，表示林肯总统是美国联邦统一和废除奴隶制度的启明星，也喻示林肯轿车光辉灿烂，是顶级轿车。

图 3-200 林肯汽车商标

林肯品牌主要有城市（Town Car）、Navigator、Aviator、LS、MKC、大陆（Continental）和 MKZ 等。自 1939 年美国的富兰克林·罗斯福总统以来，它一直被选为总统用车。1967 年林肯大陆轿车如图 3-201 所示。

图 3-201 1967 年林肯大陆轿车

（3）水星（Mercury）汽车品牌

水星品牌是福特汽车公司 1935 年开发出的中档汽车品牌，它一直是创新和富于个性的美国车的代表。2010 年 6 月 2 日，福特官方在全球金融危机的背景下，正式宣布同年年底关闭水星的生产线。

水星商标（图 3-202）取太阳系中的水星，在一个圆中有三个行星运行轨迹，很容易让人联想到福特汽车具有太空科技和超时空的创造力。

图 3-202 水星汽车商标

（4）马自达（Madza）汽车品牌

日本马自达公司成立于 1920 年，创始人松田重次郎的姓氏拼音为 MAZDA（马自达）。1931 年，公司开始生产小型三轮货车，20 世纪 60 年代曾经是日本产量最大的汽车公司。1984 年，公司正式更名为马自达公司。1979 年福特购买了该公司 25% 的股份，1996 年股份扩大到 33.4%，成为马自达最大的股东。

马自达商标（图 3-203）是椭圆中展翅飞翔的海鸥，同时又组成“M”字样。“M”是“MAZDA”首字母，预示该公司将展翅高飞，以无穷的创意和真诚的服务，迈向新世纪。

图 3-203 马自达商标

马自达生产的汽车设计新颖、质量优异，畅销日本和欧美地区，主要品牌有 Econovan、德米欧（Demio）、昂克赛拉（Axela）、阿特兹（Atenza）、MX-5、RX-8（图 3-204）、CX 系列等。

图 3-204 搭载转子发动机的 RX-8

知识点 3 FCA 美国有限责任公司

1. 公司概况

（1）公司商标

FCA 美国有限责任公司的前身是克莱斯勒汽车公司，商标像五角星勋章（图 3-205），体现了克莱斯勒人的远大抱负，正五边形被五星分割成 5 个部分，寓意克莱斯勒的汽车遍布亚、非、欧、美、澳五大洲。

图 3-205 克莱斯勒公司商标

20 世纪 90 年代中期开始使用飞翼商标（图 3-206），增加了一对跃跃欲飞的翅膀，象征着克莱斯勒的欣欣向荣。2009 年更新为三层羽翼合一，强化了金属感和鲜明感。

飞翼商标

羽翼合一商标

图 3-206 克莱斯勒公司商标

（2）公司简介

克莱斯勒汽车公司成立于 1925 年，创始人瓦尔特·克莱斯勒（Walter Chrysler）（图 3-207），总部在美国汽车城底特律。2014 年，克莱斯勒被菲亚特收购，并将克莱斯勒改名为 FCA 美国有限责任公司。

该公司为美国第三大汽车制造企业，以生产轿车为主，1936—1949 年，汽车产量超过福特汽车公司，成为美国第二大汽车制造企业，现在在美国有汽车制造厂及汽车零部件厂 30 多家。

图 3-207 瓦尔特 · 克莱斯勒

2. 公司发展简史

1925 年，公司成立。同年，买下马克斯韦尔汽车公司。

1928 年，成立普利茅斯（Plymouth）分部，生产低档经济轿车。7 月，收购了道奇（Dodge）汽车公司。

1987 年，兼并了美国汽车公司（AMC），成立鹰·吉普（Eagle Jeep）分部。

1998 年 5 月 7 日，与奔驰公司合并成立了戴姆勒 – 克莱斯勒汽车公司。

2007 年 5 月 14 日，戴姆勒 – 克莱斯勒汽车公司将克莱斯勒公司 80.1% 的股权出售给美国瑟伯勒斯（Cerberus）资本管理公司，并单独成立克莱斯勒控股公司（Chrysler Holding LLC）。

2009 年 4 月 30 日，宣布破产。

2014 年 1 月 21 日，菲亚特收购克莱斯勒 100% 股权。12 月 16 日，克莱斯勒改名为 FCA 美国有限责任公司（FCA 是菲亚特克莱斯勒汽车公司的简称）。

3. 主要汽车品牌

公司主要汽车品牌有克莱斯勒、吉普、道奇、公羊、普利茅斯等，见表 3-8。

表 3-8 FCA 美国有限责任公司主要汽车品牌

品牌	商标	品牌	商标	品牌	商标	品牌	商标
克莱斯勒（Chrysler）	CHRYSLER	道奇（Dodge）	DODGE	吉普（Jeep）	Jeep	公羊（RAM）	

（1）克莱斯勒（Chrysler）

克莱斯勒品牌下的著名车型有 PT Cyuiser、LHS、君王（Concorde）、赛百灵（Sebring）、纽约客（New Yorker）、卷云（Cirrus）等中高档轿车，300M、300Hime 以及 300C（图 3-208）等系列运动型高级轿车，时尚跑车有交叉火力（Cross Fire）（图 3-209）、Citadel，著名的高档 MPV 有大捷龙（Grand Voyager）（图 3-210）、城市和乡村（Town & Country）、帕西菲卡（Pacifica）以及电动汽车 Portal 等。

图 3-208 克莱斯勒 300C

图 3-209 克莱斯勒交叉火力

图 3-210 克莱斯勒大捷龙

克莱斯勒的捷龙（Voyager）是现代 MPV 车型的鼻祖，后来发展为大捷龙，获得 78 个行业第一、260 个国际大奖，连续 34 年位居全球 MPV 销量冠军。

（2）道奇（Dodge）

1914 年，由道奇兄弟约翰·道奇（图 3–211 左侧）和霍瑞斯·道奇（图 3–211 右侧）创建了道奇（Dodge）汽车公司。1923 年，首次推出了全钢制封闭式车身的轿车。1925 年，首次采用了汽车外表面光亮喷漆工艺。

图 3-211　道奇兄弟

道奇公羊的图形车标是在一个五边形中有一神气羊头形象（图 3–212），表示“道奇”汽车强壮剽悍，善于决斗，又表示道奇车朴实无华的平民倾向。

图 3-212　道奇公羊车标

道奇的轿车品牌有超级跑车蝰蛇（Viper）、无畏（Interpid）、隐形（Stealth）、小精灵（Spirit）、影子（Shadow）、霓虹（Neon）、挑战者（Challenger）和战马（Charger）等。超级跑车蝰蛇（图 3–213）车标是一个张着血盆大口的蝰蛇（图 3–214）。蝰蛇是美国最凶猛的蛇种之一，该商标的设计者是卡罗尔·谢尔比，在设计中特别突出了蝰蛇那双烁烁放光的眼睛和锐利的牙齿，象征道奇汽车像蝰蛇一样威猛无比。

图 3-213　道奇蝰蛇

图 3-214　蝰蛇车标

（3）普利茅斯（Plymouth）

普利茅斯车标（图 3–215）是为了纪念第一批英国移民在 1620 年乘坐“五月花”号船自 Plymouth 港口登陆而设计的。商标中采用了“五月花”号帆船的图案。

图 3-215　普利茅斯车标

普利茅斯品牌主要是价格低廉的经济车型。

（4）吉普（Jeep）

对于 Jeep 名称的由来，传说是源于漫画《大力水手》上的宠物名字 Eugene the Jeep（尤金吉普），它的叫声是“Jeep，Jeep”。它机智勇敢并且善于应付各种突如其来的险境且屡屡化险为夷，正如吉普车那样，帮助士兵克服困难，正是这种积极进取的精神更符合吉普车的内涵。于 1954 年，Jeep 车标（图 3–216）首次在威利斯汽车公司生产的车型 CJ5 上使用。

Jeep

图 3-216　吉普车标

吉普品牌车型主要有牧马人（Wrangler）、切诺基（Cherokee）、自由客（Liberty）、大切诺基（Grand Cherokee）（图 3–217）、指挥官（Commander）、指南者（Compass）、自由光（Cherokee）和自由侠（Renegade）。

切诺基是吉普家族一个著名的车型系列，从 20 世纪 80 年代畅销至今，其中大切诺基是吉普的优秀代表，其强劲的动力和电子全时驱动系统使它成为越野车的新霸主。“切诺基”的名字取自美洲印第安部族切诺基人，世代居住山区，能攀善爬，表示该车越野性好。

图 3-217　大切诺基

知识点 4　特斯拉公司

1. 公司概况

（1）公司商标（图 3–218）

图 3-218　特斯拉商标

特斯拉的“T”形商标不仅是物理学家特斯拉（Tesla）名字的首字母缩写，风格化的“T”实际上也是对公司产品的暗示，代表着电机的横截面。字母 T 的主体部分代表电机转子的一部分，而顶部的第二条线则代表了外围定子的一部分，如图 3–219 所示。

图 3–219 特斯拉商标含义

（2）公司简介

特斯拉公司是一家美国电动汽车及能源公司，生产电动汽车、太阳能板及储能设备，总部位于美国加利福尼亚州硅谷的帕罗奥多（Palo Alto）（图 3–220），由马丁·艾伯哈德（Martin Eberhard）和马克·塔彭宁（Marc Tarpenning）（图 3–221）共同创立，将公司命名为“特斯拉汽车”（Tesla Motors）以纪念物理学家尼古拉·特斯拉。

图 3–220 特斯拉公司总部

（3）公司规模

公司员工总数约 14 万名，目前拥有加利福尼亚州弗雷蒙特工厂、纽约州布法罗（Buffalo）的太阳能工厂、特斯拉上海超级工厂和特斯拉柏林工厂，2023 年交付量达 181 万辆，全球新能源汽车企业销量居世界第 2，2023 年《财富》世界 500 强中位列第 152 名。

图 3–221 马丁 · 艾伯哈德（左）和马克 · 塔彭宁（右）

2. 公司发展简史

2003 年 7 月 1 日，特斯拉汽车公司成立。

2004 年 2 月，埃隆·马斯克（Elon Musk）（图 3–222）出资 630 万美元入股特斯拉，出任首席执行官，并取得所有事务的最终决定权。

特斯拉公司发展史

2004—2007 年，埃隆·马斯克不断融资，用于 Roadster 的研发，截至 2009 年 1 月，特斯拉一共融资超过了 1.87 亿美元。

图 3–222 埃隆 · 马斯克

2008 年 2 月，特斯拉第一款两门运动型跑车 Roadster 开始交付（图 3–223）；同年 10 月，开始量产 Roadster。

图 3–223 特斯拉第一款 Roadster

2010 年，收购新联合汽车制造工厂；获得松下、丰田投资；在纳斯达克 IPO 上市。

2012 年，全新电动汽车系列 Model S 开始交付（图 3–224）；发布新车型 Model X（图 3–225）；再次发行企业债。

2014 年，发布大众亲民车型 Model 3（图 3–226）。

2016 年 11 月 17 日，收购美国太阳能发电系统供应商 SolarCity，使得特斯拉转型成为全球唯一垂直整合的能源公司。

2017 年 2 月 1 日，特斯拉汽车公司正式改名为特斯拉公司。

2018 年 10 月 17 日，特斯拉上海超级工厂在临港地区落地。

2019 年 3 月 15 日，特斯拉发布新车型 Model Y（图 3–227）。

图 3–224 特斯拉 Model S

图 3–225 特斯拉 Model X

图 3–226 特斯拉 Model 3

图 3–227 特斯拉 Model Y

2022 年 3 月 22 日，特斯拉柏林工厂举行开工仪式。10 月，首次展示 Megafactory 工厂，全力生产 Megapack 巨型电池。

2023 年 2 月 22 日，特斯拉全球工程总部于加州正式成立。

3. 公司主要汽车品牌

特斯拉以生产高性能纯电动车而闻名于世，以造型别致、强大的续航能力、优异的动力性能成为行业典范，主要车型有 Roadster、Model S、Model X、Model 3、Model Y 和 Semi 电动货车（图 3–228）以及 Cybertruck 电动皮卡（图 3–229）等。

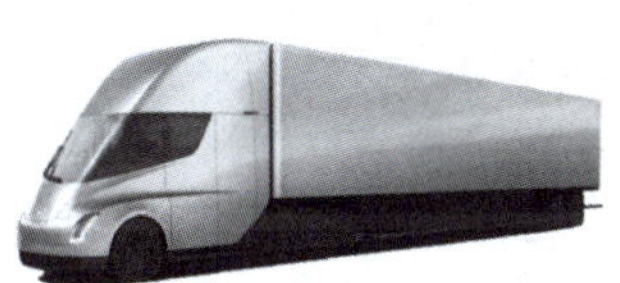

图 3-228 电动货车 Semi

图 3-229 Cybertruck 电动皮卡

Model S 作为一款安全、高性能的电动轿车，搭载支持完全自动驾驶 FSD（Full Self-Driving）功能的硬件系统。

Model 3 是特斯拉旗下最畅销的车型，并最早在上海工厂生产，尾部有“特斯拉”中文字样。

启示角

回顾汽车工业 100 多年历史，美国汽车工业追求不凡品质的创新精神仍在延续。从特福汽车公司建立了世界上第一条汽车流水装配线，凯迪拉克第一个提出电子点火系统并第一个使用独立前悬架系统，到克莱斯勒率先采用了液压式制动系统，再到从外到内均颠覆了传统的汽车设计——纯电动汽车创新的引领者特斯拉。《诗经》有言：“他山之石，可以攻玉”。如今我国的新能源汽车市场如日中天，国内新能源汽车企业在“三电”技术方面还要不断进取和精进，美国企业的颠覆式创新精神仍值得我们借鉴学习。

任务实施

1. 采用小组合作形式，分工完成美国主要汽车集团公司的兼并史的检索，并在组内讨论交流。
2. 以讲解员的身份介绍美国某一汽车集团公司的概况与发展史，并将汽车的文化故事传递给观众。
3. 推选小组代表就美国主要汽车集团公司的兴衰发表看法。
4. 练习题

（1）通用主要生产了以下哪几种车型？（　　）

A. 凯迪拉克　　B. 别克　　C. 特斯拉　　D. 雪佛兰

（2）以下哪个不是美国的汽车企业？（　　）

A. 通用　　B. 福特　　C. 克莱斯勒　　D. 菲亚特

（3）以下哪个汽车企业发明了世界上第一条汽车生产流水线？（　　）

A. 丰田　　B. 菲亚特　　C. 福特　　D. 通用

（4）1903 年，________和 11 个股东共同创立福特汽车公司，开发了举世闻名的________。

（5）特斯拉的“T”形商标不仅是物理学家________名字的首字母缩写，也是对公司产品的暗示，代表着电机的________。

任务评价

在完成本学习任务后，通过小组会议的形式进行总结与反思，并完成多元化评价，评分细则见表 3-9。

表 3-9　美国主要汽车集团公司检索评价表

序号	考核内容	配分	评分细则	自评得分	小组评价	教师评价
1	组员准备、学习态度、自主探究与团队协作能力	20	准备是否充分、学习态度是否认真、能否进行自主探究与团队协作 □优秀 □良好 □一般 □不合格			
2	美国主要汽车集团公司探究检索	30	检索工具是否科学、内容脉络是否清晰、内容是否充实 □优秀 □良好 □一般 □不合格			
3	介绍美国某一汽车集团公司的概况与发展史	20	介绍内容是否正确、丰富完整、表达清晰 □优秀 □良好 □一般 □不合格			
4	就美国主要汽车集团公司的兴衰发表看法	15	观点鲜明、逻辑合理、推理清晰 □优秀 □良好 □一般 □不合格			
5	练习题完成正确率	15	共 5 题、每小题 3 分			
总分（自评 20%，小组评价 30%，教师评价 50%）						
学生建议：			教师指导意见：			

认知模块 03

任务 3　了解亚洲主要汽车集团公司

学习目标

- 能够识别亚洲主要汽车集团公司旗下的品牌与车标。
- 能够阐述亚洲主要汽车集团公司的发展历史。
- 能够从亚洲汽车集团公司发展过程中学习经验和教训。

任务接收

请你组建一支汽车历史博物馆讲解团队，主要负责介绍亚洲收藏区丰田、本田、现代、塔塔等汽车企业的发展历史，并将汽车的文化故事传递给观众。

获取资讯

知识点 1 丰田汽车公司

1. 公司概况

（1）公司创立时间与创始人

丰田汽车公司（Toyota Motor Corporation）由丰田喜一郎（图 3-230）于 1937 年 8 月 28 日成立，总部位于日本爱知县丰田市（图 3-231）和东京都文京区。

图 3-230　丰田喜一郎

（2）公司商标

公司名称取自创始人丰田喜一郎的姓氏，商标如图 3-232 所示，将三个外形近似的椭圆巧妙地组合在一起，每个椭圆都是以两点为圆心绘制的曲线组成，象征用户的心与汽车厂家的心是连在一起的，具有相互信赖感，而且使图案具有空间感。商标将罗马字母拼音“TOYOTA”字母寓于图形商标之中。大椭圆内的两个椭圆垂直交叉组合成一个“T”字，代表丰田汽车公司；大椭圆表示地球，中间的“T”字与外面的椭圆重叠，使“T”字最大限度地占据了椭圆空间，更突显和喻示丰田汽车面向未来、走向世界。

图 3-231　爱知县丰田市丰田公司总部

（3）公司规模

员工总数 30 多万人，子公司 500 多家。2023 年汽车销量 1123 万辆，居世界第 1 位，2023 年世界《财富》500 强排名第 19。

图 3-232　丰田商标

2. 丰田汽车公司发展简史

丰田汽车公司发展史

1933 年，在丰田自动织机制作所内设立汽车部。

1936 年，丰田 AA 型轿车问世。丰田喜一郎提出了“Just Time”（准时化生产方式）的理念。

1937 年，丰田汽车工业公司诞生。

1951 年，开始推行“动脑筋，提方案”制度。

1954 年，开始试行“精益管理法”。

1955 年，生产出第一辆皇冠轿车（图 3–233）。

1966 年，花冠轿车问世（图 3–234）；开始与日野汽车工业公司进行业务合作。

1967 年，开始与大发工业公司进行业务合作。

1984 年，与美国通用的合资公司 NUMMI 在美国建成投产。

1997 年，混合动力汽车普锐斯投产上市（图 3–235）。

2000 年，四川丰田汽车有限公司建成投产。

2002 年，与中国第一汽车集团公司就全面合作达成协议。

2004 年，广州丰田汽车有限公司成立。

2018 年，日本铃木、斯巴鲁以及丰田集团的大发工业和日野汽车 4 家公司决定加入由丰田汽车公司主导的电动汽车技术研发新公司，以共享相关知识、降低成本、加速研发进程。

2022 年 10 月，在中国推出与比亚迪联合开发的新电动轿车品牌，以扩大在中国的电动汽车产品范围。

图 3–233　1955 年皇冠轿车

图 3–234　1974 年花冠轿车

图 3–235　丰田普锐斯

3. 汽车品牌

丰田汽车公司的主要汽车品牌含丰田（Toyota）、大发（Daihatsu）和日野（Hino）三大部分，见表 3–10。

表 3–10　丰田汽车公司的主要汽车品牌

品牌	商标	品牌	商标	品牌	商标
丰田（Toyota）	TOYOTA	大发（Daihatsu）	DAIHATSU	日野（Hino）	HINO

（1）丰田（Toyota）品牌

丰田主要品牌有皇冠（Crown）、雷克萨斯（Lexus）、凯美瑞（Camry）、亚洲龙（Avalon）、世纪（Century）、卡罗拉（Corolla）、雷凌（Levin）、埃尔法（Alphard）、普瑞维亚（Previa）、荣放（Rav4）、汉兰达（Highlander）、普拉多（Prado）、普锐斯（Prius）、柯斯达（Coaster）、海狮（Hiace）和赛昂（Scion）等。

1）皇冠（Crown）。皇冠品牌是丰田历史最长的中高级豪华轿车，现已生产第 16 代皇冠轿车。皇冠商标是一顶皇冠（图 3–236），象征着此车的高贵和典雅，英文“CROWN”是皇冠的意思。

图 3–236　丰田皇冠商标

2）雷克萨斯（Lexus）。雷克萨斯是1989年丰田汽车公司专门为国外销售豪华轿车而成立的一个分部。商标是在一个椭圆中镶嵌英文“Lexus”的第一个大写字母L（图3–237），喻示该车像一匹黑马，驰骋在世界各地的道路上。

雷克萨斯LS400（图3–238）是1993年丰田公司投入近4000名最优秀的工程技术人员，花了六年多时间紧张开发而成的豪华汽车。雷克萨斯的主要车型有CT200h、ES200、ES260、ES300h、LS400、LS430、LS350、LS500h、RX300、RX450h、RX450hL、GS300、IS300、RC300、LC500h和LX570等。

图3–237 雷克萨斯商标

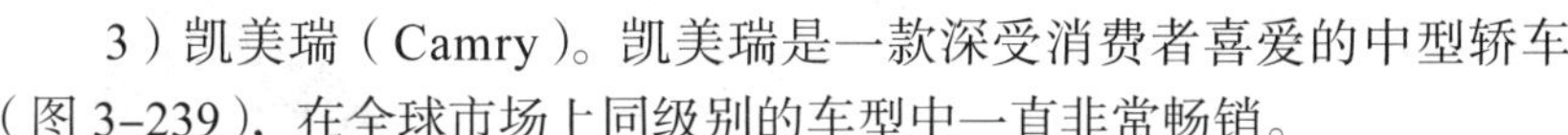

3）凯美瑞（Camry）。凯美瑞是一款深受消费者喜爱的中型轿车（图3–239），在全球市场上同级别的车型中一直非常畅销。

图3–238 雷克萨斯LS400

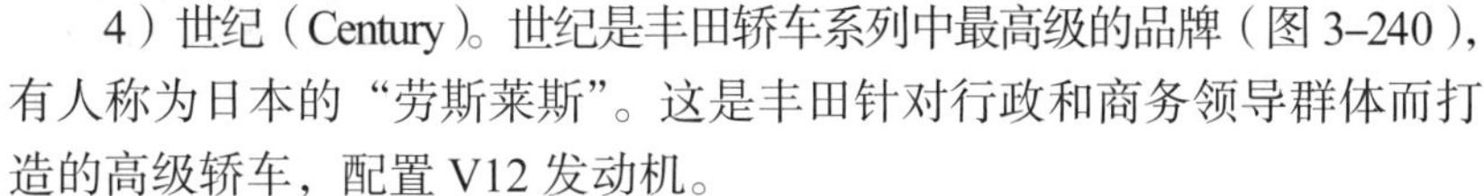

4）世纪（Century）。世纪是丰田轿车系列中最高级的品牌（图3–240），有人称为日本的“劳斯莱斯”。这是丰田针对行政和商务领导群体而打造的高级轿车，配置V12发动机。

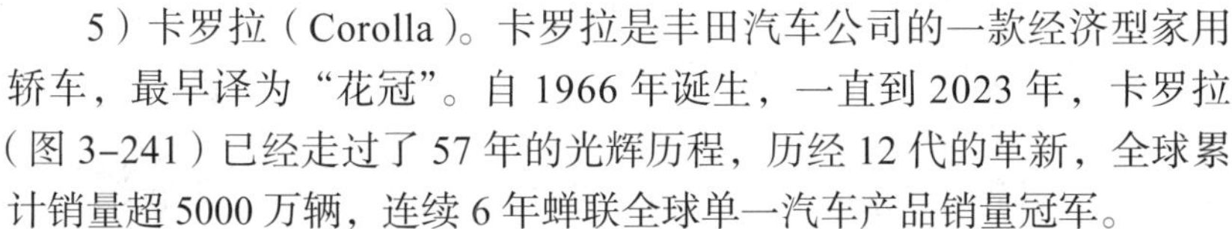

5）卡罗拉（Corolla）。卡罗拉是丰田汽车公司的一款经济型家用轿车，最早译为“花冠”。自1966年诞生，一直到2023年，卡罗拉（图3–241）已经走过了57年的光辉历程，历经12代的革新，全球累计销量超5000万辆，连续6年蝉联全球单一汽车产品销量冠军。

图3–239 第九代凯美瑞

（2）大发（Daihatsu）

日本大发工业株式会社成立于1907年，原名为大阪发动机制造株式会社，1951年改为现名。1923年开始汽车制造，主要生产微型轿车和客车，以生产小型轿车和发动机闻名世界。公司总部设在日本大阪，目前丰田汽车公司占有大发的多数股份。1984年，大发汽车公司将夏利牌微型轿车转让给中国天津汽车工业公司，合作生产夏利微型轿车。

图3–240 2018款丰田世纪

大发商标（图3–242）是向上发展的流线型字母“D”，取自于大发拼音“DAIHATSU”的第一个大写字母，商标把大发拼音的“D”图案化，寓意着大发汽车公司“永葆青春活力”，显示着公司的向上发展。

图3–241 2024款丰田卡罗拉

公司目前主要的车型有西龙（Sirion）、感动（Move）、YRV、特锐（Terios）等。

（3）日野（Hino）

日本日野汽车公司成立于1942年，是日本最大的中型货车制造商，领域包括柴油货车和大客车等商用汽车，并在这一领域以质量和技术著称。2001年4月，丰田汽车公司向日野汽车公司注资的比例达到50.1%，使日野成为丰田的一个子公司。

图3–242 大发商标

日野商标（图3–243）由一个艺术化了的“H”和日野拼音“HINO”组成，艺术化了的“H”看似一个轴对称图形，由一主轴连接两端，喻示着日野将在丰田公司的领导下向前发展，整个图形成半闭合状态，又喻示着公司将前途无量。

图3–243 日野商标

公司目前主要的车型有300系列、中卡500系列、重卡700系列等。

知识点2 本田汽车公司

1. 公司商标

图3-244 本田商标

本田商标是从来自世界各地的2500多件设计图稿中，确定了现在的三弦音箱式商标（图3-244），也就是带框的“H”。图案中的H是本田拼音“HONDA”的第一个字母。这个标志体现了本田公司年轻、技术先进、设计新颖的特点，把技术创新、团结向上、经营有力、紧张感和轻松感表现得淋漓尽致。

图3-245 本田宗一郎

2. 公司发展与现状

（1）公司发展简介

1948年，本田宗一郎（图3-245）创建了本田公司。

1962年，本田研制出了划时代的轻便轿车“N360”。

1971年，开发了低公害的CVCC（复合涡流调速燃烧）发动机汽车。

1982年11月，第一辆雅阁（Accord）轿车在美国工厂下线。

1986年，本田在美国推出讴歌（Acura）品牌。

1998年7月，广州本田汽车有限公司和东风本田发动机有限公司成立。

2003年7月，东风本田汽车有限公司成立。

2003年9月，本田汽车（中国）有限公司成立。

2005年9月，本田汽车零部件制造有限公司成立。

2006年9月，广州本田第二工厂投产，公司总产能达到36万辆。

本田汽车公司发展史

2020年6月，与东软睿驰合资成立海纳新思智行服务有限公司，加速推进汽车智能网联服务升级。

2022年5月，推出电动品牌e:NP、e:NP1以及e:NS1，标志着本田汽车全面开启电动化新时代。

（2）公司现状

总部设在东京，雇员总数20多万人，在全球拥有了120多个生产基地。2023年，汽车销量410.9万辆，居世界第9，是日本第二大汽车公司。2023年世界《财富》500强排名第70。

本田汽车公司素有日本汽车技术发展的排头兵之称，它的电子陀螺仪、四轮防侧滑电子控制器、自动控制车身高度电子装置和复合涡流调速燃烧发动机都是汽车技术的领先成果。

3. 汽车品牌

公司主要汽车品牌有本田（Honda）、讴歌（Acura）。

（1）本田品牌

本田品牌下的主要车型有雅阁（Accord）、思域（Civic）、序曲（Reelude）、里程（Legend）、奥德赛（Odyssey）、飞度（Fit）、Stream、Insight、CR-V、S2000、FCX、Pilot、Elemet等。

雅阁（Accord）（图3-246）是日本汽车历史上最成功的车型之一。从1976年问世以来，雅阁已经历十一代，其出色的燃油经济性、优秀的保值率、耐用的特点深受消费者的喜爱。

图3-246 第十一代雅阁

思域（Civic）（图 3-247）作为紧凑运动型家用轿车市场的标杆，历来处于市场的领先地位。

图 3-247　第十一代思域

（2）讴歌（Acura）品牌

讴歌是本田汽车公司在美国的高档豪华车品牌，它诞生于 1986 年 3 月，现有 CDX（图 3-248）、RDX、MDX、NSX、TLX-L、TSX 和 RSX 等车型。

图 3-248　讴歌 CDX

“Acura”意为“高速、精密、准确”，其商标（图 3-249）是英文字母 A 的变形，犹如一把卡钳（专门用于精确测量的工具），体现了企业汽车制造“精确”的主题 。

ACURA

图 3-249　讴歌商标

知识点 3 日本其他汽车公司

日本汽车企业众多，除上面已经述及的丰田、本田等汽车公司外，还有日产、三菱（见任务 2 中的知识点 4）、铃木、富士和五十铃等汽车企业。

1. 铃木汽车公司

铃木汽车公司前身为铃木织机制作所，于 1909 年 10 月由铃木道雄创建，1954 年改名为铃木汽车公司。铃木汽车公司生产的汽车主要为小型和微型轿车、轻型和微型货车，连续三十年保持日本国内同级别销量冠军的地位。2001 年，铃木汽车公司与中国重庆长安汽车公司合资建立了长安铃木汽车公司。

铃木公司的注册商标是用铃木道雄姓氏拼音“SUZUKI”和第一个字母“S”设计而成（图 3-250），给人以力量的感觉，象征着发展中的“铃木”。

图 3-250　铃木商标

2. 斯巴鲁（Subaru）汽车公司

斯巴鲁汽车公司是富士重工业株式会社（FHI）旗下专业从事汽车制造的公司，是生产多种类型、多用途运输设备的制造商，成立于 1953 年。斯巴鲁汽车公司生产的水平对置式发动机和全时四轮驱动系统技术独特，2006 年创下其全球销售历史纪录。斯巴鲁商标采用六连星的昴宿星座的形式（图 3-251），象征组成其母公司富士重工及各分公司。

图 3-251　斯巴鲁商标

3. 五十铃（Isuzu）汽车公司

五十铃汽车公司的前身是于 1916 年成立的东京石川岛造船所，1922 年生产 A9 型轿车，1949 年改名为五十铃汽车公司，以生产大、中型载货汽车为主，同时生产部分中、小型轿车。在中国合资建立江铃和庆铃汽车公司。

五十铃汽车公司现使用双柱商标（图 3-252），左边那根柱子象征着和用户并肩前进的五十铃公司，右边那根柱子象征着与世界各国合作发展的五十铃公司。

图 3-252　五十铃商标

知识点 4 现代汽车集团

1. 集团概况

（1）公司商标

商标是在椭圆中的斜体字 H（图 3–253），H 是现代汽车公司名 Hyundai 的第一个大写字母。椭圆既代表汽车的方向盘，又可以看作是地球，与其间的 H 结合在一起，代表了现代汽车遍布全世界，体现了现代汽车公司在世界上腾飞这一理念，象征现代汽车公司在和谐与稳定中发展。

（2）公司发展与现状

现代汽车公司成立于 1967 年，总部设在韩国首尔，创始人是郑周永（图 3–254）。

图 3–253 现代商标

1998 年，收购韩国起亚（KIA）汽车公司，组成现代汽车集团，成为韩国最大的汽车公司。

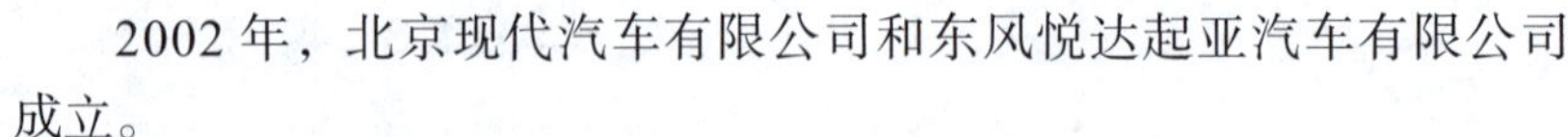

2002 年，北京现代汽车有限公司和东风悦达起亚汽车有限公司成立。

图 3–254 郑周永

2004 年，现代汽车（中国）投资有限公司成立。

2012 年，四川现代成立，工厂开始生产。

2014 年，现代第五家海外技术研发所落户烟台。

2023 年，汽车销量 730 万辆（含起亚），世界排名第 3，《财富》世界 500 强名列第 94 位。

2. 主要汽车品牌

图 3–255 起亚商标

公司有现代（Hyundai）和起亚（Kia）两个主品牌。起亚商标如图 3–255 所示。

现代汽车公司的主要车型有索纳塔（Sonata）、名图（Mistra）、伊兰特（Elantra）、菲斯塔（La Festa）、悦动（Celesta）、悦纳（Verna）、瑞纳（Reina）、胜达（Santafe）、途胜（Tucson）、ix35、ix25 和昂希诺（Encino）等。索纳塔（图 3–256）是一款中高级汽车，是现代生产历史最长而且具有韩国特点的车型。

图 3–256 第十代索纳塔

小型 SUV 和 MPV 是起亚公司的主要产品，约占韩国同类车型市场的 40%，比较有名的车型为狮跑（Sportags）、索兰托（Sorento）以及嘉华（Carnival）等；轿车系列有赛菲亚（Sephia）、丽欧（Rio）、欧迪玛（Optima）等。

知识点 5 印度塔塔汽车公司

1. 公司概况

（1）公司简介

塔塔汽车公司是印度最大的塔塔集团的子公司，总部在孟买，是印度最大的汽车公司。车辆出口至欧洲、非洲、中东地区、东南亚、南亚以及南美地区。2008 年收购了捷豹和路虎两大汽车品牌，进一步加强了公司的实力。

（2）公司商标

塔塔汽车标志由集团名称 TATA 和图案组成，图案用 T 字母形成高速公路图案（图 3–257），喻示塔塔汽车走向世界。

图 3-257　塔塔汽车标志

2. 公司发展简史

1868 年，印度人詹姆斯特吉·塔塔（Jamsetji Tata）（图 3–258）创立塔塔集团。

图 3-258　詹姆斯特吉·塔塔

1945 年，塔塔集团子公司塔塔汽车公司成立。

1954 年，同德国戴姆勒奔驰公司签订 15 年的合作协议，开始生产商用车辆。

1998 年，研制生产出印度第一辆本土汽车 Indica。

2002 年，研制生产出 Indigo 轿车。

2008 年 3 月 26 日，印度塔塔集团收购福特旗下的捷豹和路虎两大汽车品牌。

2009 年，推出了世界上最经济小型车 Nano（图 3–259）。

图 3-259　塔塔 Nano

3. 主要汽车品牌

主要汽车品牌有捷豹、路虎和塔塔，其中塔塔品牌包括轻型商用车塔塔 Ace、运动型功能车塔塔 Safari、乘用车塔塔 Indica 和小轿车 Nano 等。

（1）捷豹（Jaguar）汽车品牌

捷豹公司是英国人威廉·里昂斯（William Lyons）于 1922 年由制造摩托车的边斗车起家。1931 年，转型生产汽车，以生产豪华运动车而闻名于世。

捷豹商标（图 3–260）为一只正在跳跃前扑的美洲豹，矫健勇猛，怒目咆哮，盛气凌人，形神兼备，具有时代感与视觉冲击力，它既代表了公司的名称，又表现出向前奔驰的力量与速度，象征该车如美洲豹一样驰骋于世界各地。

图 3-260　捷豹商标

捷豹的经典车型有 SS100、XK 型、XJ 型、E 型、S 型、X 型，其中 XK8 跑车（图 3–261）被媒体认为是经典捷豹跑车的真正传世之作。

图 3-261　捷豹 XK8 跑车

（2）路虎（Land Rover）汽车品牌

路虎全称是兰德·路虎（Land Rover），ROVER 曾译为罗孚，由英国的莫利斯·加吉（Morris Gardge，即 MG）等多家汽车公司合并而成，公司成立于 1877 年，是世界上最知名的四轮驱动车制造商之一。1994 年，被宝马公司收购，2000 年，福特从宝马公司收购路虎四轮驱动系列产品。

路虎商标中的“Rover”在英语中包含流浪者、航海者的意思。Rover Mascot（吉祥物）源自世界上最著名的海盗集团——维京人的双关语，所以路虎汽车商标采用了一艘海盗船（图 3–262 上），张开的红帆象征着公司乘风破浪、所向披靡的大无畏精神。路虎越野汽车的

图 3-262　路虎商标

标志（图 3–262 下）是椭圆里面的公司名字“LAND ROVER”，意寓路虎汽车遍布全世界。

路虎的经典车型有神行者（Free Lander）、卫士（Defender）（图 3–263）、发现（Discovery）、揽胜（RangeRover）等。

图 3–263 路虎 Defender

知识点 6 宝腾汽车公司

1. 公司概况

（1）公司简介

宝腾（Proton）汽车公司成立于 1983 年，是马来西亚国有企业，先后与日本三菱公司和法国雪铁龙公司合作研发汽车。1996 年收购了英国路特斯（LOTUS）汽车公司，加强了公司的实力；之后又收购底特律汽车设计中心，使宝腾汽车公司具有独立完成从轿车开发到生产的能力。宝腾开发的发动机将接近“零排放”，并大量出口海外。

图 3–264 宝腾汽车公司车标

（2）汽车标志

宝腾汽车公司车标是在盾牌上镶嵌一个马来虎侧面图案（图 3–264），突显宝腾汽车的强劲与威风；PROTON 是马来西亚文 Perusahaan Otomobil Nasional（国家轿车项目）的简写。

图 3–265 宝腾 Persona

2. 汽车品牌

宝腾汽车公司主要汽车品牌有 PerdanaV6、Satria GTI、Wira、Persona（图 3–265）等型号轿车和路特斯公司的 Elise 等。

（1）路特斯汽车公司发展简介

1951 年，英国杰出的工程师柯林·查普曼（图 3–266）创建了路特斯（曾译名莲花）汽车公司，总部设在英国诺里奇市。他亲自参与设计及研制各种赛车，还组建了一支骁勇的路特斯车队，在赛场屡建奇功，自 1958 年以来先后 7 次在 F1 大奖赛中夺冠。

图 3–266 柯林·查普曼

1963—1978 年，路特斯汽车曾经 7 次蝉联世界最佳小客车优胜奖。

1970 年，查普曼推出了一辆 72 型单座赛车（图 3–267）。该车后轮大得出奇，前轮又小得出奇，在所参加的 5 个赛季中夺得了 20 项大赛和 3 项品牌奖。

图 3–267 72 型单座赛车（Colin Chapman）

1983 年中期，由英国汽车拍卖集团（BCA）主管大卫 – 威金斯接管公司营运。

1983 年 7 月，日本丰田汽车公司买下路特斯汽车公司 66.5% 的股份。

1986 年初，通用汽车公司控制了路特斯汽车公司的 58% 股权，次年再将控股增加至 97%。

1991 年，路特斯 Elan 汽车获世界汽车最佳设计奖。

1993 年 11 月，通用汽车公司将路特斯汽车公司卖给意大利，之后与布加迪（Bugatti）汽车厂合并。

1996 年，路特斯被韩国大宇汽车公司收购。

1997 年，马来西亚的宝腾集团并购路特斯汽车公司。

2011 年 6 月，路特斯品牌正式进入中国市场。

2017 年 6 月 23 日，浙江吉利控股集团收购豪华跑车品牌路特斯 51% 的股份。

（2）路特斯汽车公司商标（图 3–268）

路特斯汽车公司商标是由 CABC 几个英文字母重叠在一起组成的，这是公司创始人柯林·查普曼（Colin Anthony Bruce Chapman）名字的缩写。优雅、灵动、恒久、精炼、圣洁的莲花，是路特斯汽车的高雅象征。

图 3-268　路特斯汽车公司商标

（3）汽车品牌

路特斯汽车与法拉利、保时捷一起并称为世界三大跑车制造商，其汽车重心低，造型具有良好的流线型，风阻系数很小。

该公司开发的路特斯 Elise（图 3–269）为轻质量高性能汽车确立了标准，首次将蜂窝结构管状车架应用于汽车；率先采用超级轻灵的新材料，复合玻璃纤维以及黏合型铝合金超轻结构，迄今已荣获 50 多项大奖。

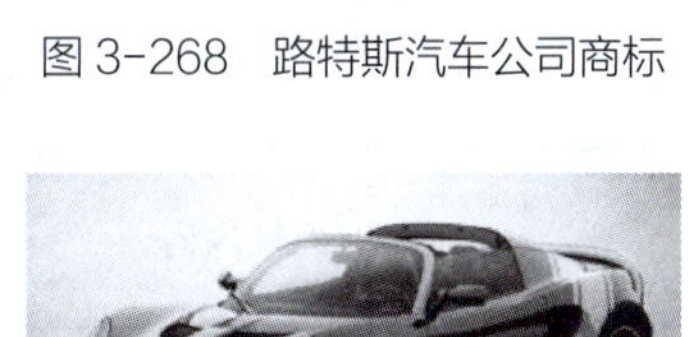

图 3-269　路特斯 Elise

路特斯代表车型包括 Elise、Esprit、Seven、Emeya、Elan、Europe 等（图 3–270~ 图 3–272）。

图 3-270　路特斯 Esprit

图 3-271　路特斯 Seven

图 3-272　路特斯 Emeya

任务实施

1. 采用小组合作形式，分工完成亚洲主要汽车集团公司的兼并史的检索，并在组内讨论交流。
2. 以讲解员的身份介绍亚洲某一汽车集团公司的概况与发展史，并将汽车的文化故事传递给观众。
3. 推选小组代表就亚洲主要汽车集团公司兴衰发表看法。
4. 练习题

（1）在汽车制造过程中，______提出了“Just Time”（准时化生产方式）的理念。（　　）

A. 本田宗一郎　　B. 丰田喜一郎

C. 郑周永　　D. 詹姆谢特吉·塔塔

（2）1949 年，东京石川岛造船所改名为______汽车公司。（　　）

A. 日野　　B. 马自达

C. 五十铃　　D. 铃木

（3）2008 年，福特旗下的捷豹和路虎两大汽车品牌被______汽车公司收购。（　　）

A. 印度塔塔　　　　B. 通用

C. 宝腾　　　　D. 丰田

（4）现代汽车集团主要有______和______两大汽车品牌。

（5）法拉利、保时捷与______汽车一起并称为世界三大跑车制造商。

任务评价

在完成本学习任务后，通过小组会议的形式进行总结与反思，并完成多元化评价，评分细则见表 3-11。

表 3-11　亚洲主要汽车集团公司检索评价表

序号	考核内容	配分	评分细则	自评得分	小组评价	教师评价
1	组员准备、学习态度、自主探究与团队协作能力	20	准备是否充分、学习态度是否认真、能否进行自主探究与团队协作 □优秀 □良好 □一般 □不合格			
2	亚洲主要汽车集团公司探究检索	30	检索工具是否科学、内容脉络是否清晰、内容是否充实 □优秀 □良好 □一般 □不合格			
3	介绍亚洲某一汽车集团公司的概况与发展史	20	介绍内容是否正确、丰富完整、表达清晰 □优秀 □良好 □一般 □不合格			
4	就亚洲主要汽车集团公司的兴衰发表看法	15	观点鲜明、逻辑合理、推理清晰 □优秀 □良好 □一般 □不合格			
5	练习题完成正确率	15	共 5 题、每小题 3 分			
总分（自评 20%，小组评价 30%，教师评价 50%）						
学生建议：			教师指导意见：			

04

认知模块

国内主要汽车公司介绍

国内主要汽车公司介绍

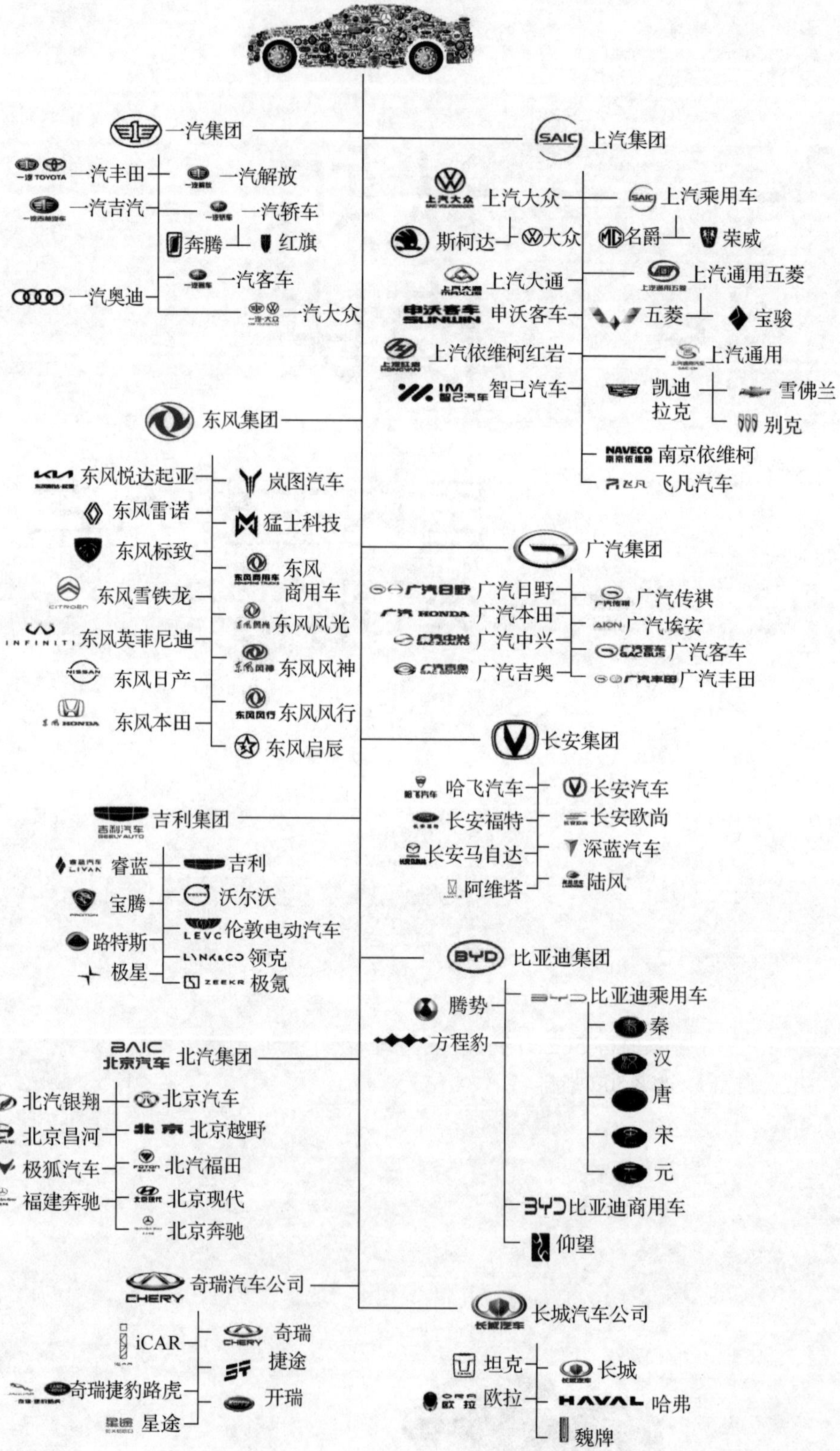

- 一汽集团
  - 一汽丰田
  - 一汽吉汽
  - 一汽奥迪
  - 一汽解放
  - 一汽轿车
    - 奔腾
    - 红旗
  - 一汽客车
  - 一汽大众
- 上汽集团
  - 上汽大众
    - 斯柯达
    - 大众
  - 上汽大通
  - 申沃客车
  - 上汽依维柯红岩
  - 智己汽车
  - 上汽乘用车
    - 名爵
    - 荣威
  - 上汽通用五菱
    - 五菱
    - 宝骏
  - 上汽通用
    - 凯迪拉克
    - 雪佛兰
    - 别克
  - 南京依维柯
  - 飞凡汽车
- 东风集团
  - 东风悦达起亚
  - 东风雷诺
  - 东风标致
  - 东风雪铁龙
  - 东风英菲尼迪
  - 东风日产
  - 东风本田
  - 岚图汽车
  - 猛士科技
  - 东风商用车
  - 东风风光
  - 东风风神
  - 东风风行
  - 东风启辰
- 广汽集团
  - 广汽日野
  - 广汽本田
  - 广汽中兴
  - 广汽吉奥
  - 广汽传祺
  - 广汽埃安
  - 广汽客车
  - 广汽丰田
- 长安集团
  - 哈飞汽车
  - 长安福特
  - 长安马自达
  - 阿维塔
  - 长安汽车
  - 长安欧尚
  - 深蓝汽车
  - 陆风
- 吉利集团
  - 睿蓝
  - 宝腾
  - 路特斯
  - 极星
  - 吉利
  - 沃尔沃
  - 伦敦电动汽车
  - 领克
  - 极氪
- 比亚迪集团
  - 腾势
  - 方程豹
  - 比亚迪乘用车
    - 秦
    - 汉
    - 唐
    - 宋
    - 元
  - 比亚迪商用车
  - 仰望
- 北汽集团
  - 北汽银翔
  - 北京昌河
  - 极狐汽车
  - 福建奔驰
  - 北京汽车
  - 北京越野
  - 北汽福田
  - 北京现代
  - 北京奔驰
- 奇瑞汽车公司
  - iCAR
  - 奇瑞捷豹路虎
  - 星途
  - 奇瑞
  - 捷途
  - 开瑞
- 长城汽车公司
  - 坦克
  - 欧拉
  - 长城
  - 哈弗
  - 魏牌

认知模块 04

任务 1 了解上汽集团

学习目标

- 能够识别上汽集团的商标与品牌。
- 能够阐述上汽集团发展历史及现状。
- 认识上汽集团的汽车产品，增强民族自豪感。

上汽集团简介

任务接收

搜索上汽集团近期销量最高的车型，用表格列出该车型的性能参数。

获取资讯

知识点 1 现状概述

上汽集团全称为上海汽车集团股份有限公司。

1. 集团公司商标

上汽集团商标如图 4-1 所示。

SAIC 既是上汽集团的简称，也是上汽集团的价值观（SAIC 的含义：S——Satisfaction from customer，满足用户需求；A——Advantage through innovation ，提高创新能力；I——Internationalization in operating，集成全球资源；C——Concentration on people，崇尚人本管理）。

2. 生产规模

2023 年，公司整车销售 502 万辆，位居全国汽车企业销量第 1 位，2023 年《财富》全球 500 强排名第 84 位。

图 4-1 上汽集团商标

上汽集团总部在上海（图 4-2），在柳州、重庆、烟台、沈阳、青岛、仪征、南京、英国长桥等地建立了自己的生产基地。

目前，上汽集团积极推动全球业务布局，在泰国、印尼和印度建立了 3 个海外生产制造基地及一个位于巴基斯坦的 KD 工厂，在硅谷、特拉维夫和伦敦设立 3 个创新研发中心，在欧洲、南美、中东、北非、澳新和东盟等地设立了多个区域营销服务中心，建成逾 1800 个海外营销服务网点，已经形成欧洲、东盟、澳新、南亚、美洲、中东 6 个“5 万辆级”海外市场。此外，上汽安吉物流开通了 4 条自有国际航运航线，上汽所属华域零部件在海外也拥有 101 个基地。

图 4-2 上汽集团总部

知识点 2 主要汽车品牌

上汽集团主要汽车品牌见表 4-1。

表 4-1 上汽集团主要汽车品牌

品牌	商标	主要车型	品牌	商标	主要车型
上汽乘用车	SAIC 上汽集团 SAIC MOTOR	荣威品牌（RX5、RX5 PLUS、RX8、RX9、i5、i5 GL、i6 PLUS、Ei5、ERX5、RX5 eMAX、e950、ei6 PLUS、D7 DMH、D7 EV、D5x DMH、eRX5），名爵品牌（MG5、MG6、MG7、MG 领航、MG ZS、MG4 EV、MG6 PHEV、领航 PHEV、XPOWER）	上汽大众	上汽大众 SAIC VOLKSWAGEN	大众品牌（ID.3、ID.4X、ID.6X、POLO PLUS、桑塔纳、帕萨特、途观、途安、途岳、途铠、途昂、朗逸、凌渡 L、辉昂、威然），斯柯达品牌（昕锐、昕动、明锐、晶锐、速派、柯迪亚克、柯珞克、柯米克等）
上汽通用	上汽通用汽车 SAIC-GM	别克系列（艾维亚、昂科雷、昂科威、昂科旗、昂科拉、昂扬、GL6、GL8、君越、君威、威朗、英朗、凯越、阅朗、VELITE6、世纪 CENTURY），雪佛兰系列（沃兰多、科鲁兹、科沃兹、迈锐宝 XL、探界者、创界、创酷、科迈罗 RS、库罗德、索罗德、科鲁泽），凯迪拉克系列（GT4、XT4、XT5、XT6、XTS、CT4、CT5、CT6、IQ 锐歌等）	宝骏	BAOJUN	RS-3、RS-5、RM-5、RM-6、310、310W、530、E100、E200、云朵、悦也等
			五菱	WULING	宏光、荣光、之光、缤果、星辰、凯捷、宏光 MINIEV
			上汽大通	上汽大通 MAXUS	V80、V90、G10、G20、G50、T60、T70、D60、D90、EV30、EV80、EG10、RG10
			上汽依维柯红岩	上汽红岩 HONGYAN	红岩杰卡系列牵引车、红岩杰狮系列牵引车、红岩杰狮系列载货车及各种专用车
申沃客车	申沃客车 SUNWIN	申沃客车、沃尔沃客车	南京依维柯	NAVECO 南京依维柯	依维柯系列汽车
飞凡汽车	飞凡	R7、F7、RC ESSENCE 本智	智己汽车	IM 智己汽车	LS6、LS7、L7

1. 荣威（Roewe）

荣威是上汽集团 2006 年自主开发的汽车品牌。荣威 RX5（图 4-3）被评为 2017 年第四届轩辕奖年度大奖。

荣威商标如图 4-4 所示。荣威的命名和标识图案充分体现经典、尊贵的气质，整体形象中西合璧。标识中两只站立的东方雄狮，在中国文化中代表着吉祥、威严、庄重，同时在西方也是王者与勇敢的象征。双狮护卫着华表，华表是中华文化中的经典图腾

图 4-3 荣威 RX5

图 4-4 荣威商标

符号，蕴含了民族的威仪，同时具有高瞻远瞩、祈福社稷繁荣和谐发展的寓意。图案下方是用现代手法绘成的字母 RW 的融合，是品牌名称的缩写。

英文名“ROEWE”源自西语词根 Loewe（狮子），综合了多种寓意融汇而成，以“R”为首意在传达创新与尊贵之意。中文名“荣威”融入中国传统元素，体现了自强不息的精神和深厚的文化积淀，同时也传递出经典、尊贵的气度。其中，“荣”有荣誉、殊荣之意；“威”含威望、威仪及尊贵地位之意。荣威合一，体现了创新殊荣、威仪四海的价值观。底色采用深邃、具有科技感的金属本色，象征迈向全新时代的品牌，将与科技并肩，以更为智能的先进科技为更多年轻消费者服务。

2. 名爵

名爵 6（图 4–5）是上汽名爵 MG 旗下的轿车，已历经三代进化，全球累计销量稳居国内运动轿车市场前列。从第一代打造的掀背造型高颜值设计，到第二代高性能车型，再到第三代的高颜值、强动力、高安全、黑科技、高智能融为一体的超战力车型，名爵 6 很好地诠释了“always YOUNG”的 MG 精神。

图 4–5　名爵 6

启示角

【引领中国汽车品牌复兴】上汽集团作为中国汽车产业的代表企业，通过不断加大技术创新和提升产品品质，成功引领了中国汽车品牌在国际市场上的崛起。荣威、名爵等中国汽车品牌凭借出色的性价比、前卫的设计和先进的技术，在欧洲和东南亚市场上取得了令人瞩目的销售成绩，展示了中国汽车品牌的创新能力和全球竞争力。

知识点 3 发展简史

1957 年 9 月，上海汽车装修厂试制成功第一辆 58 型越野车（图 4–6）。

图 4–6　58 型越野车

1958 年 9 月 28 日，上海汽车装配厂试制成功第一辆凤凰牌轿车（图 4–7），实现上海汽车工业轿车制造“零”的突破。

1964 年，凤凰牌轿车改名为上海牌轿车（图 4–8）。

1985 年，上海大众汽车有限公司成立。

1995 年，上海汽车工业总公司更名为上海汽车工业（集团）总公司。12 月 26 日，南京依维柯汽车有限公司成立。

图 4–7　第一辆凤凰牌轿车

1997 年 6 月 12 日，上汽通用汽车有限公司成立。

2000 年 6 月 30 日，上海申沃客车有限公司成立。

2002 年 11 月 18 日，上汽通用五菱汽车股份有限公司成立。

2006 年，发布了首款自主品牌中高档轿车荣威（Roewe）750。

2007 年，上汽依维柯红岩商用车有限公司成立。

2011 年 3 月 21 日，上汽大通汽车有限公司成立。

图 4–8　上海牌 SH761 轿车

2012年12月3日，上汽正大有限公司成立。

2020年12月25日，智己汽车科技有限公司成立。

2021年11月5日，飞凡汽车科技有限公司成立。

任务实施

1. 以小组为单位，探讨上汽集团现阶段发展状况。
2. 通过互联网查找上汽集团近期销量最高的车型，用表格列出该车型的性能参数。
3. 推选小组代表就国产汽车的前景发表看法。
4. 练习题

（1）上海汽车集团股份有限公司英文简称______。（　　）

A.SAIC　　B.SACI　　C.SHQC　　D.SIAC

（2）上汽集团总部在________。（　　）

A. 北京　　B. 上海　　C. 广州　　D. 深圳

（3）以下哪些属于上汽集团自主开发的汽车品牌？（　　）

A. 荣威　　B.MG　　C. 智己 LS7　　D. 途观

（4）上海汽车装配厂试制成第一辆________轿车，实现上海汽车工业轿车制造“零”的突破。

（5）上海大众________轿车是上海大众汽车合作成功的第一个品牌产品。

任务评价

在完成本学习任务后，通过小组会议的形式进行总结与反思，并完成多元化评价，评分细则见表4-2。

表4-2　了解上汽集团评价表

序号	考核内容	配分	评分细则	自评得分	小组评价	教师评价
1	探讨上汽集团现阶段发展状况	30	准备是否充分、学习态度是否认真、能否进行自主探究与团队协作 □优秀 □良好 □一般 □不合格			
2	用表格列出销量最高的车型的性能参数	30	车型是否正确、内容是否完整 □优秀 □良好 □一般 □不合格			
3	就国产汽车的前景发表看法	20	观点鲜明、逻辑合理、推理清晰 □优秀 □良好 □一般 □不合格			
4	练习题完成正确率	20	共5题、每小题4分			
总分（自评20%，小组评价30%，教师评价50%）						
学生建议：			教师指导意见：			

认知模块 04

任务 2 了解一汽集团

学习目标

- 能够识别一汽集团的商标与品牌。
- 能够阐述一汽集团发展历史及现状。
- 认识一汽集团的汽车产品，增强民族自豪感。

一汽集团简介

任务接收

搜索一汽集团红旗 H9 轿车，用表格列出该车型的性能参数。

获取资讯

知识点 1 现状概述

一汽集团全称为中国第一汽车集团有限公司。

1. 集团公司商标

一汽集团商标如图 4-9 所示，取阿拉伯数字“1”和汉字“汽”巧妙布置，构成一只展翅翱翔的雄鹰。“1”又代表第一，外围椭圆代表全球，寓意第一汽车集团公司展翅高飞、走向世界、勇夺第一的雄心壮志。

图 4-9 一汽集团商标

一汽生产的货车产品在车前标有“FAW”，是第一汽车制造厂的英文名称“First Automobile Workshop”的缩写。

2. 生产规模

公司 2023 年整车销售 336.7 万辆，位居全国汽车企业销量第 2 位，2023 年《财富》全球 500 强排名第 131 位。一汽集团是国有特大型汽车企业集团，总部在吉林长春，形成了东北、华北、华东、华南、西南等五大基地，分布在哈尔滨、长春、吉林、大连、北京、天津、青岛、无锡、成都、柳州、曲靖、佛山、海口等城市。

知识点 2 主要汽车品牌

一汽集团主要汽车品牌见表 4-3。

表 4-3 一汽集团主要汽车品牌

品牌	商标	主要车型	品牌	商标	主要车型
一汽解放	一汽解放	解放系列重、中、轻型卡车	一汽奥迪		A 系列、Q 系列、RS 系列、S 系列、T 系列、e-tron、e-tron GT
一汽轿车	一汽轿车	红旗系列轿车、奔腾系列轿车	一汽吉汽	一汽吉汽	佳宝系列、森雅系列
一汽客车	一汽客车	解放、远征、太湖、华西	一汽丰田	一汽-丰田	皇冠 陆放、锐志、卡罗拉 锐放、卡罗拉 双擎、威驰、凌放、RAV4 荣放、普拉多、柯斯达、亚洲龙、亚洲狮、奕泽、格瑞维亚、铂智、铂智 4X
一汽大众	一汽-大众 FAW-VOLKSWAGEN	揽巡、揽境、探岳、探歌、探影、宝来、高尔夫、速腾、迈腾、CC、蔚领 C-TREK、GTI 轿车、探岳 GTE、迈腾 GTE、捷达 VS7、捷达 VS5、捷达 VA3			

1. 红旗

红旗轿车是我国最早的自主品牌轿车，商标图案（图 4-10）采用的是盾牌式立体造型，以飘扬的红旗为基础，由红旗和经纬线组成，颜色为金红色，在边框处用银色加以勾勒，给人感觉强大而又充满自信，更体现出东方古典的韵律之美。

图 4-10 红旗商标

全新红旗 H5（图 4-11）树立 B 级轿车豪华旗舰新标杆，在主被动安全方面的卓越表现彰显着“国车安全”品质，C-NCAP 碰撞测试获五星评级。2023 年 4 月 7 日，红旗 H5 获第三届中国汽车风云盛典“最佳安全车”奖。

图 4-11 红旗 H5 轿车

启示角

【自主品牌车成为国人骄傲】多次出现在大国外交舞台上的红旗车，一次又一次地吸引了世界的目光。从 1958 年到 2023 年，从“为国造车”到“为民造车”，从白手起家到全球布局，在 65 年跌宕起伏的发展历程中，红旗车见证了中国汽车工业的起步与腾飞，也用坚守诠释了对“质量”二字的热爱。不忘来时筚路蓝缕，不畏风雨砥砺前行，因为质量，65 载的红旗车成为国人骄傲，铸就“一路向前”的跃迁基石。

2. 解放

解放汽车是新中国生产的第一款汽车，现已形成了轻、中、重三大系列，产品从 1~30t 级，囊括了普通载货车、自卸车、牵引车、半挂车、搅拌车、邮政车等 600 多个品种，2023 年销量 24 万辆，并连续 11 年领跑中国商用车品牌。图 4-12 为解放 J6P 系列商用车。

图 4-12 解放 J6P 系列商用车

知识点 3 发展简史

1953 年 7 月 15 日，第一汽车制造厂在长春破土动工，中国汽车工业从此起步。

1956 年 7 月 15 日，第一辆国产解放牌载货汽车诞生。

1958 年 5 月，生产出第一辆红旗牌轿车。
1982 年，组建第一汽车集团公司。
1986 年 7 月 15 日，转产 CA 141 汽车。
1991 年，与德国大众汽车公司合资成立一汽大众汽车有限公司。
2003 年 9 月，天津一汽丰田汽车有限公司成立。
2004 年 7 月 20 日，一汽海马汽车有限公司成立。
2006 年 1 月 17 日，一汽客车（成都）有限公司成立。
2009 年 8 月 30 日，一汽通用轻型商用汽车有限公司成立。
2023 年 7 月 15 日，一汽集团在长春召开成立 70 周年大会，第 5577 万辆汽车在长春下线。

红旗车标

任务实施

1. 以小组为单位，探讨一汽集团现阶段发展状况。
2. 通过互联网查找红旗 H9 轿车车型，用表格列出该车型的性能参数。
3. 推选小组代表就合资汽车品牌发表看法。
4. 练习题

（1）________轿车是我国最早的自主品牌轿车。（　　）
A. 解放　B. 红旗　C. 奔腾　D. 捷达

（2）________汽车是新中国生产的第一款汽车。（　　）
A. 解放　B. 红旗　C. 奔腾　D. 捷达

（3）一汽集团主要汽车制造商有______。（　　）
A. 一汽大众　B. 一汽奥迪　C. 一汽丰田　D. 一汽轿车

（4）中国第一汽车集团有限公司的简称是________集团。

（5）一汽生产的货车产品在车前标有“________”，是第一汽车制造厂的英文名称的缩写。

任务评价

在完成本学习任务后，通过小组会议的形式进行总结与反思，并完成多元化评价，评分细则见表 4-4。

表 4-4　了解一汽集团评价表

序号	考核内容	配分	评分细则	自评得分	小组评价	教师评价
1	探讨一汽集团现阶段发展状况	30	准备是否充分、学习态度是否认真、能否进行自主探究与团队协作 □优秀 □良好 □一般 □不合格			
2	用表格列出红旗 H9 轿车车型的性能参数	30	车型是否正确、内容是否完整 □优秀 □良好 □一般 □不合格			
3	就合资汽车品牌发表看法	20	观点鲜明、逻辑合理、推理清晰 □优秀 □良好 □一般 □不合格			
4	练习题完成正确率	20	共 5 题、每小题 4 分			
总分（自评 20%，小组评价 30%，教师评价 50%）						
学生建议：			教师指导意见：			

认知模块 04

任务3 了解东风集团

学习目标

- 能够识别东风集团的商标与品牌。
- 能够阐述东风集团发展历史及现状。
- 认识东风集团的汽车产品，增强民族自豪感。

任务接收

比较东风集团各车型特点（外观、性能、销量等），说出你最喜欢的车型。

获取资讯

知识点1 现状概述

东风集团全称为东风汽车集团股份有限公司。

1. 东风商标

东风集团商标“风神”是一对燕子在空中飞翔的尾翼（图4-13），喻示双燕舞东风，给人以启迪和力量。东风汽车集团前身是第二汽车制造厂，二汽的“二”字寓意于双燕之中，象征着东风牌汽车的车轮不停旋转，奔驰在祖国大地，奔向全球。

图4-13 东风集团商标

2. 生产规模

东风集团目前拥有20多家子公司，图4-14为东风集团新总部大楼。公司主要业务分布在十堰、襄阳、武汉、广州等国内20多个城市，形成了“立足湖北，辐射全国，面向世界”的事业布局。

图4-14 东风集团新总部大楼

2023年汽车销售量208.8万辆，全国排名第7，2023年《财富》全球500强排名第188位。

知识点2 主要汽车品牌

东风集团主要汽车品牌见表4-5。

表 4-5　东风集团主要汽车品牌

品牌	商标	主要车型	品牌	商标	主要车型
东风商用车	东风商用车 DONGFENG TRUCKS	天龙、天锦、大金刚、霸龙、龙卡、EQ1230V2、EQ3260GL、EQ4196L、乘龙、金霸、东风之星、皮卡、风圣、多利卡康霸、凯普特、小霸王	东风日产	NISSAN	全新天籁、ARIYA 艾睿雅、逍客·经典、轩逸、骐达、超混电驱 奇骏、超混电驱 轩逸、劲客、途达、优迪狮系列重卡等
东风风光	东风风光	风光 IX5、580、S560、370S、S330	英菲尼迪	INFINITI	Q50L、QX50、QX60 等
东风风神	东风风神	皓瀚、皓极、奕炫、AX7、E70 PRO 等	东风雪铁龙	CITROËN 东风雪铁龙	凡尔赛 C5 X、天逸 C5 AIRCROSS、C3-XR、C6
东风风行	东风风行	风行游艇、雷霆、SX6、T5 EVO、T5 盛世款、M7、S50EV；新菱智 M5、菱智 PLUS、菱智 M5 EV、菱智 V3	东风标致	PEUGEOT	新 408、508L、408X、新 4008、新 5008、2008
			东风雷诺		科雷嘉、科雷傲
东风启辰	启辰	大 V、大 V DD-i 超混动、D60EV PLUS、启辰星、D60 PLUS、T60、D60EV、T60EV	东风悦达起亚	KIA 东风悦达·起亚	K2、K3、K5、KX3、KX5、KX7、智跑、奕跑、焕驰、凯绅、KX CROSS、华骐 300E 等
东风本田	东风 HONDA	享域 e：HEV、享域、思域、英仕派 e：PHEV、艾力绅 e：HEV、CIVIC TYPE R、e：NS1、HR-V e：HEV、UR-V、CR-V、XR-V、M-NV、LIFE 等	猛士科技		猛士 917
			东风纳米	NAMMI 东风纳米	纳米 01
			岚图汽车	岚图	岚图 FREE、新岚图 FREE、追光、岚图梦想家

1. 东风天龙重卡（图 4-15）

图 4-15　东风天龙重卡

东风天龙重卡覆盖 3 个类别、11 个系列、51 个车型，多次荣获“最省油奖”“跑得快奖”“年度受欢迎车型大奖”等奖项。

2. 东风多利卡（图 4-16）

图 4-16　东风多利卡货车

东风多利卡系列已有近百种车型，其动力强劲，可选装东风康明斯、全柴、玉柴等多种发动机，底盘可以改制成厢式车、冷藏车、翻斗车等特种车辆 。

3. 东风小霸王（图 4-17）

图 4-17　东风小霸王

东风小霸王拥有多样化的车身、动力、货箱组合，车身灵巧，穿梭自如，能轻松应对城市道路、乡村道路、高架或桥隧等各种复杂路况，是东风轻型车针对“最后一公里”城配运输市场的战略型产品。

4. 东风风神奕炫 GS（图 4-18）

图 4-18 东风风神奕炫 GS

东风风神奕炫 GS 作为东风风神全球模块化平台的首款 SUV 车型，兼顾轿车的舒适性和操控性，拥有欧洲现代底盘技术，搭载了领先同级的智能配置，获 2020 汽湃传媒大奖“年度跨界 SUV”、2021 第七届中国汽车“金轱辘奖”年度精致女神座驾奖。

启示角

【品牌故事：匠心】尽管随着数码技术的发展，数字建模在某些阶段可以取代传统的油泥模型，但最先进的技术设备无法完全替代最优秀的技能人才。油泥建模师手上的活细不细腻直接影响到车辆外观设计的实现度，2~3 名熟练的油泥建模师要耗时两个多月才能完成一款 1∶1 模型。对于手工技艺的坚持，也是东风风神的设计理念中至关重要的一点，体现了品牌坚守技艺的工匠精神。

知识点 3 发展简史

1969 年 9 月，第二汽车厂成立。

1975 年 7 月 1 日，二汽 EQ204 2.5t 越野车投产。

1992 年 5 月 18 日，神龙汽车有限公司成立。

1999 年 7 月 15 日，东风汽车股份有限公司成立。

2001 年 5 月 18 日，东风汽车集团股份有限公司成立。9 月，东风电动车辆股份有限公司成立。11 月 27 日，东风、悦达、起亚三方在北京签署合作协议。

2003 年 6 月 9 日，东风汽车有限公司成立。7 月 16 日，东风本田汽车有限公司成立。

2007 年，东风日产汽车金融有限公司成立。7 月 25 日，东风乘用车公司成立。

2014 年 4 月 29 日，完成认购 PSA 集团的 14.1% 股份。9 月，东风英菲尼迪汽车有限公司成立。

2022 年 8 月 27 日，豪华电动越野品牌“猛士”正式发布。

任务实施

1. 以小组为单位，探讨东风集团现阶段发展状况。
2. 比较东风集团各车型，说出你最喜欢的车型，用表格列出该车型的性能参数。
3. 推选小组代表就汽车外观造型设计方法发表看法。
4. 练习题

（1）什么轿车获 2021 第七届中国汽车“金轱辘奖”年度精致女神座驾奖？（　　）

A. 东风风神奕炫 GS　　B. 东风小霸王

C. 东风多利卡　　D. 东风天龙重卡

（2）什么汽车多次荣获“最省油奖”“跑得快奖”“年度受欢迎车型大奖”等各种奖项？（　　）

A. 东风小霸王　　B. 东风风神 S30

C. 东风天龙重卡　　D. 东风多利卡

（3）东风汽车集团主要汽车品牌有哪些？（　　）

A. 东风日产　　B. 英菲尼迪　　C. 东风标致　　D. 东风本田

（4）东风汽车集团股份有限公司简称________集团。

（5）东风汽车集团前身是________汽车制造厂。

任务评价

在完成本学习任务后，通过小组会议的形式进行总结与反思，并完成多元化评价，评分细则见表 4-6。

表 4-6　了解东风集团评价表

序号	考核内容	配分	评分细则	自评得分	小组评价	教师评价
1	探讨东风集团现阶段发展状况	30	准备是否充分、学习态度是否认真、能否进行自主探究与团队协作 □优秀 □良好 □一般 □不合格			
2	用表格列出你最喜欢的车型的性能参数	30	车型是否正确、内容是否完整 □优秀 □良好 □一般 □不合格			
3	就汽车外观造型设计方法发表看法	20	观点鲜明、逻辑合理、推理清晰 □优秀 □良好 □一般 □不合格			
4	练习题完成正确率	20	共 5 题、每小题 4 分			
总分（自评 20%，小组评价 30%，教师评价 50%）						
学生建议：			教师指导意见：			

认知模块 04

任务 4　了解广汽集团

学习目标

- 能够识别广汽集团的商标与品牌。
- 能够阐述广汽集团发展历史及现状。
- 认识广汽集团的汽车产品，增强民族自豪感。

任务接收

搜索广汽埃安车型，用表格列出 AION S Plus 的性能参数。

获取资讯

知识点 1 现状概述

广汽集团全称是广州汽车集团股份有限公司。

1. 集团公司标志

广汽集团标志如图 4–19 所示，“G”是广汽集团英文缩写“GAC”的首字母。该标志代表着广汽集团的精湛品质与全球视野，是对“至精·志广”企业精神的全新演绎，意味着广汽集团将立足国内、放眼全球，以更博大的胸襟，融合全球科技与人才，创造更大的成就与辉煌，成为卓越的国际化企业集团。

图 4–19 广汽集团标志

2. 生产规模

广汽集团是由广州汽车工业集团有限公司、万向集团公司、中国机械工业集团公司、广州钢铁企业集团有限公司、广州市长隆酒店有限公司共同发起设立的大型国有控股股份制企业集团。目前集团旗下拥有广汽乘用车、广汽传祺、广汽埃安、广汽丰田、广汽本田、广汽客车、广汽日野、广汽长丰、广汽部件、广汽丰田发动机、广汽商贸、广爱公司、同方环球、中隆投资、广汽汽研院等数十家知名企业。

2023 年汽车销售量为 250.5 万辆，全国排名第 6，2023 年《财富》全球 500 强排名第 165 位。

知识点 2 主要汽车品牌

广汽集团主要汽车品牌及车型见表 4–7。

表 4–7 广汽集团主要汽车品牌及车型

品牌	商标	主要车型	品牌	商标	主要车型
广汽传祺		GA6、GA8、影豹、影酷、GS4 系列、GS4 COUPE、GS8、GS4 PLUS、GS3 POWER、GS4 PHEV、E9、M8、M6 PRO/M6	广汽本田	广汽 HONDA	皓影、皓影 锐·混动、冠道、雅阁、雅阁锐·混动、奥德赛、奥德赛 锐·混动、缤智、飞度、凌派、锋范、理念 VE-1、型格、致在
广汽埃安	AION	AION S、AION S Plus、AION LX Plus、AION V Plus、AION Y Plus、昊铂	广汽日野	广汽日野	牵引车、搅拌车、自卸车、轿车、厢式车、300J 系列轻型货车、320D 系列轻型货车
广汽吉奥	广汽吉奥 GAC GONOW	财运、星旺、GP150	广汽丰田	广汽丰田	雷凌、雷凌·双擎、威兰达、凯美瑞、凯美瑞·双擎、致炫、致享、埃尔法、汉兰达、锋兰达、C-HR、iA5、凌尚
广汽中兴	广汽中兴 GAC ZXAUTO	广汽中兴 C3、中兴威虎、中兴小老虎、旗舰 A9			
广汽客车	广汽客车 GAC BUS	城市客车系列、GZ6180RV1 公交客车、旅游团体系列、6~7.5m 轻型客车	本田（中国）	HONDA 本田汽车（中国）有限公司	雅阁、JAZZ、Fit、全球 KD 零部件出口

1. 传祺影豹（图 4-20）

传祺影豹搭载的钜浪动力第三代 1.5TGDI 发动机，荣膺“中国心 2021 年度十佳发动机”称号。2021 年，传祺影豹荣获第九届轩辕奖中国年度汽车；2022 年，荣获中国汽车风云盛典“最佳设计车奖”。

图 4-20 传祺影豹

2. AION Y（图 4-21）

AION Y 是广汽埃安品牌的首款车型，由广汽研究院、广汽研究院硅谷研发中心、世界顶级电芯专家领衔开发。2023 年 9 月 12 日，AION Y 获得“中国外观设计金奖”。

图 4-21 AION Y

知识点 3 发展简史

1986 年 9 月，中法合资广州标致汽车公司投产。

1997 年 6 月，广州汽车集团有限公司成立。

1998 年 4 月 28 日，广州本田汽车有限公司成立。

2000 年 6 月 8 日，广州汽车工业集团有限公司成立。7 月，广州骏威客车有限公司成立。

2004 年 9 月 1 日，广州丰田发动机有限公司正式成立。

2005 年 6 月 28 日，广州汽车集团股份有限公司成立。

2006 年 7 月，广汽集团汽车工程研究院成立。

2007 年 12 月 24 日，广汽日野汽车有限公司成立。

2008 年 7 月，广州汽车集团乘用车有限公司成立。

2009 年 5 月 21 日，广汽长丰汽车股份有限公司成立。11 月，广汽集团收购长丰汽车 29% 的股份，成为长丰汽车第一大股东。

2010 年 3 月 9 日，广汽菲亚特汽车有限公司成立。12 月 9 日，广汽吉奥汽车有限公司成立。

2012 年 10 月 12 日，广汽三菱汽车有限公司成立。

2015 年 10 月，广汽本田第三工厂、发动机工厂落成。

2017 年 7 月，广汽集团全资设立的“广汽新能源汽车有限公司”注册成立。12 月，广汽集团与蔚来公司签署战略合作暨新能源汽车项目协议。

2019 年 1 月，广汽底特律研发中心成立。

2022 年 7 月 26 日，广汽能源科技有限公司成立。10 月 26 日，广汽欧洲研发中心成立。

任务实施

1. 以各小组为单位，探讨广汽集团现阶段发展状况。
2. 搜索广汽埃安车型，用表格列出该车型的性能参数。
3. 推选小组代表就汽车关键核心技术要立足自主研发发表看法。

4. 练习题

（1）什么轿车获第九届轩辕奖中国年度汽车及 2022 年中国汽车风云盛典“最佳设计车奖”？（　　）

A. 传祺 GA6　　B. 传祺影豹　　C. 传祺 GS8　　D. 传祺影酷

（2）2023 年 9 月 12 日，什么轿车获得“中国外观设计金奖”？（　　）

A.AION Y　　B. 雷凌·双擎

C. 凯美瑞·双擎　　D. 雅阁 锐·混动

（3）1986 年 9 月，中法合资什么公司投产？（　　）

A. 广州本田汽车　　B. 广州标致汽车

C. 广汽菲亚特汽车　　D. 广汽三菱汽车

（4）广州汽车集团股份有限公司的简称是________集团，2023 年《财富》全球 500 强排名第 165 位。

（5）广汽集团标志中的“G”是广汽集团英文缩写________的首字母。

任务评价

在完成本学习任务后，通过小组会议的形式进行总结与反思，并完成多元化评价，评分细则见表 4–8。

表 4–8　了解广汽集团评价表

序号	考核内容	配分	评分细则	自评得分	小组评价	教师评价
1	探讨广汽集团现阶段发展状况	30	准备是否充分、学习态度是否认真、能否进行自主探究与团队协作 □优秀 □良好 □一般 □不合格			
2	用表格列出广汽埃安 AION S Plus 车型的性能参数	30	车型是否正确、内容是否完整 □优秀 □良好 □一般 □不合格			
3	就“汽车关键核心技术要立足自主研发”发表看法	20	观点鲜明、逻辑合理、推理清晰 □优秀 □良好 □一般 □不合格			
4	练习题完成正确率	20	共 5 题、每小题 4 分			
总分（自评 20%，小组评价 30%，教师评价 50%）						
学生建议：			教师指导意见：			

任务5　了解长安集团

学习目标

- 能够识别长安集团的商标与品牌。
- 能够阐述长安集团发展历史及现状。
- 认识长安集团的汽车产品，增强民族自豪感。

任务接收

搜索长安集团近期销量最高的车型，用表格列出该车型的性能参数。

获取资讯

知识点1 现状概述

长安集团全称是中国长安汽车集团股份有限公司。

1. 汽车商标

长安汽车的标志（图4-22）采用蓝色背景配合大小方圆，寓意长安汽车畅行天下、注重科技。核心的V形有Victory（胜利）和Value（价值）之意，寓意长安汽车致力于打造世界一流汽车企业，为消费者和股东创造价值。

图4-22　长安商标

2. 生产规模

长安集团总部设在北京，是中国兵器装备集团有限公司对旗下汽车产业进行整合优化，成立的一家特大型企业集团，在全球有14个生产基地、33个整车及发动机工厂。2023年汽车年销量255.3万辆，全国排名第5。中国兵器装备集团有限公司（长安集团母公司）在2023年《财富》全球500强中排名第341位。

知识点2 主要汽车品牌

长安集团主要汽车品牌见表4-9。

表 4-9 长安集团主要汽车品牌

品牌	商标	主要车型
长安汽车		轿车：Lumin、逸动、UNI-V、UNI-V 智电 iDD、锐程 CC、锐程 PLUS、逸达、逸动 DT、逸动新能源、长安奔奔 E-Star SUV：CS75 PLUS 智电 iDD、CS15、CS35 PLUS、CS55 PLUS、CS75、CS75 PLUS、UNI-T、CS85 COUPE、UNI-K、UNI-K 智电 iDD、CS95、CS75 新能源
长安欧尚	长安欧尚	SUV：X5 及 PLUS、X7 PLUS、Z6、Z6 新能源、科赛 Pro、X70A MPV：科尚、科尚 EV
长安马自达	mazda 长安马自达	马自达 CX-5、马自达 CX-50、马自达 CX-30、马自达 CX-30 EV、马自达 3、昂克赛拉等系列
长安福特	Ford 长安福特	福克斯、福睿斯、金牛座、领界、撼路者、锐界、锐际、领睿、翼虎、翼搏、蒙迪欧、探险者、途睿欧、全顺、锐际 插电混动版、领界 EV
哈飞汽车	哈飞汽车	赛马、中意、民意、锐意、骏意、赛豹、路宝、路尊等
深蓝汽车		SL03、S7
陆风	陆风汽车 LANDWIND	陆风系列
阿维塔	AVATR	阿维塔 11、阿维塔 12

1. 长安 CS75 PLUS（图 4-23）

2023 款长安 CS75 PLUS 是一款紧凑型 SUV，搭载了 2.0T 涡轮增压发动机，最大功率为 171kW，最大转矩为 390N·m，匹配 8 速自动变速器，获 C-NCAP 碰撞测试五星安全认证及国际 CMF 设计奖。

图 4-23 长安 CS75 PLUS

2. 长安深蓝 SL03（图 4-24）

长安深蓝 SL03 是基于长安汽车旗下的全电数字平台 EPA1 打造，七合一超集电驱、七合一智能整车域控制器（长安智慧芯）等硬核科技为其赋能，获德国红点奖“2023 产品设计奖”。

图 4-24 长安深蓝 SL03

3. 欧尚 X5（图 4-25）

欧尚 X5 搭载曾获评“2020 中国心十佳发动机”的全新蓝鲸 NE1.5T 发动机，最大功率 132kW，最大转矩 300N·m，获得 2021 年度都市 SUV 大奖及最佳人气 SUV 等奖项。

图 4-25 欧尚 X5

知识点 3 发展简史

1958 年，原长安厂生产出国内第一辆吉普车。

1983 年，第一辆“长安牌”微型汽车诞生。

1993 年 5 月，重庆长安铃木汽车有限公司成立。

1996 年，重庆长安汽车股份有限公司成立。

1998 年，长安汽车（集团）有限责任公司成立。
2001 年 4 月，长安福特汽车有限公司成立。
2004 年 11 月，江铃控股有限公司成立。
2005 年 12 月，中国南方工业汽车股份有限公司成立。
2006 年 3 月，长安福特马自达汽车有限公司成立。
2009 年 7 月 1 日，中国长安汽车集团股份有限公司成立。
2011 年 11 月 20 日，长安标致雪铁龙汽车有限公司成立。
2015 年 4 月，本特勒建安汽车系统（重庆）有限公司成立。
2018 年 7 月 10 日，长安蔚来新能源汽车科技有限公司成立。
2018 年 11 月 28 日，由中国长安与本特勒汽车组建的本特勒建安汽车系统项目正式投产。
2019 年 11 月 29 日，长安汽车将长安标致雪铁龙的 50% 股权转让给深圳前海锐致投资公司。
2021 年 5 月 20 日，长安蔚来新能源汽车科技有限公司宣布更名为阿维塔科技有限公司。
2022 年 11 月 25 日，辰致科技有限公司成立。

任务实施

1. 以各小组为单位，探讨长安集团现阶段发展状况。
2. 搜索长安集团近期销量最高的车型，用表格列出该车型的性能参数。
3. 制作一份长安集团主要汽车品牌车型的思维导图。
4. 练习题

（1）长安集团总部设在哪里？（　　）

A. 北京　B. 重庆　C. 成都　D. 上海

（2）什么轿车获 C-NCAP 碰撞测试五星安全认证及国际 CMF 设计奖？（　　）

A. 长安深蓝 SL03　B. 长安 CS75 PLUS

C. 欧尚 X5　D. 长安之星

（3）长安汽车集团主要汽车品牌有哪些？（　　）

A. 长安汽车　B. 长安福特　C. 长安马自达　D. 深蓝汽车

（4）中国长安汽车集团股份有限公司的简称是________集团。

（5）长安汽车的标志图案核心是一个________形，有 Victory（胜利）和 Value（价值）之意。

任务评价

在完成本学习任务后，通过小组会议的形式进行总结与反思，并完成多元化评价，评分细则见表 4-10。

表 4-10　了解长安集团评价表

序号	考核内容	配分	评分细则	自评得分	小组评价	教师评价
1	探讨长安集团现阶段发展状况	30	准备是否充分、学习态度是否认真、能否进行自主探究与团队协作 □优秀 □良好 □一般 □不合格			

（续）

序号	考核内容	配分	评分细则	自评得分	小组评价	教师评价
2	用表格列出长安集团近期销量最高的车型的性能参数	30	车型是否正确、内容是否完整 □优秀 □良好 □一般 □不合格			
3	长安集团主要汽车品牌车型的思维导图制作	25	制作软件选择是否得当、制作是否精美、内容是否完整 □优秀 □良好 □一般 □不合格			
4	练习题完成正确率	15	共5题、每小题3分			
总分（自评20%，小组评价30%，教师评价50%）						
学生建议：			教师指导意见：			

认知模块 04

任务6 了解吉利集团

学习目标

- 能够识别吉利集团的商标与品牌。
- 能够阐述吉利集团发展历史及现状。
- 认识吉利集团的汽车产品，增强民族自豪感。

吉利集团简介

任务接收

搜索吉利集团近期销量最高的车型，用表格列出该车型的性能参数。

获取资讯

知识点1 现状概述

吉利集团全称为浙江吉利控股集团有限公司。

图4-26 吉利集团商标

1. 集团公司商标

吉利集团商标（图4-26）沿用了此前的盾牌式设计，由六块“无界蓝”的宝石组成，整体设计进行一次扁平化的更迭，其中：“六”代表六六大顺，与吉利相互呼应；宝石色彩引入代表了源自孕育生命的海洋以及浩瀚的宇宙星空的“无界蓝”。商标意味着新时代的吉利，将打破传统思维的束缚，以无边界的创想探索未来，以科技引领，不断突破自我，释放无限潜能。

2. 生产规模

吉利集团是中国最早也是最大的民营汽车企业，总部在杭州市，在中国、美国、英国、瑞典、比利时、马来西亚建有世界一流的现代化整车和动力总成制造工厂。吉利集团旗下拥有吉利、领克、极氪、几何、沃尔沃、极星、路特斯、伦敦电动汽车、远程新能源商用车、雷达新能源汽车、曹操出行、礼帽出行等众多国际知名品牌。吉利集团还是沃尔沃集团第一大持股股东，戴姆勒公司第一大股东，拥有各种专利 14000 多项。

2023 年吉利集团汽车销量 279 万辆，全国排名第 4，2023 年《财富》全球 500 强排名第 225 位。

图 4-27　吉利子品牌

从 2014 年开始，在新的品牌架构下，吉利集团将目前的帝豪、全球鹰、英伦三个子品牌（图 4-27）汇聚为统一的吉利品牌（图 4-28）。吉利汽车推出了更具年轻健康、阳刚有力的镶嵌着蓝色和黑色宝石的盾形图标，六块宝石三黑三蓝，错落放置。蓝宝石像是蔚蓝的天空，黑宝石寓意广阔的大地，双色宝石的组合象征吉利汽车驰骋天地之间，走遍世界的每个角落。此后，在吉利商标历经数次迭代革新过程中，保持了盾牌与宝石的经典元素，简化的品牌符号也传递出吉利品牌年轻化、数字化、电气化全新的品牌形象与精神内核。

图 4-28　吉利商标

知识点 2 主要汽车品牌

吉利集团主要汽车品牌见表 4-11。

表 4-11　吉利集团主要汽车品牌

品牌	商标	主要车型	品牌	商标	主要车型
吉利	吉利汽车 GEELY AUTO	星越 L 智擎、星瑞、星越 L 增程电动版、第 4 代帝豪醇电混动、帝豪 S、缤越 COOL、缤瑞 COOL、博越、博瑞、熊猫骑士、熊猫 mini、吉利 ICON、嘉际 L、豪越 L 等	极氪	ZEEKR	ZEEKR 001、007、009、X
			极星		极星 1、2、3、4、5、6
沃尔沃	VOLVO	XC90、XC60、XC40、S60、S90、V60、V90、EX90、XC40 RECHARGE、XC90 RECHARGE、XC60 RECHARGE、S90 RECHARGE、S60 RECHARGE 等	路特斯		EMEYA、ELETRE、EMIRA、EVIJA、TYPE 136

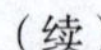

（续）

品牌	商标	主要车型	品牌	商标	主要车型
伦敦电动汽车	LEVC	TX4、TX5	宝腾	PROTON INSPIRING CONNECTIONS	X50、X70、X90、S70、SAGA、PERSONA、iRiZ、EXORA
领克	LYNK&CO	领克 01、02、03、04、05、06、07、08、09、新能源	睿蓝	睿蓝汽车 LIVAN	睿蓝 7、9、X3 PRO，睿蓝枫叶 80v、80v PRO、60s、60s PRO

1. 吉利美人豹（图 4-29）

吉利美人豹是我国自主设计的第一款跑车，被称为“中国第一跑”，首次出现于 2001 年 6 月上海车展，2003 年 11 月 28 日投放市场。它被评为“中国风云车最佳跑车”及“中国工业设计创新特别奖”，并被中国国家博物馆永久收藏与展示。

图 4-29　吉利美人豹

2. 吉利极氪 001（图 4-30）

极氪 001 为智能电动车型，搭载 100kW·h“极芯”电池包，破百加速仅 3.8s，极速超过 200km/h，底盘由超跑团队与中欧研发团队专业调校，获第三届中国汽车风云盛典“最佳操控车”奖。

图 4-30　吉利极氪 001

知识点 3 发展简史

1986 年 11 月 6 日，李书福以冰箱配件为起点，开始了吉利创业历程。

1996 年 5 月，成立吉利集团有限公司。

2000 年，吉利学院成立。

2003 年 3 月 24 日，浙江吉利控股集团有限公司成立；同年推出了自行研制的吉利方程式赛车（图 4-31）。

图 4-31　吉利方程式赛车

2005 年，出资兴建海南三亚学院。

2006 年 9 月，“吉利轿车安全技术的研发与产业化”荣获中国汽车工业科学技术一等奖。11 月，吉利集团与英国锰铜集团在上海成立合资公司。

2007 年 4 月 14 日，吉利集团受中国汽车工程学会委托投资建立的浙江汽车工程学院在杭州正式开学。

2009 年 3 月 27 日，收购全球第二大自动变速器公司——澳大利亚 DSI 公司。

2010 年 3 月 28 日，收购沃尔沃轿车 100% 的股权以及相关资产。

2013 年 2 月 1 日，收购英国锰铜控股。

2016 年 3 月 4 日，收购东风南充汽车有限公司，成立子公司南充吉利商用车研究院有限公司。

2017 年 6 月，与马来西亚 DRB-HICOM 集团签署最终协议，收购 DRB-HICOM 旗下宝腾汽车 49.9% 的股份以及豪华跑车品牌路特斯 51% 的股份。11 月 13 日，全资收购了 Terrafugia 飞行汽车公司。

2018 年 2 月 24 日，收购戴姆勒股份公司 9.69% 具有表决权的股份。

2019 年 3 月，和戴姆勒股份公司成立合资公司，在全球共同运营发展 smart 品牌。

2021 年 3 月，浙江极氪智能科技有限公司成立。

2022 年 11 月 8 日，与雷诺宣布成立新合资公司，生产下一代混合动力系统。

2023 年 5 月 18 日，吉利集团对阿斯顿·马丁的持股比例增至 17%，成为其第三大股东。

任务实施

1. 以各小组为单位，探讨吉利集团现阶段发展状况。
2. 搜索吉利集团近期销量最高的车型，用表格列出该车型的性能参数。
3. 制作一份吉利集团汽车品牌结构图。
4. 练习题

（1）什么轿车获第三届中国汽车风云盛典“最佳操控车”奖？（　　）

A. 博越 L　　B. 极氪 001　　C. 吉利美人豹　　D. 极星 1

（2）什么轿车是我国自主设计的第一款跑车，被称为“中国第一跑”？（　　）

A. 吉利博瑞　　B. 吉利熊猫　　C. 吉利美人豹　　D. 帝豪

（3）吉利汽车集团主要汽车品牌有哪些？（　　）

A. 沃尔沃　　B. 领克　　C. 路特斯　　D. 宝腾

（4）浙江吉利控股集团有限公司简称是________集团。

（5）2010 年 3 月 28 日，吉利收购________轿车 100% 的股权以及相关资产。

任务评价

在完成本学习任务后，通过小组会议的形式进行总结与反思，并完成多元化评价，评分细则见表 4-12。

表 4-12　了解吉利集团评价表

序号	考核内容	配分	评分细则	自评得分	小组评价	教师评价
1	探讨吉利集团现阶段发展状况	30	准备是否充分、学习态度是否认真、能否进行自主探究与团队协作 □优秀 □良好 □一般 □不合格			
2	用表格列出吉利集团近期销量最高的车型的性能参数	30	车型是否正确、内容是否完整 □优秀 □良好 □一般 □不合格			
3	吉利集团汽车品牌结构图制作	25	制作软件选择是否得当、制作是否精美、内容是否完整 □优秀 □良好 □一般 □不合格			
4	练习题完成正确率	15	共 5 题、每小题 3 分			
总分（自评 20%，小组评价 30%，教师评价 50%）						
学生建议：			教师指导意见：			

认知模块 04

任务7 了解比亚迪集团

学习目标

比亚迪集团简介

- 能够识别比亚迪集团的商标与品牌。
- 能够阐述比亚迪集团发展历史及现状。
- 认识比亚迪集团的汽车产品，增强民族自豪感。

任务接收

搜索比亚迪集团近期销量最高的车型，用表格列出该车型的性能参数。

获取资讯

知识点1 现状概述

比亚迪集团全称是比亚迪股份有限公司。

1. 公司商标（图4-32）

比亚迪是英文“Build Your Dreams”的3个首字母组成，意思是“成就您的梦想”，外围是个椭圆，预示比亚迪汽车走向世界。

图4-32 比亚迪集团商标

2. 生产规模

比亚迪成立于1995年2月，总部在深圳市，经过20多年的高速发展，现有员工达到70多万人，已在全球设立30多个工业园，实现全球六大洲的战略布局，业务布局涵盖电子、汽车、新能源和轨道交通等领域。比亚迪已建成深圳、西安、长沙、常州、抚州、合肥、济南、郑州和襄阳等9大汽车生产基地。

2023年汽车销售量302万辆，全国排名第3，截至2023年底，新能源汽车累计销量超630万辆，全球销量第一，销往全球54个不同的国家和地区，2023年《财富》全球500强排名第212位。

知识点2 主要汽车品牌

比亚迪集团主要汽车品牌见表4-13。

表 4-13　比亚迪集团主要汽车品牌

品牌	商标	主要车型	品牌	商标	主要车型
比亚迪乘用车	比亚迪汽车	轿车：海鸥、海豚、比亚迪 e2、比亚迪 e3、秦 PLUS、秦 Pro 新能源、秦新能源、驱逐舰 05、海豹、比亚迪 e9、汉 SUV：元 Pro、宋 PLUS 新能源、宋 Pro 新能源、元 PLUS、护卫舰 07、唐新能源 MPV：比亚迪 D1、宋 MAX 新能源、比亚迪 e6	比亚迪商用车	BYD	城市公交系列 B12/B7/B10、纯电动客车系列 C6/C7/C8、机场摆渡车系列 K10B
			腾势	腾势	腾势 N7、腾势 N8、腾势 D9
			仰望	仰望	仰望 U8、仰望 U9
			方程豹	方程豹	豹 5

1. 比亚迪 F3（图 4-33）

比亚迪 F3 轿车于 2005 年 4 月 16 日下线，在 10 个月内获得各类奖项 68 个，在国家知识产权局和中国中央电视台举办的“CCTV 2005 创新盛典”活动中荣膺关注度最高的“自主创新奖”。

2. 比亚迪海豚（图 4-34）

比亚迪海豚作为比亚迪 e 平台 3.0 集大成者，搭载了深度集成的八合一电驱动总成，配备“刀片电池”。这款 A0 级轿车一路高光、载誉加冕，荣获巴西专业汽车杂志《AutoEsporte》“2024 年度汽车大奖”、AUTOBEST“2024 年欧洲最值得购买汽车”大奖等。

图 4-33　比亚迪 F3

3. 腾势 D9（图 4-35）

腾势（DENZA）是比亚迪与戴姆勒合资共同打造的新能源汽车品牌。2023 款腾势 D9 DM-i 965 是插电混合动力 MPV 车型，搭载最大功率 102kW 的骁云 - 插混专用涡轮增压 1.5T 高效发动机，最长综合续驶里程 1040km，获“2023 汽车工业品质创新巅峰奖”。

图 4-34　比亚迪海豚

腾势的车标如图 4-36 所示，DENZA 源自中文名“腾势”的音译，为“腾势而启，电动未来”之意。车标由标志中央的水滴和外围的合拢造型构成：水滴之蓝是科技的蓝、未来的蓝，体现了品牌追求纯净自然的环保愿景；合拢的造型则呈现出合资双方强强联手，共同呵护自然与环境，共同致力于新能源汽车事业，践行环保责任。

图 4-35　腾势 D9

知识点 3 发展简史

图 4-36　腾势车标

1995 年 2 月，比亚迪公司成立。

2003 年 1 月 22 日，比亚迪收购西安秦川汽车有限责任公司，成立“比亚迪汽车有限公司”。

2006 年 6 月，比亚迪纯电动轿车 F3e 研发成功，实现零污染、零排放、零噪声，技术处于世界领先地位。

2008 年 9 月 27 日，美国著名投资者“股神”沃伦·巴菲特投资比亚迪 2.25 亿股的股份。12

月 15 日，全球第一款不依赖专业充电站的双模电动汽车——比亚迪 F3DM 双模电动汽车在深圳正式上市。

2010 年 5 月 27 日，比亚迪戴姆勒新技术有限公司成立。

2015 年 3 月 25 日，比亚迪汽车金融有限公司成立。9 月 14 日，比亚迪获得“联合国能源特别奖”，并由联合国秘书长潘基文亲自授奖。10 月 27 日，比亚迪四项新能源技术同获第十七届中国专利大奖，其中混合动力技术荣获专利金奖。

2018 年 7 月 5 日，比亚迪与长安汽车在深圳签署战略合作协议。比亚迪佛吉亚合资公司成立。

2019 年 11 月 7 日，丰田与比亚迪就合资成立纯电动汽车研发公司达成协议。

2022 年 2 月，比亚迪在襄阳成立电池公司。11 月，比亚迪成功受让西安高科集团持有的西安西沃客车有限公司 100% 股权。

启示角

【技术创新引领全球趋势】比亚迪多项自研技术成就新能源汽车行业天花板，继刀片电池、DM-i 混动系统、CTB 等关键技术之后，秉持“技术为王，创新为本”的理念，比亚迪仰望 U8、U9 搭载了易四方技术和云辇架构，具备“超高能、无边界、可进化”三个特点，造就了仰望系列车型天赋异禀的独特性能，成功打造了自主新能源汽车的高端品牌和技术高地。一系列核心技术创新使比亚迪在业内的竞争力不断提升，充分展现了中国车企驰骋新能源汽车赛道的决心与实力。未来，我们期待比亚迪更多新技术的诞生，为全球消费者带来更优秀的新能源汽车。

任务实施

1. 以小组为单位，探讨比亚迪集团现阶段发展状况。
2. 搜索比亚迪集团近期销量最高的车型，用表格列出该车型的性能参数。
3. 推选小组代表就电动汽车的前景发表看法。
4. 练习题

（1）比亚迪集团主要从事什么产业？（　　）

A. 电子　　B. 汽车　　C. 新能源　　D. 轨道交通

（2）什么车型获“2023 汽车工业品质创新巅峰奖”？（　　）

A.F3　　B. 腾势 D9 DM-i　　C. 仰望 U8　　D. 海豚

（3）比亚迪股份有限公司的总部在哪里？（　　）

A. 广州　　B. 珠海　　C. 深圳　　D. 东莞

（4）2003 年 1 月 22 日，比亚迪收购________汽车有限责任公司，成立“比亚迪汽车有限公司”。

（5）比亚迪股份有限公司简称是________集团。

任务评价

在完成本学习任务后，通过小组会议的形式进行总结与反思，并完成多元化评价，评分细则见表 4-14。

表 4-14 了解比亚迪集团评价表

序号	考核内容	配分	评分细则	自评得分	小组评价	教师评价
1	探讨比亚迪集团现阶段发展状况	30	准备是否充分、学习态度是否认真、能否进行自主探究与团队协作 □优秀 □良好 □一般 □不合格			
2	用表格列出比亚迪集团近期销量最高的车型的性能参数	30	车型是否正确、内容是否完整 □优秀 □良好 □一般 □不合格			
3	就电动汽车的前景发表看法	25	观点鲜明、逻辑合理、推理清晰 □优秀 □良好 □一般 □不合格			
4	练习题完成正确率	15	共 5 题、每小题 3 分			
总分（自评 20%，小组评价 30%，教师评价 50%）						
学生建议：			教师指导意见：			

认知模块 04

任务 8 了解北汽集团

学习目标

- 能够识别北汽集团的商标与品牌。
- 能够阐述北汽集团发展历史及现状。
- 认识北汽集团的汽车产品，增强民族自豪感。

北汽集团简介

任务接收

搜索北汽集团近期销量最高的车型，用表格列出该车型的性能参数。

获取资讯

知识点 1 现状概述

北汽集团全称是北京汽车集团有限公司。

1. 集团商标（图 4–37）

北汽集团商标中的“北”指北京，被简化成两个把手，连成一个转向盘，意指敞开大门，融世界，创未来，产品走向世界各地。

BAIC
北京汽车

图 4–37 北汽集团商标

2. 生产规模

北汽集团以北京为中心，建立了分布全国十余省市的乘用车、商用车生产基地，并在全球 30 多个国家建立整车工厂。

北汽集团 2023 年汽车销售量 170.8 万辆，全国排名第 9，2023 年《财富》全球 500 强排名第 193 位。

知识点 2 主要汽车品牌

北汽集团主要汽车品牌见表 4–15。

表 4–15 北汽集团主要汽车品牌

品牌	商标	主要车型	品牌	商标	主要车型
北京汽车	BAIC 北京汽车	魔方，北京 EU5、X7、EX5、EX3、U7、X3、X5 等	北京现代	北京现代	瑞纳、伊兰特、悦动、悦纳、名图、索纳塔、ix25、ix35、途胜、胜达、领动、逸动、昂希诺、菲斯塔等
			北京奔驰	Mercedes-Benz 北京奔驰	奔驰 A 级、C 级、E 级、GLC、GLA 等
北京越野	北京	北京 BJ30、BJ40、BJ80、BJ90、F40	福建奔驰	Mercedes-Benz 福建奔驰	V–Class、威霆、凌特
北汽福田	FOTON 福田汽车	瑞沃、拓陆者、雷萨、普罗科、风景、奥铃、时代、欧曼、欧辉、图雅诺、萨瓦纳、伽途、祥菱、欧马可、欧航、智蓝精灵等	极狐汽车		阿尔法 S、阿尔法 T
			北京昌河	昌河汽车	昌河 Q7、昌河 Q25、昌河 Q35、昌河 A6、威旺 M60 等
			北汽银翔		幻速 S2、S3、S3L、S6、H2、H3、H3F

1. 阿尔法 S（图 4–38）

阿尔法 S 是极狐品牌下新一代智能豪华纯电动轿车，定位中大型轿车，获 2022 年（第九届）中国轻量化车身会议最高奖项——车型卓越奖，2023 年轩辕奖最佳智驾奖，“五星健康车”认证。

图 4–38 阿尔法 S

2. 北汽福田

北汽福田汽车股份有限公司（简称北汽福田）由全国 99 家企业出资组建，成立于 1996 年 8 月 28 日，是一家跨地区、跨行业、跨所有制的国有控股上市公司，在国内 9 个省市和日本、欧洲等地拥有汽车制造厂。

北汽福田商标如图 4-39 所示：钻石造型突出了珍贵、恒久之意，象征福田人对优异质量和完美境界的追求；钻石图案所反映的透明、纯净感，体现了企业诚信的价值观；三条边象征多元化经营的业务结构；三条斜线构图自下而上代表了“突破、超越、领先”的三阶段竞争策略。

图 4-39　北汽福田商标

目前福田汽车旗下的欧曼重型载货汽车（图 4-40）始创于 2002 年，作为一个民族品牌系列产品，发展成为了今天重型货车市场最炙手可热的产品。2004 年，欧曼包揽了重型货车行业“最佳商用车（物流类）”“2004 年度最佳安全重卡奖”两项大奖。

图 4-40　欧曼重型载货汽车

3. 北京 BJ40（图 4-41）

北京 BJ40 是历经 6 年于 2013 年推出的新一代越野车，搭载 2.4L 自然吸气发动机，105kW 的最大功率，配备 5 速手动变速器，以及手动分时四驱系统，集时尚硬派设计与超强越野性能于一身，在 2023 智博会首届智能汽车应用场景挑战赛中，荣获了“最佳功能大奖”。

图 4-41　北京 BJ40 汽车

知识点 3 发展简史

1953 年，创建北京第一汽车附件厂。

1958 年，改名北京汽车制造厂。

1965 年，开发生产我国第一代 BJ212 越野汽车。

1973 年 7 月 30 日，北京市汽车工业公司成立。

1983 年 5 月 5 日，与美国汽车公司（AMC）合资成立北京吉普汽车有限公司（BJC）。

1996 年 8 月 28 日，全国 99 家企业出资组建了北汽福田公司（FOTON）。

2000 年 9 月 28 日，北京汽车股份有限公司成立。

2002 年 4 月 29 日，北京现代汽车有限公司成立。6 月 4 日，与日本三菱汽车公司签署了在中国生产帕罗杰 SPORT 车型的协议。

2005 年 8 月 8 日，北京奔驰戴姆勒 - 克莱斯勒汽车有限公司（简称 BBDC）成立。

2007 年 8 月 26 日，北京海纳川汽车零部件有限公司成立。

2009 年 11 月 14 日，北京新能源汽车股份有限公司成立。12 月 14 日，完成对瑞典萨博汽车公司相关知识产权的收购工作。

2010 年 11 月，更名为“北京汽车集团有限公司”。

2013 年 11 月 25 日，并购昌河汽车 70% 股份。

2016 年 3 月 14 日，收购福建奔驰 35% 股份。

2017 年 7 月 5 日，与戴姆勒合作生产纯电动汽车。

2019 年 7 月 23 日，收购戴姆勒 5% 股份，成为其第三大股东。

2020 年 7 月 20 日，斥资超 13.7 亿港元收购神州租车约 20.87% 股份。

2022 年 11 月，北汽集团首台氢内燃机成功点火，向实现高效零碳发动机迈出了关键的一步。

2024 年 1 月，北汽集团旗下全新新能源商用车品牌——卡文汽车发布。

2024 年 4 月 24 日，华为数字能源同北汽集团等 11 家车企成立“超充联盟”。

任务实施

1. 以小组为单位，探讨北汽集团现阶段发展状况。
2. 搜索北汽集团近期销量最高的车型，用表格列出该车型的性能参数。
3. 推选小组代表描述普通轿车与SUV有何区别。
4. 练习题

（1）北京汽车集团有限公司的前身是哪家企业？（ ）

A. 北京第一汽车附件厂　　B. 北京第一拖拉机厂

C. 北京第一电器厂　　D. 北京机动车厂

（2）什么轿车在2023智博会首届智能汽车应用场景挑战赛中，荣获了“最佳功能大奖”？（ ）

A. 拓陆者　　B. 北京BJ40

C. 阿尔法S　　D. 陆霸

（3）北汽集团主要汽车品牌有哪些？（ ）

A. 北京汽车　　B. 北京现代　　C. 福建奔驰　　D. 极狐汽车

（4）北京汽车集团有限公司简称是________集团。

（5）1965年，北汽集团开发生产我国第一代________越野汽车。

任务评价

在完成本学习任务后，通过小组会议的形式进行总结与反思，并完成多元化评价，评分细则见表4-16。

表4-16 了解北汽集团评价表

序号	考核内容	配分	评分细则	自评得分	小组评价	教师评价
1	探讨北汽集团现阶段发展状况	30	准备是否充分、学习态度是否认真、能否进行自主探究与团队协作 □优秀 □良好 □一般 □不合格			
2	用表格列出北汽集团近期销量最高的车型的性能参数	30	车型是否正确、内容是否完整 □优秀 □良好 □一般 □不合格			
3	描述轿车与SUV有何区别	25	观点是否鲜明、逻辑是否合理、推理是否清晰 □优秀 □良好 □一般 □不合格			
4	练习题完成正确率	15	共5题、每小题3分			
总分（自评20%，小组评价30%，教师评价50%）						
学生建议：			教师指导意见：			

认知模块 04

任务 9　了解奇瑞汽车公司

学习目标

奇瑞汽车公司简介

- 能够识别奇瑞汽车公司的商标与品牌。
- 能够阐述奇瑞汽车公司发展历史及现状。
- 认识奇瑞汽车公司的产品，增强民族自豪感。

任务接收

搜索奇瑞汽车公司近期销量最高的车型，用表格列出该车型的性能参数。

获取资讯

知识点 1 现状概述

奇瑞汽车公司全称是奇瑞汽车股份有限公司。

1. 公司商标（图 4-42）

奇瑞的英文名称是 Chery，“奇”在中文里有“特别”之意，“瑞”有“吉祥如意”之意，合起来是“特别吉祥如意”的意思。

图 4-42　奇瑞汽车公司商标

奇瑞汽车商标的整体是英文字母 CAC 一种艺术化变形；CAC 即奇瑞汽车公司英文名称 Chery Automobile Corporation 的缩写；商标中间 A 字母的钻石形构图，代表了奇瑞汽车对品质的苛求，并以打造钻石般的品质为企业坚持的目标；蓬勃向上的人字形支撑，代表了奇瑞汽车执着创新、积极乐观、乐于分享的向上能量，支撑起品质、技术、国际化的奇瑞汽车不断前行；同时字母 A 喻示奇瑞汽车追求卓越和领先的决心和激情。

2. 生产规模

公司 2023 年汽车销售量 188.1 万辆，全国排名第 8，其中新车出口超过 93.7 万辆，连续 21 年位居中国品牌乘用车出口第一。

奇瑞汽车公司总部位于安徽芜湖，在芜湖、大连、鄂尔多斯、常熟等国内城市以及在巴西、伊朗、俄罗斯等国共建有 14 个生产基地，还建立了包括北美、欧洲、上海等八大研发中心在内的全球研发体系，业务遍布全球 80 多个国家和地区。

知识点 2 主要汽车品牌

奇瑞汽车公司主要汽车品牌见表 4–17。

表 4–17 奇瑞汽车公司主要汽车品牌

品牌	商标	主要车型	品牌	商标	主要车型
奇瑞	CHERY	瑞虎 3x、瑞虎 5x、瑞虎 7、瑞虎 8、瑞虎 8 新能源、瑞虎 9、艾瑞泽 5、艾瑞泽 8、探索 06、欧萌达	开瑞	Karry	开瑞海豚、开瑞江豚、开瑞小象
			星途	星途 EXEED	星途、星纪元
			奇瑞捷豹路虎	JAGUAR LAND-ROVER -奇瑞·捷豹路虎-	路虎揽胜极光、路虎发现运动版、捷豹 XFL、捷豹 XEL、捷豹 E-PACE
捷途		X70 系列、X90、捷途大圣系列、旅行者、山海 L9	iCAR	iCAR	iCAR GT、iCAR 03

1. 奇瑞 QQ（图 4–43）

奇瑞 QQ 于 2003 年 5 月 31 日投放市场。它外观时尚，具有个性和青春气息，车体为单厢设计，外形动感俏皮，色彩亮丽活泼。2006 年，QQ3、QQ6 荣登同级车型销量榜首。

图 4–43 奇瑞 QQ

2. 奇瑞瑞虎 9（图 4–44）

奇瑞瑞虎 9 是一款中型 SUV，搭载了获评“中国心十佳发动机”的鲲鹏动力 2.0T 发动机，采用优秀的结构设计，获得 C–NCAP 和 C–IASI 的五星认证，在第三届中国十佳车身评选活动中荣膺“2023 中国十佳车身”的殊荣。

图 4–44 奇瑞瑞虎 9

3. 星途瑶光（图 4–45）

星途瑶光搭载 2.0TGDI 涡轮增压发动机、智能座舱，配备电磁可控主动式悬架系统，获 2022 年美国 IDA 国际设计金奖和 2023 年“中国十佳底盘”称号。

图 4–45 星途瑶光

知识点 3 发展简史

1997 年 1 月 8 日，由安徽省及芜湖市五个投资公司共同投资组建了奇瑞汽车有限公司。

2000 年 12 月 24 日，奇瑞更名为上汽集团奇瑞汽车有限公司。

2004 年 9 月，上汽奇瑞汽车正式更名为奇瑞汽车有限公司。

2007 年 6 月，与美国量子公司合资成立奇瑞量子汽车有限公司；8 月 6 日，与菲亚特汽车集团合资生产乘用车。

2008 年 5 月 21 日，奇瑞汽车有限公司改名奇瑞汽车股份有限公司。

2011 年，获得了中国首批汽车出口 AAA 级企业信用评价。

2012 年 11 月，与捷豹路虎汽车共同出资组建奇瑞捷豹路虎汽车有限公司。

2017 年 5 月，获得了 2016 中国大陆最佳自主品牌汽车企业。

2019 年 8 月，与中兴通讯在安徽芜湖签署了战略合作协议。

2022 年 9 月，奇瑞埃科泰克新能源汽车 DHT 项目落户芜湖繁昌区。

任务实施

1. 以小组为单位，探讨奇瑞汽车公司现阶段发展状况。
2. 搜索奇瑞汽车公司近期销量最好的车型，用表格列出该车型的性能参数。
3. 推选小组代表就微型车与紧凑型车各自优缺点发表看法。
4. 练习题

（1）奇瑞汽车股份有限公司总部在哪里？（　　）

A. 广州　　B. 重庆　　C. 芜湖　　D. 天津

（2）奇瑞汽车公司现有品牌有哪些？（　　）

A. 奇瑞　　B. 捷途　　C. 星途　　D. iCAR

（3）什么车型获 2022 年美国 IDA 国际设计金奖、2023 年“中国十佳底盘”称号？（　　）

A. 奇瑞瑞虎 9　　B. 星途瑶光　　C. 旅行者　　D.iCAR GT

（4）奇瑞汽车股份有限公司的简称是________公司。

（5）截至 2023 年 12 月，奇瑞汽车公司连续________年位居中国品牌乘用车出口第一。

任务评价

在完成本学习任务后，通过小组会议的形式进行总结与反思，并完成多元化评价，评分细则见表 4-18。

表 4-18　了解奇瑞汽车公司评价表

序号	考核内容	配分	评分细则	自评得分	小组评价	教师评价
1	探讨奇瑞汽车公司现阶段发展状况	30	准备是否充分、学习态度是否认真、能否进行自主探究与团队协作 □优秀 □良好 □一般 □不合格			
2	用表格列出奇瑞汽车公司近期销量最高的车型的性能参数	30	车型是否正确、内容是否完整 □优秀 □良好 □一般 □不合格			
3	就微型车与紧凑型车各自优缺点发表看法	25	观点鲜明、逻辑合理、推理清晰 □优秀 □良好 □一般 □不合格			
4	练习题完成正确率	15	共 5 题、每小题 3 分			
总分（自评 20%，小组评价 30%，教师评价 50%）						
学生建议：			教师指导意见：			

认知模块 04

任务10 了解长城汽车公司

学习目标

- 能够识别长城汽车公司的商标与品牌。
- 能够阐述长城汽车公司发展历史及现状。
- 认识长城汽车公司的产品，增强民族自豪感。

任务接收

搜索长城汽车公司近期销量最高的车型，用表格列出该车型的性能参数。

获取资讯

知识点1 现状概述

长城汽车公司全称是长城汽车股份有限公司。

1. 公司商标

长城汽车公司商标如图4–46所示。椭圆外形寓意立足中国，走向世界；烽火台象征中国长城、剑锋箭头，寓意充满活力，蒸蒸日上，敢于亮剑，无坚不摧；立体“1”字表示永争第一。

图4–46 长城汽车公司商标

2. 生产规模

长城汽车公司是中国最大的SUV制造企业，总部位于河北保定，旗下拥有哈弗、魏牌（WEY）、坦克、欧拉和长城皮卡五个品牌，产品涵盖SUV、轿车、皮卡三大品类，拥有13个整车生产基地，下属控股子公司70余家。

2023年汽车销售量123万辆，全国排名第10。SUV车型已连续17年保持了全国销量第一。2023年入选《财富》“2023中国500强企业”，排名第172位。

知识点2 主要汽车品牌

长城汽车公司主要汽车品牌见表4–19。

表 4-19　长城汽车公司主要汽车品牌

品牌	商标	主要车型	品牌	商标	主要车型
长城	长城汽车	C30、炮、风骏 5、风骏 6、风骏 7	魏牌		高山、蓝山、新摩卡、拿铁
			欧拉	ORA 欧拉	闪电猫、芭蕾猫、好猫、机甲龙
哈弗	HAVAL	猛龙、H5、H6、H6S、H9、M6、枭龙、酷狗、神兽、赤兔	坦克	TANK	坦克 300、坦克 500、坦克 400 Hi4-T、坦克 500 Hi4-T

1. 欧拉好猫（图 4-47）

欧拉好猫是长城汽车柠檬 E 平台纯电架构下的首款车型，在 2022 中国汽车安全大会上获“TOP Safety 年度挑战成功车型”殊荣，成为新能源汽车国内首次高速螺旋翻滚跌落挑战成功者。欧拉好猫 ORA 03 荣获 TopGear 南非 2023 年度大奖。

图 4-47　欧拉好猫

2. 长城坦克 300（图 4-48）

2023 年 8 月 10 日，2024 款坦克 300 上市，推出 3 款车型，搭载了 2.0T 涡轮增压发动机，最大功率为 180kW，最大转矩为 380N·m，匹配 9 档手自一体变速器，获“最佳智驾车”奖、第二十四届中国外观设计金奖。

图 4-48　长城坦克 300

知识点 3　发展简史

1984 年，长城汽车制造厂成立。

2000 年 6 月 18 日，长城内燃机制造有限公司成立。

2001 年 6 月 12 日，长城汽车股份有限公司成立。

2002 年 9 月 2 日，成立长城汽车技术研究院。

2007 年 6 月 2 日，长城汽车公司被评为中国汽车上市公司十佳之首。

2008 年 5 月 13 日，长城汽车公司动力事业部轿车发动机工厂落成。10 月 10 日，长城汽车公司与德国博世联合开发 2.5TCI 柴油发动机。

2012 年 2 月，与韩国浦项签署战略合作协议。9 月 4 日，与德国舍弗勒集团签署了战略合作协议。

2015 年 7 月，哈弗车队获得环塔（国际）拉力赛汽车组总冠军。

2016 年 1 月 12 日，长城汽车公司在日本成立的技术研发中心正式开业。

2018 年 7 月 10 日，长城汽车公司与宝马（荷兰）控股公司正式签署了合资经营合同，新公司命名为光束汽车有限公司。

2019 年 6 月 5 日，长城汽车公司俄罗斯图拉工厂正式竣工投产。

2021 年 8 月 18 日，长城汽车公司与戴姆勒集团就收购巴西伊拉塞马波利斯工厂正式签署协议。

2022年7月5日，长城汽车公司马来西亚子公司正式成立。

任务实施

1. 以各小组为单位，探讨长城汽车公司现阶段发展状况。
2. 搜索长城汽车公司近期销量最高的车型，用表格列出该车型的性能参数。
3. 制作一份长城汽车公司主要汽车品牌车型的思维导图。
4. 练习题

（1）哪个车型是长城汽车公司首款自主品牌产品？（　　）

A. 长城赛弗　　B. 长城迪尔皮卡

C. 长城赛铃　　D. 长城哈弗

（2）长城汽车公司旗下拥有以下哪些品牌及长城皮卡品牌？（　　）

A. 哈弗　　B. 魏牌　　C. 欧拉　　D. 坦克

（3）长城汽车公司是中国最大的________制造企业，旗下拥有五个汽车品牌。（　　）

A.MPV　　B. 皮卡　　C.SUV　　D. 客车

（4）长城汽车股份有限公司的简称是________公司。

（5）长城汽车公司总部在________市。

任务评价

在完成本学习任务后，通过小组会议的形式进行总结与反思，并完成多元化评价，评分细则见表4-20。

表4-20　了解长城汽车公司评价表

序号	考核内容	配分	评分细则	自评得分	小组评价	教师评价
1	探讨长城汽车公司现阶段发展状况	30	准备是否充分、学习态度是否认真、能否进行自主探究与团队协作 □优秀 □良好 □一般 □不合格			
2	用表格列出长城汽车公司近期销量最高的车型的性能参数	30	车型是否正确、内容是否完整 □优秀 □良好 □一般 □不合格			
3	主要汽车品牌车型的思维导图制作	25	制作软件选择是否得当、制作是否精美、内容是否完整 □优秀 □良好 □一般 □不合格			
4	练习题完成正确率	15	共5题、每小题3分			
总分（自评20%，小组评价30%，教师评价50%）						
学生建议：			教师指导意见：			

05

认知模块

传统汽车基本结构及工作原理

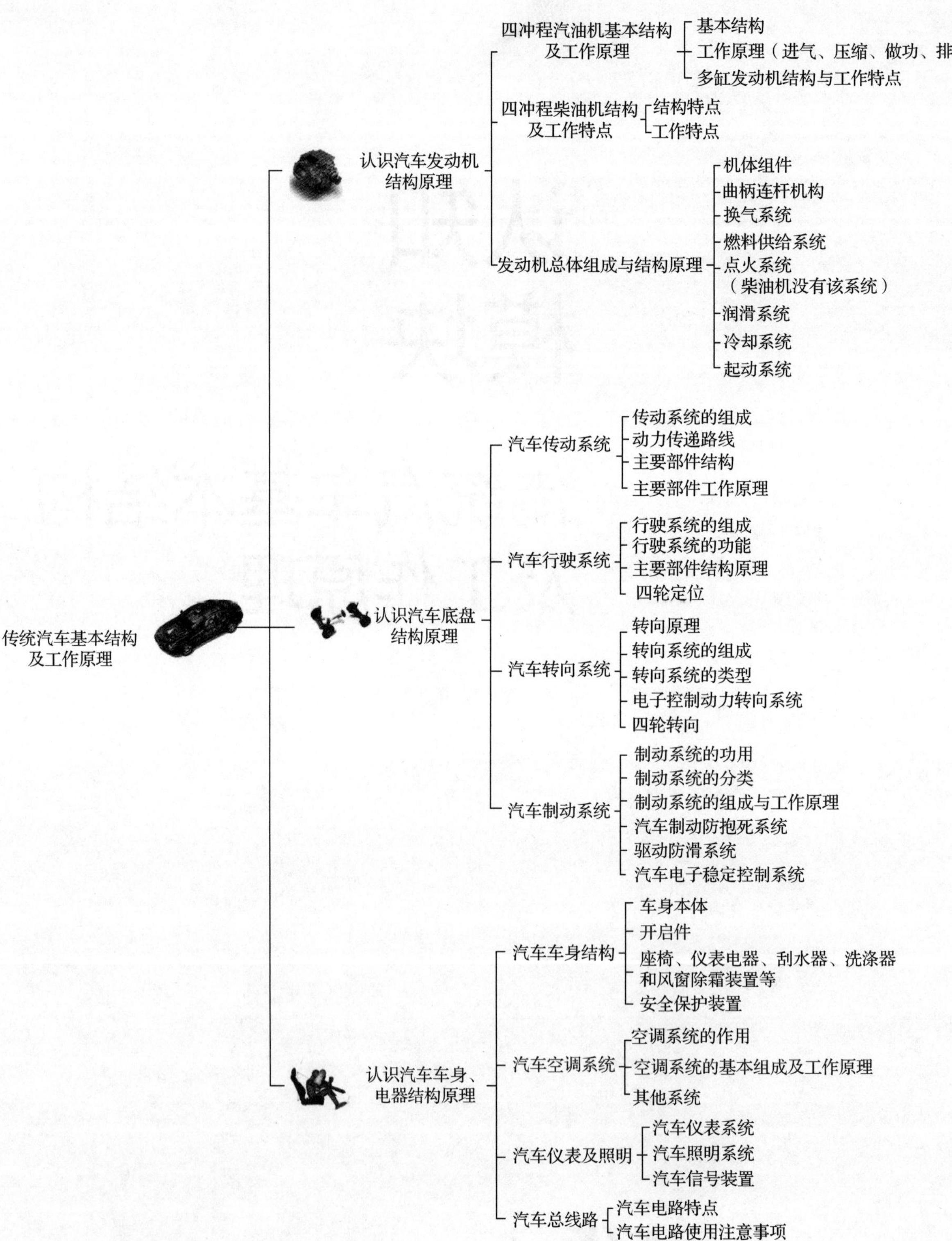
传统汽车基本结构及工作原理
认识汽车发动机结构原理
四冲程汽油机基本结构及工作原理
基本结构
工作原理（进气、压缩、做功、排气）
多缸发动机结构与工作特点
四冲程柴油机结构及工作特点
结构特点
工作特点
发动机总体组成与结构原理
机体组件
曲柄连杆机构
换气系统
燃料供给系统
点火系统（柴油机没有该系统）
润滑系统
冷却系统
起动系统
认识汽车底盘结构原理
汽车传动系统
传动系统的组成
动力传递路线
主要部件结构
主要部件工作原理
汽车行驶系统
行驶系统的组成
行驶系统的功能
主要部件结构原理
四轮定位
汽车转向系统
转向原理
转向系统的组成
转向系统的类型
电子控制动力转向系统
四轮转向
汽车制动系统
制动系统的功用
制动系统的分类
制动系统的组成与工作原理
汽车制动防抱死系统
驱动防滑系统
汽车电子稳定控制系统
认识汽车车身、电器结构原理
汽车车身结构
车身本体
开启件
座椅、仪表电器、刮水器、洗涤器和风窗除霜装置等
安全保护装置
汽车空调系统
空调系统的作用
空调系统的基本组成及工作原理
其他系统
汽车仪表及照明
汽车仪表系统
汽车照明系统
汽车信号装置
汽车总线路
汽车电路特点
汽车电路使用注意事项

认知模块 05

任务 1 认识汽车发动机结构原理

学习目标

- 能够描述汽车发动机基本结构。
- 能够解释汽车发动机各系统及总成的工作原理。
- 学会与他人精诚合作，提升自己的团队协作能力。

任务接收

制作带有发动机部件名称的标签，并将标签贴到解剖汽车发动机模型相对应的部位上。

获取资讯

知识点 1 四冲程汽油机基本结构及工作原理

1. 四冲程汽油机基本结构

汽车发动机如图 5–1 所示。汽油发动机基本结构（图 5–2）是由多个相同的单缸机组成，活塞在气缸中作往复运动，并通过连杆推动曲轴转动。气缸上方装有气缸盖，气缸盖上开有进、排气道，并分别由进气门和排气门控制开闭，气缸盖上还安装有火花塞和电控喷油器等。

图 5–1 汽车发动机

2. 四冲程汽油机基本工作原理（图 5–3）

四冲程汽油机工作时经历进气、压缩、做功和排气四个行程。

（1）进气行程

当活塞从上止点（活塞顶面离曲轴中心最远处）向下止点（活塞顶面离曲轴中心最近处）运动时，相当于曲轴转角从 0° 到 180° ，这时进气门开启，排气门关闭，电控喷油器向进气道喷油，空气与汽油混合气便被吸入气缸，该过程称为进气行程。

（2）压缩行程

当活塞继续从下止点向上止点运动时（相当于曲轴转角为 180°~360° ），进、排气门关闭，进入气缸的混合气便被压缩，该过程称为压缩行程。压缩行程的作用包括：① 提高进入

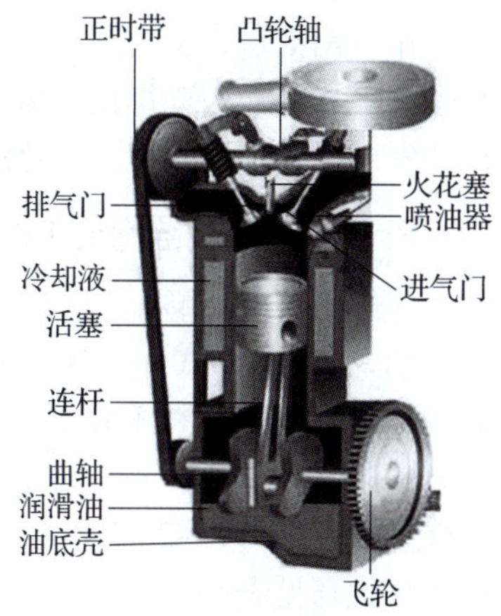

图 5–2 汽油发动机基本结构

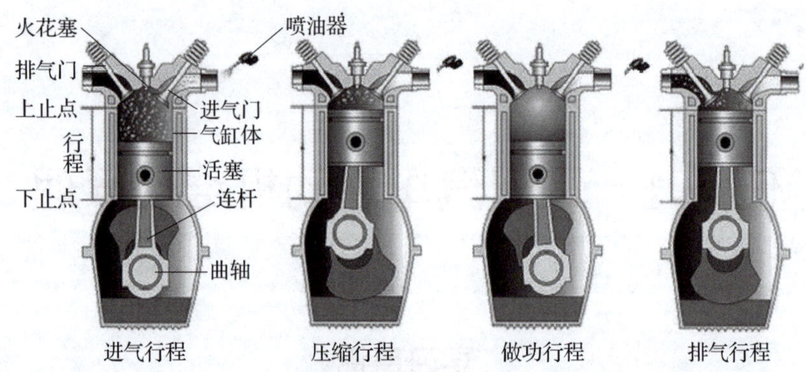

图 5-3　汽油发动机工作原理

气缸内混合气的压力和温度（压缩终了的气缸内气体压力可达 0.6~1.2MPa，温度达 600~700K），为混合气迅速着火燃烧创造条件；② 可以有效提高发动机的燃烧热效率。

气缸内气体被压缩的程度用压缩比 ε 表示。

四冲程汽油机基本结构及工作原理

$$\varepsilon=\frac{V_a}{V_c}$$

式中　V_a——气缸总容积（活塞处于下止点时，活塞顶部以上的气缸容积）；

V_c——气缸燃烧室容积（活塞处于上止点时，活塞顶部以上的气缸容积）。

现代汽油机压缩比一般为 7~11，柴油机为 16~22，所以柴油机油耗低。

（3）做功行程（膨胀行程）

在压缩行程末，火花塞开始点火，进、排气门都关闭，进入气缸的可燃混合气被点燃、燃烧，放出大量的热能，导致气缸内气体压力和温度迅速升高（最高压力达 5MPa，最高温度达 2800K），气体体积急剧膨胀，推动活塞从上止点向下止点运动（相当于曲轴转角为 360°~540°），通过连杆使曲轴旋转并输出机械能，该过程称为做功行程。

（4）排气行程

活塞继续从下止点往上止点运动（相当于曲轴转角为 540°~720°），这时，进气门关闭，排气门开启，燃烧后产生的废气被排出气缸，该过程称为排气行程。

排气结束后，又重新进行进气、压缩、做功和排气行程，循环往复。像这种活塞在上、下止点间往复移动四个行程（相当于曲轴旋转了两周），完成进气、压缩、做功、排气一个工作循环的发动机就称为四冲程发动机。

3. 多缸发动机结构与工作特点

多缸机由多个单缸机组成，但共用一个机体和一根曲轴，且曲轴的曲柄布置应该使各缸做功行程均匀分布在 720° 曲轴转角内。如 4 缸发动机曲轴（图 5-4）相邻工作缸的曲柄夹角为 180°，曲轴每转 180° 便有一个气缸做功（图 5-5），其工作顺序有 1-3-4-2 和 1-2-4-3 两种，前者各缸的工作循环见表 5-1。

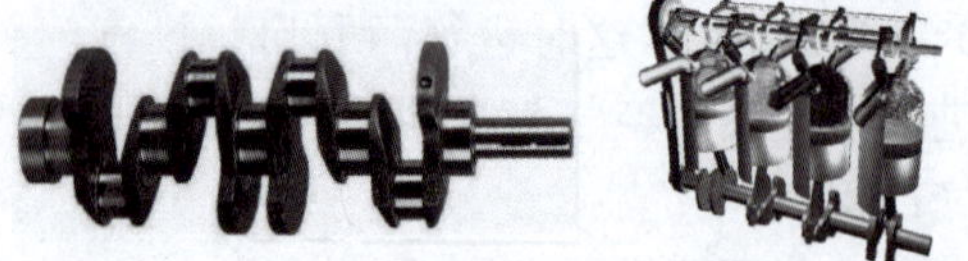

图 5-4　4 缸发动机曲轴　图 5-5　4 缸发动机工作原理图

表 5-1　4 缸机工作循环（工作顺序 1-3-4-2）

曲轴转角 /（°）	第一缸	第二缸	第三缸	第四缸
0~180	做功	排气	压缩	进气
180~360	排气	进气	做功	压缩
360~540	进气	压缩	排气	做功
540~720	压缩	做功	进气	排气

启示角

多缸发动机澎湃平稳的动力输出是建立在各大机械、系统的精妙配合，以及众多零部件的协同工作上的。谚语有言：“一个篱笆三个桩，一个好汉三个帮”。在学习过程中，同学们除了进行自主探究外，还要学会与他人精诚合作，提升自己的团队协作能力。

知识点 2　四冲程柴油机结构及工作特点

1. 结构特点

柴油机没有火花塞，喷油器直接安装在气缸顶部向气缸内喷油（图 5-6）。

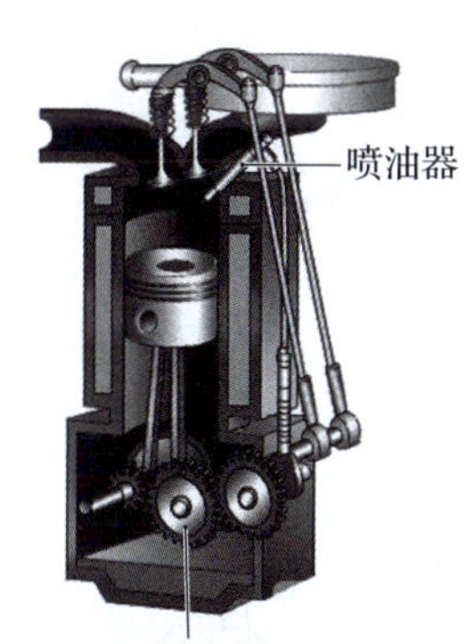

图 5-6　柴油机工作原理

2. 工作特点

柴油机的进气行程进入气缸的是纯空气，而不是可燃混合气。在压缩行程末，喷油器向气缸喷入高压柴油，柴油迅速着火燃烧，其着火方式属于压燃式。

知识点 3　发动机总体组成与结构原理

汽油机是在一个机体上安装一个机构（曲柄连杆机构）和六大系统（换气系统、燃料供给系统、点火系统、润滑系统、冷却系统和起动系统）。柴油机则为五大系统，没有点火系统。

1. 机体组件

（1）作用

机体组件是发动机的“骨架”，支撑着发动机的所有零部件。

（2）主要组成

机体组件主要由气缸体、气缸、气缸盖、气缸垫、曲轴箱和油底壳等组成（图 5-7）。

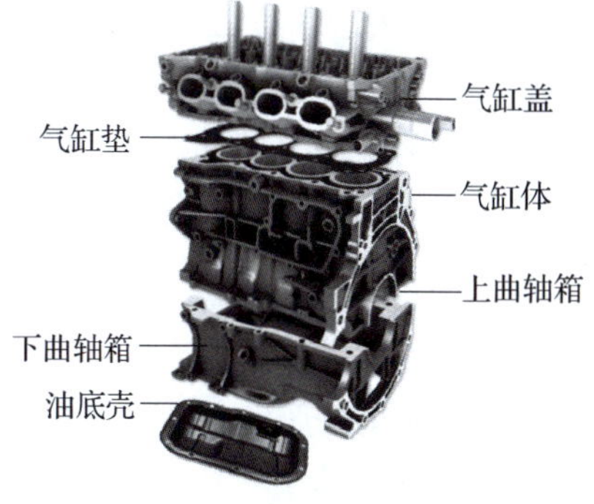

图 5-7　发动机机体组件

气缸体上部加工有气缸，下部有曲轴支撑孔，曲轴运动的空间称为曲轴箱。在气缸体内部铸有许多加强肋、冷却水套和润滑油道等。

气缸是活塞运动和燃烧做功的场所，如果磨损严重，将导致发动机功率下降、油耗升高和起动困难。气缸盖安装在气缸体上面，从上部密封气缸。

气缸盖下端面与活塞顶部和气缸壁一起构成燃烧室，气缸盖内部铸有冷却水套。

气缸盖上装有进、排气门座和气门导管，用于安装进、排气门，还有进、排气道等。汽油机的气缸盖上加工有安装火花塞的孔，柴油机的气缸盖上则加工有安装喷油器的孔，顶置凸轮轴式发动机的气缸盖上还加工有凸轮轴轴承孔。

气缸垫安装在气缸盖和气缸体之间，其功用是保证气缸盖与气缸体接触面的密封，防止漏气、漏水和漏油。

2. 曲柄连杆机构

（1）作用

曲柄连杆机构将活塞顶的燃气压力转变为曲轴的转矩，输出机械能。

（2）主要组成

曲柄连杆机构主要由活塞、活塞环、活塞销、连杆、连杆轴瓦、曲轴以及飞轮等组成（图5-8）。

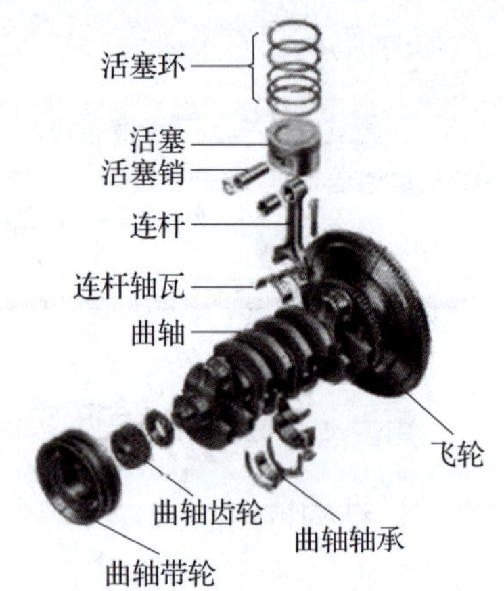

图5-8 曲柄连杆机构

活塞一般采用高强度铝合金制造。顶部加工成各种形状，以促进可燃混合气的形成和燃烧；头部加工有活塞环槽，用以安装活塞环。为了使活塞在正常工作温度下与气缸壁保持比较均匀的间隙，以免在气缸内卡死，往往加工成裙部椭圆、上小下大的锥形或阶梯形。

活塞环是具有弹性的开口环，有气环和油环之分。气环的作用是保证气缸与活塞间的密封性，防止漏气，并且把活塞顶部吸收的大部分热量传给气缸壁；油环起布油和刮油作用，下行时刮除气缸壁上多余的机油，上行时在气缸壁上铺涂一层均匀的油膜，这样既可以防止机油窜入气缸燃烧，又可以减少活塞、活塞环与气缸壁的摩擦阻力，还能起到封气的辅助作用。

活塞销的作用是连接活塞和连杆小头，将活塞承受的气体作用力传给连杆。

连杆与活塞销相连，大头与曲轴相连，一般都采用分开式，连杆大头分开可取下的部分叫连杆盖，连杆盖和连杆大头用连杆螺栓连在一起。

连杆大头孔内装有瓦片式滑动轴承，简称连杆轴瓦。

曲轴是发动机最重要的机件之一，它将做功时的动力输出到汽车底盘，同时通过曲轴正时齿轮、带轮、链轮等驱动风扇、水泵、机油泵、发电机、空调压缩机等运转。

飞轮的功用是储存做功行程的能量，用于克服进气、压缩和排气行程的阻力和其他阻力，使曲轴能均匀地旋转。飞轮外缘压有齿圈与起动机的驱动齿轮啮合，供起动发动机用。

3. 换气系统

（1）作用

换气系统按照发动机要求，定时开闭进、排气门，吸入新鲜空气，排除废气。

（2）主要组成

换气系统主要由空气滤清器、进气管道、排气管道、配气机构（气门组件、凸轮轴、驱动机构）、以及涡轮增压发动机的涡轮增压器、中冷器等组成（图 5–9）。

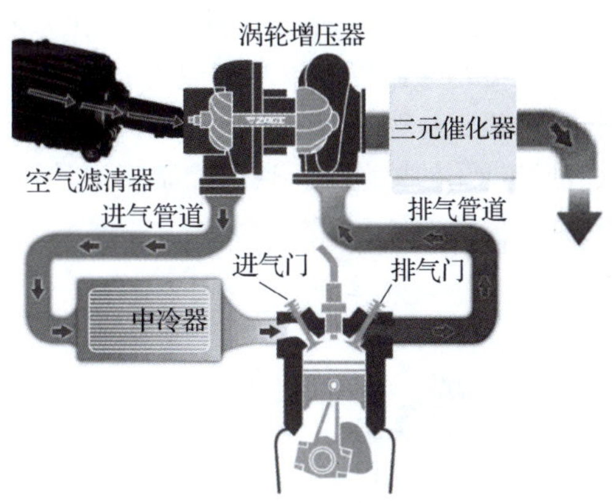

图 5–9　涡轮增压发动机换气系统

空气滤清器的作用是去除新鲜空气中的尘埃和油雾。现代轿车常用的干式纸滤芯空气滤清器，滤清器使用一段时间后，纸滤芯外表面集聚了大量尘埃和杂质，增加了进气阻力，应及时将滤芯取出，用手轻拍或用压缩空气吹去积尘，如阻塞严重，应该及时更换。

进、排气管道的作用是引导气体的进入与排出。随着发动机排放净化要求的提高，排气管系中还增加了一些排气净化装置，如废气再循环装置和催化转化器。

配气机构的作用是根据发动机工作循环和点火次序，适时地开启和关闭各缸的进排气门，双顶置凸轮轴同步带传动的配气机构如图 5–10 所示。

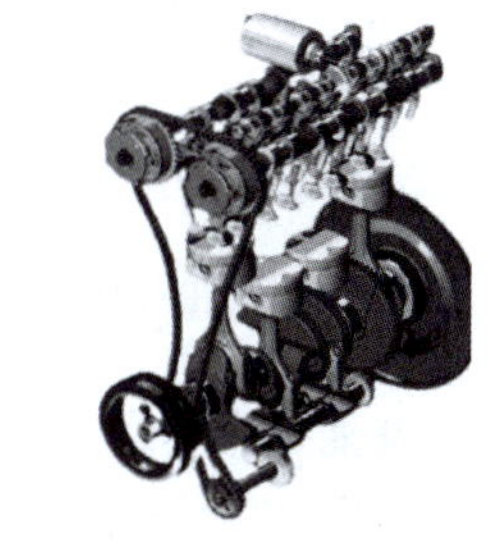

图 5–10　发动机配气机构

（3）配气机构工作原理

发动机工作时，通过同步带带动进排气凸轮轴旋转。当进气凸轮轴某缸的进气凸轮克服气门弹簧力作用压下进气门时，进气门开启，开始进气；当进气凸轮轴转到凸轮的基圆段时，该进气门在气门弹簧作用下回位，关闭进气门，进气停止。排气门的开闭原理与进气门类似。

为了使进气充分和排气彻底，进气门应在上止点前打开，下止点后关闭；而排气门应在下止点前打开，上止点后关闭。进、排气门实际开启和关闭的时刻以曲轴转角表示，即为配气定时，也称配气相位。用环形图表示的配气相位称为配气相位图（图 5–11）。

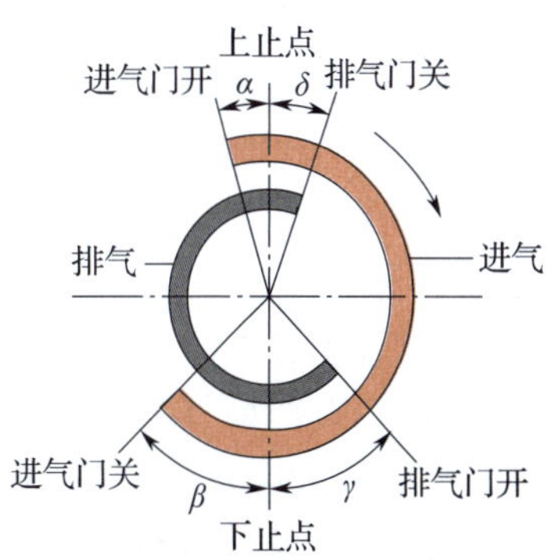

图 5–11　发动机配气相位图

传统的发动机配气相位角无法改变，但理想的配气相位角应随着发动机的转速、负荷及其他工况而改变。现代轿车发动机已广泛采用可变气门控制系统，它可以提高发动机的动力和经济性能。

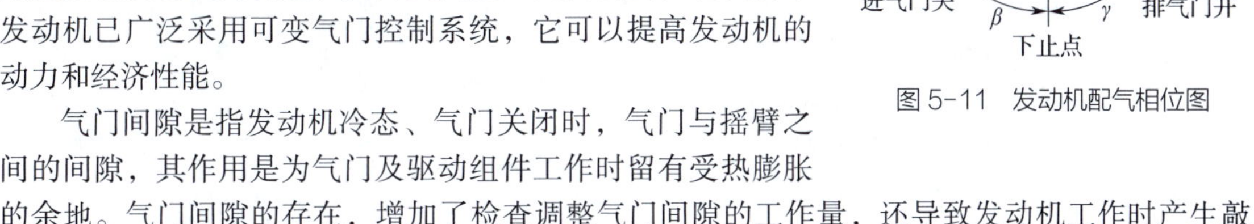

气门间隙是指发动机冷态、气门关闭时，气门与摇臂之间的间隙，其作用是为气门及驱动组件工作时留有受热膨胀的余地。气门间隙的存在，增加了检查调整气门间隙的工作量，还导致发动机工作时产生敲击噪声，现代高级轿车多采用了液压挺柱，无须调整气门间隙。

4. 燃料供给系统

（1）汽油机燃料供给系统

1）作用：根据汽油机的不同工况要求，供给不同浓度和数量的油气混合气。

2）主要组成：主要由油箱、电动燃油泵、燃油滤清器、燃油压力调节器、高压燃油管、燃油压力传感器、电控喷油器和电控单元（ECU）等组成（图 5–12）。

3）电控汽油喷射系统的基本工作原理：ECU 根据节气门位置、空气流量传感器和发动机转速、冷却液温度，以及燃油压力等传感器输入的信号，与存储在 ECU 中的参考数据进行比较、分析、计算、判断，然后发出喷油和油压调节脉冲指令，在燃油压力调节器精确控制高压燃油管油压的提前下，通过控制喷油时间的长短来控制喷油量，实现对可燃混合气浓度和数量的精确控制（图 5–13）。

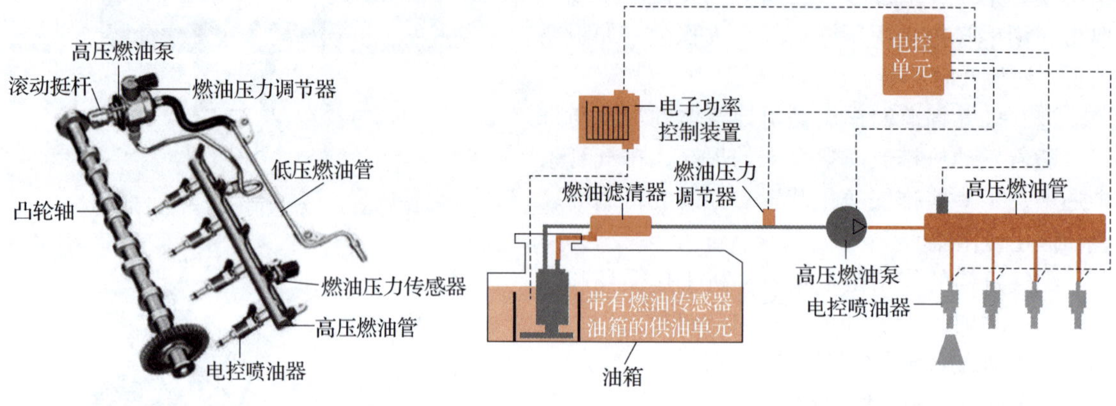

图 5–12 汽油机燃料供给系统

图 5–13 汽油供给系统工作原理

（2）柴油机燃料供给系统

1）作用：根据柴油机的不同工况要求，定时、定量产生高压油，并向气缸喷射。传统的柴油喷射系统采用机械方式进行控制，精度差，喷油量、喷油压力和喷油时间难于准确控制，导致柴油机排气冒黑烟，动力和经济性能下降。目前各厂家已经普遍采用电控共轨喷射。

汽油机燃料供给系统

2）电控柴油机共轨喷射系统的组成：主要由燃油供给系统（油箱，电动输油泵，燃油粗、细滤清器，高压油泵，共轨管，电控喷油器等）和电子控制系统（各种传感器、执行器和电控单元）两大部分组成（图 5–14）。

3）工作原理：输油泵将柴油从油箱泵出，经柴油滤清器过滤，进入高压油泵提高压力到 150MPa 以上，进入共轨管。ECU 根据加速踏板位置、空气流量、共轨压力、发动机转速、冷却液温度、进气温度等传感器输入的信号，进行比较、分析、计算，然后向电控喷油器发出喷油脉冲指令，实现对喷油量的精确控制。多余的柴油从回油管流回柴油滤清器或油箱。

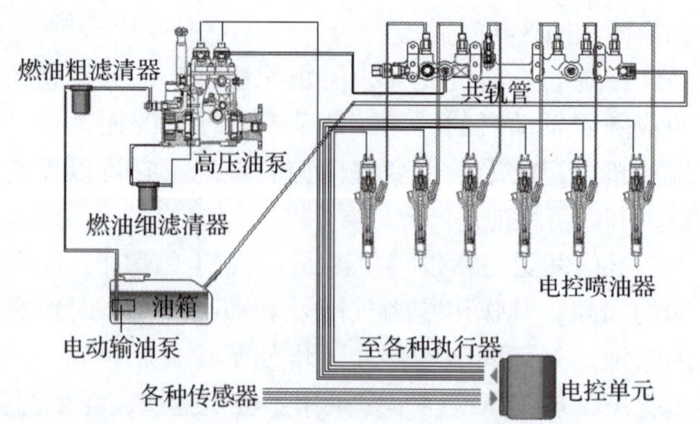

图 5–14 电控柴油机共轨喷射系统

5. 点火系统

（1）作用

点火系统按汽油机控制系统的要求，在压缩上止点前的某一时刻，在火花塞电极间产生 20kV 以上高压，准时、可靠地点燃气缸内的可燃混合气。

（2）主要组成

现代汽车多用微机控制点火系统，主要由电源、点火开关、点火线圈组件、传感器、电控单元以及火花塞等组成（图 5–15）。

火花塞用来将高压电引入燃烧室，产生电火花，点燃混合气。普通型火花塞结构如图 5–16 所示，其下部装有中心电极和侧电极，两者之间的间隙称为火花塞间隙，一般在 0.6~0.8mm 之间，间隙太小，则火花较弱，且容易因积炭产生漏电；间隙过大，所需击穿电压高，引发起动困难，且高速时易发生“缺火”现象。火花塞在使用中经常会出现烧蚀、火花间隙变化及积炭等问题，影响正常点火，应注意检查和维护。

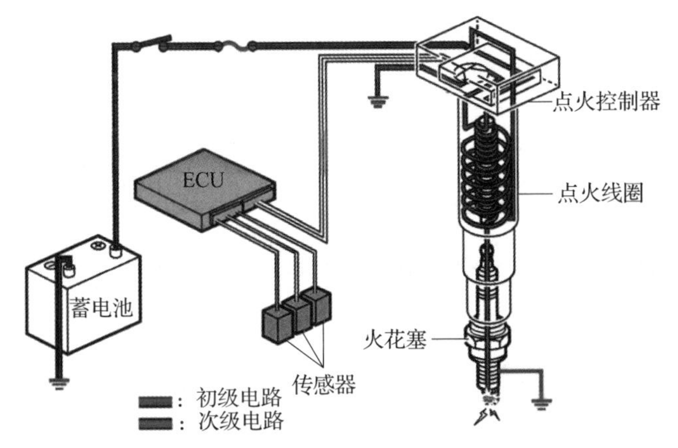

图 5–15　点火系统组成

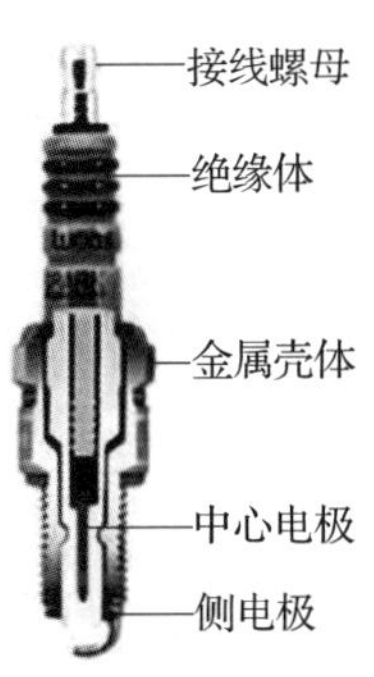

图 5–16　火花塞

点火系统

汽车电源由蓄电池和发电机并联组成，在发动机转速大于一定值时，由发电机向全车电器设备供电，并同时给蓄电池充电。当汽车上的用电设备同时启用，所需功率超过发电机的额定功率时，蓄电池和发电机同时向用电设备供电。当发动机低速运转或不运转时，发电机发出电压很低或不发电时，由蓄电池向全车电器设备供电。

图 5–17　蓄电池

蓄电池（图 5–17）有 12V 和 24V 两种。它是一个化学电源。在充电时，将外部电源的电能转变成化学能储存起来；用电时，再通过化学反应将化学能转变成电能，供给用电设备。蓄电池使用时要注意保持两极接线牢固，蓄电池盖上的小孔应保持畅通；时常检查蓄电池电解液液面的高度，不足时应补充蒸馏水，切忌采用河水或井水；蓄电池放完电后或停止使用前应及时充电。

图 5–18　发电机

发电机（图 5–18）。工作时，由发动机带轮带动发电机带轮转动，通过内部的电磁线圈切割磁力线，产生交流电，经二极管整流输出直流电。不能用试火方法检查发电机是否发电，以免烧坏电机与线束。要经常检查发电机传动带松紧度。

点火线圈（图 5–19）相当于一个自耦变压器，当初级绕组有电流通过时，通过互感和自感，次级绕组中便感应出高压，能将 12V 的低压直流电变换成 15~20kV 的高压直流电。

图 5–19　点火线圈

（3）工作原理

ECU 根据节气门位置、发动机转速、冷却液温度、进气温度和爆燃等传感器输入的信号，与存储在 ROM 中的参考数据进行比较、分析、计算和判断，然后发出点火指令，通过火花塞，点燃可燃混合气。

6. 润滑系统

（1）作用

润滑系统具有减轻机件磨损、减小摩擦损失、降低功率消耗的作用。除此之外，机油流经摩擦表面，带走表面热量，也带走零件磨损留下的磨屑，所以发动机润滑系统还兼有冷却和清洁功能。机油涂在气缸与活塞和活塞环之间，还起着增加活塞环的密封和防止机件氧化锈蚀的作用。

（2）润滑方式

1）压力润滑：以一定的压力把机油供入摩擦表面的润滑方式，主要用于曲轴主轴承、连杆轴承及凸轮轴承等负荷较大的摩擦表面的润滑。

2）飞溅润滑：利用发动机工作时运转零件撞击机油溅起来的油滴或油雾润滑摩擦表面的润滑方式，主要用于负荷较轻的气缸壁面和配气机构的凸轮、挺柱、气门杆和摇臂等零件的工作表面。

3）润滑脂润滑：通过定期加注润滑脂来润滑零件工作表面的润滑方式，如水泵及发电机轴承等。

（3）主要组成

润滑系统一般由油底壳、机油集滤器、机油泵、机油滤清器、机油冷却器、机油压力指示灯以及机油道等组成（图 5–20）。

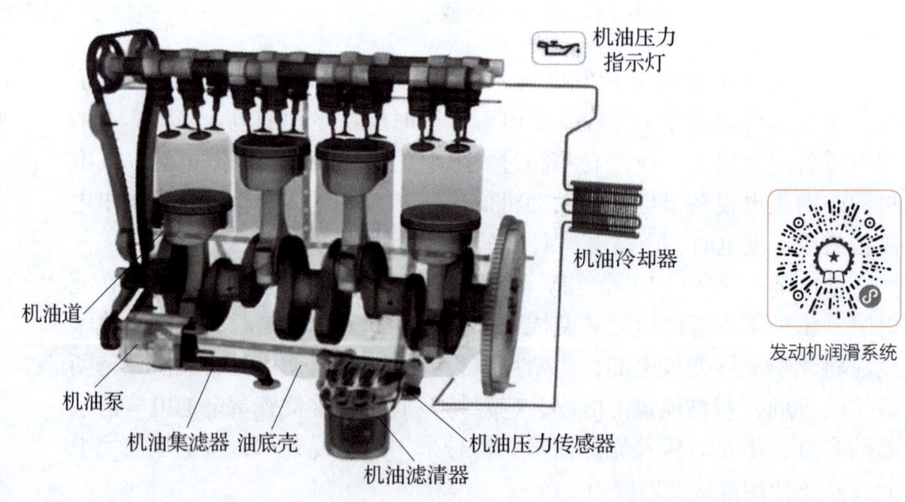

发动机润滑系统

图 5-20　发动机润滑系统

（4）工作原理（图 5–21）

发动机工作时，机油从油底壳经集滤器被机油泵送入机油滤清器过滤之后进入发动机主油道。滤清器盖上设有旁通阀，当滤清器堵塞时，机油不经过滤清器滤清，而由旁通阀直接进入主油道。机油经主油道后分多路进入各主轴承润滑，然后，经曲轴上的斜油道，流向连杆轴承润滑，再从连杆大头油孔喷向气缸壁，润滑气缸、活塞、活塞环和活塞销，之后流回油底壳。主油道中的部分机油经分油路通向凸轮润滑各凸轮轴轴承、凸轮、气门摇臂及气门杆等，再回油底壳。发动机工作时运转零件撞击机油溅起来的油滴或油雾润滑气缸壁面和配气齿轮等工作表面。

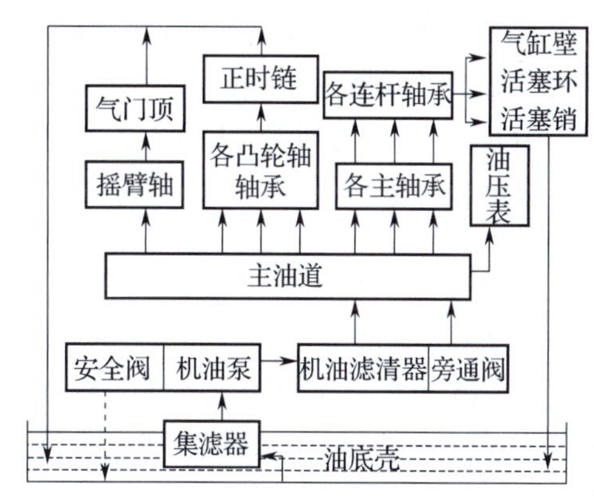

图 5-21 发动机润滑系统工作原理

7. 冷却系统

（1）作用

冷却系统保证发动机在适宜的温度范围内工作。汽车发动机的适宜工作温度一般为 80~90℃，有的可以达到 105℃。

（2）冷却方式

冷却方式有水冷和风冷两种。现代汽车几乎都采用强制水冷。

（3）主要组成

冷却系统主要由冷却水泵、风扇、节温器、膨胀水箱、散热器和冷却水道等组成（图 5-22）。

节温器（图 5-23）安装在发动机水套的出水口处，它可以自动控制通向散热器和水泵的两个冷却液通路，以调节冷却强度。

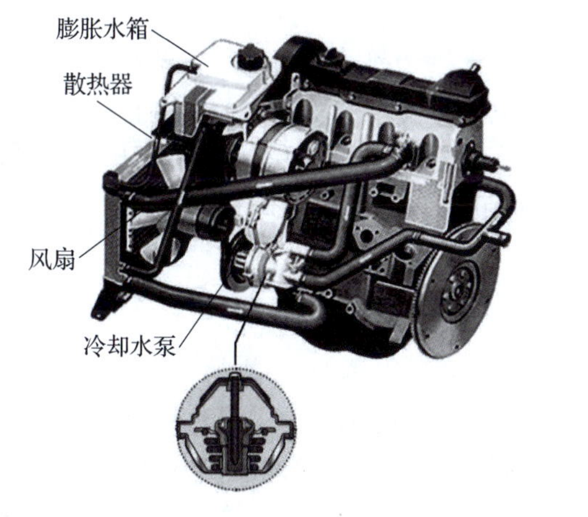

图 5-22 冷却系统

发动机冷却系统

图 5-23 节温器

（4）工作原理

发动机工作时，动力经曲轴带轮带动风扇和水泵运转。当冷却液温度较低时，节温器主阀门关闭，副阀门打开，冷却液经水泵→发动机水套→节温器副阀门→水泵，形成小循环；当冷却液温度高到一定值时，节温器主阀门打开，冷却液经水泵→发动机水套→节温器主阀门→散热器→水泵，形成大循环，由于冷却液经过散热器冷却，温度下降，从而防止发动机过热。

（5）冷却液

汽车发动机常用的冷却液有水及加有防冻剂的防冻液。

直接用水作冷却液，具有简单方便的优点。但水沸点低，易蒸发，需要经常添加。不宜添加河水、井水等含矿物质的水，以免产生水垢，影响冷却系统，导致散热不良。添加雨水、雪水或离子交换水，会给冷却系统造成困难。更应值得注意的是水在严寒冬季易结冰，需放水过夜，否则会造成结冰时体积膨胀导致胀裂机体、气缸盖的严重事故。

现代轿车普遍采用防冻液，以提高冷却液的防冻和防沸的能力。例如采用以乙二醇为基料的冷却液（乙二醇的质量分数45.6%、水的质量分数54.4%），使其冰点在-25℃以下，沸点在106℃以上。专用冷却液一般呈深绿色或深红色，有一定的毒性，使用时应注意。发现冷却液泄漏应及时检查添加。

8. 起动系统

（1）作用

起动系统按发动机要求提供一定的转矩，使发动机达到规定的转速，顺利完成起动过程。低温起动时，还应进行预热起动。

（2）主要组成

起动系统主要由蓄电池、起动开关、起动机等组成（图5-24）。起动机（图5-25）也称起动电机，它是根据电动机原理制成的。

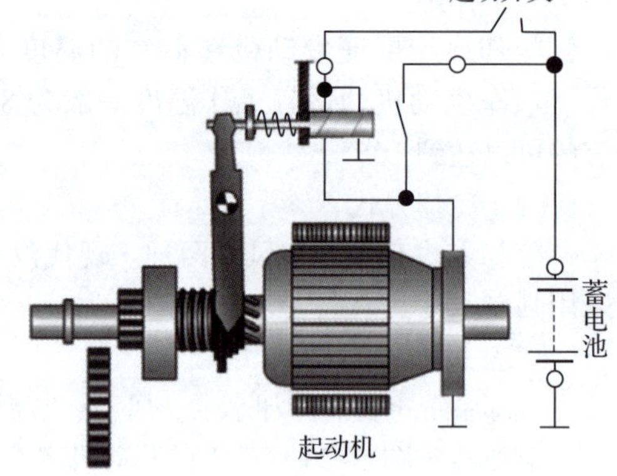

图5-24 起动系统

（3）工作原理

当起动开关置于起动档“Start”时，首先接通起动控制电路，蓄电池电流流入起动机，并使其转动。同时，电磁开关还将驱动齿轮向外推出与发动机飞轮相啮合，带动发动机转动。当发动机完成点火后，驾驶员及时将起动开关转到点火档“IG”，切断起动机控制电路，驱动齿轮退回，起动机停止运转。

图5-25 起动机

（4）低温起动与预热

低温严寒气候下，燃料汽化及燃烧困难（尤其是柴油），机油黏度加大，蓄电池能量下降，造成发动机起动困难。为了确保发动机顺利起动，需要采取相应措施，常见的有预热空气、预热机油、预热冷却液、喷起动液以及减压起动等。

图5-26 起动液

目前普遍使用的发动机预热方法是采用对进入发动机的空气进行预热。常见的预热装置有电热塞、热敏电阻预热器和电火焰预热器。

也可以采用喷起动液的方法帮助起动。起动液（图5-26）是由容易燃烧的燃料（乙醚、丙酮、石油醚等）组成，与压缩气体氮气一起储藏在专用喷射罐内。使用时，取下空气滤清器（有的发动机设有起动液喷嘴），将喷射罐出口对准进气管，轻压喷射罐单向阀，起动液喷出，随空气进入气缸迅速燃烧，从而起动发动机。

起动系统

电起动每次时间不超过5s，再次起动间隔时间不少于15s，以免蓄电池因过度放电而损坏。

任务实施

1. 采用小组合作形式，分工完成发动机各机构与系统主要部件的辨识，组内讨论发动机的工作原理，检索国内外发动机先进技术。

2. 由小组代表将标签贴到解剖汽车发动机模型相对应的部位上。
3. 推选小组代表分享发动机的先进技术。
4. 练习题

（1）机体组件是发动机的“骨架”，其主要组成包括哪些部件？（　　）

A. 气缸体　　B. 气缸　　C. 气缸盖　　D. 曲轴箱

（2）四冲程发动机，活塞每进行一个行程，曲轴旋转多少？（　　）

A.180°　　B.360°　　C.540°　　D. 720°

（3）在内燃机组成结构上，与汽油机相比，柴油机少了什么系统？（　　）

A. 点火　　B. 燃料　　C. 起动　　D. 冷却

（4）点火线圈的初级绕组有电流通过时，通过________和________，次级绕组中便感应出高压。

（5）专用冷却液一般呈________色或________色，有一定的毒性，使用时应注意。

任务评价

在完成本学习任务后，通过小组会议的形式进行总结与反思，并完成多元化评价，评分细则见表 5-2。

表 5-2　认识汽车发动机结构原理评价表

序号	考核内容	配分	评分细则	自评得分	小组评价	教师评价
1	组员准备、学习态度、自主探究与团队协作能力	20	准备是否充分、学习态度是否认真、能否进行自主探究与团队协作 □优秀 □良好 □一般 □不合格			
2	发动机的工作原理讨论，发动机的先进技术检索	20	讨论是否充分、检索工具是否科学、内容脉络是否清晰、内容是否全面 □优秀 □良好 □一般 □不合格			
3	将标签贴到解剖汽车发动机模型上	30	标签名称是否正确、粘贴位置是否正确 □优秀 □良好 □一般 □不合格			
4	分享发动机的先进技术	15	观点鲜明、逻辑合理、推理清晰 □优秀 □良好 □一般 □不合格			
5	练习题完成正确率	15	共 5 题、每小题 3 分			
总分（自评 20%，小组评价 30%，教师评价 50%）						
学生建议：				教师指导意见：		

认知模块 05

任务2 认识汽车底盘结构原理

学习目标

- 能够描述汽车底盘总体基本结构。
- 能够解释汽车底盘各系统及总成的工作原理。
- 学习郭孔辉院士献身祖国汽车工业、不断探索的科研精神，激发学生树立“技能成才、强国有我”的信心，实现中华民族伟大复兴的中国梦。

汽车传动系统

任务接收

制作带有汽车底盘部件名称的标签，并将标签贴到解剖汽车底盘模型相对应的部位上。

获取资讯

汽车底盘一般由传动系统、行驶系统、转向系统、制动系统组成（图5-27）。

知识点1 汽车传动系统

汽车传动系统功用是将发动机发出的动力传给驱动车轮，并实现减速增矩等功能，其组成包括离合器、变速器、万向传动装置（万向节、传动轴）、驱动桥（主减速器、差速器以及半轴等）（图5-28）。

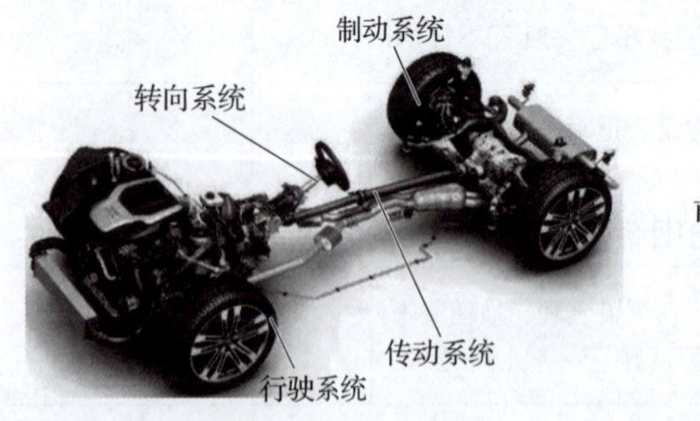

图5-27 汽车底盘组成

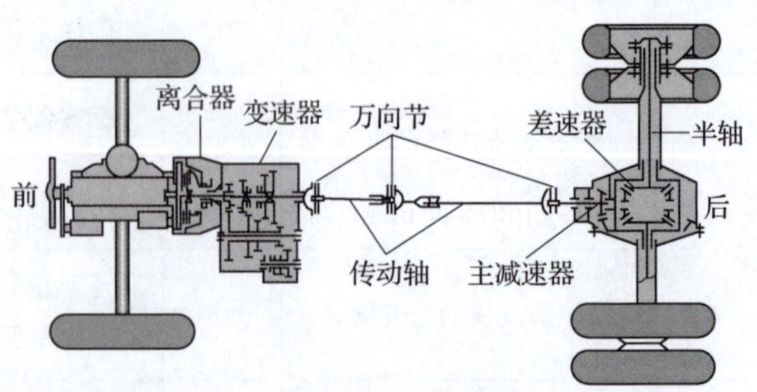

图5-28 汽车传动系统

1. 汽车离合器

（1）作用

离合器用于分离和结合发动机的动力，保证汽车平稳起步，使换档时工作平顺和防止传动系统过载。

（2）基本结构及工作原理

汽车上广泛采用的是摩擦式离合器，其基本结构及工作原理如图 5–29 所示，主要由主动部分（飞轮）、从动部分（从动盘）、压紧机构（压紧弹簧）和分离机构（分离套筒）四部分组成。从动盘一般采用高摩擦系数的耐热材料制成。

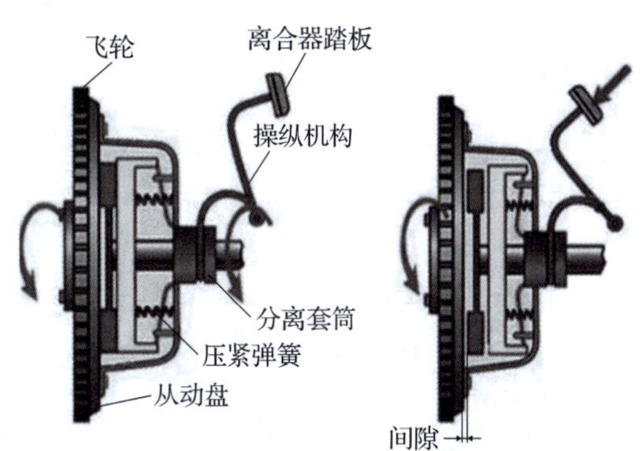

图 5–29　摩擦式离合器的基本结构及工作原理

当离合器踏板处于自由状态，从动盘在压紧弹簧作用下压紧在飞轮端面。发动机工作时，飞轮旋转，靠离合器从动盘摩擦片与飞轮端面之间的摩擦力，将动力传给变速器。当踩下离合器踏板，通过操纵机构，使分离套筒克服压紧弹簧作用力右移，带动从动盘右移，使从动盘与飞轮端面出现间隙，切断发动机动力传递。

汽车起步时，应先踩下离合器踏板，切断发动机动力，挂上档后，再缓慢松开离合器踏板，在压紧弹簧作用下，从动盘逐渐与飞轮端面接触压紧，使动力由小到大传到变速器，实现平稳起步。汽车换档时，也应先踩下离合器踏板，切断发动机动力，变速器齿轮不再传递转矩，容易退出原档位齿轮，也容易挂上新档位。当汽车发动机过载时，超出从动盘所能传递的最大转矩，则从动盘打滑，避免了传动系统与发动机产生扭转，保护了机件。

配备自动变速器的汽车则取消了离合器，使变速操作更简单。

2. 汽车变速器

（1）功用

变速器用于改变汽车的行驶速度，实现倒车和利用空档切断离合器与传动轴之间的动力传递，以便汽车换档和发动机起动及怠速运转。

（2）变速器类型

按操纵方式分手动变速器和自动变速器。

手动变速器靠驾驶员直接操纵变速杆进行换档，换档机构简单，工作可靠，但操作复杂。自动变速器能根据汽车的运行状况自动换档，无离合器，仅需通过加速踏板控制车速，操作简单，但结构复杂。

（3）手动变速器结构原理

由齿轮传动的原理可知，一对齿数不同的齿轮啮合传动时可以变速变矩（图 5–30）。主动齿轮转速与从动齿轮转速之比称为传动比。

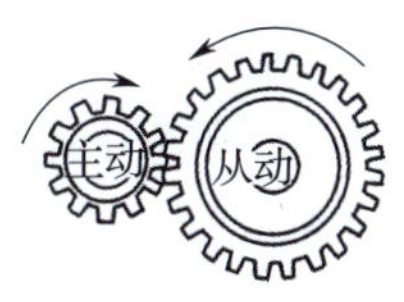

a）减速传动

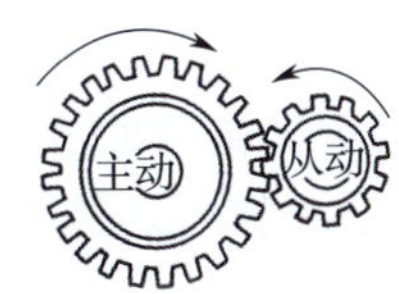

b）增速传动

图 5–30　齿轮传动原理

汽车手动变速器就是通过多对不同齿数的齿轮啮合来实现传动比的变化。变速器传动比小的档位称为高档，传动比大的档位称为低档。

（4）自动变速器结构原理

目前轿车绝大部分采用电子控制自动变速器（图 5-31），它主要由液力变矩器、行星齿轮变速器、液压控制系统、自动变速器 ECU 和各种传感器组成。

工作时，自动变速器 ECU 根据驾驶员脚踩加速踏板（发动机的节气门开度）、汽车车速等各种传感器发送的信息，发出换档等控制信号，通过各种电磁阀实现自动换档。

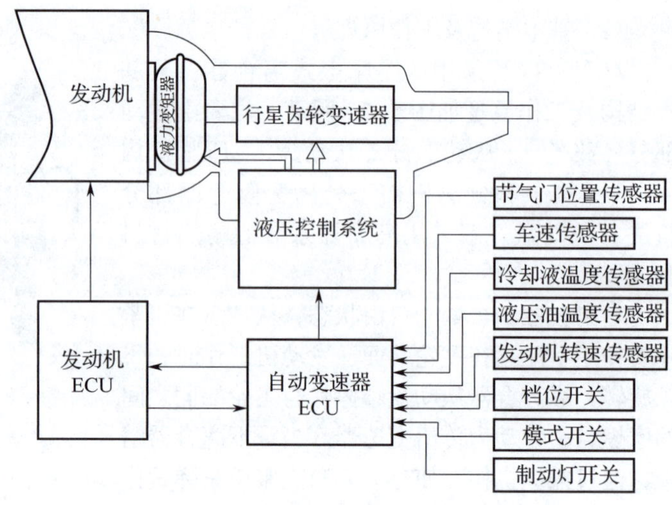

图 5-31 电子控制自动变速器

3. 汽车万向传动装置

万向传动装置的功用是在轴线相交且相对位置经常发生变化的两轴间传递动力，主要应用于连接变速器与驱动桥（图 5-32）或离合器与驱动桥、变速器与分动器、转向驱动桥、断开式驱动桥及转向操纵机构等。

万向传动装置一般由万向节和传动轴组成，当传动距离较远时，还需采用分段式传动轴，在中部加装中间支承。

4. 驱动桥

驱动桥用于减速增矩和协助转向，主要由主减速器、差速器、半轴和驱动桥壳等组成（图 5-33）。

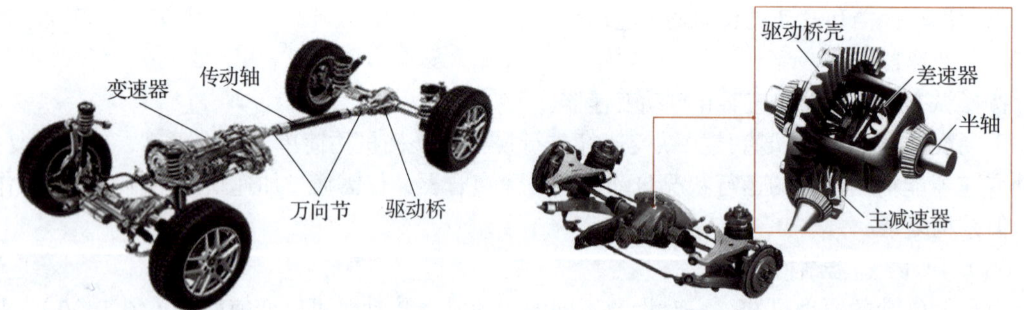

图 5-32 汽车万向传动装置

图 5-33 驱动桥

（1）主减速器

主减速器由一对传动比较大的准双曲面齿轮组成，其功用是将万向传动装置传来的转矩增大，并降低转速。

（2）差速器

汽车转弯行驶时，内、外两侧车轮在同一时间内要移动不同的距离，外轮移动的距离比内轮大（图 5-34）。差速器的作用就是将主减速器传来的动力传给左、右两半轴，并在转弯行驶时允许左、

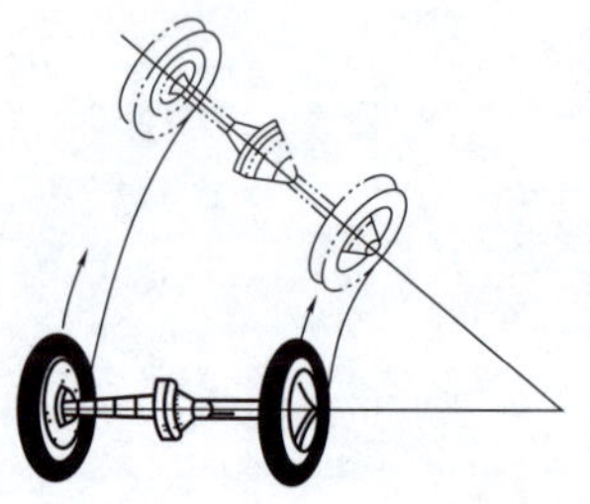

图 5-34 汽车转向时车轮运动示意图

右半轴以不同转速旋转（差速）。

（3）半轴

半轴是一根在差速器和驱动轮之间传递动力的实心轴，内端一般制有外花键与半轴齿轮连接，外端与驱动轮的轮毂相连。

知识点 2 汽车行驶系统

汽车行驶系统

汽车行驶系统的作用是保证汽车的正常行驶，并对全车起支撑作用，它由车轮、车桥、车架和悬架等组成。

1. 车轮

车轮与轮胎组成车轮总成，通常由轮胎、轮辋、车轮饰板、气门嘴和平衡块等组成（图 5-35）。

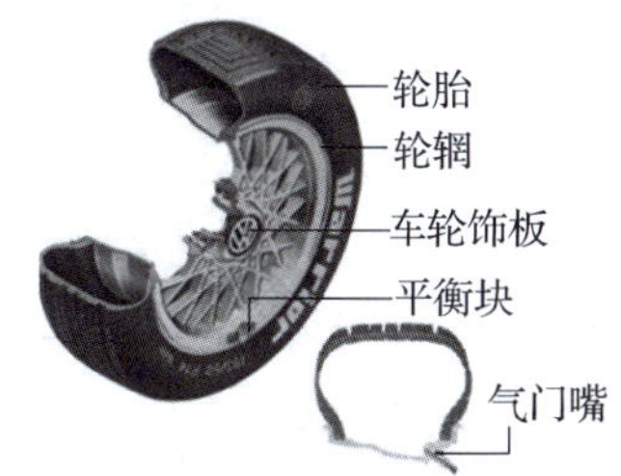

图 5-35　车轮和轮胎

轮胎按组件不同，可分为有内胎轮胎和无内胎轮胎；按胎体结构不同，可分为斜交轮胎和子午线轮胎。

子午线轮胎帘布层帘线排列方向与轮胎的子午断面一致，使轮胎强度得到充分利用，所以帘布层数可比普通斜交胎减少 40%~50%，胎体较柔软，接地面积大，附着性能好，对地面单位压力小，滚动阻力小，可减少油耗。

轮胎的外胎两侧标志有规格、结构代号等，轿车轮胎还标有速度级别等代号，购置和安装轮胎时应予以注意。

2. 车桥

用于连接和安装左右车轮的车轴或车梁等部件称为车桥（图 5-36），其功用是传递车架（承载式车身）与车轮之间各方向的作用力及其力矩。

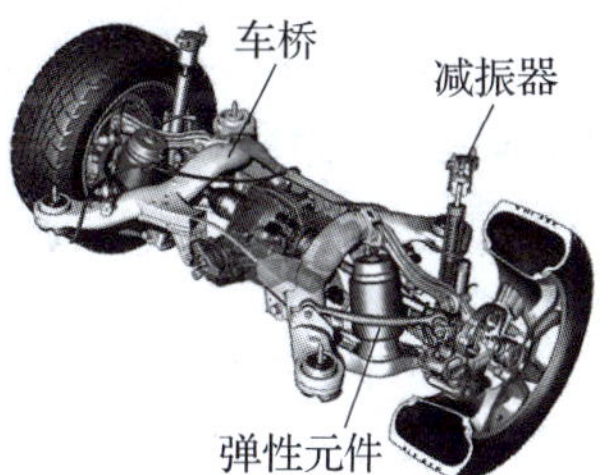

图 5-36　车桥

3. 车架

车架是整个汽车的装配基体，其作用主要是支撑连接汽车的各零部件，承受来自车内和车外的各种载荷。图 5-37 为汽车边梁式车架。

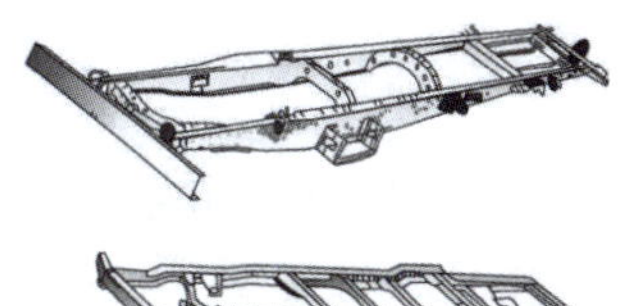

图 5-37　汽车边梁式车架

4. 车轮定位

所谓车轮定位，就是汽车的每个车轮（或通过转向节）和车桥、车架的安装应保持一定的相对位置，以使汽车行驶平稳，转向轻便。车轮定位主要有主销后倾、主销内倾、前轮外倾和前轮前束、后轮外倾和后轮前束。

在汽车的纵向平面内（汽车的侧面），主销上部向后倾的一个角度 γ，称为主销后倾角（图 5-38）。在汽车的横向平面内（汽车的前后方向），主销上部向内倾斜一个角度，主销轴线与垂线之间的夹角 β 称为主销内倾角（图 5-39）。

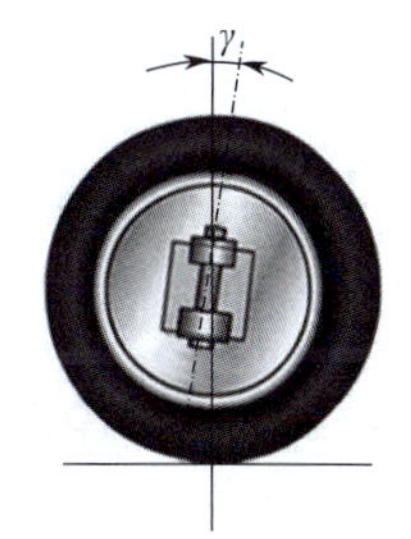

图 5-38　主销后倾角

在汽车的横向平面内，前轮中心平面向外倾斜一个角度 α

（图 5-39），称为前轮外倾角。轮胎呈现“八”字形张开时称为负外倾，而呈现“V”字形张开时称为正外倾。俯视车轮，汽车的两前轮并不完全平行，在通过两前轮中心的水平面内，两前轮的前边缘距离 B 小于两前轮后边缘距离 A，AB 之差称为前轮前束（图 5-40）。像内八字一样前端小后端大的称为前束，而像外八字一样后端小前端大的称为后束或负前束。

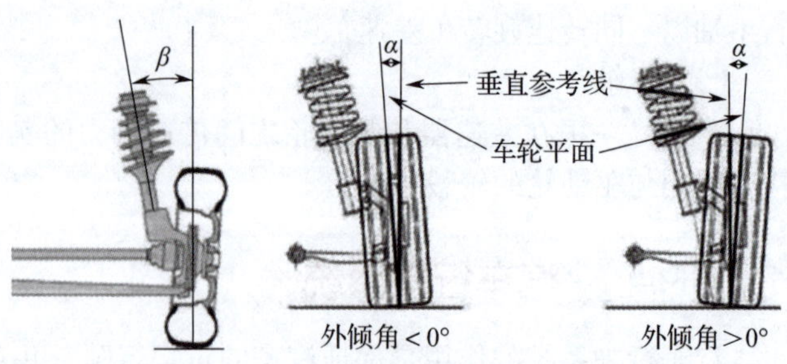

图 5-39　主销内倾和前轮外倾

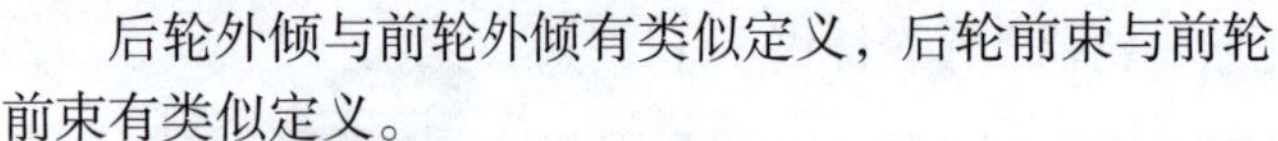

后轮外倾与前轮外倾有类似定义，后轮前束与前轮前束有类似定义。

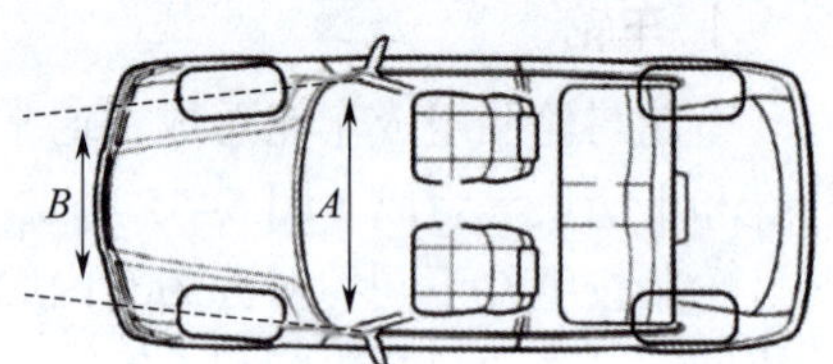

图 5-40　前轮前束

上述各种车轮定位角，在汽车使用中，由于车架和悬架的变形而在不断地发生变化，应该定期在四轮定位仪上进行检查和调整。

5. 汽车悬架

（1）作用

汽车悬架（图 5-41）就是车架（或车身）与车桥（或车轮）之间的一切传力连接装置的总称。汽车悬架的作用是把路面作用于车轮上的各种反力所造成的力矩传递到车架（或车身）上，减少汽车振动，以保证汽车的正常行驶。

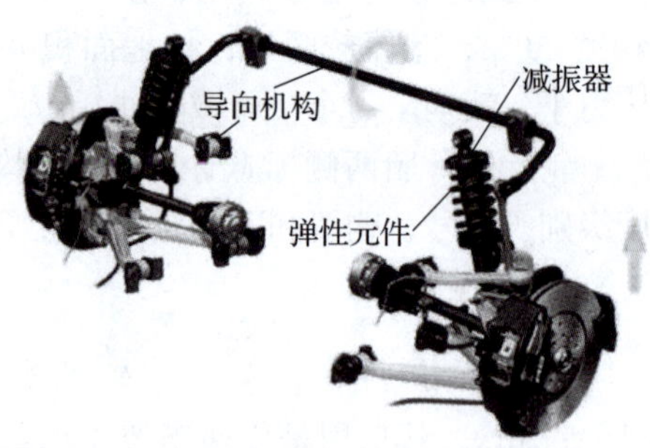

图 5-41　汽车悬架

（2）基本组成

汽车悬架一般由弹性元件、减振器和导向机构（横向稳定杆、摆臂以及纵向推力杆等）三部分组成。

科学家精神

20 世纪 60 年代，郭孔辉院士没有继承家业坐享其成，而是毅然决然地投身于我国汽车行业。他研发的空气悬架打破了我国空气悬架技术空白的局面，并成功地在北京一号无轨电车上试制成功。郭院士一生淡泊名利，他不断探索的科研精神，激励学生将来投身于汽车制造和研发的事业，为国家多做贡献。

知识点 3 汽车转向系统

汽车转向系统的功用就是保证汽车能够按驾驶员的意志改变或恢复行驶方向。

1. 汽车转向原理

汽车的转向是由地面的侧向力提供向心力，只有当四个车轮的轴线交于一点 O 时（图 5-42），才能够保证各车轮纯滚动而不滑动。

2. 汽车转向系统类型

汽车转向系统分为机械转向系统和动力转向系统两大类。机械转向系统以驾驶员的体力作为转向能源，传力件都是机械的。动力转向系统以发动机或电动机的动力作为主要转向能源，转向轻松省力。

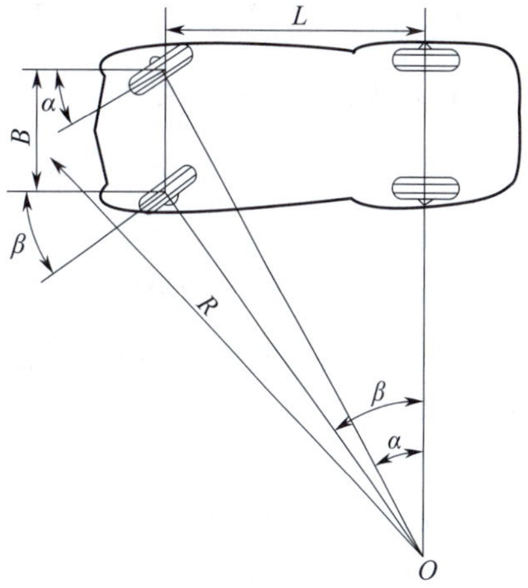

图 5-42 四轮汽车转向分析

3. 汽车转向系统组成

以机械转向系统为例，它主要由转向操纵机构、转向器和转向传动机构组成（图 5-43）。

汽车转向系统

（1）转向操纵机构

转向操纵机构包括转向盘、转向轴及转向管柱等。它们的作用是将驾驶员的操纵力传给转向器。

因为转向系统各传动件之间存在着装配间隙，所以在转向盘转动过程的开始阶段，有一段转向盘空转行程，该行程称转向盘的自由行程，它对于缓和路面冲击，减少驾驶员疲劳是有利的，但也不宜过大，以避免过大影响转向灵敏性，一般不应超过 15°。当零件磨损严重，使转向盘自由行程达到 25°~30° 时，必须进行调整。

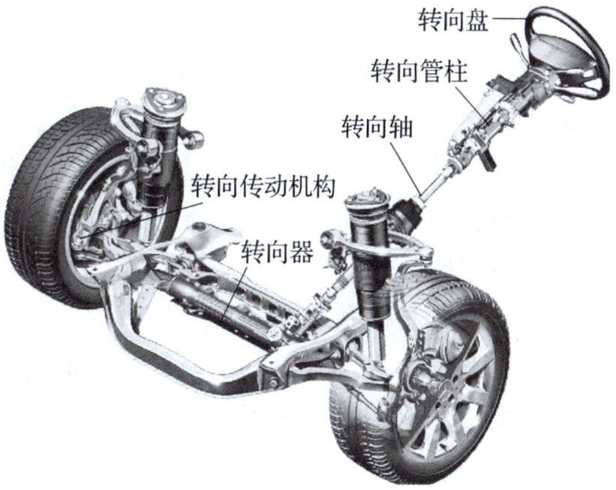

（2）转向器

转向器是转向系统中的减速增矩装置，并改变转向力矩的传动方向。目前应用广泛的机械转向器有齿轮齿条式转向器、循环球式转向器和蜗杆曲柄指销式转向器等。

图 5-43 汽车转向系统

（3）转向传动机构

转向传动机构的功用是将转向器输出的力和运动传给转向桥两侧的转向节，使两侧转向轮按要求的角度关系偏转，以保证汽车转向时各车轮与地面的相对滑动尽量小。

4. 电子控制动力转向系统

理想的转向系统应使汽车在静止或低速行驶时，转向所需操纵力小，轻便省力；而在中高速行驶时，转向操纵力稍大，增加驾驶员的“路感”，提高操纵稳定性，保证高速行车的安全。传统的机械式转向系统不能达到这个要求，而电子控制动力转向系统可以满足这个要求。

5. 汽车四轮转向

汽车四轮转向是对后轮也进行转向操纵的系统。前后转向轮的转向控制有同向和逆向两种情况：逆向式的转弯半径比两轮转向的转弯半径小，提高了汽车转向的机动性，适于汽车低速行驶；同向式在转向时车身与行驶方向的偏转角小，提高了操纵稳定性，适于汽车的高速行驶。

知识点4 汽车制动系统

汽车制动系统

1. 汽车制动系统功用

使行驶中的汽车减速甚至停车，或使已经停下来的汽车保持不动，都称为汽车制动。实现汽车制动功能的一系列专门装置称为汽车制动系统。

2. 汽车制动系统的分类

汽车制动按功能分常见的有行车制动（使行驶中的汽车减速或停车）和驻车制动（使汽车停在各种路面驻留原地不动）；按制动能量传输方式分为机械制动（以机械传输制动能量）、液压制动（以液压传输制动能量）和气压制动（以气压传输制动能量）。

3. 汽车制动系统的基本组成与工作原理

（1）汽车行车制动系统基本组成

液压鼓式制动系统主要由车轮制动器和液压传动机构组成（图5-44）。

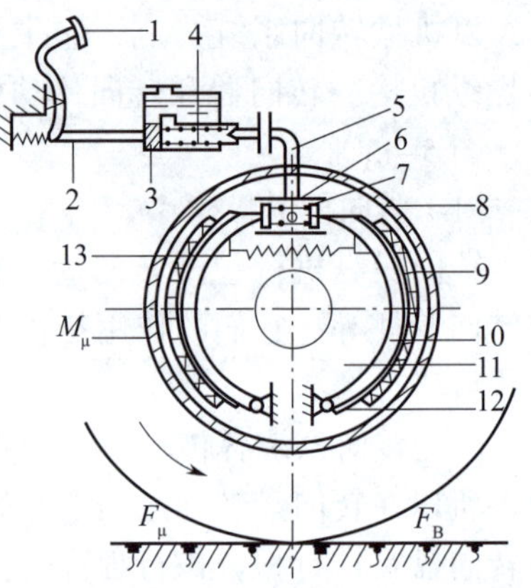

图5-44 液压鼓式制动系统组成

1—制动踏板 2—推杆 3—主缸活塞 4—制动主缸 5—油管 6—制动轮缸 7—轮缸活塞 8—制动鼓 9—摩擦片 10—制动蹄 11—制动底板 12—支撑销 13—制动蹄回位弹簧

车轮制动器由制动鼓、制动蹄、制动底板等组成。液压传动机构主要由制动踏板、推杆、制动主缸、制动轮缸和油管等组成。

（2）汽车制动系统的基本工作原理

制动系统不工作时，制动鼓的内圆面与制动蹄摩擦片的外圆面之间保留一定的间隙，使制动鼓可以随车轮自由旋转。

制动时，驾驶员踩下制动踏板，推杆便推动主缸活塞，使主缸中的油液以一定压力流入制动轮缸，通过轮缸活塞使两制动蹄的上端向外张开，从而使摩擦片压紧在制动鼓的内圆面上。这样，不旋转的制动蹄就对旋转着的制动鼓产生一个摩擦力矩，方向与车轮旋转方向相反，迫使车轮停止转动。

当松开制动踏板时，制动蹄回位弹簧将制动蹄拉回原位，制动作用自行解除。

（3）盘式制动器的结构原理

盘式制动器由制动盘、制动钳组件及车轮轴承（未标出）等组成，如图5-45所示。制动时，制动钳内的制动活塞在液压力作用下推动制动块压靠到制动盘表面，将制动盘的两侧面压紧，实现车轮制动。

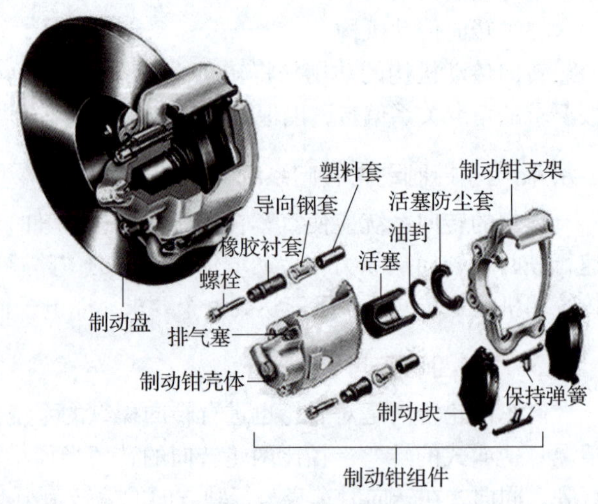

图5-45 盘式制动器

（4）汽车制动间隙与制动距离

制动器在不工作时，摩擦片与制动

鼓之间的间隙称为制动间隙。制动间隙应合适，如果制动间隙过小，就不易保证彻底解除制动，造成摩擦片的拖磨；制动间隙过大又将使制动踏板行程太长，同时也会推迟制动器开始起作用的时刻。

摩擦片与制动鼓磨损，会导致制动间隙变大，制动距离变长，所以应定期进行检查和调整。

制动距离是指驾驶员踩下制动踏板至车辆完全停住时汽车所行驶的距离。按我国国家标准规定，乘用车以 50km/h 初速度空载行驶的制动距离不得大于 19m。

4. 汽车制动防抱死系统（ABS）

（1）ABS 功用

制动防抱死系统（Anti–lock Braking System，ABS）是防止汽车制动时车轮抱死的装置，并把车轮的滑移率保持在最佳范围内。

试验和实践表明，当汽车曲线行驶制动只有前轮抱死时，由于前轮的转弯力基本为零，无法进行正常的转向操作，驾驶员无法控制汽车的运动方向，这时汽车将沿行驶曲线的切线方向滑行（图 5–46a）；而只有后轮抱死时，后轮的侧向力接近于零，由于离心力和前轮转向力的作用，汽车不能保持原来的行驶方向，汽车将一面旋转一面沿曲线行驶，即发生甩尾现象（图 5–46b）；当所有的车轮全部抱死时，转弯力、侧向力均接近于零，汽车完全失去操纵性和方向稳定性，兼有前、后轮单独抱死时的两种运动（图 5–46c），一面作与驾驶无关的不规则运动，一面沿曲线的切线方向滑行。

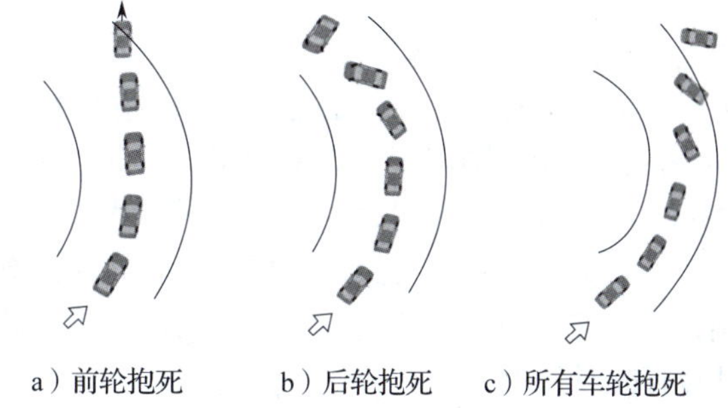

图 5–46 曲线行驶时车轮抱死的汽车运动情况

（2）ABS 基本组成与工作原理

ABS 由普通制动系统和电子控制系统两大部分组成。普通制动系统的组成和工作原理与传统制动系统相同，而电子控制系统由传感器（制动踏板、车速传感器）、ABS 控制单元和制动压力装置（ABS 泵、液压单元、电磁阀等）等组成（图 5–47）。

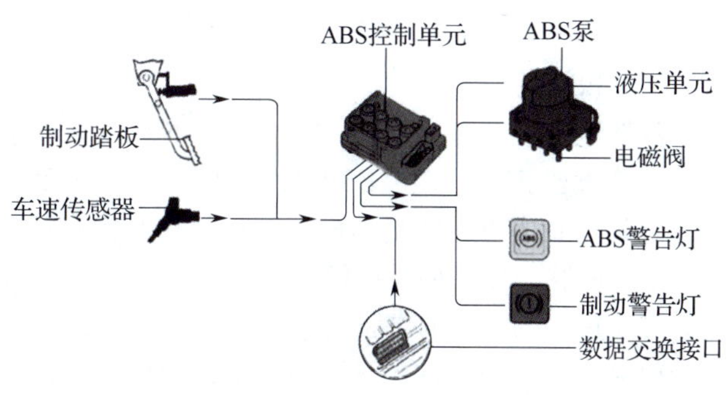

图 5–47 ABS 基本组成

汽车制动时，ABS 控制单元根据传感器传递来的汽车行驶和制动信号，经过计算、比较和判断后，向执行器（制动压力装置）发出控制指令，使车轮制动时滑移率保持在最佳范围内，始终处于理想的运动状态，以有效防止制动时汽车侧滑、甩尾及失去转向等现象发生，同时将制动力保持在最佳的范围内，缩短了制动距离。

在制动过程中，ABS 只在车速超过一定值时才起作用。ABS 具有自诊断功能，并能确保系统出现故障时，常规制动系统仍能正常工作。

5. 驱动防滑系统（ASR）

（1）ASR 的作用

当汽车在冰雪路面行驶时，驱动轮很容易发生滑转，这是由于汽车的驱动力大于地面附着力。一旦车轮滑转，车轮的横向附着力就几乎为零，将发生侧滑等现象。对于后轮驱动汽车，驱动轮滑转将使汽车发生不规则的旋转；对前轮驱动汽车，驱动轮滑转会使方向失去控制。

驱动防滑系统（Anti Slip Regulation，ASR）又称牵引力控制系统（TRC），其作用就是防止汽车在起步、加速和低附着系数路面行驶时驱动轮的滑转，以提高汽车的牵引性和操纵稳定性。

（2）ASR 的基本工作原理

为了防止滑转，必须适当降低驱动力，大幅度提高侧向力，增大抵抗侧滑的能力。目前，常采用以下两种方法防止驱动轮的滑转：

1）发动机输出转矩调整方式：通常通过控制节气门开度和点火提前角的方式调节发动机的输出转矩，从而使驱动车轮的转速迅速降低，或者对两侧驱动车轮的驱动力矩进行调节。由于发动机已经实现了电子控制，因此，这种控制方法容易实现。

2）驱动轮制动控制方式：当驱动轮发生滑转时，对滑转的车轮施加一定的制动力，使车轮的滑转率控制在合适的范围内。制动控制方式比发动机控制方式反应速度快，能有效地防止汽车起步时或从高附着路面突然进入低附着路面时的车轮空转。该控制方式还能对每个驱动轮独立控制，与差速器锁止装置具有同样的功能。为了防止制动器过热，驱动轮制动控制的方法只限于低速行驶时使用。

ASR 是 ABS 的完善和补充，可以与 ABS 共用车轮转速传感器等部件。ASR 电子控制装置既可是独立的，也可与 ABS 共用。

6. 汽车电子稳定控制系统（ESP）

（1）ESP 的功用

汽车电子稳定控制系统（Electronic Stability Programme，ESP）是车辆的主动安全系统，又称为动态驾驶控制系统。ESP 能以 25 次 /s 的频率对驾驶员的行驶意图和实际行驶情况进行检测，在转向状态下，能自动根据车辆的状态，有针对性地单独制动各个车轮或控制发动机、自动变速器的状态使车辆保持稳定行驶。

（2）ESP 的基本工作原理

ESP 以 ABS 与 ASR 系统为基础，增加了车辆转向行驶时横摆率传感器、转向盘转角传感器和侧向加速度传感器等信息，监控驾驶员操作的转弯方向和加速踏板行程、车速、制动力以及车身倾斜度和侧倾速度，以此判断汽车正常安全行驶和驾驶员操纵汽车意图的差距；通过 ECU 控制发动机动力与车轮的制动力分布，修正过度转向或转向不足，确保车辆行驶的侧向稳定性。

任务实施

1. 采用小组合作形式，分工完成汽车底盘各系统主要部件的辨识，组内讨论传动系统、转向系统、悬架系统、制动系统的工作原理，检索国内外汽车底盘先进技术。

2. 由小组代表将标签贴到解剖汽车底盘模型相对应的部位上。
3. 推选小组代表分享汽车底盘的先进技术。
4. 练习题

（1）汽车哪个系统的功用是将发动机发出的动力传给驱动车轮，并实现减速增矩等功能？（　　）

A. 传动　　B. 转向　　C. 行驶　　D. 制动

（2）汽车悬架一般由哪三部分组成？（　　）

A. 弹性元件　　B. 减振器　　C. 导向机构　　D. 转向器

（3）汽车哪个部件是转向系统中的减速增矩装置，并改变转向力矩的传动方向？（　　）

A. 制动器　　B. 转向器　　C. 减振器　　D. 转向盘

（4）轮胎按胎体结构不同可分为________轮胎和________轮胎。

（5）制动防抱死系统的英文缩写为________。

任务评价

在完成本学习任务后，通过小组会议的形式进行总结与反思，并完成多元化评价，评分细则见表 5-3。

表 5-3　认识汽车底盘结构原理评价表

序号	考核内容	配分	评分细则	自评得分	小组评价	教师评价
1	组员准备、学习态度、自主探究与团队协作能力	20	准备是否充分、学习态度是否认真、能否进行自主探究与团队协作 □优秀 □良好 □一般 □不合格			
2	底盘各系统的工作原理讨论，汽车底盘的先进技术检索	20	讨论是否充分、检索工具是否科学、内容脉络是否清晰、内容是否全面 □优秀 □良好 □一般 □不合格			
3	将标签贴到解剖汽车底盘模型上	30	标签名称是否正确、粘贴位置是否正确 □优秀 □良好 □一般 □不合格			
4	分享汽车底盘的先进技术	15	观点是否鲜明、逻辑是否合理、推理是否清晰 □优秀 □良好 □一般 □不合格			
5	练习题完成正确率	15	共 5 题、每小题 3 分			
总分（自评 20%，小组评价 30%，教师评价 50%）						

学生建议：	教师指导意见：

认知模块 05

任务3 认识汽车车身、电器结构原理

学习目标

- 能够描述汽车车身、电器基本结构。
- 能够解释车身、电器工作原理。
- 树立生态环境保护与可持续发展意识，做“绿水青山就是金山银山”的实践者和传播者。

任务接收

制作带有汽车车身、电器部件名称的标签，并将标签贴到汽车车身、电器相对应的部位上。

获取资讯

知识点1 汽车车身结构

车身（图5-48）主要由车身本体、开启件（各种门、窗、行李舱和车顶盖等）、附件（各种座椅、内外饰、仪表电器、刮水器、洗涤器、风窗除霜装置等）和安全保护装置（保险杠、安全带及安全气囊、车门锁等）组成。货车及专用车辆还有货箱及专用设备。

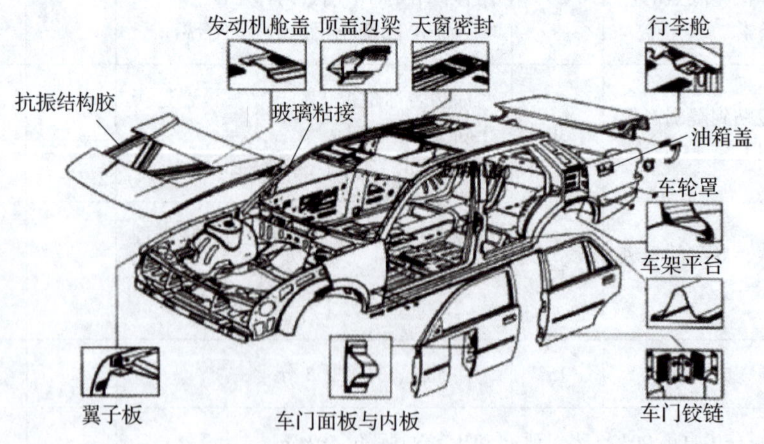

图5-48 车身本体与开启件

1. 车门门锁

现代轿车普遍采用电控式中央门锁，可以车内、车外集中控制所有车门，它在车门钥匙上配置无线电发射装置，在车内配置无线电接收装置，构成无线电遥控中央门锁。有的电控式中央门锁还具有服务、报警和防盗等多种功能。

2. 刮水器

刮水器是用于清除风窗玻璃外表面的雨水、雪及灰尘的装置，以保证驾驶员在雨雪天行驶有良好视野。

现代汽车都采用电动机驱动的电动刮水器，其基本结构如图 5–49 所示，电动机通过蜗杆、蜗轮、摇臂和拉杆，带动刮水臂摆动，刮水片便可以刮除风窗玻璃表面的雨水、雪及灰尘。

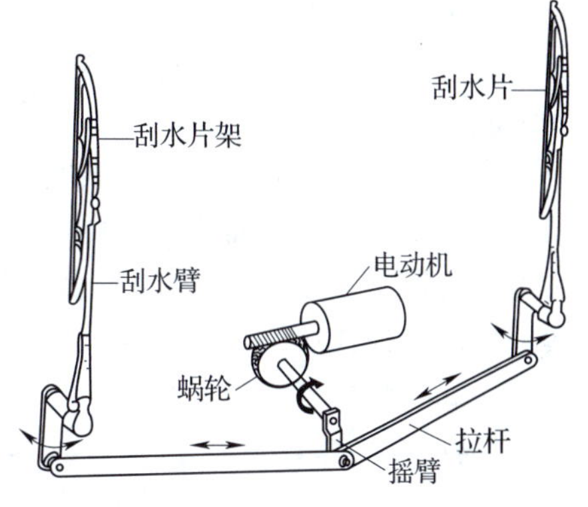

图 5–49　电动刮水器

3. 风窗洗涤器

风窗洗涤器的功用是将清洁的水或洗涤液喷射到风窗玻璃上，在刮水器的作用下，清洗风窗玻璃上的尘土和污物，使驾驶员有良好的视野。

风窗洗涤器主要由洗涤液泵、洗涤液罐和喷嘴等组成（图 5–50）。

4. 风窗除霜（雾）装置

风窗除霜（雾）装置的作用是在较冷的季节，有雨、雪或雾的天气，防止水蒸气在风窗玻璃上凝结成细小的水滴甚至结冰。

该装置是在装有空调或暖风装置的汽车上，通过风道向前风窗玻璃（有时也包括侧窗）吹热风以加热玻璃，防止水分凝结。

后风窗玻璃的除霜通常是利用电热丝加热实现的。

图 5–50　风窗洗涤器

5. 安全带

安全带用于乘员由于惯性而急剧向前冲撞时产生束紧力，保护乘员，避免发生严重伤害。安全带的布置形式很多，用得最多的是三点式安全带（图 5–51）。

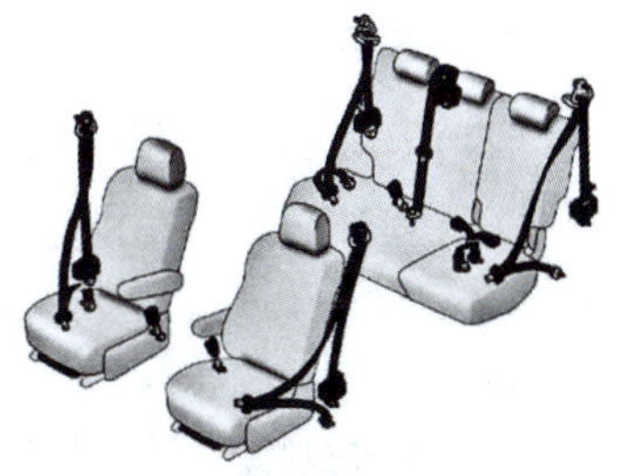
图 5–51　三点式安全带

6. 安全气囊

（1）安全气囊作用

安全气囊（Supplemental Restraint System，SRS）是为了减少汽车在发生碰撞时因巨大的惯性对乘员造成伤害而设置的。统计表明，交通事故中，头部受伤占 66% 左右，使用安全气囊，头部受伤率可减少 30%~50%，面部受伤率可减少 70%~80%。

（2）安全气囊类型

按照安全气囊安装的位置分为正面、侧面和顶部安全气囊。正面安全气囊（图 5–52）安装在驾驶员和前排乘客的正面，对汽车正面碰撞起安全保护作用，有较高的装车率。驾驶员安全气囊一般安装在转向盘中央的衬盖内，前排乘客侧安装在仪表板上，有的车辆还在仪表板下方安置了保护膝部免受伤害的安全气囊。侧面和顶部安全气囊分别安装在驾驶员、乘客的侧面和顶部，对汽车侧面碰撞和汽车翻倾起安全保护作用。

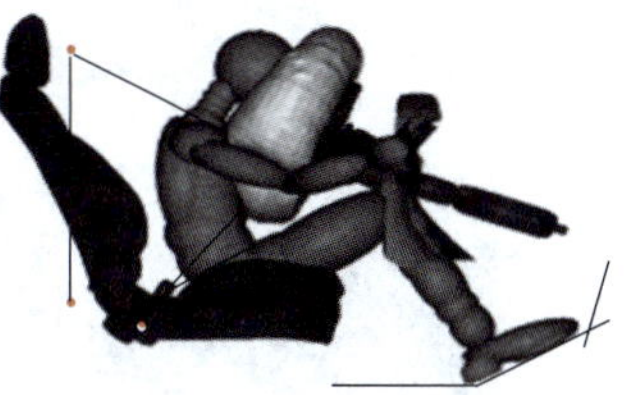
图 5–52　正面安全气囊

（3）安全气囊结构原理

安全气囊主要由碰撞传感器、气体发生器、气囊、安全带收紧器、控制装置以及显示装置等组成。

当汽车发生碰撞时，碰撞强度通过传感器转化为电信号，被电控装置接收，进行分析，发出相应指令，由执行器执行。轻度碰撞时，电控装置指令执行器收紧安全带，保护乘员；碰撞达到一定程度，电控装置指令引爆气体发生器，安全气囊急速膨胀，挡住驾驶员或乘客的身体，起到缓冲保护作用；之后安全气囊小孔排气，使气囊逐渐变软，加强缓冲作用。整个工作过程如图 5-53 所示。

a）触发前　b）充气膨胀　c）头部陷入　d）气囊压扁

图 5-53　安全气囊的作用过程

安全气囊应注意与安全带同时使用，才能发挥更好作用。注意平时保养维修时，不要重度碰撞安全气囊的各传感器，以免引起误触发，造成不必要的损失。

知识点 2　汽车空调系统

1. 作用

汽车空调制冷系统

汽车空调系统是实现对车厢内空气进行制冷、加热、换气和空气净化的装置。它可以为乘员提供舒适的乘车环境，降低驾驶员的疲劳强度，提高行车安全。

2. 汽车空调系统的基本组成

汽车空调系统主要由制冷系统、供暖系统、通风和空气净化装置及控制系统组成（图 5-54）。

（1）制冷系统

汽车空调制冷系统由压缩机、冷凝器、膨胀阀、储液干燥器及蒸发器等组成（图 5-55）。

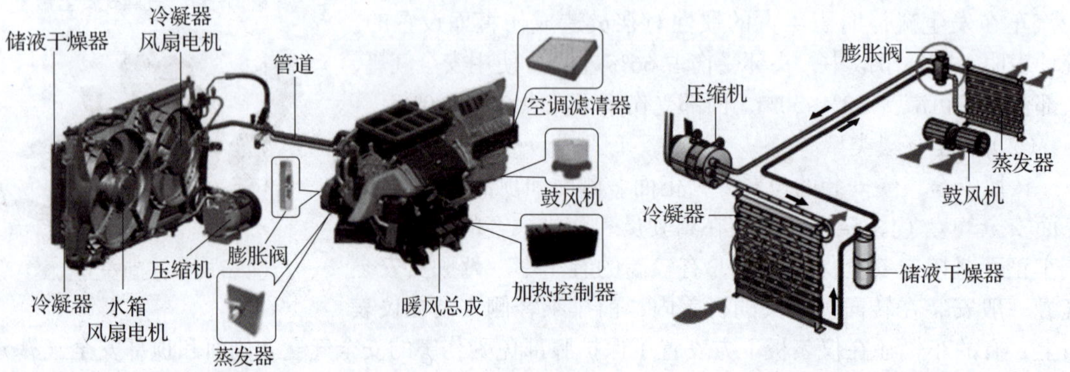

图 5-54　汽车空调系统　　图 5-55　制冷系统

制冷系统工作时，压缩机由发动机带轮带动，将蒸发器中因吸热而汽化的低压制冷剂（通常为 R134a）蒸气吸入后，压缩成高温高压制冷剂气体，经高压管送入冷凝器，经冷凝器冷却使高温高压的制冷剂气体冷凝成中温高压制冷剂液体，送入储液干燥器中除去水分和杂质，然后送入膨胀阀，经膨胀阀节流降压，变为低温低压液态制冷剂后进入蒸发器。

当鼓风机将空气吹过蒸发器表面时，液态制冷剂汽化吸热，从而降低车内温度。汽化后的制冷剂再次被压缩机吸入，重复上述过程。

启示角

在 100 多年前，有位化学发明家很厉害，但创造与毁灭同时诠释了他。米基利因发明了四乙基铅和氟利昂而闻名于世，本以为安全可靠的制冷剂氟利昂竟会对大气臭氧层造成了无法挽回的伤害。历史告诫我们，科技的发展不是单纯追求便利，更应该注重环境保护与人类的安全、健康以及可持续发展。

（2）供暖系统

传统燃油车一般采用发动机工作时冷却液供暖，称为水暖式暖风装置（图 5-56）。水暖式暖风装置主要由加热器、鼓风机、热水阀及通风道等组成。

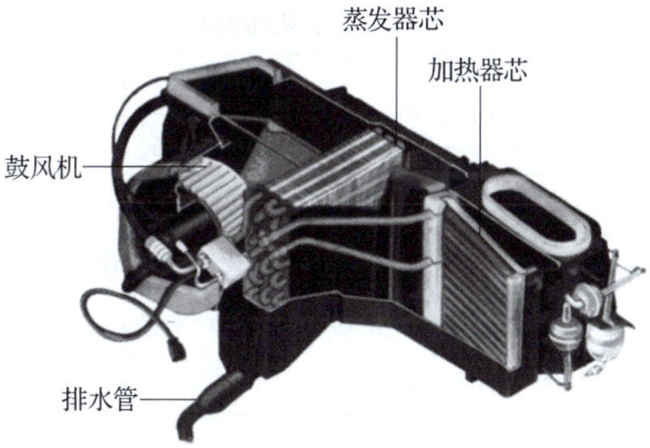

（3）通风装置

通风装置分为自然通风和强制通风两种。自然通风利用汽车行驶时车内外的空气压力差，通过进、出风口进行自然换气；强制通风利用鼓风机对车内空气进行置换。

（4）空气净化装置

常用的空气净化装置有灰尘滤清器、电子集尘器及负离子发生器等，安装在空调器总成内。

图 5-56　暖风装置

知识点 3 汽车仪表及照明

1. 汽车仪表系统

（1）汽车仪表系统的作用

汽车仪表系统包括各种仪表和指示灯（图 5-57），用来反映汽车的一些重要运行状态参数，必要时提出警示，保证汽车可靠而安全地行驶，驾驶员行车时应该给予注意。仪表系统常见符号的含义如图 5-58 所示。

（2）汽车仪表系统组成

汽车常用仪表系统见表 5-4。

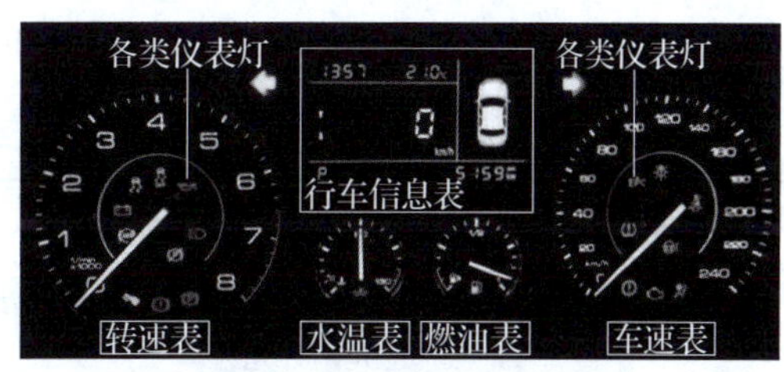

图 5-57　汽车组合仪表

图 5-58　仪表系统常见符号含义

表 5-4　汽车常用仪表系统

仪表系统		功用
充放电显示系统	充电指示灯	指示蓄电池充电或放电
机油压力显示系统	机油压力表	指示发动机主油道中机油压力大小
	机油压力警告灯或蜂鸣器	机油压力过低时警告
燃油量显示系统	燃油表	指示汽车燃油箱内储存燃油量的多少
	液面警告灯	燃油箱内燃油量过少时警告
冷却液温度显示系统	水温表	指示发动机水套中冷却液温度的高低
	水温警告灯或蜂鸣器	冷却液温度过高时警告
车速里程显示系统	车速表	指示汽车行驶速度
	里程表	指示汽车累计行驶里程
	转速表	指示发动机转速的高低

2. 汽车照明系统

（1）照明系统的功用

照明系统保证汽车在夜间及能见度较低的情况下安全、高速行驶，改善车内驾乘环境，便于交通安全管理和车辆使用及检修。

（2）照明系统组成

照明系统由电源、照明装置及其控制部分组成，其中，控制部分包括各种灯光开关、继电器等。照明装置包括车外照明、车内照明和工作照明三部分，其具体组成与作用见表 5-5。

表 5-5　汽车照明装置组成及作用

照明装置		作用	照明装置		作用
车外照明装置	前照灯	夜间行驶时照明，可发出远光和近光两种光束	车内照明装置	仪表灯	仪表盘照明
	前示廓灯	夜间视宽、近距离照明等		顶灯	车内照明

（续）

照明装置		作用	照明装置		作用
车外照明装置	后灯	红色，警示作用，兼作牌照灯	车内照明装置	阅读灯	乘客阅读照明
	雾灯	黄色，在有雾、下雪、暴雨或尘埃弥漫时行车照明，具有信号作用	工作照明装置	行李舱灯	夜间行李舱盖打开时照明
	倒车灯	倒车时车后照明，并起信号作用		发动机舱照明灯	夜间发动机舱盖打开时照亮发动机
	牌照灯	照亮汽车后牌照			

前照灯应定期检查调整，以保证照射距离和位置符合要求。

3. 汽车信号装置

（1）信号装置的作用

汽车信号装置通过灯光和音响等手段，向行人和车辆发出警告，以保障行车安全。

（2）信号装置的组成

常见的汽车信号装置有喇叭音响信号装置（电喇叭、气喇叭等）、转向信号装置（转向灯、闪光器）、制动信号装置（制动灯、制动开关）、倒车信号装置（倒车信号灯、蜂鸣器）和危险警告信号装置等。

知识点 4 汽车总线路

1. 汽车电路特点

（1）低电压

汽车一般采用 12V，部分大功率柴油机采用 24V。低电压的优点是安全、电源简单，但电功率较小，不适应汽车用电设备日益增多的要求。酝酿中的汽车电器电压标准是 42V/14V 电压体系。

（2）单线制

因为电压低，汽车采用车身壳体作为电流的一条公共回路，所以从电源到用电设备一般只用一条导线，称单线制。部分要求比较高的线路也有采用双线制的。

（3）并联制

所有低压用电设备均采用并联制，电压相同。

（4）负极搭铁

现代汽车都采用负极搭铁，即蓄电池的负极直接与车身壳体连接。

（5）车载网络

现代汽车电子控制装置众多，为了进行数据共享，加快数据传输，同时减少导线连接，普遍采用 CAN 总线为基础的车载网络技术。

2. 汽车电路使用注意事项

经常检查各电器设备及导线安装应连接牢固，不得松动。发动机熄火后，应及时关闭点火开关。发现异常（如导线有烧焦味或电流表不显示充电等）应及时停车检查。现代汽车电气线路复杂，应请专业维修人员进行检查、维修。

任务实施

1. 采用小组合作形式，分工完成汽车车身及电器设备的辨识，组内讨论汽车车身及电器设备的工作原理，检索国内外汽车车身及电器设备先进技术。
2. 由小组代表将标签贴到汽车车身及电器设备相对应的部位上。
3. 推选小组代表分享汽车车身及电器设备的先进技术。
4. 练习题

（1）安全气囊英文简称是什么？(　　)

A.ESP　　B.ABS　　C.SRS　　D.ESP

（2）汽车空调系统具备哪些功能？(　　)

A. 制冷　　B. 加热　　C. 换气　　D. 空气净化

（3）汽车电路特点有哪些？(　　)

A. 低电压　　B. 单线制　　C. 并联制　　D. 负极搭铁

（4）汽车后风窗玻璃的除霜可利用________加热实现。

（5）汽车空调制冷系统由________、冷凝器、________、储液干燥器及蒸发器等组成。

任务评价

在完成本学习任务后，通过小组会议的形式进行总结与反思，并完成多元化评价，评分细则见表5–6。

表5–6　认识汽车车身、电器结构原理评价表

序号	考核内容	配分	评分细则	自评得分	小组评价	教师评价
1	组员准备、学习态度、自主探究与团队协作能力	20	准备是否充分、学习态度是否认真、能否进行自主探究与团队协作 □优秀 □良好 □一般 □不合格			
2	车身及电器设备的工作原理讨论，车身及电器设备的先进技术检索	20	讨论是否充分、检索工具是否科学、内容脉络是否清晰、内容是否全面 □优秀 □良好 □一般 □不合格			
3	将标签贴到解剖汽车车身及电器设备上	30	标签名称是否正确、粘贴位置是否正确 □优秀 □良好 □一般 □不合格			
4	分享车身及电器设备的先进技术	15	观点是否鲜明、逻辑是否合理、推理是否清晰 □优秀 □良好 □一般 □不合格			
5	练习题完成正确率	15	共5题、每小题3分			
总分（自评20%，小组评价30%，教师评价50%）						
学生建议：			教师指导意见：			

06

认知模块

新能源汽车与智能网联汽车

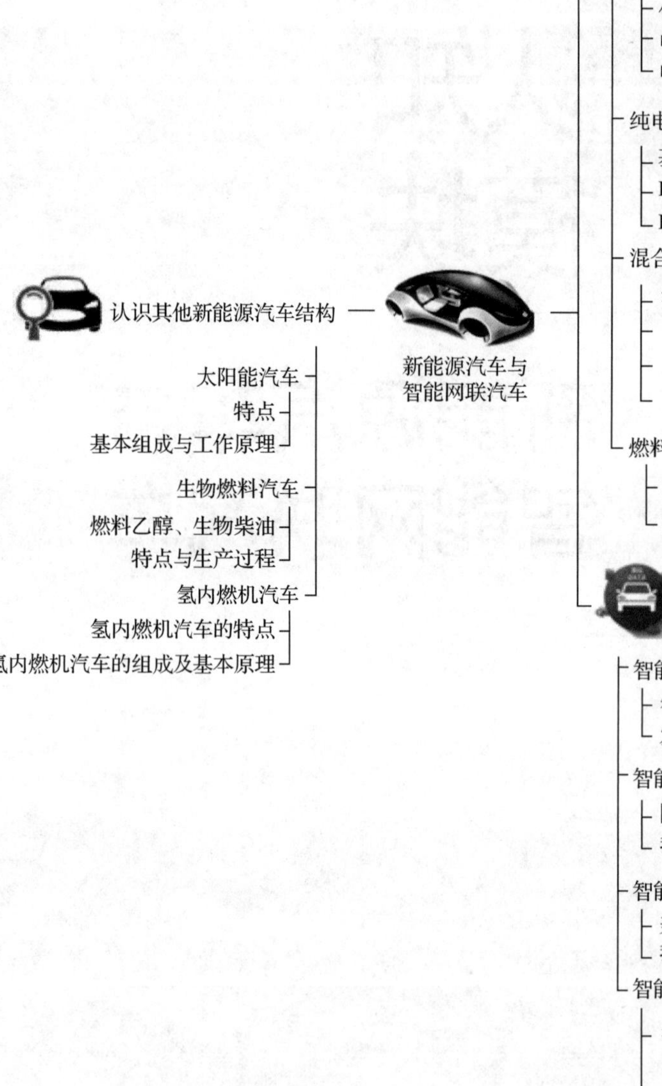
新能源汽车与
智能网联汽车
认识其他新能源汽车结构
太阳能汽车
特点
基本组成与工作原理
生物燃料汽车
燃料乙醇、生物柴油
特点与生产过程
氢内燃机汽车
氢内燃机汽车的特点
氢内燃机汽车的组成及基本原理
认识电动汽车结构
电动汽车的特点及类型
什么是电动汽车
电动汽车的特点
电动汽车的类型
纯电动汽车
基本结构
BEV的工作原理
BEV充电装置
混合动力电动汽车
混合动力电动汽车含义
基本组成
HEV分类
工作原理
燃料电池电动汽车
FCEV的基本组成
FCEV的工作原理
认识智能网联汽车结构
智能网联汽车简介
智能网联汽车的含义
发展智能网联汽车的意义
智能网联汽车发展动态
国外发展动态
我国发展动态
智能网联汽车技术分级
美国自动驾驶分级
我国自动驾驶分级
智能网联无人驾驶汽车基本结构原理
智能网联无人驾驶汽车总体组成
环境感知系统
定位导航系统
中央处理单元
路径规划系统
运动控制系统
辅助驾驶系统
智能网联汽车工作原理

认知模块 06

任务 1　认识电动汽车结构

学习目标

- 能够描述电动汽车特点、分类及基本结构。
- 能够解释新能源电动汽车的工作原理。
- 培养学生自主创新意识，认清只有发展自主核心技术才能实现汽车强国梦。

任务接收

检索比亚迪秦 DM–i 混合动力汽车与内燃机汽车有何不同?

获取资讯

知识点 1 电动汽车的特点及类型

1. 什么是电动汽车

电动汽车（Electric Vehicle，EV）是纯电动汽车、混合动力电动汽车和燃料电池电动汽车的总称。图 6–1 为比亚迪汉 EV。

图 6–1　比亚迪汉 EV

2. 电动汽车的特点

电动汽车的特点主要包括：能广泛地利用各种能源（电、油、煤、太阳能和水力能等）；能量的利用率高；零排放（依靠电能驱动时）；制动能量再生回收（汽车制动时，利用制动的惯性能量发电）；结构简单，维修使用方便；动力蓄电池成本偏高；在充电（充电桩配套，充电效率）以及续驶里程的使用与体验上，与燃油车相比较仍有差距。

3. 电动汽车的类型

根据所使用的基本动力能源不同，电动汽车可分为以下三类：

1）纯电动汽车（Battery Electric Vehicle，BEV），是指驱动能量完全由电能提供的、由电机驱动的汽车。电机的驱动电能来源于车载可充电储能系统或其他能量储存装置。

2）混合动力电动汽车（Hybrid Electric Vehicle，HEV），是指能够至少从消耗的燃料和可再充电电能储存装置两类车载储存的能量中获得动力的汽车，本书如无特殊说明，主要是指从内燃机和动力蓄电池获得动力的汽车。

3）燃料电池电动汽车（Fuel Cell Electric Vehicle，FCEV），是指以燃料电池系统作为单一动力源或者是以燃料电池系统与可充电储能系统作为混合动力源的电动汽车。

知识点 2 纯电动汽车

纯电动汽车动力装置

1. 基本结构

纯电动汽车主要由动力蓄电池组、控制系统和驱动系统等组成（图 6–2）。

（1）动力蓄电池组

动力蓄电池组是纯电动汽车的动力源。目前广泛应用的动力蓄电池组有锂离子电池、镍 – 氢电池、镍 – 镉电池、铅蓄电池等。它们均是由若干单体蓄电池组成，每个单体蓄电池都是由正极板、负极板、装在正极板和负极板之间的隔板、电解质和正负接线柱组成。

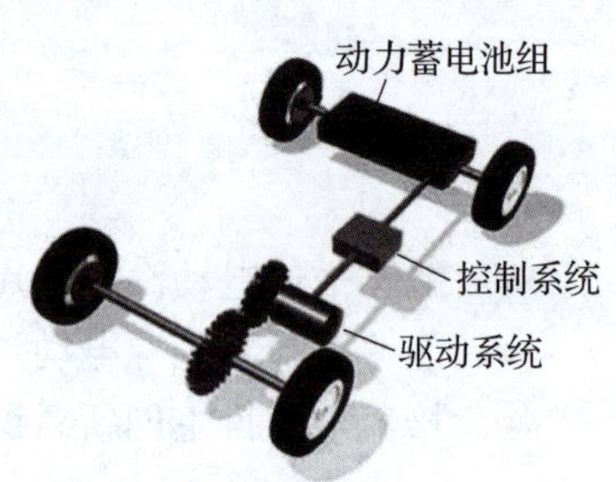

图 6–2　纯电动汽车结构组成

比亚迪秦 Pro EV 纯电动汽车动力蓄电池组采用镍钴锰三元电池，安装在汽车底部，由 11 个模块 119 个单体蓄电池组成，每个单体 3.65V，总电压 434.35V，电池容量达 130A·h，一次充电 56.4kW·h，可以使续驶里程达到 420km。

（2）控制系统

控制系统的主要作用是对动力蓄电池组进行管理和对驱动电机进行控制。对动力蓄电池组的管理包括对动力蓄电池组的充电与放电时的电流、电压、放电深度、再生制动反馈电流、电池的自放电率以及电池温度等进行控制。对驱动电机的控制包括对驱动电机的输出功率、转矩和转速的控制。

（3）驱动系统

驱动电机是 BEV 的动力装置。现代 BEV 所采用的驱动电机主要是感应交流电机、永磁电机、开关磁阻电机、直流电机等。

图 6–3 是由两个永磁电机组成的双电机集中驱动系统，左右两个永磁电机直接通过半轴带动车轮转动，左右两个驱动电机由中央控制器的电控差速模块控制，形成机电一体化的差速器。

图 6–4 是由独立电机驱动的轮毂驱动系统，驱动电机可以布置在两个前轮、两个后轮或四个车轮的轮毂中，成为前轮驱动、后轮驱动或四轮驱动的 BEV。

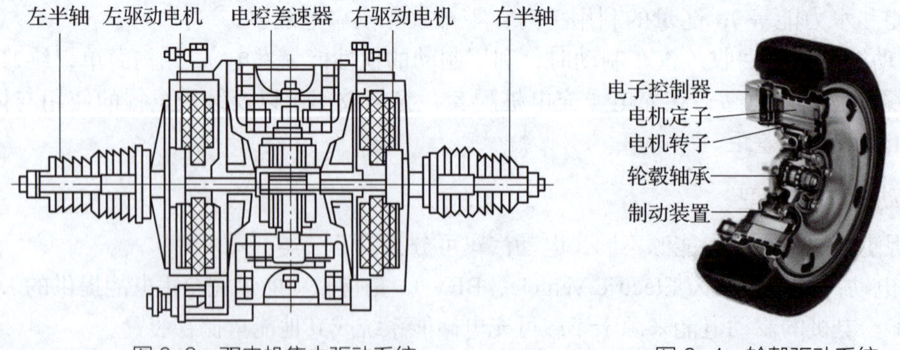

图 6–3　双电机集中驱动系统

图 6–4　轮毂驱动系统

2. BEV 的工作原理

在 BEV 中保存了加速踏板、制动踏板和各种操纵手柄等。

在电动汽车工作时，传感器将加速踏板、制动踏板机械位移的行程量转换为电信号，输入整车控制器。经中央控制器处理后发出驱动信号，控制逆变器的工作状态，从而达到对电动汽车工况的控制。

当汽车行驶时，动力蓄电池组输出的直流电经逆变器变为交流电后供入驱动电机，电机输出的转矩经传动系统驱动车轮。

BEV 行驶状态如图 6-5 所示：起动、起步时，要求驱动电机供给大转矩；平路正常行驶时，要求驱动电机提供足够的驱动力和速度，同时能耗最低；急加速和上坡时，要求驱动电机提供较大的驱动力，有较好的超载能力；减速和制动时，要求驱动电机转化为发电机，回收减速和制动的能量，向电池组充电；汽车停车时，驱动电机自动停止。

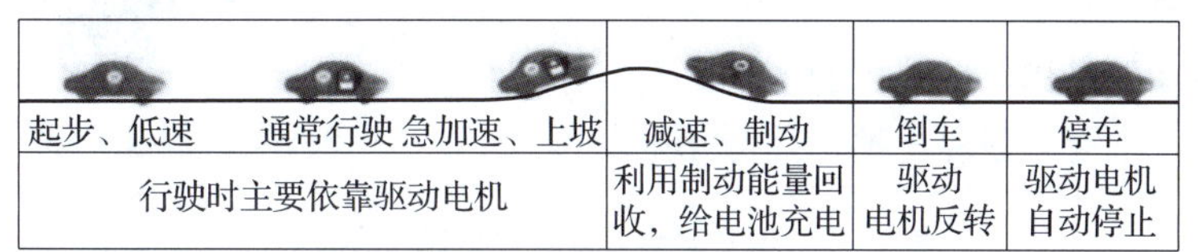

图 6-5　纯电动汽车行驶状态

3. BEV 充电装置

BEV 动力蓄电池需要经常充电，目前常用的有普通充电（220V 家庭充电）和快速充电（充电站或充电桩充电）两种方式。比亚迪秦 Por EV 充电方法及时间见表 6-1。

表 6-1　比亚迪秦 Por EV 充电方法及时间

充电方法	充电端口	充电连接器	电源	充电说明	充电时间
充电站直流充电				在公共充电站充电	电量 SOC 从 10% 到 100% 充电所需要时间约为 1h
C10 充电柜直流充电				使用家用 C10 充电柜充电	电量 SOC 从 10% 到 100% 充电所需要时间约为 1h
充电桩交流充电				在公共交流充电桩充电	电量 SOC 从 10% 到 100% 充电所需要时间约为 6h
家用交流充电				在家用 220V 50Hz/10A 标准两级带接地插座上充电	电量 SOC 从 10% 到 100% 充电所需要时间约为 13h

知识点 3 混合动力电动汽车

1. 混合动力电动汽车含义

混合动力电动汽车指能够至少从消耗的燃料和可再充电电能储存装置两类车载存储的能量

中获得动力的汽车。

2. 基本组成

比亚迪秦 DM-i 混合动力电动汽车主要由动力蓄电池组、辅助动力系统（汽油发动机等）、控制系统（控制器等）、驱动系统（驱动电机）等部分构成（图 6-6）。

混合汽车动力装置

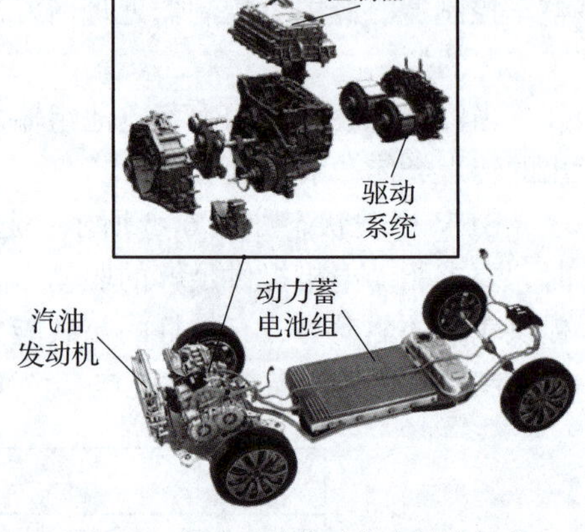

图 6-6　混合动力电动汽车基本组成

3. HEV 分类

（1）按照驱动电机相对发动机的功率比大小分

可分为弱混、中混和强混 3 种，其特征见表 6-2。

表 6-2　不同混合程度电动汽车主要特征

类型	主要特征	节油率	典型实例
弱混	具有 Start-Stop 功能和能量回收功能	5%~10%	丰田 Vitz、长安 CX30 等混合动力汽车
中混	具有 Start-Stop 功能、能量回收功能、智能充电和电机助力	10%~25%	本田 Civic、荣威 750、别克君越等混合动力汽车
强混	具有 Start-Stop 功能、能量回收功能、智能充电和短距离纯电动行驶功能	25%~40%	丰田 Prius、比亚迪 F3DM、本田 Insight 等混合动力汽车

（2）按照能否外部充电分

可分为插电式和普通式。插电式混合动力汽车动力蓄电池组可以使用外部电源充电，普通式大部分时间是起动发动机运行充电。

（3）按照发动机与驱动电机的连接分

可分为增程式和普通式。增程式混合动力汽车的发动机直接与驱动电机连接驱动，普通式增加了离合器、变速器等部件。

（4）按照混合动力电动汽车能量耦合方式分

可分为串联、并联和混联三种方式。串联式混合动力汽车（图 6-7）将发动机与发电机、驱动电机串联，由驱动电机单独驱动车辆运行。并联式混合动力汽车（图 6-8）中的发动机和驱动电机两套驱动系统以并联形式共同驱动车辆。混联式混合动力汽车（图 6-9）则综合了串联式和并联式混合动力汽车的结构特点。

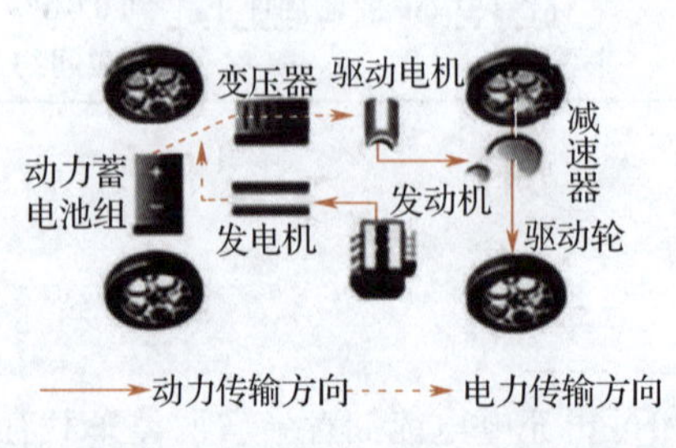

图 6-7　串联式混合动力汽车结构示意图

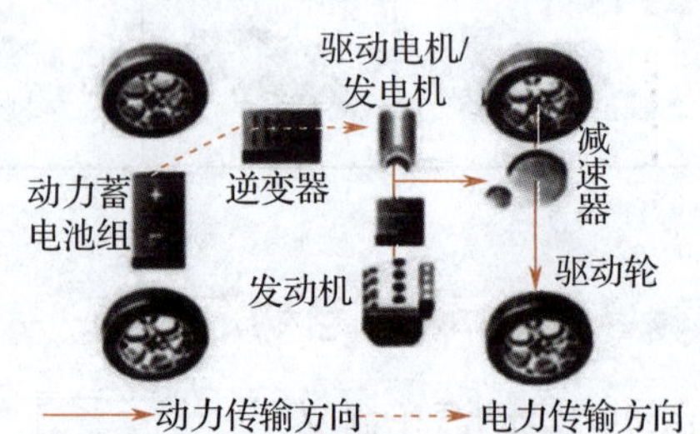

图 6-8　并联式混合动力汽车结构示意图

4. 工作原理（以比亚迪秦 DM-i 混合动力电动汽车为例）

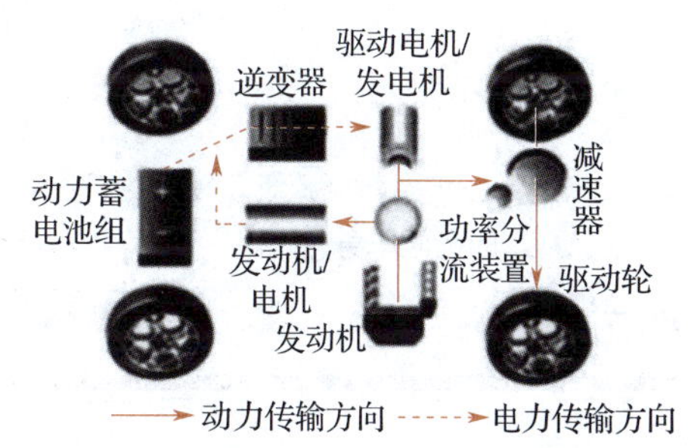

图 6-9　混联式混合动力汽车结构示意图

（1）EV 模式

如图 6-10 所示，切换至 EV 模式后，发动机不起动，由动力蓄电池组提供电能，以供电机驱动车辆，可以满足在起步和低速行驶。

（2）HEV 串联模式

在中低速行驶或者加速时，若动力蓄电池组的 SOC 值低于设定的阈值，整车控制单元会使发动机工作。在最佳效率区，发动机带动发电机发电，供给驱动电机驱动车辆，如有多余的发电量存储至动力蓄电池组（图 6-11）。若动力蓄电池组的 SOC 值高于设定的阈值，则整车控制单元会切换为纯电模式，发动机停止运转。

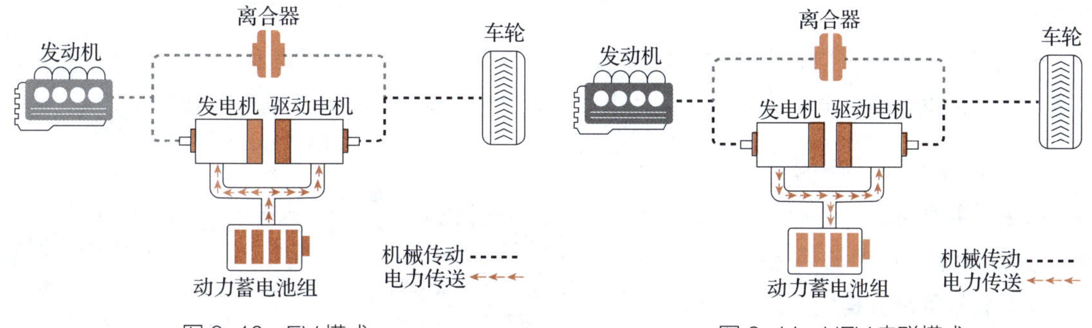

图 6-10　EV 模式　　图 6-11　HEV 串联模式

（3）发动机直驱模式

在高速巡航工况时，离合器接合，发动机动力通过变速器直接驱动车轮，发动机工作在高效率区。同时，在发动机功率有富余时，利用发电机将一部分转矩转化为电能，对动力蓄电池组进行充电（图 6-12）。

（4）HEV 并联模式

在高速超车行驶工况时，功率需求比较高，离合器接合，发动机输出功率。同时，控制系统控制动力蓄电池组提供电能给驱动电机，与发动机并联输出动力（图 6-13）。

（5）动能回收模式

车辆制动时，车轮将动能通过驱动电机运转发电，回馈给动力蓄电池组，实现能量回收。

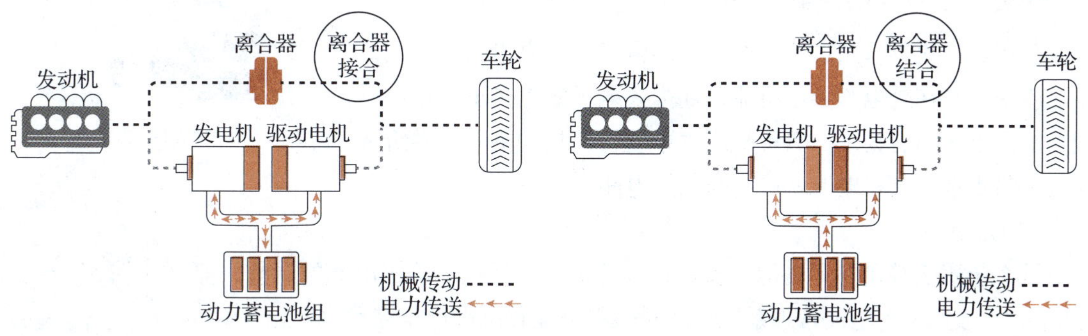

图 6-12　发动机直驱模式　　图 6-13　HEV 并联模式

启示角

比亚迪作为新能源汽车领域的领航者，一路坚持技术创新，从刀片电池、DM-i 超级混动、e 平台3.0、CTB 电池车身一体化，到易四方、云辇系统、DMO 超级混动越野平台等颠覆性技术，凭借着技术为王的持之以恒的创新精神，实现从中国制造到技术创新的华丽蜕变。

知识点 4 燃料电池电动汽车

燃料电池电动汽车（FCEV）目前研究较多的是利用氢和氧在燃料电池中的反应发电作为动力。它拥有其他动力系统没有的独特优点，产生电能的过程不生产任何污染物，而且氢作为一种能源，尽管是以水这样的化合物存在，但是取之不尽。这对于节约矿物资源并减少二氧化碳排放十分重要。

按氢气供给方式不同，燃料电池电动汽车分为改质型和非改质型两种，利用车载改质装置制造氢气，再供给燃料电池称为改质型，由车载氢气直接供应燃料电池称为非改质型。

1. FCEV 的基本组成

FCEV 主要由燃料电池系统、控制系统、驱动系统、辅助动力系统（蓄电池组）和燃料罐等部分构成（图 6-14）。

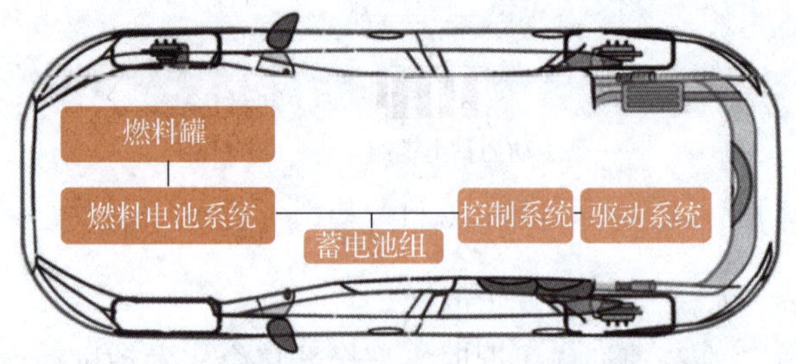

图 6-14 燃料电池电动汽车的组成

（1）燃料电池系统

它是 FCEV 的主要电流源，由多个 1V 以下的燃料电池单体串联组成，是一种将储存在燃料和氧化剂中的化学能通过电极反应直接转化为电能的发电装置。

氢燃料电池工作时，外界不断供给负极氢气，供给正极空气（图 6-15），在催化剂（铂、多孔石墨等）作用下，产生如下反应：

负极 $2H_2 \rightarrow 4H^+ + 4e^-$

正极 $O_2 + 4H^+ + 4e^- \rightarrow 2H_2O$

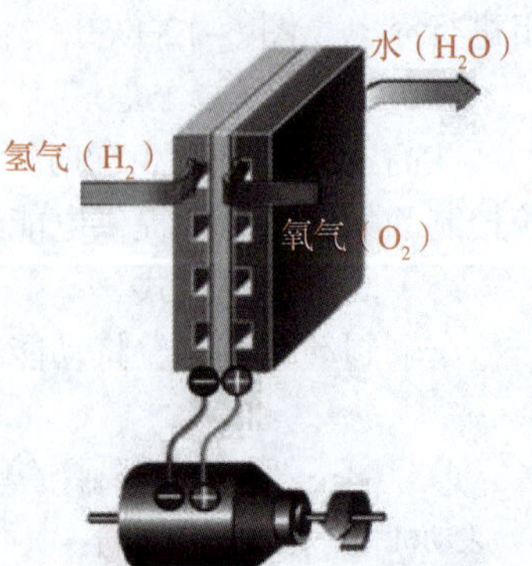

图 6-15 燃料电池工作原理

负极经催化剂作用，使氢原子中的电子被分离出来，并在正极吸引下，在外电路形成电流，而失去电子的氢离子，在正极与氧及电子结合为水。氧可从空气中获得，只要不断地供给氢气和带走水，燃料电池就可不断供给电能。

（2）控制系统

该系统用于控制燃料电池的反应过程（启动、反应、输出电能的调整、停止等），一般用燃料电池管理系统模块对燃料电池状态进行监控和检查。

质子交换膜燃料电池基本结构原理

（3）驱动系统

燃料电池的电流需要经过专用的大功率变换器，将燃料电池产生的直流电转换为稳压的直流电，然后经过逆变器转换为交流电输送给驱动电机，驱动车轮转动。

（4）辅助动力系统（蓄电池组）

通常在 FCEV 上还要装配一个蓄电池组作为辅助电源，其作用包括：①用于 FCEV 快速启动；②用于储存 FCEV 在再生制动时反馈的电能；③为 FCEV 控制系统、照明系统等电器设备提供低压电源。

2. FCEV 的工作原理

由燃料箱不断地供给燃料，燃料电池把燃料氧化的化学能转换为电能，产生的直流电经过控制器变为交流电后供入驱动电机，经传动系统驱动车轮。

在 FCEV 开始行驶时，蓄电池组处于电量饱满状态，其能量输出可以满足车辆行驶要求，由其为驱动系统提供能量，并对燃料电池进行预热，燃料电池系统不需要工作。当氢气供给足够时，燃料电池系统启动，由燃料电池系统为驱动系统提供能量。当车辆能量需求较大时，燃料电池系统与蓄电池组同时为驱动系统提供能量；当车辆能量需求较小时，燃料电池系统为驱动系统提供能量的同时，还给蓄电池组进行充电。

任务实施

1. 采用小组合作形式，分工完成比亚迪秦 DM-i 混合电动汽车结构的检索，组内讨论混合动力汽车的工作原理。
2. 由小组代表将写有动力系统名称的标签贴到混合电动汽车相对应的部位上。
3. 推选小组代表描述比亚迪秦 DM-i 混合动力汽车与内燃机汽车的不同之处。
4. 练习题

（1）以下哪个部件是纯电动汽车的动力源？（　　）

A. 动力蓄电池组　　B. 驱动电机

C. 变速器　　D. 控制系统

（2）比亚迪 DM-i 混动系统工作模式有哪些？（　　）

A.EV 模式　　B. HEV 模式

C. 发动机直驱模式　　D.HEV 并联模式

（3）燃料电池系统由多个________V 以下的燃料电池单体串联组成。（　　）

A. 1　　B. 2　　C. 3　　D. 4

（4）纯电动汽车指驱动能量完全由________提供的、由________驱动的汽车。

（5）氢燃料电池工作时，外界不断供给负极________，供给正极________。

任务评价

在完成本学习任务后，通过小组会议的形式进行总结与反思，并完成多元化评价，评分细则见表 6-3。

表 6-3 认识电动汽车结构评价表

序号	考核内容	配分	评分细则	自评得分	小组评价	教师评价
1	组员准备、学习态度、自主探究与团队协作能力	20	准备是否充分、学习态度是否认真、能否进行自主探究与团队协作 □优秀 □良好 □一般 □不合格			
2	查阅混合动力汽车结构，讨论混合动力汽车工作原理	20	讨论是否充分、检索工具是否科学、内容脉络是否清晰、内容是否全面 □优秀 □良好 □一般 □不合格			
3	将标签贴到混合电动汽车相对应的部位上	30	标签名称是否正确、粘贴位置是否正确 □优秀 □良好 □一般 □不合格			
4	描述混合动力汽车结构与内燃机汽车的不同之处	15	描述内容是否全面、正确无误 □优秀 □良好 □一般 □不合格			
5	练习题完成正确率	15	共5题、每小题3分			
总分（自评 20%，小组评价 30%，教师评价 50%）						
学生建议：			教师指导意见：			

任务 2 认识智能网联汽车结构

学习目标

- 能够描述智能网联汽车的特点、分类及基本结构。
- 能够解释智能网联汽车的工作原理。
- 将个人远大理想与汽车强国“中国梦”融合起来，激发学生立志成才。

任务接收

播放 2018 年 2 月 15 日央视春晚，观看百度 28 辆无人驾驶汽车在港珠澳大桥开跑盛况（图 6-16），检索智能网联汽车的发展动态和基本结构原理。

图 6-16 百度无人驾驶汽车在港珠澳大桥开跑盛况

获取资讯

知识点1 智能网联汽车简介

1. 智能网联汽车的含义

智能网联汽车（Intelligent Connected Vehicle，ICV）是指通过搭载先进传感器、控制器、执行器等装置，并融合现代通信与网络技术，实现车与X（车、路、人、云端等）智能信息交换、共享，具备复杂环境感知、智能决策、协同控制等功能，可实现“安全、高效、舒适、节能”行驶，并最终实现替代人来操作的新一代汽车。

2. 发展智能网联汽车的意义

智能网联汽车可以保证汽车“安全、高效、舒适、节能”行驶。据资料介绍，美国2011年高速公路超过5300万次事故，死亡3.2万人，全美48亿h时间延误，超过1.01万亿美元耗费在城市拥堵上，还有72亿L燃料浪费掉，全世界数据更是触目惊心。

智能网联汽车通过移动互联网和卫星定位，将汽车、道路监测设备和运用监控中心等进行联网，可有效保障去除行驶安全、提高效率、改善环境、节约能源的综合效果。据美国电气与电子工程师协会预测，21世纪中叶前，无人驾驶汽车将占据全球汽车保有量的75%，可能颠覆当前的汽车交通运输产业运作模式。美国麦肯锡公司在其发布的《展望2025：决定未来经济的12大颠覆技术》研究报告中，将智能汽车排第六名，其潜在经济市场巨大。

知识点2 智能网联汽车发展动态

1. 国外发展动态

从20世纪70年代开始，美、日、欧就开始进行无人驾驶汽车的研究，例如，美国国防部与陆军于1984年9月合作发起的ALV战略计划，欧盟于1984年开始实施研发框架计划（Framework Program，FP），日本于1991年开始支持先进安全汽车（ASV）项目等。

21世纪初，各个国家及企业都制定了智能汽车发展战略及目标，投入了大量的资金及资源，例如，2010年美国交通运输部提出《ITS战略计划2010—2014》，欧盟2010年制定了《ITS发展行动计划》，日本2010年制定了《下一代汽车战略2010》等。

目前，美国、欧洲、日本在智能汽车领域已形成三足鼎立的局面。美国重点在网联化，形成了基于V2X通信的网联化汽车产业化能力；欧洲具有世界领先的汽车电子零部件供应商和整车企业，自主式自动驾驶技术相对领先；日本交通设施基础较好，自动驾驶技术水平在稳步推进。大部分车企在2016年已经实现L1级自动驾驶产品的全系标配。相对于L2级自动驾驶技术的成熟和量产商业化，L3级自动驾驶技术的量产落地却仍在摸索阶段。目前，梅赛德斯–奔驰在德国获得全球首个L3级自动驾驶系统的国际认证，在奔驰新款的S级以及EQS车型上装配可以实现L3级自动驾驶的DrivePilot功能。特斯拉也突破性地搭载了具备全场景的FSD功能，以应对复杂场景、公共道路及红绿灯，具备产业级精度。受技术问题、法律法规还有交通伦理等约束，各大车企L4、L5级自动驾驶产品推出的时间表目前很少有看到。目前，仅有美国的Alphabet、苹果、通用Cruise等互联网科技公司做了一些尝试，但其应用场景仍然具有一定局限性，距离量产落地还有一定距离。

各企业比较成功的研发产品有：美国谷歌2005年推出的无人驾驶汽车（图6–17），在2012年5月获得了美国首个自动驾驶车辆许可证；英国的先进交通系统公司和布里斯托大学联合研制的无人驾驶汽车（图6–18），于2010年投放希斯罗机场作为出租车运送旅客；日本开发出的无人驾驶车队（图6–19）；2022年6月，通用汽车旗下的Cruise和Alphabet旗下的Waymo在旧金山向乘客提供在安全员在场的情况下的无人驾驶服务（图6–20）。

图6–17 谷歌无人驾驶汽车

图6–18 英国希斯罗机场的无人驾驶汽车

图6–19 日本的无人驾驶车队

图6–20 Cruise在旧金山向乘客提供无人驾驶服务

2. 我国发展动态

我国从20世纪90年代中期开始进行无人驾驶汽车的研究，例如，国防科技大学等在1992年研制出我国第一辆无人驾驶汽车，2011年成功进行了286km的无人驾驶路试（图6–21）。

图6–21 红旗HQ3无人驾驶汽车

2000年，我国成立了全国智能交通系统（ITS）协调指导小组及办公室。2015年，国务院发布《中国制造2025》，该文件指出：到2020年，掌握智能辅助驾驶总体技术及各项关键技术，初步建立智能网联汽车自主研发体系及生产配套体系（目前看来，已基本完成目标）；到2025年，掌握自动驾驶总体技术及各项关键技术，建立较完善的智能网联汽车自主研发体系、生产配套体系及产业群，基本完成汽车产业转型升级。

图6–22 百度无人驾驶汽车

图6–23 百度无人驾驶汽车在港珠澳大桥行驶

2015年12月，百度无人驾驶汽车（图6–22）成功进行了混合路况试验。2018年2月15日，百度28辆Apollo无人车亮相央视春晚，在港珠澳大桥开跑（图6–23），并在无人驾驶模式下完成“8”字交叉跑的高难度动作。2018年7月4日，百度全球首款L4级量产自动驾驶客车第100辆“阿波龙”量产下线。2022年7月20日，北京开放首个乘用车无人化运营试点，百度萝卜快跑、小马智行首批获准投入14辆无人化车辆开展示范应用。2023年11月，工业和信息化部等4部委发布《关于开展智能网联汽车准入和上路通行试点工作的通知》，正式提出L3/L4自动驾驶准入规范和具体规则，为我国高阶自动驾驶测试和推广提供了明确的政策支持。目前，全国已有50多个省市出台配套的智能网联汽车测试规定。国内首批有条件自动驾驶（L3级）高速公路道路测试牌照正式发放，阿维塔、深蓝、奔驰、极狐、宝马、智己六家车企获得了测试牌照。

对比国外先进企业，我国企业在无人驾驶三大核心技术（汽车感知传感器技术、人工智能和互联技术）上还有不小的差距，尤其是自动驾驶所涉及的芯片、传感器、控制器、执行器等关键部件。

知识点 3 智能网联汽车技术分级

1. 美国自动驾驶分级

在国际上，美国汽车工程师学会（SAE）及美国国家高速公路交通安全管理局（NHTSA）分别对自动驾驶的等级做出划分，见表 6–4。

表 6–4　SAE 及 NHTSA 的自动驾驶等级划分

分级		名称	定义	转向和变速操作	监控驾驶环境	极端驾驶情况的应对	系统作用范围
NHTSA	SAE						
0	L0	无自动化	驾驶员完成所有的驾驶操作，系统只起到警告和辅助的作用	驾驶员	驾驶员	驾驶员	无
1	L1	辅助驾驶	辅助系统完成转向或变速中的一项操作，其他驾驶操作由驾驶员完成	驾驶员或系统	驾驶员	驾驶员	部分
2	L2	部分自动化	辅助系统完成转向和变速中的两项操作，其他驾驶操作由驾驶员完成	系统	驾驶员	驾驶员	部分
3	L3	有条件自动化	自动驾驶系统完成所有驾驶操作，需要驾驶员恰当应答系统的请求	系统	系统	驾驶员	部分
4	L4	高度自动化	自动驾驶系统完成所有驾驶操作，不一定需要驾驶员恰当应答系统的请求	系统	系统	系统	部分
	L5	完全自动化	自动驾驶系统达到人类驾驶水平，可处理任何道路和环境的驾驶情况	系统	系统	系统	全部

2. 我国自动驾驶分级

我国国家标准《汽车驾驶自动化分级》（GB/T 40429—2021）综合考量动态驾驶任务、最小风险策略和设计运行范围等多个维度，将汽车驾驶自动化等级划分应急辅助（Emergency Assistance）、部分驾驶辅助（Partial Driver Assistance）、组合驾驶辅助（Combined Driver Assistance）、有条件自动驾驶（Conditionally Automated Driving）、高度自动驾驶（Highly Automated Driving）和完全自动驾驶（Fully Automated Driving）共六个不同的等级。驾驶自动化等级与划分要素的关系见表 6–5。

表 6–5　驾驶自动化等级与划分要素的关系

分级	名称	定义	持续的车辆横向和纵向运动控制	目标和事件探测与响应	动态驾驶任务后援	设计运行范围
0 级	应急辅助	系统不能持续执行动态驾驶任务中的车辆横向或纵向运动控制，但具备持续执行动态驾驶任务中的部分目标和事件探测与响应的能力	驾驶员	驾驶员和系统	驾驶员	有限制
1 级	部分驾驶辅助	系统在其设计运行条件下持续地执行动态驾驶任务中的车辆横向或纵向运动控制，且具备与所执行的车辆横向或纵向运动控制相适应的部分目标和事件探测与响应的能力	驾驶员和系统	驾驶员和系统	驾驶员	有限制

（续）

分级	名称	定义	持续的车辆横向和纵向运动控制	目标和事件探测与响应	动态驾驶任务后援	设计运行范围
2级	组合驾驶辅助	系统在其设计运行条件下持续地执行车辆横向和纵向运动，且具备与所执行的车辆横向或纵向运动控制相适应的部分目标和事件探测与响应的能力	系统	驾驶员和系统	驾驶员	有限制
3级	有条件自动驾驶	系统在其设计运行条件下持续地执行全部动态驾驶任务	系统	系统	动态驾驶任务后援用户（执行接管后成为驾驶员）	有限制
4级	高度自动驾驶	系统在其设计运行条件下持续地执行全部动态驾驶任务并自动执行最小风险策略	系统	系统	系统	有限制
5级	完全自动驾驶	系统在任何可行驶条件下持续地执行全部动态驾驶任务并自动执行最小风险策略	系统	系统	系统	无限制 *

* 排除商业和法规因素等限制。

名人事迹

中国工程院院士、清华大学教授李克强求真务实、勇于创新，投身汽车智能驾驶新型系统的研究与开发，让汽车智能化电动化融合重构成为可能。他直面挑战、突破瓶颈，推动汽车高新技术的应用落地，使智能网联汽车产业转型升级不断前行。他创新方法、凝聚共识，助力汽车强国“中国梦”早日实现，向世界贡献“中国方案”。

知识点4 智能网联无人驾驶汽车基本结构原理

1. 智能网联无人驾驶汽车总体组成

智能网联无人驾驶汽车的车身、底盘和动力部分与传统汽车类似，区别在于增加了智能和网联部分，其主要由环境感知系统、定位导航系统、中央处理单元、路径规划系统、运动控制系统、辅助驾驶系统（ADAS）六大系统组成（图6-24）。

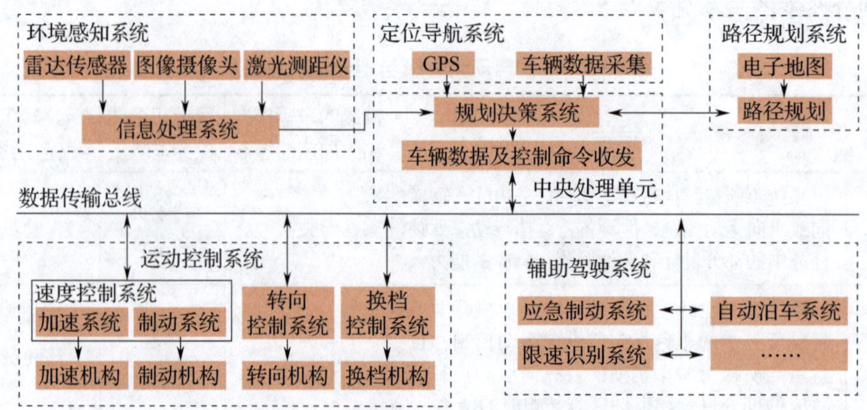

图6-24 智能网联无人驾驶汽车总体组成

（1）环境感知系统

传统驾驶汽车靠驾驶员眼睛和耳朵感知周围环境情况（道路、车辆、行人等情况），无人驾驶汽车则依靠传感器感知周围环境，以及对信息进行处理，并传送给中央处理器。常见的传感器有雷达传感器和视觉传感器。雷达传感器主要用来探测一定范围内障碍物（如车、人、路肩等）的方位、距离及移动速度。视觉传感器主要用来识别车道线、停止线、交通信号灯、交通标志牌、行人、车辆等。传感器在汽车上的位置如图 6-25 所示。

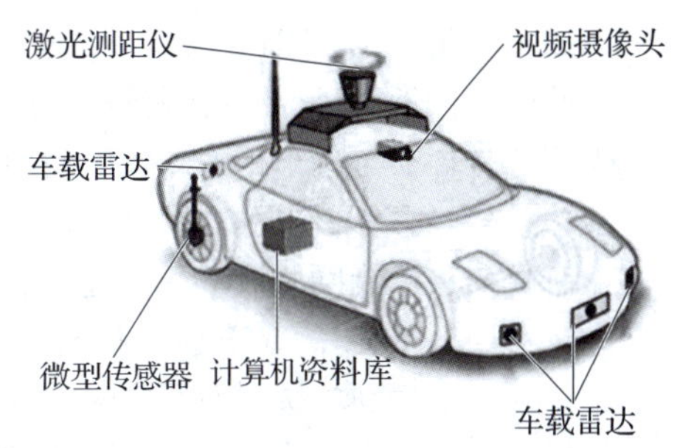

图 6-25 传感器在汽车上的位置

（2）定位导航系统

无人驾驶汽车通过定位导航系统获得汽车的位置、姿态等信息（比如获取经纬度坐标、速度、加速度、航向角等）。常用的定位导航技术有航迹推算（DR）技术、惯性导航系统（INS）、全球卫星导航（GPS）定位技术（图 6-26）、北斗卫星导航系统（BDS）、实时动态（RTK）定位技术、路标定位技术、地图匹配定位（Map Matching）技术和视觉定位导航技术等。

无人驾驶汽车又通过车联网系统获得车与 X（车、路、人、云端等）的各种信息。车联网系统从空间立体划分可分为云、管、端三段。端系统是汽车的智能传感器，具有车内通信、车之间通信、车网通信的泛在通信终端。管系统解决车与车（V2V）、车与路（V2R）、车与网

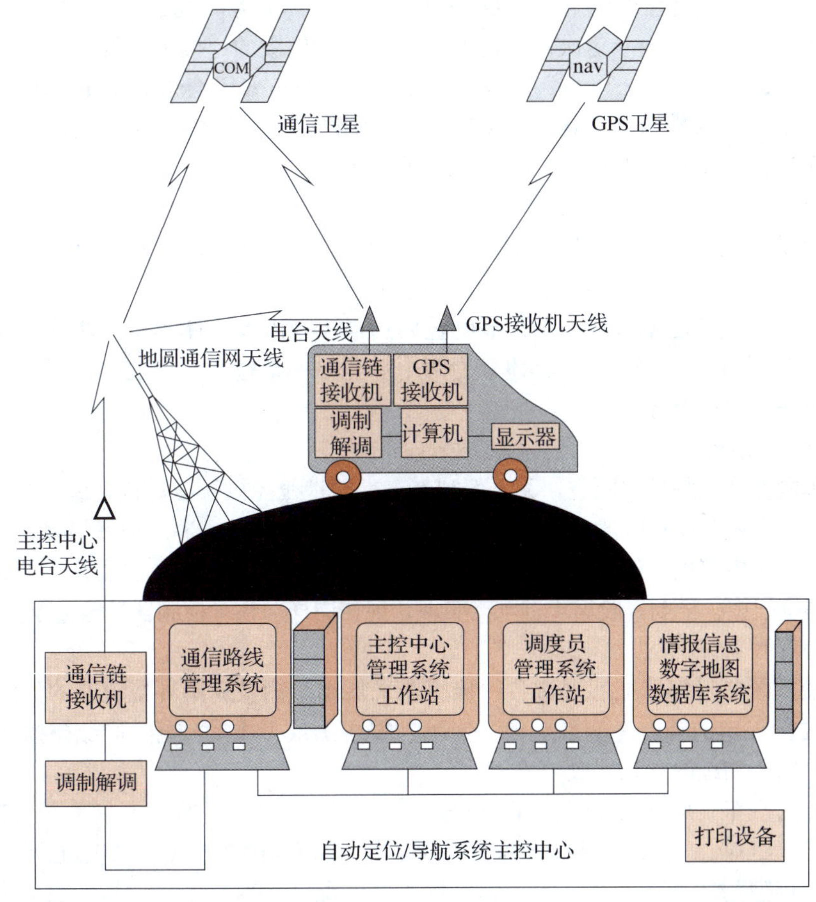

图 6-26 汽车卫星导航

（V2I）、车与人（V2H）的互联互通，实现车辆自组网及多种异构网络之间的通信与漫游，在功能和性能上保障实时性、可服务性与网络泛在性。云系统是一个云架构的车辆运行信息平台，它的生态链包含了与汽车相关的各项使用服务内容，其应用系统也是围绕车辆的数据汇聚、计算、调度、监控、管理与应用的复合体系。

目前，智能网联汽车无线通信技术主要有车载通信（V2X）、专用短程通信（DSRC）、长期演进技术－车辆通信（LTE–V）和5G移动通信等。由于5G移动通信具有高速率（网络速度是4G的11.2倍）、低时延（人类眨眼的时间为100ms，而5G的时延为1ms）和大容量（是4G的10倍）等优势，因此是智能网联汽车无线通信的首选。

（3）中央处理单元

汽车驾驶员靠大脑进行判断分析，无人驾驶汽车的“大脑”则是计算机的中央处理单元，它精确地存储每条公路的限速标准和出入口位置。该系统处理速度飞快，且具有自主学习功能。

图6-27　百度无人驾驶汽车的“大脑”

百度无人驾驶汽车的“大脑”，形状如一个行李箱，被安装在汽车的行李舱内（图6–27），里面包括感知、定位、规划、决策、控制、高精地图等软件，以及CPU等各种计算所需硬件。软件由算法、计算能力、数据三大元素构成。算法是模拟人脑的神经元进行计算工作的，由万亿级的参数、千亿级的样本和训练组成。计算能力是指百度大脑背后的数十万台GPU服务器的计算服务。数据量非常之大，包括上万亿的互联网网页内容、每天数十亿次的网民搜索请求、百亿级的定位请求等。由于百度无人驾驶车人工智能采用的是一种“云＋端”的技术路线，就是百度每天会采集10TB以上的驾驶数据，然后上传至云端，而云端背后的数千台GPU服务器集群则会以GB/ms级数据处理速度对其进行处理，进而教会百度的所有无人驾驶汽车如何行驶。

（4）路径规划系统

路径规划是指在一定环境模型基础上，给定无人驾驶汽车的起始点与目标点后，按照某一性能指标规划出一条安全到达目标点的最佳路径。

路径规划包括大范围不考虑运动细节的全局路径规划以及具体到运动轨迹的局部路径规划（如换道、超车、等待、泊车等），具体分为两个步骤：一是建立环境地图；二是调用搜索算法在环境地图中搜索可行路径。

（5）运动控制系统

传统汽车操控靠驾驶员的四肢，无人驾驶汽车靠的是线控执行器。转向盘线控，早期一般在转向柱加装可控电机，现在一般利用较为成熟的转向助力零部件实现；加速与制动线控，早期一般使用钢丝牵引车内踏板，但控制精度不高，现在一般直接使用车内总线协议向整车控制器发送控制指令；档位线控，早期一般靠步进电机实现，现在同样向整车控制器发送指令实现档位控制。

（6）辅助驾驶系统

辅助驾驶系统是对那些能够通过各种传感器采集到车辆及周围环境道路的信息后，对当前情况给予驾驶员一定的辅助（例如影像、提示、警告）或者主动减轻/避免碰撞危害的一系列技术的总称，属于初级的自动驾驶技术。

当前生产的汽车大部分已经配置有部分辅助驾驶系统，如前车防撞预警系统（FCW）、车道偏离预警系统（LDW）、盲区监测预警系统（BSD）、变道辅助系统（LCA）、自动紧急制动系统（AEB）、自适应巡航控制系统（ACC）、自动泊车辅助系统（APS）、自适应前照明系统（AFS）、驾驶员状态监控系统（DSM）、夜视辅助系统（NVA）、平视显示系统（HUD）等。

2. 智能网联汽车工作原理

智能网联汽车在逻辑与物理上的工作原理如图 6-28 所示。在一个控制周期内，传感器负责感知周围环境及自身状态，计算机中的软件系统负责环境建模、决策与规划，执行器负责执行指令并反馈结果。控制周期一般为毫秒级，由多种传感器采样频率、软件算法复杂度、计算机性能以及执行器频率决定。

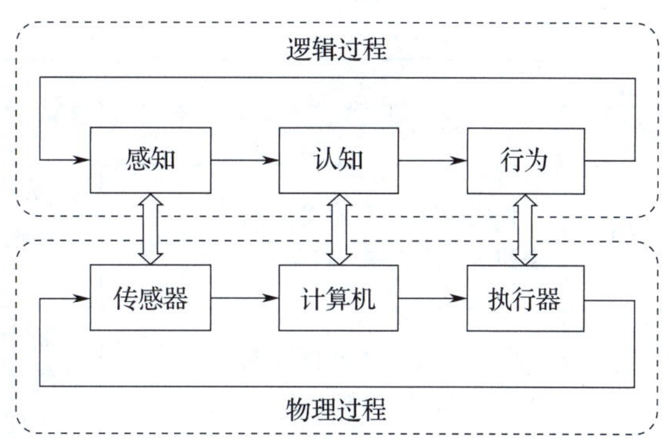

图 6-28　智能网联汽车工作原理

任务实施

1. 采用小组合作形式，分工完成智能网联汽车的发展动态和基本结构原理检索，组内分享讨论。
2. 完成一幅国内（外）智能网联汽车发展动态时间轴的制作。
3. 推选小组代表就智能网联汽车发展趋势发表看法。
4. 练习题

（1）在 1992 年，哪家机构研制出我国第一辆无人驾驶汽车？（　　）

A. 北京大学　　B. 国防科技大学

C. 上海交通大学　　D. 清华大学

（2）美国汽车工程师学会（SAE）将自动驾驶划分为几个等级？（　　）

A.3　　B.4　　C.5　　D.6

（3）无人驾驶汽车环境感知传感器有哪些？（　　）

A. 雷达传感器　　B. 视觉传感器

C. 车速传感器　　D. 温度传感器

（4）车联网系统从空间立体划分可分为________、管、________三段。

（5）雷达传感器主要用来探测一定范围内障碍物的________、________及移动速度。

任务评价

在完成本学习任务后，通过小组会议的形式进行总结与反思，并完成多元化评价，评分细则见表 6-6。

表 6-6　认识智能网联汽车结构评价表

序号	考核内容	配分	评分细则	自评得分	小组评价	教师评价
1	组员准备、学习态度、自主探究与团队协作能力	20	准备是否充分、学习态度是否认真、能否进行自主探究与团队协作 □优秀 □良好 □一般 □不合格			

（续）

序号	考核内容	配分	评分细则	自评得分	小组评价	教师评价
2	智能网联汽车的发展动态和基本结构原理检索	20	检索工具是否科学、内容脉络是否清晰、内容是否全面 □优秀 □良好 □一般 □不合格			
3	国内（外）智能网联汽车发展动态时间轴制作	30	制作软件选择是否得当、制作是否精美、内容是否完整 □优秀 □良好 □一般 □不合格			
4	就智能网联汽车发展趋势发表看法	15	观点鲜明、逻辑合理、推理清晰 □优秀 □良好 □一般 □不合格			
5	练习题完成正确率	15	共 5 题、每小题 3 分			
总分（自评 20%，小组评价 30%，教师评价 50%）						
学生建议：			教师指导意见：			

认知模块 06

任务 3　认识其他新能源汽车结构

学习目标

- 能够识别电动汽车与其他新能源汽车的不同。
- 能够描述太阳能汽车、生物燃料汽车及氢内燃机汽车的基本结构与工作原理。
- 培养“寒窗苦读少年志、韶华不负正当时”的品质。

任务接收

按类型制作一份其他新能源汽车的思维导图并展示。

获取资讯

知识点 1　太阳能汽车

图 6-29　太阳能汽车

太阳能汽车是一种靠太阳能来驱动的汽车（图 6-29）。相比传统内燃机驱动的汽车，太阳能汽车是真正的零排放。正因为太阳能汽车具有环保的特点，所以它被诸多国家所提倡，而太阳能汽车产业也日益蓬勃发展。

1. 太阳能汽车的特点

（1）优点

以光电代油，可节约有限的石油资源。无污染，无噪声：因为不用燃油，太阳能电动车不会排放污染大气的有害气体；没有内燃机，太阳能电动车在行驶时听不到燃油汽车内燃机的噪声。基本上不需要日常保养，省去了传统汽车必须经常更换机油、添加冷却水等定期保养的麻烦。太阳能是一种新型的可再生能源，越来越被广泛利用。

（2）缺点

能量小驱动力不足，不能重负荷。太阳能汽车的首要资源是太阳，如果碰到阴雨天气或者晚上就不能出行，受天气和时间限制。太阳能辐射强度较弱，光伏电池板造价昂贵。

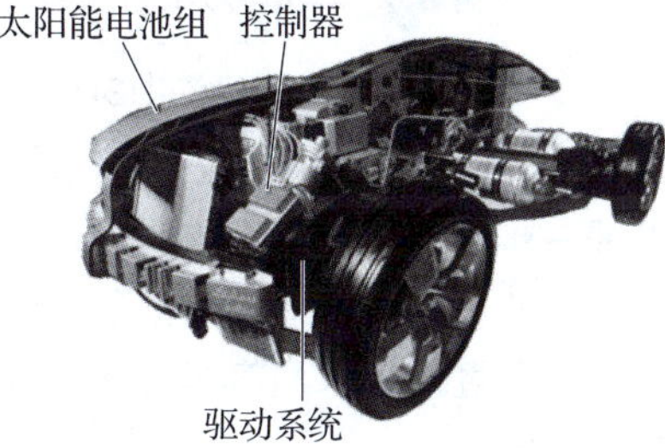

图 6-30　太阳能汽车的组成

2. 太阳能汽车的组成

太阳能汽车介绍

太阳能汽车主要由太阳能电池组、驱动系统、控制器等组成，如图 6-30 所示。

（1）太阳能电池组

它是太阳能汽车的核心，是由一定数量的单体电池串联或并联组成的电池方阵（图 6-31）。太阳能单体电池由半导体材料制成，当太阳光照射在该半导体材料上时，半导体的电子 - 空穴对被激发，形成“势垒”，也就是 P-N 结。由于势垒的存在，在 P 型层产生的电子向 N 型层移动而带正电，而在 N 型层产生的空穴向 P 型层移动而带负电，于是在半导体元件的两端产生 P 型层为正的电压，即形成了太阳能电池，如图 6-32 所示。

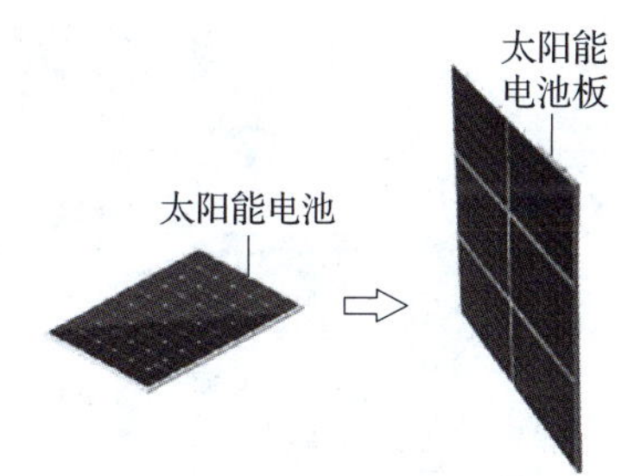

图 6-31　太阳能电池的组成

太阳能电池的电流大小与太阳光照射强度的大小和太阳能电池面积的大小成正比。车用太阳能电池将很多太阳能电池排列组合成太阳能电池板，以产生所需要的大电流和高电压。

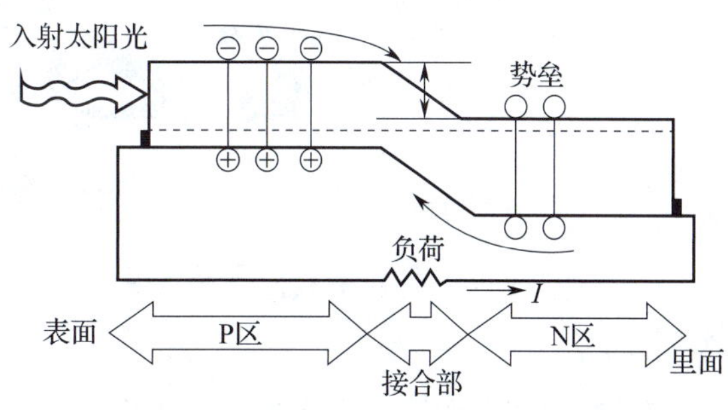

图 6-32　太阳能电池的原理

（2）驱动系统

太阳能汽车采用的驱动电机主要有交流异步电机、永磁电机、直流电机，其驱动系统与 EV 基本相同。

（3）控制器

控制器主要对太阳能电池组进行管理和对电机进行控制，其作用与 EV 控制系统相同。

3. 太阳能汽车的工作原理

太阳能汽车由太阳能电池板在向日自动跟踪器的控制下始终正对太阳，接受太阳光，并转换成电能，向驱动电机供电，再由驱动电机驱动汽车行驶。它实际上是一种电动汽车，其工作原理与串联式混合动力汽车基本相同。

由于太阳能电池的能量较小，而且受天气的影响，在阴天、下雨时，太阳能电池的转换效率降低或停止，所以太阳能汽车往往与蓄电池组共同组成太阳能混合动力电动汽车。当太阳强烈时，转换的电能充足，由太阳能电池板将太阳能转换为电能后，通过充电器向蓄电池组充电，也可以由太阳能电池板直接提供电能，通过电流变换器将电流输送到驱动电机，驱动汽车行驶，其驱动模式相当于串联式混合动力电动汽车。一般采用智能控制系统来控制其运行，当太阳较弱或阴天时，则靠蓄电池组对外供电。

知识点2 生物燃料汽车

1. 燃料乙醇（bio-ethanol）

乙醇俗称酒精，它以玉米、小麦、薯类、糖或植物等为原料，经发酵、蒸馏而制成。将乙醇进一步脱水再经过不同形式的变性处理后成为燃料乙醇（图6-33）。燃料乙醇是用粮食或植物生产的可加入汽油中的品质改善剂。它不是一般的酒精，而是酒精的深加工产品。燃料乙醇一般不会直接用来当汽车燃料，而是按一定的比例与汽油混合在一起使用，这有利于增加燃料的辛烷值。

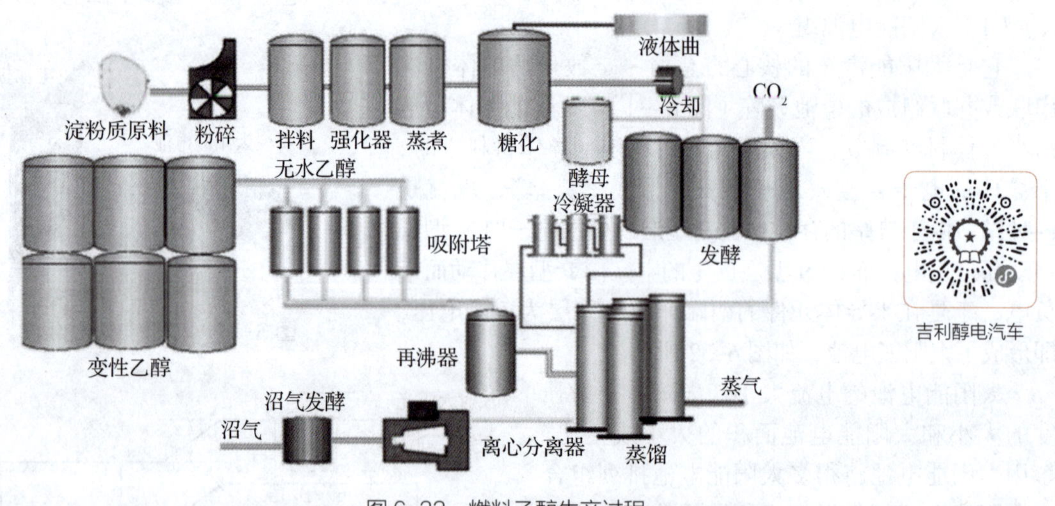

图6-33 燃料乙醇生产过程

吉利醇电汽车

2. 醇类燃料作为汽车燃料的特点

（1）优点

1）醇类燃料辛烷值比汽油高，可采用高压缩比，提高热效率。但是，醇类的抗爆性敏感度大，中、高速时的抗爆性不如低速好。普通汽油与15%~20%的甲醇混合，辛烷值可达到优质汽油的水平。

2）蒸发潜热大，使得醇类燃料的汽车冷启动困难和在低温运行时性能发生变化。

3）常温下为液体，操作容易，携带方便。

4）可燃界限宽，燃烧速度快，可以实现稀薄燃烧。

5）与传统的发动机技术有继承性，特别是使用汽油－醇类混合燃料时，发动机结构变化不大。

（2）缺点

1）热值低。甲醇的热值只有汽油的 48%，乙醇的热值只有汽油的 64%。因此，与燃用汽油相比，在同等的热效率下，醇类的燃烧经济性差。

2）沸点低。蒸气压高，容易产生气阻。

3）甲醇有毒，会刺激眼结膜，通过呼吸、消化系统和皮肤接触进入人体，会造成人体中毒。

4）腐蚀性大。醇类具有较强的化学活性，能腐蚀铝、铅、锰、塑料、合成橡胶等，而这些材料是汽油燃料汽车的典型材料。汽油燃料汽车中的油箱、油泵、油泵膜片、喷油器、浮子和许多密封件在甲醇燃料汽车中将迅速损坏。

5）醇混合燃料易分层，因此，必须加助溶剂。

目前世界上许多国家主要采用甲醇燃料，还没有在汽车上使用乙醇燃料，这主要是处于经济上的考虑，以及防止大量庄稼转化成汽车燃料的副效应。

启示角

十年磨一剑，为有暗香来——寒窗苦读少年志，韶华不负正当时

吉利集团在大力发展混合动力电动汽车和纯电动汽车的同时，也把发展甲醇燃料汽车作为重要的战略方向。发展甲醇燃料将有效减少对石油的依赖，更是保障国家能源安全的重大举措。吉利集团深耕甲醇燃料领域 17 年，成功解决了甲醇燃料发动机零部件耐醇、耐久性能等行业难题。这种默默深耕的民族企业精神激励着莘莘学子，在求学、求知、求真的道路上，以梦为马、不负韶华，为中华民族伟大复兴中国梦添砖加瓦。

3. 生物柴油（Biodiesel）

生物柴油是指以油料作物、野生油料植物和工程微藻等水生植物油脂以及动物油脂、餐饮垃圾油等为原料油，通过酯交换工艺制成的可替代石化柴油的再生性柴油燃料（图 6-34）。生物柴油的主要特点如下：

1）具有优良的环保特性。主要表现在由于生物柴油中硫含量低，使得二氧化硫和硫化物的排放低，可减少约 30%（有催化剂时为 70%）；生物柴油中不含对环境会造成污染的芳香族烷烃，因而废气对人体损害低于柴油，检测表明，与普通柴油相比，使用生物柴油可降低 90% 的空气毒性，降低 94% 的患癌率；由于生物柴油含氧量高，使其燃烧时排烟少，一氧化碳的排放与柴油相比减少约 10%（有催化剂时为 95%）；生物柴油的生物降解性高。

2）具有较好的低温发动机起动性能。无添加剂冷滤点为 -20℃。

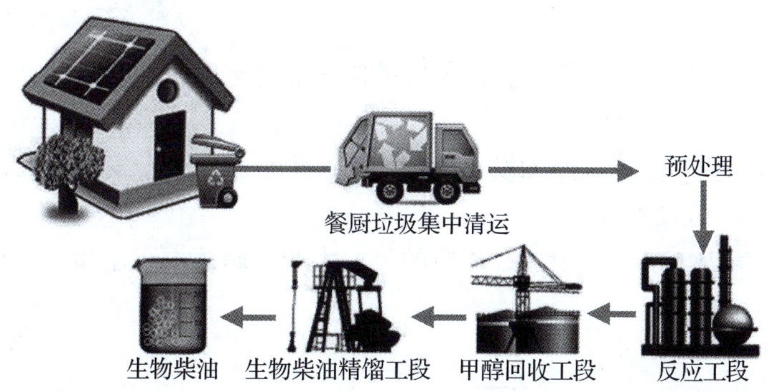

图 6-34　生物柴油生产过程

3）具有较好的润滑性能。使喷油泵、发动机缸体和连杆的磨损率低，使用寿命长。

4）具有较好的安全性能。由于闪点高，生物柴油不属于危险品，因此，在运输、储存、使用方面的安全性显而易见。

5）具有良好的燃料性能。十六烷值高，使其燃烧性好于柴油，燃烧残留物呈微酸性，使催化剂和机油的使用寿命加长。

6）具有可再生性能。作为可再生能源，与石油不同，其通过农业和生物科学家的努力，可供应量不会枯竭。

7）无须改动柴油机，可直接添加使用，同时无须另添设加油设备、储存设备及进行人员特殊技术训练。

8）生物柴油以一定比例与石化柴油调和使用，可以降低油耗、提高动力性，并降低尾气污染。

知识点 3 氢内燃机汽车

氢内燃机汽车（HICEV）是一种使用内燃机的氢燃料汽车。氢内燃机汽车不同于氢燃料电池汽车，不是通过电化学的方式产生能量，而是通过燃烧氢气产生能量。氢内燃机是传统汽油内燃机的改进版本，由于纯氢不含碳，因此没有一氧化碳（CO）、碳氢化合物（HC）等碳基污染物，废气中也没有任何二氧化碳（CO_2），这避免了传统汽油内燃机排放温室气体的弊端。

氢内燃机汽车介绍

1. 氢内燃机汽车的特点

（1）优点

1）氢气燃烧的主要产物是水蒸气，没有排放有害的温室气体和空气污染物，因此被认为是一种清洁能源。

2）氢气具有较高的能量密度，且氢燃烧的效率相对较高，能够提供可观的动力。

3）氢气可以通过使用可再生能源（如太阳能或风能）发电然后进行电解水制备，使氢内燃机成为可再生能源整合系统的一部分。

4）氢气可以在短时间内加注（类似于传统燃油车辆），相对于电动汽车的充电时间，这是一个优势。

（2）缺点

1）目前主要的氢气生产方法是通过蒸汽重整天然气，成本相对较高，且涉及一定数量的二氧化碳排放。

2）氢气的储存和运输相对复杂，因为氢气在常温下是气体，需要高压或低温储存，这增加了设备成本和能耗。

3）尽管氢气的能量密度相对较高，但氢气的体积能量密度较低，需要更大的储氢设备和更频繁的加注。

4）氢内燃机技术相对于传统燃油发动机和电动汽车技术还处于发展阶段，存在一些技术挑战，包括提高效率、降低成本等。

5）如果要推广氢内燃机，需要建设相应的氢气生产、储存、运输和加注基础设施，这需要大量的投资和时间。

2. 氢内燃机汽车的组成及基本原理

氢内燃机在结构上与汽油内燃机相似，在燃料燃烧方式上与汽油内燃机相同。区别在于硬化气门和气门座、更坚固的连杆、非铂金尖头火花塞、更高电压的点火线圈、专为气体而不是液体设计的喷油器、更大的曲轴阻尼器、更坚固的缸盖垫片材料、改进的（用于增压器）进气歧管、增压器、高温机油。

宝马氢能 7 是由德国汽车制造商宝马于 2006 年发布的一款限量版氢内燃机汽车（图 6–35）。该车基于宝马传统的汽油动力宝马 7 系（E65）车型，采用与 760i 和 760Li 相同的 6L 排量 V12 发动机，但经过改装，使其能够燃烧氢气和汽油，成为一台双燃料发动机（图 6–36）。

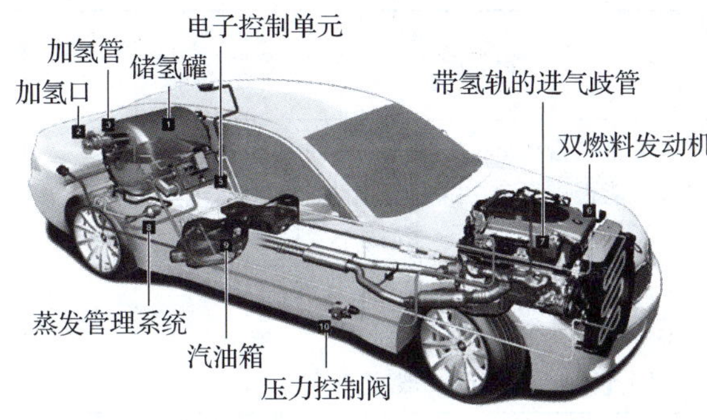

图 6-35　宝马氢能 7

图 6-36　宝马双燃料发动机

在氢气模式下，高压喷射器直接将氢气注入气缸燃烧室，压力高达 30MPa。燃烧系统是火花点火和柴油燃烧系统的结合，使用表面点火，随后采用扩散式燃烧。这种燃烧系统在效率上与目前最佳的涡轮增压柴油发动机相匹配，最大效率达到 42%。汽车还可以在转向盘上的按钮触摸时轻松切换氢气和汽油，当其中一种燃料耗尽时，汽车会自动切换。

任务实施

1. 采用小组合作形式，分工完成太阳能汽车、生物燃料汽车及氢内燃机汽车检索，并组内讨论交流。
2. 按类型制作一份其他新能源汽车的思维导图并进行展示。
3. 推选小组代表就其他新能源汽车的发展趋势发表看法。
4. 练习题

（1）太阳能电池的电流大小与太阳光照射什么参数的大小和太阳能电池什么参数的大小成正比？（　　）

A. 角度　　B. 容量　　C. 强度　　D. 面积

（2）太阳能汽车的工作原理中，其驱动模式与以下哪种电动汽车最相似？（　　）

A. 燃料电池电动汽车　　B. 纯电动汽车

C. 串联式混合动力电动汽车　　D. 并联式混合动力电动汽车

（3）关于氢内燃机汽车的特点，以下哪个说法是正确的？（　　）

A. 是一种氢燃料电池汽车

B. 通过燃烧氢气产生能量，不同于氢燃料电池汽车

C. 氢内燃机是传统汽油动力内燃机的改进版本，使用相同的燃烧技术

D. 排放废气中不含任何 CO_2，消除了传统石油发动机的主要温室气体排放

（4）乙醇是以玉米、小麦、薯类、糖或植物等为原料，经________、________而制成。

（5）太阳能汽车主要由________、________、控制器等组成。

任务评价

在完成本学习任务后，通过小组会议的形式进行总结与反思，并完成多元化评价，评分细则见表 6-7。

表 6-7 认识其他新能源汽车结构评价表

序号	考核内容	配分	评分细则	自评得分	小组评价	教师评价
1	组员准备、学习态度、自主探究与团队协作能力	20	准备是否充分、学习态度是否认真、能否进行自主探究与团队协作 □优秀 □良好 □一般 □不合格			
2	其他新能源汽车认识检索	20	检索工具是否科学、内容脉络是否清晰、内容是否全面 □优秀 □良好 □一般 □不合格			
3	其他新能源汽车的思维导图制作	30	制作软件选择是否得当、制作是否精美、内容是否完整 □优秀 □良好 □一般 □不合格			
4	就醇电混合动力汽车的发展趋势发表看法	15	观点鲜明、逻辑合理、推理清晰 □优秀 □良好 □一般 □不合格			
5	练习题完成正确率	15	共 5 题、每小题 3 分			
总分（自评 20%，小组评价 30%，教师评价 50%）						
学生建议：			教师指导意见：			

07

认知模块

汽车选购与保险索赔

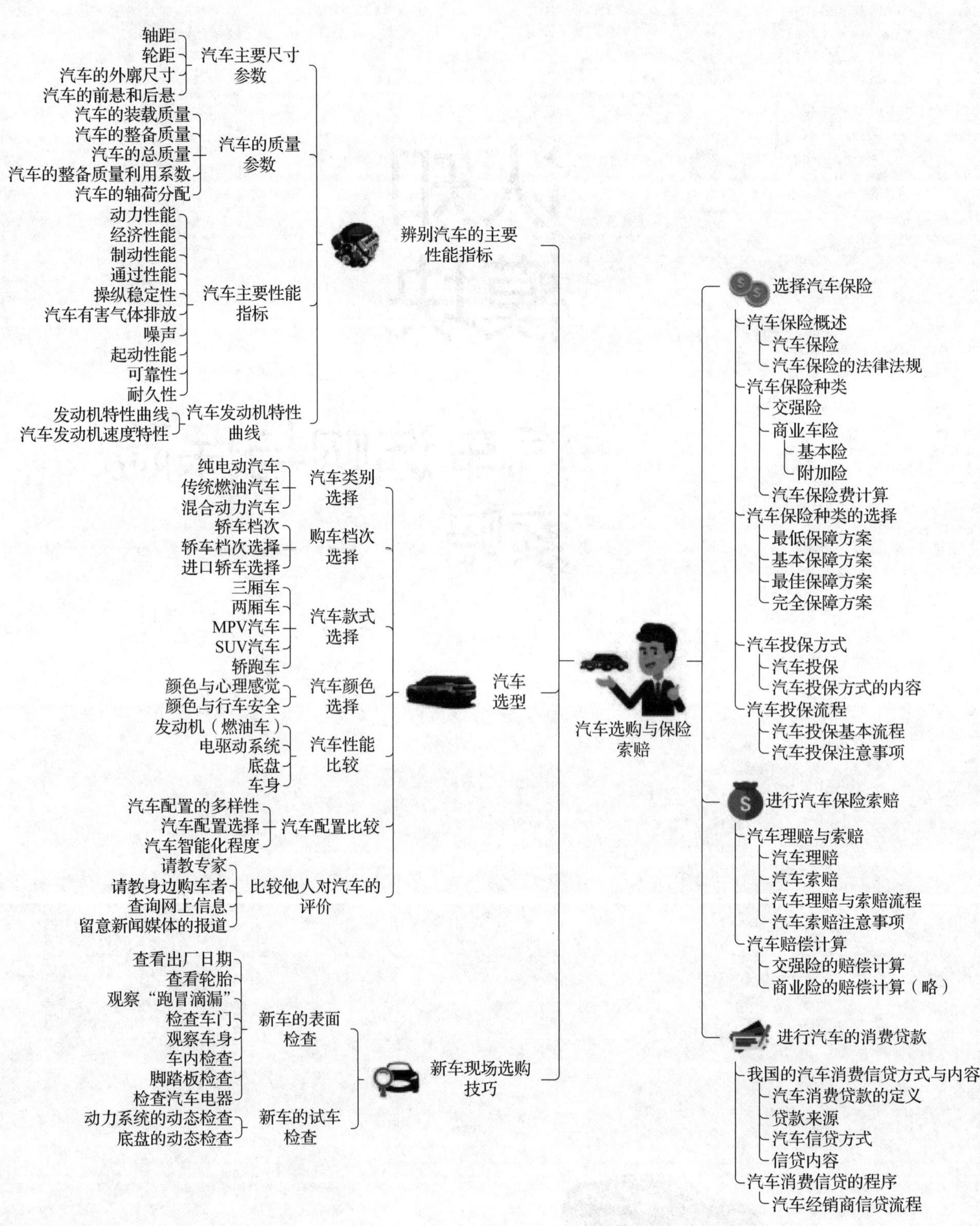
汽车选购与保险索赔
辨别汽车的主要性能指标
汽车主要尺寸参数
轴距
轮距
汽车的外廓尺寸
汽车的前悬和后悬
汽车的质量参数
汽车的装载质量
汽车的整备质量
汽车的总质量
汽车的整备质量利用系数
汽车的轴荷分配
汽车主要性能指标
动力性能
经济性能
制动性能
通过性能
操纵稳定性
汽车有害气体排放
噪声
起动性能
可靠性
耐久性
汽车发动机特性曲线
发动机特性曲线
汽车发动机速度特性
汽车选型
汽车类别选择
纯电动汽车
传统燃油汽车
混合动力汽车
购车档次选择
轿车档次
轿车档次选择
进口轿车选择
汽车款式选择
三厢车
两厢车
MPV汽车
SUV汽车
轿跑车
汽车颜色选择
颜色与心理感觉
颜色与行车安全
汽车性能比较
发动机（燃油车）
电驱动系统
底盘
车身
汽车配置比较
汽车配置的多样性
汽车配置选择
汽车智能化程度
比较他人对汽车的评价
请教专家
请教身边购车者
查询网上信息
留意新闻媒体的报道
新车现场选购技巧
新车的表面检查
查看出厂日期
查看轮胎
观察“跑冒滴漏”
检查车门
观察车身
车内检查
脚踏板检查
检查汽车电器
新车的试车检查
动力系统的动态检查
底盘的动态检查
选择汽车保险
汽车保险概述
汽车保险
汽车保险的法律法规
汽车保险种类
交强险
商业车险
基本险
附加险
汽车保险费计算
汽车保险种类的选择
最低保障方案
基本保障方案
最佳保障方案
完全保障方案
汽车投保方式
汽车投保
汽车投保方式的内容
汽车投保流程
汽车投保基本流程
汽车投保注意事项
进行汽车保险索赔
汽车理赔与索赔
汽车理赔
汽车索赔
汽车理赔与索赔流程
汽车索赔注意事项
汽车赔偿计算
交强险的赔偿计算
商业险的赔偿计算（略）
进行汽车的消费贷款
我国的汽车消费信贷方式与内容
汽车消费贷款的定义
贷款来源
汽车信贷方式
信贷内容
汽车消费信贷的程序
汽车经销商信贷流程

认知模块 07

任务 1　辨别汽车的主要性能指标

学习目标

- 能够解读汽车各主要尺寸参数、质量参数以及汽车发动机特性曲线。
- 能够分析汽车主要性能指标。
- 引导学生爱护环境，树立“绿水青山就是金山银山”的意识。

任务接收

顾客陈先生看上了 4S 店两款车型，一时不知如何选择，请你从车辆的动力性能、经济性能等方面进行对比分析，为陈先生提供参考建议。

获取资讯

知识点 1 汽车主要尺寸参数

汽车的主要尺寸参数包括轴距、轮距、总长、总宽、总高、前悬以及后悬等（图 7–1）。

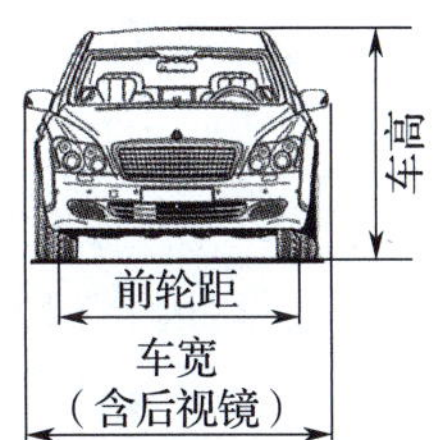

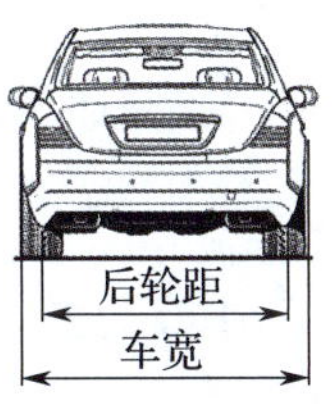

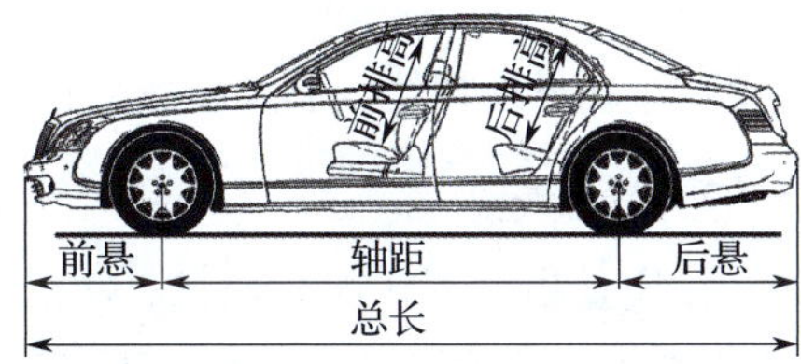

图 7–1　汽车主要尺寸参数

1. 轴距

轴距指车轴之间的距离。双轴汽车的轴距是指前、后轴之间的距离；三轴汽车的轴距是指前轴与中轴之间的距离和前轴与后轴之间的距离的平均值。

汽车轴距短，汽车总长就短，质量就小，最小转弯半径和纵向通过半径也小，更机动灵活，一般普通轿车及轻型货车轴距较短。但轴距过短会导致车厢长度不足或后悬过长，汽车行驶时纵向振动过大，汽车加速、制动或上坡时轴荷转移过大，进而导致其制动性和操纵稳定性变差，以及万向节传动的夹角过大等，所以一般货车和中高级轿车轴距较长。

2. 轮距

轮距指左右两车轮中心线之间的距离。

轮距愈大，则悬架的角度愈大，汽车的横向稳定性愈好，但轮距过大，会使汽车的总宽和总质量过大。

3. 汽车的外廓尺寸

汽车的外廓尺寸指总长、总宽和总高。我国对公路车辆的限制尺寸是：总高不大于 4m，总宽（不包括后视镜）不大于 2.5m，左、右后视镜等突出部分的侧向尺寸总共不大于 250mm；总长对于载货汽车及越野汽车不大于 12m，牵引汽车带半挂车不大于 16m，汽车拖带挂车不大于 20m，挂车不大于 8m，大客车不大于 12m，铰接式大客车不大于 18m。

4. 汽车的前悬和后悬

汽车前悬指汽车前端至前轮中心之悬置部分。前悬处要布置发动机、弹簧前支架、车身前部、保险杠和转向器等，要有足够的纵向布置空间。前悬不宜过长，以免影响通过性。

汽车后悬指汽车后端至汽车后轮中心之悬置部分。后悬长度主要与货厢长度、轴距及轴荷分配有关。后悬不宜过长，以免使汽车的离去角过小而导致上、下坡时刮地，同时转弯也不灵活。

知识点 2 汽车的质量参数

汽车的质量参数主要包括汽车的装载质量、整备质量、总质量、整备质量利用系数和轴荷分配等。

1. 汽车的装载质量

1）乘用车：以座位数计算，包括驾驶员座位在内最多不超过 9 个座位。

2）商用车中的客车：以载客量计。

3）商用车中的载货汽车：以其在良好的硬路面上行驶时所装载货物质量的最大限额（单位为 t）计。

超载将导致车辆早期损坏、制动距离变长，甚至造成交通事故。

2. 汽车的整备质量

汽车的整备质量指汽车在加满燃料、润滑油、工作液（如制动液）及发动机冷却液并装备（随车工具及备胎等）齐全后但未载人、载货时的总质量。

整备质量越小的汽车，燃油消耗越少，经济性越好。

3. 汽车的总质量

汽车的总质量指已整备完好、装备齐全并按规定载满客、货时的汽车质量。

4. 汽车的整备质量利用系数

汽车的整备质量利用系数指载货汽车的装载量与整备质量之比。它表示单位汽车整备质量所承受的汽车装载质量。此系数愈大表明该车型的材料利用率及设计与工艺水平愈高。

5. 汽车的轴荷分配

汽车的轴荷分配指汽车空载和满载时的整车质量分配到各个车轴上的百分比。

轴荷分配对汽车的牵引性、通过性、制动性、操纵性和稳定性等主要性能以及轮胎的寿命都有很大的影响。

知识点3 汽车主要性能指标

汽车主要性能指标包括汽车的动力性能、经济性能、制动性能、通过性能、操纵稳定性、汽车有害气体排放、噪声、起动性能、可靠性和耐久性等。

1. 动力性能

动力性能主要指汽车的最高车速、加速时间、爬坡性能，以及发动机有效功率等。

（1）汽车的最高车速

汽车的最高车速指在水平良好路面（混凝土或沥青）上和规定载质量条件下汽车所能达到的最高车速（单位为 km/h），它是汽车的一个重要动力指标。目前普通轿车最高车速一般为 150~200km/h。

（2）汽车的加速时间

汽车的加速时间指汽车加速到一定车速所需要的时间，常用原地起步加速时间与超车加速时间表示。它也是汽车动力性能的重要指标。轿车常用 0—100 km/h 的换档加速时间来评价，如普通轿车为 10~15s。

（3）汽车的爬坡性能

汽车的爬坡性能指汽车满载在良好路面等速行驶的最大爬坡度。一般要求在 30%（即 16.70° ）左右。越野车要求更高，一般在 60%（即 31° ）左右。

（4）发动机有效功率

发动机曲轴输出的功率称为发动机有效功率。发动机制造厂按国家规定所标定的发动机有效功率称为标定功率，发动机铭牌上标明的功率就是标定功率。我国内燃机功率标定分为四级，见表 7-1。

表 7-1　我国内燃机功率标定

分级	含义	应用
15min 功率	在标准环境条件下，内燃机能连续稳定运转 15min 时的最大有效功率	汽车等
1h 功率	在标准环境条件下，内燃机能连续稳定运转 1h 时的最大有效功率	工程机械、拖拉机等
12h 功率	在标准环境条件下，内燃机能连续稳定运转 12h 时的最大有效功率	部分拖拉机和电站等
持续功率	在标准环境条件下，内燃机能长期连续稳定运转的最大有效功率	铁路机车、船舶和发电机组等

相同排量的发动机，功率越大，动力性能越好。为了衡量不同发动机的动力性能，发动机还常采用升功率比较，它是指发动机在标定工况下每升气缸工作容积所发出的有效功率。升功率越大，发动机动力性能越好。

对于电动汽车，驱动电机持续功率是在制造商规定的条件下，驱动电机系统能够长时间持续工作的最大机械功率；而驱动电机峰值功率是指驱动电机短时间（乘用车 10s、商用车 30s）运行的功率，即驱动电机能够正常工作，并且不超过驱动电机的绝缘等级和规定的温升限值。

2. 经济性能

汽车的经济性能通常以百公里燃油消耗量、电动汽车能量消耗率、续驶里程等表征。

（1）百公里燃油消耗量

燃油汽车的经济性能通常以百公里燃油消耗量表征，即汽车在良好的水平硬路面以一定载荷（轿车半载、货车满载）及最高档等速行驶时的百公里燃料消耗量，单位为L/100km。这个指标越低说明汽车利用效率越高，经济性能越好。

（2）电动汽车能量消耗率

电动汽车能量消耗率是指电动汽车经过规定的试验循环后对动力蓄电池重新充电至试验前的容量，从电网上得到的电能除以行驶里程所得的值，单位为kW·h/100km。

（3）续驶里程

续驶里程是指汽车在动力蓄电池完全充电状态下，以一定的行驶工况，能连续行驶的最大距离（单位为km）。

3. 制动性能

汽车的制动性能以汽车的制动距离来表征，即汽车在良好的试验跑道上在规定的车速下紧急制动（紧急制动时踏板力对乘用车要求不大500N；对其他机动车要求不大于700N）时，由踩制动踏板起到完全停车时的距离。

按国家标准《机动车运行安全技术条件》（GB 7258—2017）的要求，乘用车空载以50km/h初速度的制动距离应不大于19m，不同类型的汽车有不同的制动距离要求。

4. 通过性能

汽车的通过性能以最小转弯半径、汽车的最小离地间隙、接近角、离去角以及纵向通过角等表征。

（1）最小转弯半径

最小转弯半径是指当转向盘转到极限位置、汽车以最低稳定车速转向行驶时，外侧转向轮的中心平面在支承平面上滚过的轨迹圆半径 R（图7-2）。它表征了汽车能够通过狭窄弯曲地面的能力。最小转弯半径越小，汽车的机动性越好。轿车的最小转弯半径一般约为轴距的2~2.5倍。

（2）汽车的最小离地间隙

汽车的最小离地间隙指汽车满载、静止时，平直地面与汽车上的中间区域最低点之间的距离 h（图7-3）。它反映了汽车无碰撞地通过地面凸起的能力。

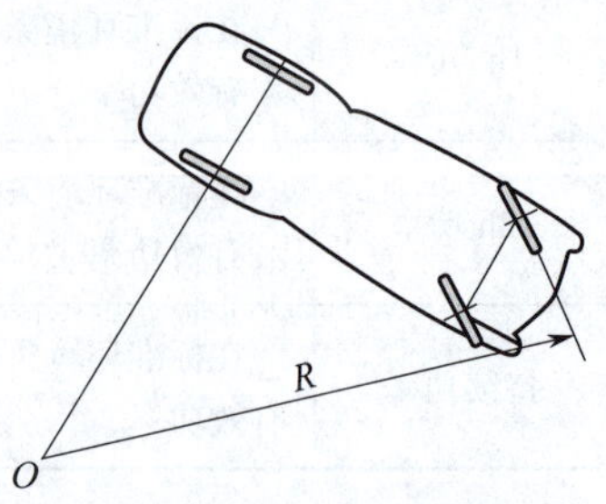

图7-2 汽车最小转弯半径

（3）接近角

接近角指汽车满载、静止时，前端突出点向前轮所引切线与地面间夹角 γ_1（图7-3）。γ_1 越大，越不易发生汽车前端触及地面，通过性越好。

（4）离去角

离去角指汽车满载、静止时，后端突出点向后轮所引切线与地面间的夹角 γ_2（图7-3）。γ_2 越大，越不易发生汽车后端触及地面，通过性越好。

（5）纵向通过角

纵向通过角指汽车满载、静止时，垂直于汽车纵向中心平面，分别与前、后车轮轮胎相切、相交，并与车轮底盘刚性部件（除车轮）接触的两个平面形成的最小锐角 β（图7-3）。它决定了车辆所能通过的最陡坡道。β 越大，汽车通过性越好。

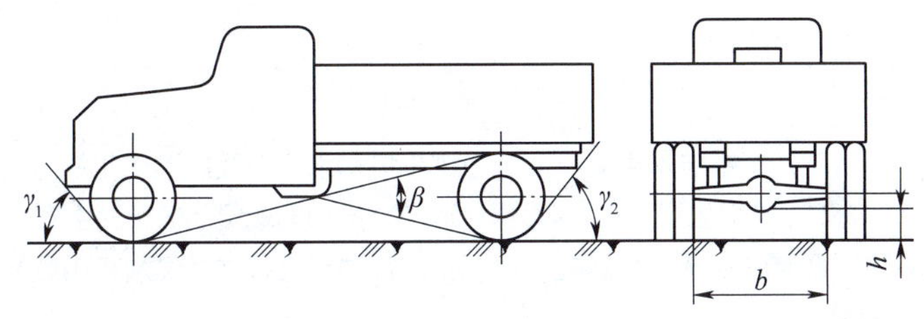

图 7-3 汽车通过性指标

h—最小离地间隙 b—两侧轮胎内缘间距 γ_1—接近角 γ_2—离去角 β—纵向通过角

5. 操纵稳定性

操纵稳定性是指汽车按照驾驶员要求保持稳定行驶的能力。

操纵稳定性通常用直线行驶稳定性、转向灵敏性、振动及翻倾等来表征。

6. 汽车有害气体排放

汽车有害气体排放主要来自发动机，有一氧化碳（CO）、碳氢化合物（HC）、氮氧化物（NO_x）、二氧化硫（SO_2）、醛类和微粒（含碳烟）等。发动机主要有害气体排放及危害见表 7–2。

表 7–2 发动机主要有害气体排放及危害

有害气体排放物	有害气体排放物特征	危害
CO	无色、无臭、有毒气体	使人出现恶心、头晕、疲劳等缺氧症状，严重时窒息死亡
NO_2	赤褐色带刺激性的气体	伤害心、肝、肾，参与光化学反应形成臭氧和醛等
HC	刺激性的气体	破坏造血机能，造成贫血、神经衰弱，降低肺对传染病的抵抗力，参与光化学反应形成臭氧和醛等
光化学烟雾	HC 与 NO_x 在阳光作用下所形成的烟雾，有刺激性	降低大气可见度，伤害眼睛、咽喉，影响植物生长
醛类	较强的刺激性臭味	伤害眼睛、上呼吸道、中枢神经
微粒	碳烟等	伤害肺组织
SO_2	无色、刺激性气体	刺激鼻喉，引起咳嗽、胸闷、支气管炎等

汽车尾气污染在直接危害人体健康的同时，还会对人类生活的环境产生深远的影响。为此，节能减排成为我国的重要国策，并制定了严格机动车排放标准。从“国 I”到“国Ⅵ –B”，机动车排放标准越来越严格。“国Ⅵ –B”于 2023 年 7 月 1 日已对所有车辆全面实施。具体排放标准见表 7–3。

表 7–3 汽车排放标准

排放物	THC/（g/km）		CO/（g/km）		NO_x/（g/km）		NMHC/（g/km）		N_2O/（g/km）		PM/（mg/km）		PN/（个 /km）	
	汽油	柴油	汽油	柴油	汽油	柴油	汽油	柴油	汽油	柴油	汽油	柴油	汽油	柴油
国Ⅵ –B	50		500		35		35		20		3		6.0×10^{11}	

注：NMHC 是非甲烷总烃，PM 是排放颗粒物。

启示角

排放标准的升级引发了内燃机技术革新，提升内燃机技术水平、发展清洁化的绿色动力将成为今后行业发展的重要方向。党的二十大报告提出："倡导绿色消费，推动形成绿色低碳的生产方式和生活方式。"

保护环境人人有责，低碳生活从你我做起。让你我都行动起来，做"绿水青山就是金山银山"理念的积极传播者和模范践行者。

7. 噪声

噪声是汽车工作时发出的一种声强和频率无一定规律的声音，主要有燃烧噪声和机械噪声。

噪声不仅损害人的听觉器官，还伤害神经系统、心血管系统、消化系统和内分泌系统，容易使人性情烦躁、反应迟钝，甚至耳聋，诱发高血压和神经系统的疾病。

我国的国家标准《汽车加速行驶车外噪声限值及测量方法》（GB 1495—2002）规定，小汽车（M1 类车辆）车外噪声限值为 79dB（A）。

8. 起动性能

起动性能是表征汽车发动机起动难易的指标。发动机起动性能好，便于汽车起步行驶，同时减少了起动时的功率消耗和发动机的磨损。

起动性能一般以一定条件下的起动时间长短来衡量。我国的国家标准《汽车起动性能试验方法》（GB/T 12535—2021）规定，不采用特殊的低温起动措施，汽车发动机在（-10 ± 1）℃的气温条件下起动，能在 10s 以内达到自行运转。

9. 可靠性

可靠性是指发动机在规定的运转条件下，能够持续工作，不至于因故障而影响正常运转的能力。

可靠性一般以保证期内的不停车故障数、停车故障数、更换主要零件和重要零件数等具体指标来衡量。

按照《汽车发动机可靠性试验方法》（GB/T 19055—2024）的规定，我国汽车发动机应能在标定工况下连续运行 200~1000h。

10. 耐久性

耐久性是指发动机在规定的运转条件下，长期工作而不大修的性能。

耐久性一般以发动机从开始使用到第一次大修前累计运转的时间表示。

知识点 4 汽车发动机特性曲线

评价汽车动力、经济性能，经常采用汽车发动机特性曲线。

1. 发动机特性曲线

发动机性能指标随调整状况及运行工况的变化而变化的关系被称为发动机特性，将其绘制成曲线就是发动机特性曲线，如图 7-4 所示。利用发动机特性曲线可以方便、全面地评价发动机性能，指导汽车的正确使用与维修。

2. 汽车发动机速度特性

汽车发动机常用速度特性来评价。

速度特性是指当燃料供给调节机构（如汽油机的节气门）位置不变时，发动机性能指标（转矩、功率及燃油消耗率等）随转速的改变而变化的关系，其对应的曲线称为速度特性曲线。

当燃料供给调节机构固定在全负荷位置（如汽油机节气门全开位置）时，所测得的速度特性称外特性或全负荷速度特性。

当燃料供给调节机构固定在全负荷以内各位置时，所测得的速度特性就称为部分负荷速度特性。

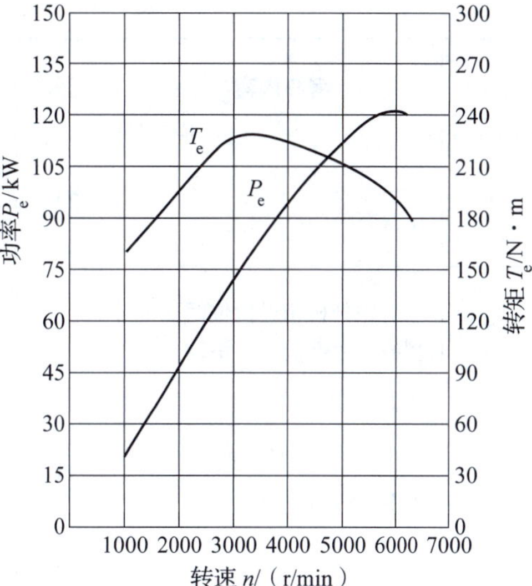

图 7-4　发动机特性曲线

从外特性曲线可以找出该发动机的最大功率、转矩及对应的转速等。如图 7-4 所示，发动机的最大功率及对应的转速是 123kW 及 6000r/min，最大转矩及对应的转速是 225N·m 及 3500r/min。使用时，若要获得较大功率，发动机转速就应该高一些；而要发挥最大转矩，则应该适当降低发动机转速。

任务实施

1. 采用小组合作形式，对比分析相近价位两款车型的动力性能、经济性能，并在组内讨论交流。
2. 把对比分析结果制作成 PPT 并进行介绍。
3. 就某一车型的发动机特性曲线进行发动机性能评价。
4. 练习题

（1）汽车的哪项参数指的是左右两车轮中心线之间的距离？（　　）

A. 车宽　　B. 车长　　C. 轮距　　D. 轴矩

（2）汽车动力性能指标主要包括哪些？（　　）

A. 最高车速　　B. 加速时间　　C. 爬坡性能　　D. 发动机有效功率

（3）汽车尾气主要包括以下哪些有害气体？（　　）

A. 一氧化碳　　B. 碳氢化合物　　C. 氮氧化物　　D. 二氧化硫

（4）________是指发动机在规定的运转条件下，长期工作而不大修的性能。

（5）评价汽车动力、经济性能，经常采用汽车发动机________来进行。

任务评价

在完成本学习任务后，通过小组会议的形式进行总结与反思，并完成多元化评价，评分细则见表 7-4。

表 7-4 辨别汽车的主要性能指标评价表

序号	考核内容	配分	评分细则	自评得分	小组评价	教师评价
1	组员准备、学习态度、自主探究与团队协作能力	20	准备是否充分、学习态度是否认真、能否进行自主探究与团队协作 □优秀 □良好 □一般 □不合格			
2	对比分析相近价位两款车型的动力性能、经济性能	30	检索工具是否科学、内容脉络是否清晰、内容是否充实 □优秀 □良好 □一般 □不合格			
3	将对比分析结果制作成PPT并进行介绍	20	PPT 制作是否得当、是否精美、内容是否完整、条理是否清晰、表达是否流利 □优秀 □良好 □一般 □不合格			
4	就某一车型的发动机特性曲线进行发动机性能评价	15	发动机特性曲线解读是否正确、评价是否有依据，是否科学 □优秀 □良好 □一般 □不合格			
5	练习题完成正确率	15	共 5 题、每小题 3 分			
总分（自评 20%，小组评价 30%，教师评价 50%）						
学生建议：			教师指导意见：			

任务 2 汽车选型

学习目标

- 能够阐述家用乘用车选购的基本原则。
- 能够运用选购方法对家用乘用车进行选择与比较。
- 引导学生树立“科学技术是第一生产力”的科学创新精神。

任务接收

作为 4S 店销售顾问的你，请根据顾客陈先生的用车习惯与需求，提供一些汽车选购的参考建议。

获取资讯

知识点 1 汽车类别选择

汽车选购流程

目前，市场主流汽车类别主要指纯电动汽车、传统燃油汽车和混合动力汽车。

1. 纯电动汽车

纯电动汽车是一种使用电力作为唯一能源的汽车，其优点在于零尾气排放、用车的成本和后期维护成本低、驾驶体验好等。纯电动汽车比较适合短途通勤，但在充电以及续驶里程上，与燃油车相比较仍有一些差距，如果长途出行应做好充电计划，减少里程焦虑。此外，对于那些注重环保节能的人士来说，纯电动汽车也是不错的选择。

2. 传统燃油汽车

燃油汽车是以化石燃料作为能源的汽车，在市场上占据着主导地位，其优点在于续驶里程远、加油方便、性能稳定可靠、修车和保养较为容易。燃油汽车排放的有害物质对环境和人类健康产生负面影响，且燃油汽车需要进行常规的保养和更换零部件，使用成本与维护成本较高。

3. 混合动力汽车

混合动力汽车是指同时采用燃油和电力两种能源驱动的汽车，其具有燃料经济性高、环保节能、续驶里程长等优点。

混合动力汽车适合那些注重节约燃料、追求环保节能、有长途出行需求，但又不能完全依靠电力驱动的消费者，尤其适合城市中频繁变化速度、经常行驶在拥堵路段的用户。此外，对于那些追求高品质驾驶体验和环保意识先行者而言，混合动力汽车同样是不错的选择。但混合动力汽车的购买成本与后期维护成本比较高。

知识点 2 购车档次选择

1. 轿车档次

轿车分为微型轿车、普通级轿车、中级轿车、中高级轿车和高级轿车等，其对应的排量和价格见表 7–5。

表 7–5　轿车档次

汽车档次	发动机排量 /L	参考价格 / 万元	车辆性能	购车目的	适用家庭
微型轿车	≤ 1	≤ 5	一般	代步	经济一般
普通级轿车	1~1.6	5~10	较好	代步、公务	经济中等
中级轿车	1.6~2.5	10~15	好	公务、代步	经济较好
中高级轿车	2.5~4	15~25	豪华	公务、代步	经济好
高级轿车	≥ 4	＞ 25	超豪华	公务、享乐	经济很好

2. 轿车档次选择

首先应考虑购车目的和家庭经济条件，量力而行。在考虑汽车经费支出时，不仅要考虑汽车售价，还应综合考虑附加费用（包括车辆购置税、牌证费、保险费、车船使用税、日常的使用费等）。高档车的各方面收费都较高。

3. 进口轿车选择

有些购车者面临着进口车的选择问题。社会上流传的“日系车省油、德系车安全、法系车时尚、美系车大气”等说法有一定道理，可以参考。

一般而言，美国车系（通用、福特、克莱斯勒）材质优良、动力强劲、乘坐舒适、驾驶安全，但油耗偏高。近年，美国车企也吸收了日本车企的理念和技术，推出了一些针对中国消费特点的经济实用型轿车。

欧洲车底盘扎实、悬架系统较好、注重操纵性、追求驾驶乐趣、制造工艺精良。其中，德国车的刚劲沉稳、法国车优越的操控性、意大利车出色的性能，一直为世人称道。

日本车轻巧美观、造型新颖、油耗低、使用效率高，特别注重经济性。

相同排量和配置的进口车，价格一般比国产车高，各种其他税费及日后的配件及使用费等都较高，应全面考虑。现在世界主要汽车大公司都来我国建立合资企业，根据我国实际情况设计、生产出来的汽车质量都比较好。

知识点3 汽车款式选择

现代汽车根据不同人的要求，设计不同款式以供选择，个性化强，用户可以根据自己喜好，随意选择。不同车款特点如下：

1. 三厢车（图7-5）

三厢车“有头有尾”，是中国人的传统选择。车尾密封的行李舱便于行李与人分开，舒适性好。

缺点是扁阔的行李舱放不下较大件的行李，行车时乘客照顾不到放在行李舱的东西。

图7-5 红旗H5

2. 两厢车（图7-6）

两厢车的车尾没有独立行李舱，所以摆放简单行李的位置是在后座位靠背的后面，使车身的长度缩短了很多，转向更加灵活。此外，在停车时由于车身短，所以容易预估位置。一般其油耗比三厢车低。

图7-6 BMW 2系多功能旅行车

3. MPV（图7-7）

MPV（Multi Purpose Vehicle）是指“多用途汽车”，它可以用作家用车，也可以用作商务车，还可以用作休闲旅行车，甚至可被当作小货车来使用。它兼具了轿车的舒适性和小型客车的较大空间，一般为单厢式结构，俗称为“子弹头”。

图7-7 腾势D9 DM-i

4. SUV（图7-8）

SUV（Sports Utility Vehicle）是指造型新颖的多功能越野车，它不仅具有MPV的多功能性，而且还有越野车的越野性。

图7-8 领克01

MPV 和 SUV 车型的车身都较高，视野较广阔，座位较高，坐在上面，就好像坐在客厅的椅子上，身体与腿部接近 90° ，令长途行车也不易感觉疲倦。

5. 轿跑车（图 7-9）

轿跑车兼有轿车和跑车的特点，一方面强调要善于奔跑、具有运动性，另一方面又不能丢掉轿车载人、实用的功能。轿跑车给人以潇洒的感觉，车速快，为众多青年人和汽车运动爱好者所青睐。

图 7-9 路特斯 Evora GT410 Sport

知识点 4 汽车颜色选择

1. 颜色与心理感觉

汽车的颜色五花八门，不同颜色给人的感觉不同。

银灰色是最能反映汽车本质的颜色，看见银灰色就想起了金属材料，给人感觉整体感很强。美国杜邦公司的调查结果显示，银灰色汽车最具人气，也最具运动感。

白色给人以明快、活泼、清洁、朴实大方的感觉，容易与外界环境相互吻合、协调。另外，白色是膨胀色，容易使小车显大。日本车在 20 世纪 80 年代有“白色代表高级”的说法，白色汽车的销量曾经占到过总销量的 70%。另外，白色汽车相对中性，对性别的区分度不高。

黑色是一种矛盾的颜色，既代表保守和自尊，又代表新潮和性感，给人以庄重、尊贵、严肃的感觉，也容易与外界环境相吻合。黑色一直是公务车最受青睐的颜色，高档车选用黑色气派十足，但低档车最好不要选用黑色。

红色给人以跳跃、兴奋、欢乐的感觉。红色是放大色，同样可以使小车显大。红色在阳光下感觉如同一团火焰，非常适合跑车或运动型车。

蓝色给人以清爽、清凉、冷静、豪华和气派的感觉。

黄色给人以欢快、温暖和活泼的感觉。黄色是扩大色，在环境视野中很显眼，跑车选用黄色非常适合，校车、小型车选用黄色也非常适合。出租车和工程抢险车的黄色，一是便于管理，二是便于人们及早发现，可与其他汽车区别。私家车选用黄色的不多。

绿色有较好的可视性，是大自然中森林的色彩，也是春天的色彩。小型车选用绿色很有个性，但豪华型车如果选用绿色，有点不伦不类的感觉。

实际上，汽车生产企业一般都准备了很多种颜色可供选择，如甲壳虫的车身颜色多达 16 种，有些高档车更为顾客准备了几十种颜色，可谓色彩斑斓、琳琅满目。顾客可以向销售商索取该车的色彩样本，选择所钟爱的颜色，据此向销售商订货。

2. 颜色与行车安全

国内外大量科学研究表明，不同外表颜色的汽车发生撞车等交通事故的概率不同。如图 7-10 所示，黑色汽车交通事故率最高，而银灰色汽车最安全。

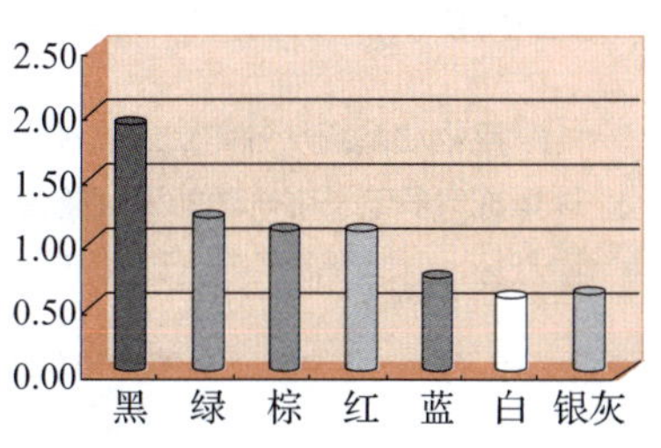

图 7-10 汽车颜色与行车安全

专家解析认为，颜色是有进退性的，即所谓的前进色和后退色。例如：有红色、黄色、蓝色、黑色共 4 辆轿车与你保持相同的距离，你就会觉得红色车和黄色车要离自己近一些，是前进色；蓝色和黑色的轿车看上去较远，是后退色。前进色的视觉效果要比后退色好，看起来要近一些，车主就会更早察觉到危险情况。

另外，颜色有胀缩性，即膨胀色和收缩色。如果将相同车身涂上不同的颜色，会产生体积大小不同的感觉。例如：黄色看起来感觉大一些，是膨胀色；同样体积的黑色、蓝色感觉小一些，是收缩色。收缩色看起来比实际要小，尤其是傍晚和下雨天，常不为对方车辆和行人注意而诱发事故；黄色等为膨胀色，看起来比实际要大，不论远近都很容易引起注意。

知识点 5 汽车性能比较

汽车好坏的本质在于性能，应该从厂商提供的说明书中初步了解车辆的性能。

1. 发动机（燃油车）

发动机是汽车的“心脏”，它的性能决定了整车的动力性能、经济性能和排放性能。

一般发动机排量大，额定功率就大，牵引力就大，车速也会高，但燃油消耗也高，从汽车说明书上都可以直接查出上述指标。应该遵循“既要马儿跑得快，又要马儿少吃草”为佳。

2. 电驱动系统

电驱动系统是新能源汽车动力总成的关键部件，相当于传统燃油车发动机的作用，直接决定整车的动力性能。

目前主流的电驱动系统有“大三电”集成，主要是电机、电控和减速器被集成在一个模块中，如图 7–11 所示，其中高压三合一主要对应“小三电”，即 OBC 车载充电器、DC / DC 直流变换器和 PDU 电源分配单元的充配电总成高度集成，更紧凑的集成方案提高了电驱整体功率密度和更加紧凑的布局。有一部分电驱动系统也被设计为多合一，在三合一系统的基础上，各公司按各自技术路线选择性封装，有将“大三电”和“小三电”进行集成的六合一电驱，也有进一步将高压系统的“大三电”、“小三电”、电池管理系统、整车控制器集成的多合一电驱，大大提高了整个电驱系统的集成度和性能表现。

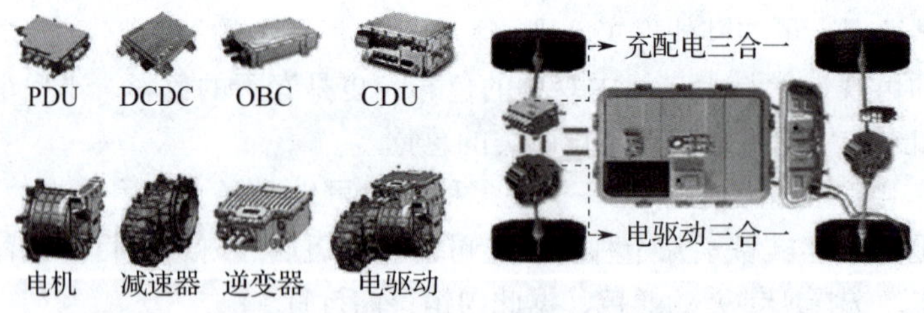

图 7–11　三合一集成电驱动系统

启示角

电驱动系统从分体式三大件到三合一成为主流，再到如今多合一大集成渗透率快速提升，集成形式由物理集成向多电子电气功能深度整合与域控系统发展。通过科学技术的创新，不仅使电驱动系统体积减小、重量减轻，更是提高了电驱动系统的功率密度与效率，有力地证明了“科学技术是第一生产力”这个真理。

3. 底盘

汽车的底盘直接影响到车辆的行驶安全性、稳定性、舒适性和操作方便性，也影响到汽车的动力性与经济性。

汽车的变速器有手动和自动两种类型可供选择，自动变速器的汽车少了一个离合器，使驾驶员的左脚完全解放出来，驾驶起来轻松多了，不用老操心着换档，思想集中，行车事故相对少了。对于驾驶经验不足者、女性和老年人，采用自动变速器的汽车，就有很大的优越性。但自动变速器汽车的价格要比手动变速器汽车的价格高，油耗也稍高，加速要慢一些。所以，一些熟练的驾驶员喜欢选用手动变速器汽车。

4. 车身

车身款式多样，主要从外观颜色、尺寸以及车内空间等方面选择。车身总体尺寸在汽车说明书上都有标出。相同外形尺寸的车辆，轴距和轮距越大，稳定性越好，车内空间越大；但占地面积大、转弯半径大、质量大、油耗高。很多女性驾驶员比较喜欢小巧玲珑的靓车。

车身的设计还与油耗有很大关系，流线型越好的车空气阻力越小，越省油。从汽车说明书上可以查到该车的空气阻力系数，应该越小越好。

知识点 6 汽车配置比较

1. 汽车配置的多样性

一个系列的家用汽车往往包括很多具体型号，它们之间的区别除了动力装置与变速器之外，还有其他配置的不同。

汽车的主要配置包括空调装置、LED 车灯、真皮座椅、座椅电动调节、电动车视镜、电动门窗、电动行李舱门、天窗、GPS 导航、铝合金轮毂、倒车雷达、车身稳定系统、制动辅助系统、车道偏离预警系统、自动紧急制动系统、胎压监测装置等。

2. 汽车配置选择

汽车配置可以根据自己需要与条件选择。

应该优先考虑安全配置。在标配 ABS、安全气囊的基础上，可增选车身稳定系统、制动辅助系统、车道偏离预警系统、自动紧急制动系统、胎压监测装置等。

座椅可根据区域气候和个人喜好来选择。

CD 音响不可没有，但也不必要求太高，高保真音乐越动听，越容易分散驾驶员的注意力，增加发生事故的可能性。

3. 汽车智能化程度

汽车的智能化功能主要包含自适应巡航、自动泊车入位、自动紧急制动系统、疲劳驾驶提醒、倒车车侧预警系统、车道偏离预警系统、语音识别控制系统、车联网、手机互联 / 映射等。相信以后越来越多新车上会有这些传统汽车上未有的功能，为人类的生活带来更多的安全和方便。

知识点 7 比较他人对汽车的评价

1. 请教专家

请教专家主要是指请教有经验的汽车修理工、驾驶员、销售人员、专业老师、管理人员等，他们常年与汽车打交道，所以最有发言权。

2. 请教身边购车者

可以向身边的购车者请教以下问题：汽车发动机工作稳定吗？驾驶感觉如何？山道上跑得怎么样？买来多久进的修理厂？修理厂的态度好吗？夏天开空调时凉快吗？开空调油耗多少？等等。

3. 查询网上信息

形形色色的有车族（包括无车的网民）、专业车评人在网上发布的诸多信息语言生动、直言不讳，并且信息量之大，是传统媒体无可比拟的，可以作为一个参照。当然，对于网上的信息必须注意筛选。

4. 留意新闻媒体的报道

近年来，新闻媒体对于汽车的报道越来越多，通常，新闻媒体以正面报道为多，注意将不同媒体、不同来源的消息放在一起分析，得出结论。还有一种方法，就是注意车企股价的变化。国内外主要的汽车制造企业都是上市公司，其业绩会比较准确地反映到年报中，从而影响股价的变化。

任务实施

1. 采用小组合作形式，根据陈先生的用车习惯与需求，列出汽车选购的参考建议，并在组内讨论交流。
2. 用 PPT 展示汽车选购的参考建议及解释选购的依据。
3. 推选小组代表就汽车配置选择发表看法。
4. 练习题

（1）按轿车档次可分为微型轿车、中高级轿车、高级轿车和另外哪几种？（　　）

A. 普通级轿车　　B. 小型轿车　　C. 一般轿车　　D. 中级轿车

（2）汽车好坏的本质在于什么方面？（　　）

A. 大小　　B. 颜色　　C. 配置　　D. 性能

（3）燃油车的________是汽车的“心脏”，它的性能决定了整车的动力性能、经济性能和排放性能。

（4）在汽车配置的选择中对________配置是优先要考虑的。

（5）________的设计还与油耗有很大关系，流线型越好的车空气阻力越小、越省油。

任务评价

在完成本学习任务后，通过小组会议的形式进行总结与反思，并完成多元化评价，评分细则见表 7-6。

表 7-6　汽车选型评价表

序号	考核内容	配分	评分细则	自评得分	小组评价	教师评价
1	组员准备、学习态度、自主探究与团队协作能力	20	准备是否充分、学习态度是否认真、能否进行自主探究与团队协作 □优秀 □良好 □一般 □不合格			

（续）

序号	考核内容	配分	评分细则	自评得分	小组评价	教师评价
2	列出汽车选购的参考建议	30	建议是否全面、是否有依有据 □优秀 □良好 □一般 □不合格			
3	汽车选购的参考建议及解释选购的依据	20	PPT 制作是否精美、内容是否完整、表达是否流利、解释是否合理 □优秀 □良好 □一般 □不合格			
4	就汽车配置选择发表看法	15	观点是否鲜明、逻辑是否合理、推理是否清晰 □优秀 □良好 □一般 □不合格			
5	练习题完成正确率	15	共 5 题、每小题 3 分			
总分（自评 20%，小组评价 30%，教师评价 50%）						
学生建议：			教师指导意见：			

07

任务 3　新车现场选购技巧

学习目标

- 能够阐述新车表面检查项目。
- 能够进行汽车发动机、底盘的动态检查。
- 树立“凡事预则立，不预则废”的前瞻思维，正确认识和把握事物发展动态，增强工作的预见性和主动性。

任务接收

提车当天，作为汽车销售顾问的你，如何协助顾客陈先生对汽车进行新车的表面检查和试车检查？

获取资讯

知识点 1 新车的表面检查

1. 查看出厂日期

汽车出厂日期

轮胎出厂日期

出厂日期是标志该车从生产线上完成装配的日期，它往往被注明在发动机舱盖下面的一块铭牌上。如果看到这个日期与买车的日期十分接近，说明该车较新。另外，新车的里程表上显示的行驶了10~20km是正常的，可以认定其是“零公里”的新车。

2. 查看轮胎

新车的轮胎，应该是完全没有磨损的，包括轮胎制造过程中产生的细小痕迹以及刺状的凸起都不应存在。

3. 观察“跑冒滴漏”

打开发动机舱盖，观察发动机气缸体和气缸盖、油底壳之间有无机油渗漏，散热器周围有无水渍，蓄电池桩头附近有无污染和锈蚀，空调管路的接口处有无尘土黏附。

观察底盘，转向节附近有无渗油，驱动轴的防尘套是否完好，减振器周围有无尘土黏附，减振器的橡胶零件有无变形，变速器和后桥的外壳是否有渗漏的油迹，或观察地面是否有滴油的痕迹。

4. 检查车门

试试车门开启是否灵活，听听车门开合时的声音。关门时，如果发出沉闷的“砰砰”声，说明车门工艺精湛，密封性良好；如果关门时，发出清脆的“啪啪”声，说明车门工艺不好，密封性差。

5. 观察车身

应首先注意发动机舱盖、行李舱盖以及车门装配的几何尺寸是否准确，缝隙是否均匀；边角有无车漆流挂或鼓包；线条是否清晰明快。从侧面迎着光线观察，这样可以了解车身的弧线是否圆滑，棱线是否笔直。

6. 车内检查

坐进驾驶室，可以试试门窗升降是否平顺，角落边缘有无锈迹，座位有无污垢。用手晃动转向盘，上下不能有窜动现象；左右转动转向盘，应该有一定自由行程，这个自由行程要符合使用说明书的要求，一般不超过15°。观察仪表板及仪表装配是否工整，有没有歪斜现象。试试杂物箱等车内其他装置的开合是否顺畅。

7. 脚踏板检查

静止状态下，检查一下加速踏板是否反应灵敏；离合器踏板是否过硬过沉；离合器踏板和制动踏板是否有一定的自由行程，这个自由行程是否符合使用说明书要求；踏下制动踏板到极限，有无继续向下的感觉，如果有，说明制动油路有问题。三个踏板均应回位迅速，无卡滞的现象。

8. 检查汽车电器

检查蓄电池的正负极桩头是否洁净。

打开起动钥匙的第一档，仪表盘上所有的指示灯应该全亮，油量指针应该有上升的变化。检查灯光时，先打开故障警告开关，此时，所有的灯光均应有节奏地闪动；扳动转向灯开关和雾灯开关，检查灯光是否完好；挂倒档，倒档灯应该亮起；踩下制动踏板，制动灯应该亮起。

检查刮水器，在中、低、高各速度档位上工作正常，洗涤器出水畅通。

按动喇叭，声音应该柔和动听。

打开音响设备，听听音响效果。先开到最小音量，听听音响对细小声音的分辨能力；然后开到最大音量，听听扬声器的声音是否失真。

知识点 2 新车的试车检查

试车是购车的关键环节，包括起动、驾驶、检验等项目，请个修理技师或有开车经验的人一同挑选最好。

1. 动力系统的动态检查

对于燃油车，起动发动机后观察发动机在怠速时是否平稳，有无不规则颤动，转速表的指针是否上下晃动，如果晃动厉害，说明怠速不稳。观察转速表指示的转速是否符合说明书要求；踩下加速踏板，发动机的声音应该是由小到大的平稳轰鸣，其中如果有极细小的金属敲击声或沉闷的碰撞声，都可能是发动机致命的缺陷。可以多试几辆车，相互对照一下它们的发动机的声音，选一辆声音最小、最柔和的汽车。路试时，突然深踩加速踏板，看看发动机的反应快慢，车子是否有“推背感”，如果有，说明加速性能良好。

对于新能源汽车，上电后观察仪表上的 OK 灯是否正常点亮，并检查动力蓄电池的续驶里程是否达到制造商提供的数据，确保动力蓄电池是全新的。进行短途试驾，检查车辆的操控性、加速性和制动性能，留意驱动电机在行驶过程中是否有异响，任何异响都可能预示着潜在的问题。对于混合动力电动汽车，还需关注其模式切换功能，检查车辆能否在 EV 纯电模式、混动模式和发动机模式之间顺畅切换。给车辆充电时，观察充电功率是否达到规定值，充电功率的稳定性不仅影响着充电速度，也反映了车辆充电系统的健康状况。

2. 底盘的动态检查

轻轻转动转向盘，其反应应该及时、灵敏。如果感觉很沉、很费力，或者自由行程过大、反应迟缓，说明转向器有问题。向左右转弯后，让它自己转回，看看是否朝正直方向前进，如果不能回到正直方向或者出现跑偏现象，说明转向器或前轮的前束有问题。

检查制动，轻轻踏下制动踏板，看看是否反应灵敏，反应迟缓或过于灵敏都不好。紧急制动后，方向应仍能保持正直。

在颠簸的道路上行驶，打开窗户，倾听底盘、减振器是否出现异响。

启示角

《礼记·中庸》有云：“凡事预则立，不预则废”。做好新车交车准备，车辆 PDI（Pre-Delivery-Inspection）检查必不可少。通过新车检查，可以发现并修复潜在的安全隐患，从而降低车辆在使用过程中的故障风险。同时通过试车正确评价车辆的技术状况和性能，对于保障交通安全、提高运输能力、降低生产成本具有重要意义。

任务实施

1. 采取小组合作的方式，进行新车表面检查和试车检查，记录下关键操作步骤，并在组内讨论交流。
2. 说说新车表面检查和试车检查流程。
3. 推选小组代表分享新车表面检查和试车检查的经验与技巧。
4. 练习题

（1）出厂日期是标志该车从生产线上完成什么工序的日期？（　　）

A. 装配　　B. 出厂　　C. 检测　　D. 出库

（2）打开起动钥匙的第一档，仪表盘上所有的指示灯应该有怎样的现象？（　　）

A. 全灭　　B. 全亮　　C. 一部分亮　　D. 一部分灭

（3）打开音响设备，听听音响效果。先开到怎样的音量，来听音响对细小声音的分辨能力？（　　）

A. 最小　　B. 最大　　C. 适中　　D. 喜欢的

（4）试车是购车的关键环节，包括起动、________、检验等项目。

（5）用手晃动转向盘，上下不能有________现象，左右转动转向盘，应该有一定________。

任务评价

在完成本学习任务后，通过小组会议的形式进行总结与反思，并完成多元化评价，评分细则见表 7–7。

表 7–7　新车现场选购评价表

序号	考核内容	配分	评分细则	自评得分	小组评价	教师评价
1	组员准备、学习态度、自主探究与团队协作能力	20	准备是否充分、学习态度是否认真、能否进行自主探究与团队协作 □优秀 □良好 □一般 □不合格			
2	新车表面检查和试车检查	30	检查项目是否齐全，检查内容是否合理 □优秀 □良好 □一般 □不合格			
3	描述新车表面检查和试车检查流程	20	流程描述是否正确、是否完整 □优秀 □良好 □一般 □不合格			
4	分享新车表面检查和试车检查的经验与技巧	15	经验是否值得借鉴和学习，技巧是否具备可操作 □优秀 □良好 □一般 □不合格			
5	练习题完成正确率	15	共5题、每小题3分			
总分（自评 20%，小组评价 30%，教师评价 50%）						
学生建议：			教师指导意见：			

任务 4　选择汽车保险

学习目标

- 能够阐述汽车种类与投保的渠道。
- 能够描述汽车投保流程。
- 树立居安思危、未雨绸缪的忧患意识。

任务接收

顾客陈先生将要购买汽车保险，你作为保险专员，要根据陈先生的需求拟定一份汽车保险方案。

获取资讯

汽车保险种类

知识点 1 汽车保险概述

1. 汽车保险

汽车保险是以汽车本身及第三者责任等为保险标的的一种不定值财产保险。保险客户，主要是拥有各种汽车的法人团体和个人；保险标的，主要是各种类型的汽车。

2. 汽车保险的法律法规

我国汽车保险相关法律规定：在中华人民共和国境内道路上行驶的机动车的所有人或管理人都应当投保交强险；机动车所有人、管理人未按规定投保交强险的，公安机关交通管理部门有权扣留机动车，通知机动车所有人、管理人依照规定投保，并处以应缴纳的保险费的 2 倍罚款；商业险可以根据需要由车主自主参加；汽车保险由保险公司组织实施。

知识点 2 汽车保险种类

我国汽车保险一般包括强制车险和商业车险两种。强制车险专指机动车辆交通事故强制责任保险（简称“交强险”）；商业车险包括基本险和附加险两部分。各种保险的内容及其费用见表 7–8。

表 7–8　保险种类及其保险费用

保险种类	保险内容	保险费用
强制车险（交强险）	是指由保险公司对被保险机动车发生交通事故造成第三方受害人（不包括本车人员和被保险人）的人身伤亡、财产损失，在责任限额内予以赔偿的强制性责任保险	根据不同车辆（分家庭自用车、非营业客车、营业客车等 8 大种类 42 种小类）和出险不同而不同（如 6 座以下家用乘用车第一年保费为 950 元 / 年）

（续）

<table>
<tr><th colspan="3">保险种类</th><th>保险内容</th><th>保险费用</th></tr>
<tr><td rowspan="9">商业车险</td><td rowspan="3">基本险</td><td>车辆损失险</td><td>是指对由于保险责任范围内的自然灾害和意外事故车辆本身的直接损失，且不属于免除保险人责任的范围，由保险人负责赔偿的一种机动车辆保险</td><td>根据不同车辆车龄不同而不同（如6座以下家用乘用车第一年保费为630+购车费 ×1.5% 元）</td></tr>
<tr><td>第三者责任险</td><td>是指保险人或其允许的合格驾驶员在使用保险车辆过程中发生意外事故，致使第三者遭受人身伤亡或财产直接损毁，依法应当由被保险人承担的赔偿责任，由保险公司负责赔偿</td><td>根据不同的保险公司、不同的渠道投保而不同，具体多少钱还要看最高赔偿限额对应的档次，保费也由低到高变化</td></tr>
<tr><td>车上人员责任险</td><td>是指被保险人允许的合格驾驶员在使用保险车辆过程中发生意外事故，致使车内乘客人身伤亡，依法应由被保险人承担的赔偿责任，由保险公司按照保险合同进行赔偿</td><td>驾驶员座位每万元40元左右，其他座位每万元25元左右</td></tr>
<tr><td rowspan="6">附加险</td><td>车上货物责任险</td><td>是指投保了本项保险的机动车辆在使用过程中，发生意外事故，致使保险车辆上所载货物遭受直接损毁，依法应由被保险人承担的经济赔偿责任，保险公司在保险单所载明的该保险赔偿额内计算赔偿</td><td>按照“保险金额 × 费率”得出</td></tr>
<tr><td>新增加设备损失险</td><td>是指投保了本附加险的被保险机动车因发生机动车损失保险责任保险范围内的事故，造成车上新增设备的直接损毁，保险人在保险单载明的本附加险的保险金额内，按照实际损失计算赔偿</td><td>—</td></tr>
<tr><td>车身划痕损失险</td><td>是指在车辆使用过程中，发生无明显碰撞痕迹的车身划痕损失，保险人按照保险合同约定负责赔偿</td><td>根据车辆、车龄、油漆和保险额不同，一般在400~3000元不等</td></tr>
<tr><td>车轮单独损失险</td><td>是指在车辆使用过程中，因自然灾害、意外事故，导致被保险机动车未发生其他部位的损失，仅有车轮（含轮胎、轮毂、轮毂罩）单独的直接损失，且不属于免除保险人责任的范围，保险人依照本附加险合同的约定负责赔偿</td><td>—</td></tr>
<tr><td>修理期间费用补偿险</td><td>是指发生机动车损失保险责任范围内的事故，造成车身损毁，致使被保险机动车停驶，保险人按保险合同约定，在保险金额内向被保险人补偿修理期间费用，作为代步车费用或弥补停驶损失</td><td>保费一般在70~150元之间</td></tr>
<tr><td>精神损害抚慰金责任险</td><td>是指发生投保的主险约定的保险责任内的事故，造成第三者或车上人员的人身伤亡，受害人据此提出精神损害赔偿请求，保险人依据法院判决及保险合同约定，对应由被保险人或被保险机动车驾驶人支付的精神损害抚慰金，在扣除机动车交通事故责任强制保险应当支付的赔款后，在本保险赔偿限额内负责赔偿</td><td>—</td></tr>
</table>

（续）

<table>
<tr><th colspan="3">保险种类</th><th>保险内容</th><th>保险费用</th></tr>
<tr><td rowspan="4">商业车险</td><td rowspan="4">附加险</td><td>绝对免赔率特约条款</td><td>车辆发生主险约定的保险事故，保险公司按照主险的约定计算赔偿后，扣减本特约条款约定的免赔。即：
主险实际赔偿 = 按主险约定计算的赔偿 ×（1-绝对免赔率）</td><td>—</td></tr>
<tr><td>法定节假日限额翻倍险</td><td>是指在法定节假日期间使用被保险机动车发生机动车第三者责任险范围内的事故，并经公安部门或保险人查勘确认的，被保险机动车第三者责任险所适用的责任限额在保险单载明的基础上增加一倍</td><td>三者节假日翻倍险保费一般为数十元</td></tr>
<tr><td>医保外用药责任险</td><td>可保障车辆在使用过程中，若发生主险保险事故，对于应对第三者或车上人员承担的医疗费用，超出《道路交通事故受伤人员临床诊疗指南》和国家基本医疗保险同类医疗费用标准的部分负责赔偿</td><td>与选择的保额有关，一般是可以选择 5000 元、2 万元、5 万元的保额；家庭自用车选择附加的话，5000 元保额一年保费只要 11 元；2 万保额一年保费只要 19 元；5 万保额一年保费只要 38 元</td></tr>
<tr><td>其他</td><td>上述以外的保险，如发动进水损坏特约条款、机动车增值服务特约条款等</td><td>见各保险公司细则</td></tr>
</table>

知识点 3 汽车保险种类的选择

汽车保险项目繁多，除交强险外，其他保险车主可以根据自己具体情况有所选择。目前，一般有 4 种组合方案可供选择，见表 7-9。

表 7-9　汽车保险组合

组合方案	险种组合	优点	缺点	适用对象
最低保障方案	第三者责任险	费用较低	一旦撞车，自己车的损失自己负担	过于追求省钱的车主（不推荐）
基本保障方案	车辆损失险 + 第三者责任险	费用适当，能够提供基本的保障	不是最佳组合	有一定经济压力的车主
最佳保障方案	车辆损失险 + 第三者责任险 + 车上人员 / 货物责任险	投保价值大的险种，物有所值	保费较高	一般公司或个人
完全保障方案	车辆损失险 + 第三者责任险 + 车上人员 / 货物责任险 + 新增加设备损失险	全部事故损失都能得到赔偿	保费高，某些险种出险的概率小	经济宽裕的车主

知识点4 汽车投保方式

1. 汽车投保

汽车投保是指经主管部门检验合格并领有牌照的机动车辆，其所有人或管理人向保险公司办理汽车保险手续，是被保险人与保险公司签订保险契约的过程。保险契约是具有法律效力的经济合同，涉及双方的权利与义务，一经签订，双方均必须执行。

2. 汽车投保方式的内容

在车险市场竞争日益白热化的今天，出现了多种投保方式（表 7-10），其保费价格、服务内容也不尽相同，如何选择方便快捷、价格便宜、服务全面的渠道，值得探讨。

表 7-10 汽车投保方式

方式	方法	优点	缺点	注意事项	适合人群
电话投保	拨打保险公司的车险销售电话即可，有专业人员上门服务	操作简单，投保快捷（3 天左右），投保较优惠	需要选择较理想的保险公司，拨打正确电话	需提防“山寨”版投保电话，也要防止遭遇假保单	懂得电话投保业务，善于精打细算的人
网上投保	通过进入车险官方网站，自主选择险种	方便快捷（几分钟即可完成投保），投保最优惠	需要懂一些计算机及网络知识，对汽车险种熟悉	务必在官方网站进行投保，谨防虚假的钓鱼网站	懂得计算机及网络知识，同时对险种有明确要求的人
4S 店投保	购车后在经销商处直接投保	简单方便，购车、投保一步到位，出险索赔与维修同步	保费浮动较大，费用相对较高	投保前需要事先了解哪些险种没必要购买	初次购车人群
保险中介投保	将相关资料交予中介公司，由其代为购买	可货比三家，比较多个保险公司产品情况	容易出现中介骗保的情况	要选择资质过硬的中介公司，保单验证真伪后再付款	对保险中介熟悉的人群
营业厅投保	车主携带相关资料去保险公司营业网点，当场填单缴费投保	权威可靠，手续齐全，立等可取	没有上门服务，只能去固定营业厅办理，优惠少	对险种熟悉，投保资料要齐全	对险种要求明确

知识点5 汽车投保流程

1. 汽车投保基本流程

不同投保方式，流程有所不同，其基本流程如图 7-12 所示。

图 7-12 中有以下三种情形可免验车：

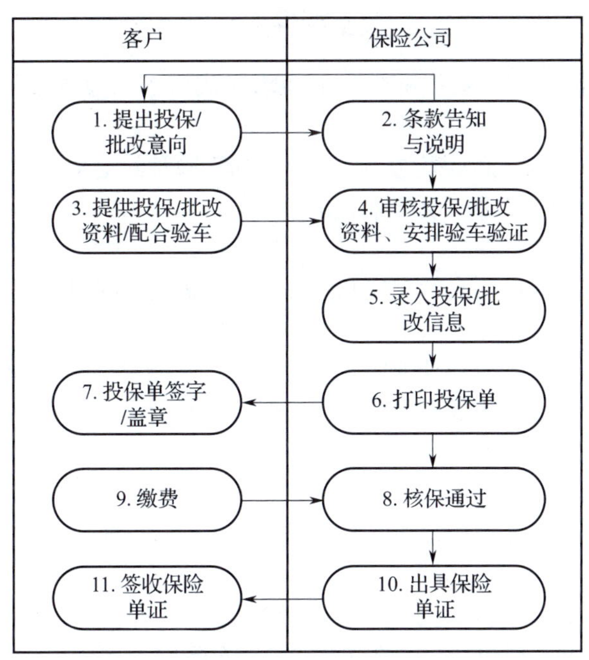

图 7-12　汽车投保基本流程

1）单保责任险：商业第三者责任险、车上人员责任险及其附加险。

2）按期续保：本年度保单保险期间起期与上年度保单保险期间止期相连，且本年度承保的损失险类（包括车辆损失险及其附加险）险别上年均有承保。

3）新购置车辆：车辆的购置日距保险日不可以超过 7 天。

2. 汽车投保注意事项

1）应选择具有合法资格的保险公司购买汽车保险，要了解各公司提供服务的内容及信誉度，以充分保障自己的利益。

2）详细了解汽车保险条款内容，各家保险公司的车险条款有所不同，一定要看清楚。

3）根据自身实际需要购买合适的险种。

4）起保时间由投保人自己确定，保单生效时间从起保日的当天 0 时起，到约定期满日的 24 时止。保险有效期以一年为限，也可以少于一年，但不能超过一年。期满后可以续保，并重新办理手续。

启示角

《诗经》上说：“迨天之未阴雨，彻彼桑土，绸缪牖户。”这段话说的是一种小鸟，在天未下雨之前，就懂得衔取桑树根，缠绕巢穴，使巢穴更加坚固。越是安稳幸福、前景光明，越是要增强忧患意识，做到居安思危、未雨绸缪。

任务实施

1. 采取小组合作的方式，根据陈先生的需求完成汽车保险方案的拟定，并在组内讨论交流。
2. 各小组分别展示所拟定的保险方案，并解释所选险种的定义。
3. 推选小组代表分享汽车保险方案制定的方法。
4. 练习题

（1）哪个险种是指对由于自然灾害和意外事故车辆本身的损失由保险人赔偿的一种车辆保险？（　　）

A. 车辆损失险　B. 交强险　C. 第三者责任险　D. 车上人员责任保险

（2）目前汽车投保方式主要有电话投保、保险中介投保、营业厅投保，以及另外哪些投保方式？（　　）

A. 网上　B.4S 店　C. 商业　D. 第三者

（3）哪个险种指的是在使用保险车辆过程中发生保险事故，致使本车内乘客人身伤亡并赔偿的车险？（　　）

A. 车辆损失险　B. 交强险　C. 第三者责任险　D. 车上人员责任险

（4）我国汽车保险一般包括交强险和________车险。

（5）汽车保单生效时间从起保日的当天 0 时起，到约定期满日的________时止。

任务评价

在完成本学习任务后，通过小组会议的形式进行总结与反思，并完成多元化评价，评分细则见表 7–11。

表 7–11　选择汽车保险评价表

序号	考核内容	配分	评分细则	自评得分	小组评价	教师评价
1	组员准备、学习态度、自主探究与团队协作能力	20	准备是否充分、学习态度是否认真、能否进行自主探究与团队协作 □优秀 □良好 □一般 □不合格			
2	制定合理的汽车保险方案	30	险种选择是否合理，投保金额是否合适 □优秀 □良好 □一般 □不合格			
3	汽车保险方案的展示与险种定义解释	20	PPT 制作是否得当、是否精美，方案内容是否完整、是否考虑到位，险种定义解释是否准确 □优秀 □良好 □一般 □不合格			
4	分享汽车保险方案制定的方法	15	方法是否得当、是否值得借鉴和学习 □优秀 □良好 □一般 □不合格			
5	练习题完成正确率	15	共 5 题、每小题 3 分			
总分（自评 20%，小组评价 30%，教师评价 50%）						
学生建议：			教师指导意见：			

认知模块 07

任务 5　进行汽车保险索赔

学习目标

- 能够描述汽车保险理赔流程。
- 能够进行索赔资料的审核。
- 深入理解保险的基本原则，树立实事求是的工作作风。

任务接收

广州车主李先生在大暴雨中行驶时，车辆被淹熄火，李先生仍强行“打火”前行，结果发动机损坏。事后李先生申请理赔，请你分析下保险公司的处理结果并说明理由。

获取资讯

知识点 1 汽车理赔与索赔

1. 汽车理赔

汽车理赔是指汽车发生交通事故后，保险公司根据事故发生具体情况、保险条款和相关政策法规所进行的保险赔付过程。

汽车理赔流程

2. 汽车索赔

汽车索赔是指汽车发生交通事故后，被保险人可就自己的事故损失向保险人提出索赔要求，这是被保险人的一项权利。具体赔付数值，则必须根据事故具体情况、保险条款和相关政策法规进行核算。

3. 汽车理赔与索赔流程

汽车理赔与索赔基本流程如图 7-13 所示。

图 7-13　汽车理赔与索赔流程

1）报案受理。汽车出险后，被保险人应及时通知保险公司，否则，造成损失无法确定或扩大的部分，保险公司将不予赔偿。保险公司接到报案后，应及时受理，对相关事项作出安排。

2）现场查勘。运用科学的方法和现代技术手段，对保险事故现场进行实地勘察和查询，将事故现场、事故原因等内容完整而准确地记录下来。

3）损失确定。根据保险合同的规定和现场查勘的实际损失记录，在尊重客观事实的基础上，确定保险责任，然后开展事故定损。

4）赔款理算。保险公司按照法律和保险合同的有关规定，根据保险事故的实际情况，核定和计算应向被保险人赔付金额。

5）核赔。在保险公司授权范围内独立负责理赔的人员，按照保险条款及公司内部有关规章制度对赔案进行审核。

6）赔付结案。业务人员根据核赔的审批金额，向被保险人支付赔款，对理赔案卷进行整理。

4. 汽车索赔注意事项

1）汽车出现事故后，未经保险公司认可，被保险人不要擅自修复受损车辆。

2）被保险人不要对第三者自行承诺赔偿金额，也不要在保险公司赔偿前放弃向第三者索赔的权利。

3）索赔时应实事求是，如有隐瞒事实、伪造单证、制造假案等行为发生，被保险人除将有可能因此而受到法律制裁外，还有可能遭到保险公司拒赔。

4）汽车出现事故，有些是不予赔偿的，如醉酒驾车、出现地震等自然灾害，应该仔细了解保险条款。

知识点 2　汽车赔偿计算

汽车出现事故种类繁多，涉及面广，赔偿计算复杂，尤其是汽车的各种商业保险，各保险公司条款有所不同，其计算的基本依据是 2020 年发布的《银保监会关于印发实施车险综合改革指导意见的通知》和《中国保险行业协会机动车辆商业保险示范条款（2020 版）》等文件。

对于强制车险（交强险）的赔偿计算比较统一，如图 7-14 所示。当有责任时，第三方财产损失最高赔偿 2000 元，第三方医疗费（包括医疗费、诊疗费、住院费、住院伙食补助费、必要合理的后续治疗费、整容费、营养费等）最高赔偿 18000 元，第三方死亡伤残费（包括丧葬费、死亡补偿费、办理丧葬事宜的交通费、残疾赔偿金、残疾辅助器具费、护理费、康复费、交通费、被扶养人生活费、住宿费、误工费、通过判决或调解产生的精神损害抚慰金）最高赔偿 180000 元。当无责任时，第三方财产损失最高赔偿 100 元，第三方医疗费最高赔偿 1800 元，第三方死亡伤残最高赔偿 18000 元。

● 当有责任时

第三方财产损失 最高赔偿2000元  | 第三方医疗费 最高赔偿18000元  | 第三方死亡伤残 最高赔偿180000元 

● 当无责任时

第三方财产损失 最高赔偿100元  | 第三方医疗费 最高赔偿1800元  | 第三方死亡伤残 最高赔偿18000元

交强险

图 7-14　强制车险的赔偿

启示角

以近因原则为准绳，确定事故中导致损失的最为直接、最为有效、起了决定作用的原因，并以此作为保险责任确定的因素。尊重客观事实，秉承实事求是的工作作风，才能避免无中生有、扩大损失范围或无故拒赔的理赔乱象。

任务实施

1. 采用小组合作的形式，收集与本案例相关汽车保险理赔条例，完成保险理赔案例分析，并在组内讨论交流。
2. 对汽车保险公司处理结果进行解释。
3. 推选小组代表就交强险的社会意义发表自己的看法。
4. 练习题

（1）以下哪个选项属于汽车理赔与索赔基本流程中的环节？（ ）

A. 报案受理　　B. 损失确定　　C. 赔款理算　　D. 赔付结案

（2）用科学的方法和科学技术手段对事故现场进行勘察和查询，将事故现场、原因等内容进行记录的工作是指什么？（ ）

A. 现场查勘　　B. 损失确定　　C. 理赔计算　　D. 赔付结算

（3）保险公司理赔的人员，按照保险条款及公司有关规章制度对赔案进行审核的工作是指什么？（ ）

A. 现场查勘　　B. 损失确定　　C. 核赔　　D. 报案受理

（4）________是指业务人员根据核赔的审批金额，向被保险人支付赔款，对理赔案卷进行整理的工作。

（5）索赔时应________，如有隐瞒事实、制造假案等发生，除可能受到法律制裁外，还可能遭到保险公司拒赔。

任务评价

在完成本学习任务后，通过小组会议的形式进行总结与反思，并完成多元化评价，评分细则见表 7–12。

表 7–12　汽车保险索赔评价表

序号	考核内容	配分	评分细则	自评得分	小组评价	教师评价
1	组员准备、学习态度、自主探究与团队协作能力	30	准备是否充分、学习态度是否认真、能否进行自主探究与团队协作 □优秀 □良好 □一般 □不合格			
2	判断汽车保险公司处理结果	20	结果判断是否准确 □优秀 □良好 □一般 □不合格			

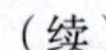
（续）

序号	考核内容	配分	评分细则	自评得分	小组评价	教师评价
3	对汽车保险公司处理结果进行解释	20	解释是否逻辑清楚，理由是否充分 □优秀 □良好 □一般 □不合格			
4	就交强险的社会意义发表自己的看法	15	看法是否有依据 □优秀 □良好 □一般 □不合格			
5	练习题完成正确率	15	共5题、每题3分			
总分（自评20%，小组评价30%，教师评价50%）						
学生建议：			教师指导意见：			

认知模块 07

任务6 进行汽车的消费贷款

学习目标

- 能够阐述汽车消费信贷操作性文件的种类、用途及填写相关注意事项。
- 能够指导客户填写汽车消费信贷操作性文件。
- 树立“量入为出，理性消费，谨防诈骗”的意识。

任务接收

客户陈先生以按揭贷款方式购买汽车，请你（4S店按揭贷款专员）协助陈先生办理汽车消费信贷业务。

获取资讯

知识点1 我国的汽车消费信贷方式与内容

汽车消费贷款是贷款人向申请购买汽车的借款人发放的贷款，是一项刺激汽车消费、扩大汽车销售的举措。

我国的汽车消费信贷以贷款来源分为银行贷款、汽车金融公司贷款和汽车经销商信贷 3 种形式。它们分别是指银行、汽车金融公司和汽车经销商直接面向借款人的消费信贷。各种汽车消费信贷方式与内容比较见表 7–13。

表 7–13　汽车消费信贷方式与内容比较

汽车信贷方式		信贷内容	优缺点
银行贷款	抵押贷款	购车债务人以其抵押物（一般为房产）作为获得贷款的条件。当债务人不履行债务时，债权人有权以该抵押物折价或拍卖用于还贷	需要有房产等作为抵押，手续比较繁琐。房地产不易贬值，比较受银行的欢迎
	按揭贷款	购车债务人以购买的汽车作为担保，按规定支付首付款后，银行将借款人所购汽车的产权转给银行作为还款的保证，然后由银行贷款为其垫付其余的购车款。在还清全部按揭的本息后，银行将该汽车的所有权转回给购车者	不需要其他抵押物，手续简便。需要偿还银行一定利息
	质押贷款	购车债务人将其本人的动产①移交给贷款银行，暂时归银行占有作为担保。当债务人不履行债务时，贷款银行有权依法以该抵押动产折价或拍卖、变卖该动产，获得的价款优先用于还贷	手续简单、变现能力强，银行欢迎，但拥有大额存单的人不多
	第三方担保贷款	是指汽车经销商为购车人提供第三方担保的贷款。对借款人未按合同约定偿还贷款本息的，经销商将承担第三方担保责任	贷款的保障比较差，经销商和银行要承受风险
汽车金融公司贷款		是指汽车金融公司为购车人提供的一种贷款，买方需支付本金和一定的利息	贷款申请门槛比银行低，手续便捷，但费用稍高
汽车经销商信贷		是指汽车经销商向买方提供的一种贷款，买方需支付首付款和分期偿还本金和利息	是卖方的一种促销方式，也为买方提供了方便，但需要支付一定利息

①可以作为汽车质押贷款的动产包括银行存单、国库券、金融债券，以及国家重点建设债券、汇票、本票、支票、提单、股份、股票、商标权、专利权等。

知识点 2 汽车消费信贷的程序

不同汽车消费贷款方式的流程有所不同，以目前常用的汽车经销商信贷为例，其流程如图 7–15 所示。

启示角

“买买买的时候有多爱，还还还的时候就有多痛。”一句话道出了很多年轻人过度消费后的心声。在超前消费欲望影响下，部分消费者缺乏“量入为出，理性消费”意识和必要的金融知识，从而陷入过度负债的旋涡，所以要做到：无收入不提前消费，有收入量力消费，有负债谨慎消费。

另外，申请贷款、信用卡一定要选择正规渠道，如在放贷、申请信用卡时，要交“保证金”“手续费”的都是诈骗。

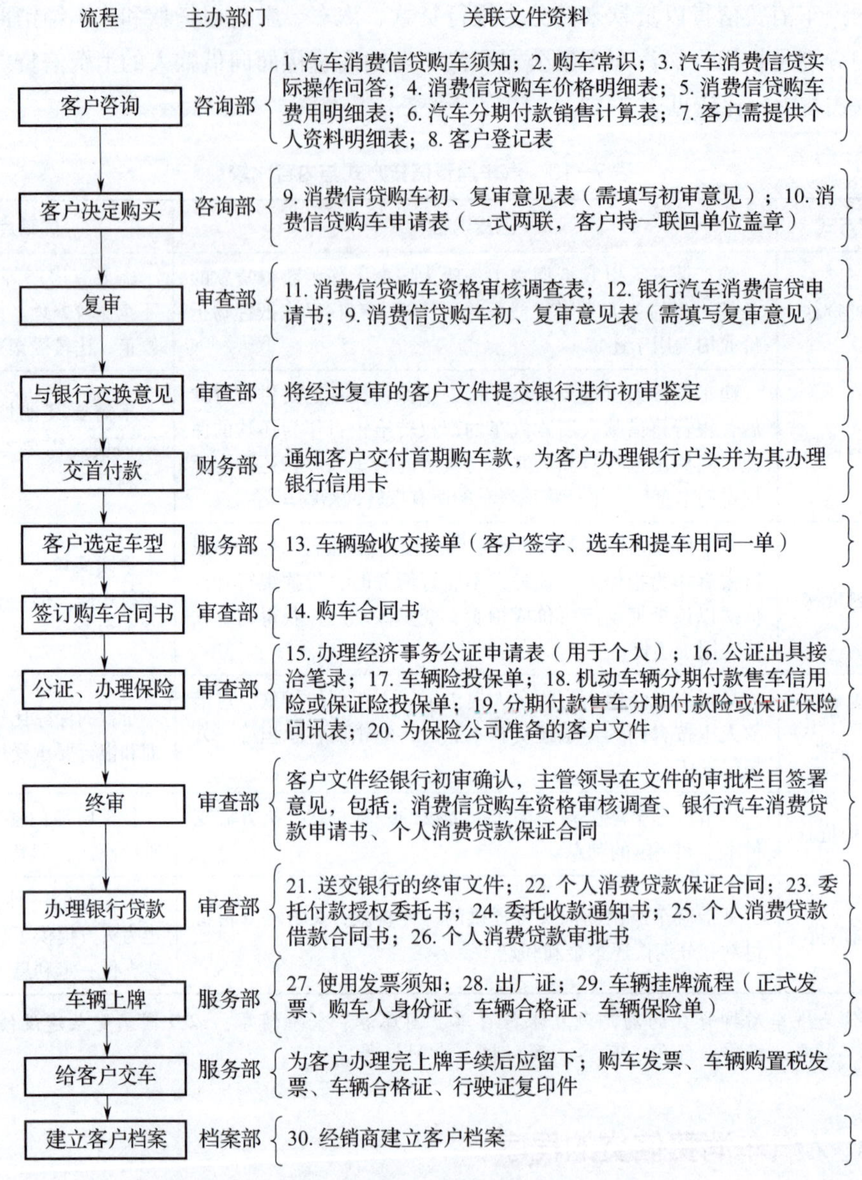

图7-15 汽车经销商信贷流程（图中数字为操作性文件目录号）

任务实施

1. 采用小组合作的形式，检索汽车消费信贷业务所需关联文件资料及流程，并在组内讨论交流。
2. 用PPT讲解汽车消费信贷业务办理流程。
3. 推选小组代表分享对按揭贷款购车的看法。
4. 练习题

（1）我国汽车消费信贷以贷款来源分汽车金融公司贷款、汽车经销商信贷以及哪种信贷？（ ）

A. 银行贷款　　B. 按揭贷款　　C. 质押贷款　　D. 第三方担保贷款

（2）购车人以购买的汽车为担保，支付首付后，由银行为其垫付其余车款的是下面哪种贷款？（　　）

A. 抵押贷款　　B. 按揭贷款　　C. 质押贷款　　D. 第三方担保贷款

（3）汽车质押贷款的动产包括哪些？（　　）

A. 银行存单　　B. 国库券　　C. 股票　　D. 专利权

（4）当债务人不履行债务时，债权人有权以该抵押物折价或拍卖还贷的贷款是________。

（5）________是贷款人向买车借款人发放的贷款，是刺激汽车消费、扩大汽车销售的一项举措。

任务评价

在完成本学习任务后，通过小组会议的形式进行总结与反思，并完成多元化评价，评分细则见表 7-14。

表 7-14　汽车的消费贷款评价表

序号	考核内容	配分	评分细则	自评得分	小组评价	教师评价
1	组员准备、学习态度、自主探究与团队协作能力	20	准备是否充分、学习态度是否认真、能否进行自主探究与团队协作 □优秀 □良好 □一般 □不合格			
2	检索汽车消费信贷业务所需关联文件资料及流程	30	关联文件资料收集是否全面，流程是否符合实际 □优秀 □良好 □一般 □不合格			
3	用 PPT 讲解信贷业务办理流程	20	讲解是否条理、清晰，内容表达是否正确 □优秀 □良好 □一般 □不合格			
4	发表对按揭贷款购车的看法	15	看法是否中肯、是否有建设性 □优秀 □良好 □一般 □不合格			
5	练习题完成正确率	15	共 5 题、每题 3 分			
总分（自评 20%，小组评价 30%，教师评价 50%）						
学生建议：			教师指导意见：			

08 认知模块

汽车驾驶与考证

汽车驾驶与考证

- 考取汽车驾驶证
  - 汽车驾驶考证概述
    - 驾驶证
      - 申请机动车驾驶证条件
      - 发证部门
      - 我国汽车准驾车型及代号
    - 驾驶员考试及发证
      - 考试及发证由公安机关交通管理部门负责
      - 考试有三部分：科目一、科目二和科目三
      - 各科目考试的合格标准
  - 

小型汽车驾驶员科目二考试简介
    - 考试项目
      - 倒车入库
      - 坡道定点停车与起步
      - 曲线行驶
      - 直角转弯
      - 侧方停车
    - 项目考核的目的
    - 道路设计与通过要求
- 了解汽车道路行驶技巧
  - 汽车道路驾驶节油技术
    - 合适的轮胎气压
    - 暖车起步
    - 适宜的发动机冷却液温度
    - 经济车速运行
    - 空档滑行节油
  - 特殊道路和天气条件下的驾驶技巧
    - 雾天天气行车
    - 雨天行车
    - 冰雪天行车
    - 其他异常环境行车
  - 汽车道路驾驶应急处理
    - 高速爆胎应急处理
    - 制动失灵应急处理
    - 车辆侧滑应急处理
    - 车辆落水应急处理
    - 车辆着火应急处理
    - 交通事故应急处理

任务 1　考取汽车驾驶证

学习目标

- 能够说出汽车驾驶证种类以及用途。
- 能够描述汽车驾驶员考试科目的内容。

任务接收

图 8–1 是小型汽车驾驶员考试科目二中的倒车入库项目，请说明其考试要求，并请教老师傅如何通过考试。

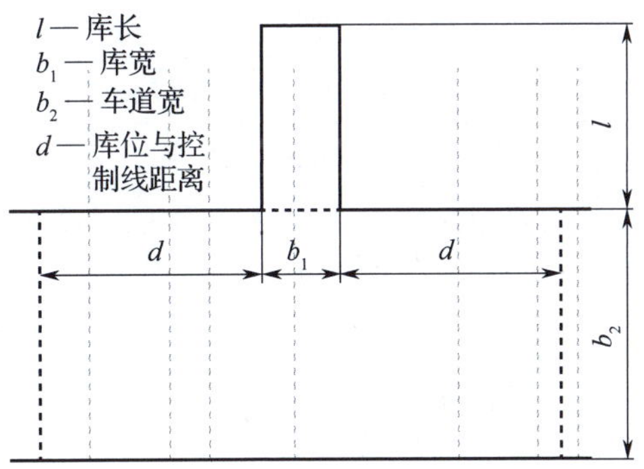

图 8–1　汽车倒车入库

获取资讯

考取汽车驾驶证流程

知识点 1　汽车驾驶考证概述

1. 驾驶证

根据我国公安部 2021 年发布的《机动车驾驶证申领和使用规定》，驾驶机动车，应当依法取得机动车驾驶证（图 8–2）。

申请机动车驾驶证，应当符合公安部规定的驾驶许可条件（如年龄条件、身体条件等）；经考试合格后，由公安机关交通管理部门发给相应类别的机动车驾驶证。

我国汽车准驾车型及代号见表 8–1。

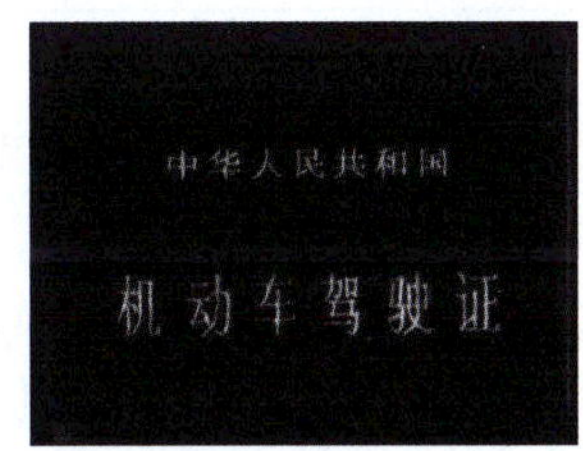

图 8–2　机动车驾驶证

表 8-1 准驾车型及代号

准驾车型	代号	准驾的车辆	准予驾驶的其他准驾车型
大型客车	A1	大型载客汽车	A3、B1、B2、C1、C2、C3、C4、M
重型牵引挂车	A2	重型、中型全挂、半挂汽车列车总质量大于 4500kg 的汽车列车	B1、B2、C1、C2、C3、C4、C6、M
城市公交车	A3	核载 10 人以上的城市公共汽车	C1、C2、C3、C4
中型客车	B1	中型载客汽车（含核载 10 人以上、19 人以下的城市公共汽车）	C1、C2、C3、C4、M
大型货车	B2	重型、中型载货汽车；重型、中型专项作业车	
小型汽车	C1	小型、微型载客汽车以及轻型、微型载货汽车，轻型、微型专项作业车	C2、C3、C4
小型自动档汽车	C2	小型、微型自动档载客汽车以及轻型、微型自动档载货汽车；轻型、微型自动档专项作业车；上肢残疾人专用小型自动档载客汽车	—
低速载货汽车	C3	低速载货汽车（原四轮农用运输车）	C4
三轮汽车	C4	三轮汽车（原三轮农用运输车）	—
残疾人专用小型自动档载客汽车	C5	残疾人专用小型、微型自动变速器载客汽车（只允许右下肢或者双下肢残疾人驾驶）	—
轻型牵引挂车	C6	总质量小于（不包含等于）4500kg 的汽车列车	—
普通三轮摩托车	D	发动机排量大于 50mL 或者最大设计车速大于 50km/h 的三轮摩托车	E、F
普通二轮摩托车	E	发动机排量大于 50mL 或者最大设计车速大于 50km/h 的二轮摩托车	F
轻便摩托车	F	发动机排量小于等于 50mL，最大设计车速小于等于 50km/h 的摩托车	—
轮式自行机械车	M	轮式自行机械车	—
无轨电车	N	无轨电车	—
有轨电车	P	有轨电车	—

2. 驾驶员考试及发证

驾驶员考试及发证由公安机关交通管理部门负责，考试共分三部分：道路交通安全法律、法规和相关知识考试科目（简称“科目一”）；场地驾驶技能考试科目（简称“科目二”）；道路驾驶技能和安全文明驾驶常识考试科目（简称“科目三”），驾驶员考试时应按科目顺序依次过关。

（1）科目一考试

内容包括：道路通行、交通信号、道路交通安全违法行为和交通事故处理、机动车驾驶证申领和使用、机动车登记等规定以及其他道路交通安全法律、法规和规章。

（2）科目二考试

内容包括：

1）大型客车、重型牵引挂车、城市公交车、中型客车、大型货车考试项目为：桩考、坡道定点停车和起步、侧方停车、通过单边桥、曲线行驶、直角转弯、通过限宽门、窄路掉头，以及模拟高速公路、连续急弯山区路、隧道、雨（雾）天、湿滑路、紧急情况处置。

2）小型汽车、小型自动档汽车、残疾人专用小型自动档载客汽车和低速载货汽车考试项目为：倒车入库、坡道定点停车和起步、侧方停车、曲线行驶、直角转弯。

3）三轮汽车、普通三轮摩托车、普通二轮摩托车和轻便摩托车考试项目为：桩考、坡道定点停车和起步、通过单边桥。

4）轮式自行机械车、无轨电车、有轨电车的考试内容由省级公安机关交通管理部门确定。

（3）科目三考试

内容包括：驾驶技能考试和安全文明驾驶常识考试。

1）道路驾驶技能考试内容：大型客车、牵引车、城市公交车、中型客车、大型货车、小型汽车、小型自动档汽车、低速载货汽车和残疾人专用小型自动档载客汽车考试内容有上车准备、起步、直线行驶、加减档位操作、变更车道、靠边停车、直行通过路口、路口左转弯、路口右转弯、通过人行横道线、通过学校区域、通过公共汽车站、会车、超车、掉头、夜间行驶；其他准驾车型的考试内容，由省级公安机关交通管理部门确定。

2）考试里程：大型客车、中型客车考试里程不少于 20km，其中白天考试里程不少于 10 km，夜间考试里程不少于 5 km；牵引车、城市公交车、大型货车考试里程不少于 10 km，其中白天考试里程不少于 5 km，夜间考试里程不少于 3 km；小型汽车、小型自动档汽车、低速载货汽车、残疾人专用小型自动档载客汽车考试里程不少于 3 km，并抽取不少于 20% 进行夜间考试，不进行夜间考试的，应当进行模拟夜间灯光使用考试。

对大型客车、牵引车、城市公交车、中型客车、大型货车，省级公安机关交通管理部门应当根据实际增加山区、隧道、陡坡等复杂道路驾驶考试内容。对其他汽车准驾车型，省级公安机关交通管理部门可以根据实际增加考试内容。

3）安全文明驾驶常识考试内容：安全文明驾驶操作要求；恶劣气象和复杂道路条件下的安全驾驶知识；爆胎等紧急情况下的临危处置方法；发生交通事故后的处置知识等。

汽车倒车入库

（4）各科目考试的合格标准

科目一考试满分为 100 分，成绩达到 90 分的为合格；科目二考试满分为 100 分，考试大型客车、牵引车、城市公交车、中型客车、大型货车准驾车型的，成绩达到 90 分的为合格，其他准驾车型的成绩达到 80 分的为合格；科目三考试满分为 100 分，成绩达到 90 分的为合格。

知识点 2 小型汽车驾驶员科目二考试简介

根据公安部规定：小型汽车、小型自动档汽车、低速载货汽车考试项目共 5 项，分别为倒车入库、坡道定点停车和起步、侧方停车、曲线行驶、直角转弯；小型自动档汽车、残疾人专用小型自动档载客汽车考试倒车入库、侧方停车、曲线行驶、直角转弯。

科目二考试应当按照报考的准驾车型，选定对应考试场地和考试车辆，在考试员的现场监督下，由考生按照规定的考试线路、操作要求和考试员的考试指令独立完成驾驶。

1. 倒车入库

倒车入库的目的是考核驾驶员操控车辆完成倒车入库和正确判断车身空间位置的能力。

1）道路设计：库宽2.3m，库位长等于车身长加0.7m，车道宽6.7m，车库距控制线6.7m。

2）通过要求：从道路一端控制线开始（两个前轮触地点在控制线以外），一次倒入库内停车，再前进出库向另一端控制线行驶，待两个前轮触地点均驶过控制线后，倒入库内停车，最后前进驶出车库，回到起始点。考试过程中，车辆进退途中不得停车、不得压边线。项目完成时间不得超过210s。

2. 坡道定点停车与起步

坡道定点停车与起步的目的是考核驾驶员上坡路段驾驭车辆的能力，正确地在固定地点靠边停稳车辆，以准确使用档位和离合器的能力，以适应在上坡路段等候放行时的操作需要。

1）道路设计：定点停车桩杆距坡底≥1.5倍车长，坡道长≥20m，路宽≥3.2m（图8-3）。

坡道定点停车

2）通过要求：控制车辆准确停车，平稳起步。行驶过程中，车轮不应触轧道路边缘线；停车时，汽车前保险杠应位于桩杆线上，车身距离右侧道路边缘线距离不应超过30cm；起步时，车辆不应后溜。起步时间不应超过30s。

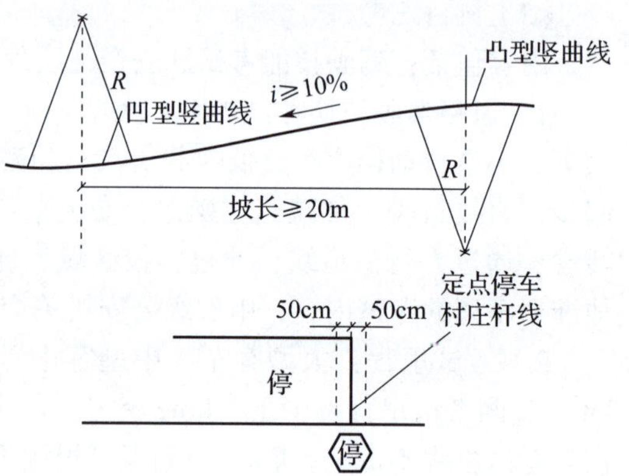

图8-3 汽车坡道定点停车与起步

3. 曲线行驶

曲线行驶的目的是考核驾驶员方向的运用与对车轮轨迹运行的能力。

1）道路设计：路宽为3.5m，半径为7.5m，弧长为3/8个圆周（图8-4）。

曲线行驶

2）通过要求：驾驶车辆从弯道的一端前进驶入，从另一端驶出。行驶中，车轮不应触轧车道边线，转向、速度应平稳，中途不应停车。

图8-4 汽车曲线行驶

4. 直角转弯

直角转弯的目的是考核驾驶员在急弯路段能迅速运用方向并对车辆内、外轮差距进行正确判断。

1）道路设计：路长≥6.8m，路宽为3.6m（图8-5）。

直角拐弯

2）通过要求：驾驶车辆按车道边线向左或向右直角转弯。转弯前应开启转向灯，完成转弯后应关闭转向灯；行驶中，车轮不应触轧车道边线，中途不应停车。

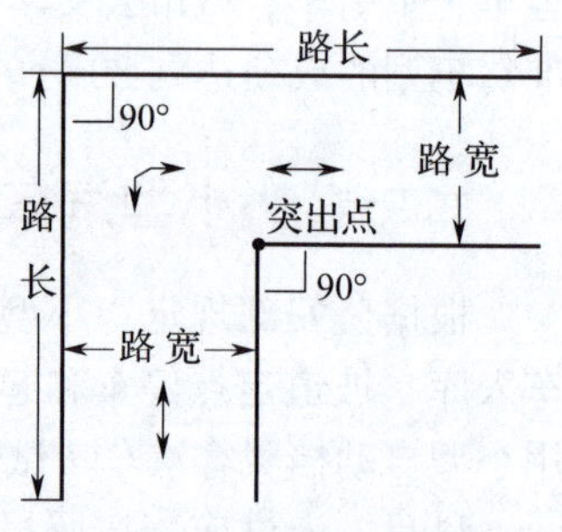

图8-5 汽车直角拐弯

5. 侧方停车

侧方停车的目的是考核驾驶员掌握将整车正确停于路右车位（库）中的技能，以适应日常驾驶生活中临时停车的需要。

侧方位停车

1）道路设计：车位（库）长为 1.5 倍车长加 1m，车位（库）宽为 2.5m；车道宽为 3.4m（图 8–6）。

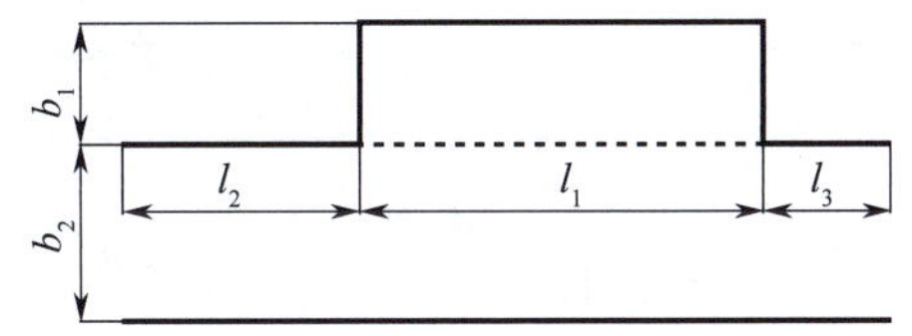

l_1— 库长　l_2— 库前道路边缘线长　b_1— 库宽
l_3— 库后道路边缘线长　b_2— 车道宽

图 8–6　汽车侧方停车

2）通过要求：车辆在库左前方一次倒车入库，再开启左转向灯后前进向左前方出库，出库后关闭转向灯。考试过程中，车轮不应触轧道路边缘线或库位边线，车身不应触碰库位边线，车辆进退途中不应停车。项目完成不应超过 90s。

任务实施

1. 采用小组合作形式，分工完成小型汽车驾驶员考试科目二的有关资料收集，并在组内讨论交流。
2. 由小组代表分享小型汽车驾驶员考试科目二中的倒车入库项目的道路设计与通过要求。
3. 推选已领到驾驶证的同学发表科目二考试的心得体会。
4. 练习题

（1）准驾车型大型客车的代号是什么？（　　）

A. A1　　B. A2　　C. A3　　D. C1

（2）哪个项目不属于小型汽车驾驶员考试科目二的项目？（　　）

A. 倒车入库　　B. 坡道定点停车和起步

C. 侧方位停车　　D. 桩考

（3）倒车入库完成时间不得超过多少秒？（　　）

A. 180　　B. 210　　C. 270　　D. 300

（4）科目一考试满分为 100 分，成绩达到________分的为合格。

（5）小型汽车科目三不进行夜间考试的，应当进行模拟夜间________使用考试。

任务评价

在完成本学习任务后，通过小组会议的形式进行总结与反思，并完成多元化评价，评分细则见表 8–2。

表 8–2　考取汽车驾驶证评价表

序号	考核内容	配分	评分细则	自评得分	小组评价	教师评价
1	组员准备、学习态度、自主探究与团队协作能力	20	准备是否充分、学习态度是否认真、能否进行自主探究与团队协作 □优秀 □良好 □一般 □不合格			

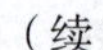

（续）

序号	考核内容	配分	评分细则	自评得分	小组评价	教师评价
2	小型汽车驾驶员科目二考试资料收集	30	检索工具是否科学、内容脉络是否清晰、内容是否全面充实 □优秀 □良好 □一般 □不合格			
3	分享倒车入库项目的道路设计与通过要求	20	内容是否描述完整、正确，表达是否流利 □优秀 □良好 □一般 □不合格			
4	已领驾驶证的同学发表科目二考试的心得体会	15	是否值得借鉴、是否有指导和启示的作用 □优秀 □良好 □一般 □不合格			
5	练习题完成正确率	15	共5题、每小题3分			
总分（自评20%，小组评价30%，教师评价50%）						
学生建议：			教师指导意见：			

认知模块 08

任务2　了解汽车道路行驶技巧

学习目标

- 了解特殊道路和天气条件下的驾驶技巧。
- 学会汽车道路驾驶应急处理措施。
- 学习“最美司机”吴斌的事迹，以建设社会主义核心价值体系为根本，培养学生勇于担当的责任意识、恪尽职守的职业道德。

任务接收

行车中遇“团雾”，驾驶员该如何应对？由你来分享特殊天气条件下的驾驶技巧。

获取资讯

知识点1　汽车道路驾驶节油技术

汽车油耗高低很大程度上与驾驶员的驾驶技术有关，同一辆车由不同驾驶员驾驶，耗油量的差别可达 8%~15%。驾驶节油应注意的主要问题有以下几个方面：

1. 合适的轮胎气压

经常检查，保持轮胎气压在最佳状态。气压不足会增加耗油量，还会增加轮胎磨损。

2. 暖车起步

汽车冷起动时，应使发动机原地运行一段时间（俗称“暖车”），再使汽车起步，由低档到高档，逐渐转入正常工作状态，可达到有效节油和延长汽车寿命之目的。

3. 适宜的发动机冷却液温度

在汽车行驶过程中，要注意看温度表，发动机正常的冷却液温度应保持在 80~90℃之间，过高或过低都会使油耗增加。特别要注意的是，如果散热器中冷却液的量不足时，很容易导致冷却液温度快速攀升，油耗增加，并且会很容易导致机件磨损和损坏。

4. 经济车速运行

汽车说明书提供了最省油的速度区间，行驶时，在遵守高速限速的前提下，利用发动机节气门和汽车档位配合，使汽车尽量在经济车速下行驶。

5. 空档滑行节油

所谓空档滑行节油，是提汽车加速到经济车速上限，然后挂空档，让汽车利用惯性滑行，至车速降至经济车速的下限，再踩加速踏板，使车速恢复到经济车速上限的一种方法，可以达到有效节油效果。汽车在下陡坡、弯道及行人密集地方不宜使用空档滑行。

知识点 2 特殊道路和天气条件下的驾驶技巧

1. 雾天天气行车

1）雾天天气特点：

能见度低，路面湿滑，制动性能降低，车辆易侧滑。

2）雾天行车注意：

及时打开雾灯（图 8-7）；保持足够的行驶距离，限速行驶；适时鸣笛，预先警告行人和车辆；不能开远光灯，因为远光灯光线强烈，会被雾反射到驾驶员眼中，使其视线模糊。

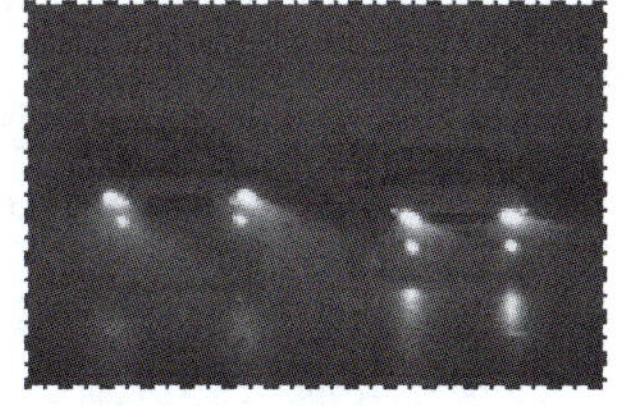

图 8-7 雾天行车

2. 雨天行车

1）雨天天气特点：

路面积水，易造成车辆打滑失控；能见度低，视线模糊。

2）雨天行车注意：

限速行驶，不要猛转弯；行车避让大水坑，避免通过很深的积水，防止制动鼓或发动机进水；保持足够的行驶距离，勤按喇叭，引起行人注意；久雨或暴雨天气，要注意路基疏松和可能出现的塌方，选择安全路面行驶；在傍山路、堤路或沿河道上，不宜靠边行驶或停车。

3. 冰雪天行车

1）冰雪天天气特点：

路面很滑，易造成车辆打滑失控。雪地阳光反射，刺激眼睛。

2）冰雪天行车注意：

保证车况良好，特别是转向系统、制动系统，制动时不得有跑偏现象；

起步时轻踩加速踏板，慢抬离合器踏板，以防止车轮滑转；

适当降低轮胎气压；

起步困难，可以在驱动轮下铺垫灰砂、炉渣等物，或在轮下冰面刨槽沟以提高附着力，必要时可事先在车轮上装上防滑链，但要左右对称，松紧适中；

保持车距，低速行车，转弯减速，适当加大转弯半径，切忌猛打转向盘；

久在雪路行驶，要佩戴有色眼镜，以防雪盲；

避免在半坡上停车、换档，上比较大的坡时，用低档，一鼓作气地行车；

下坡时利用发动机制动来控制车速；

冰雪道路上，严禁滑行；

避免紧急制动，没有ABS系统的车在紧急制动时需要连续轻点制动；如发生侧滑时，必须迅速松开制动，稍收加速踏板，把前轮转向侧滑方向，待侧滑消除后再驶入正常路线。

4. 其他异常环境行车

1）山区行车注意：高度集中注意力，车速不要太快；转弯时，请尽量靠外侧行驶；上坡路段少超车，尤其要注意坡顶前看不见坡顶后的视线死角，应小心慢行；下陡坡严禁滑行，可利用发动机小节气门开度、低速档来降低车速。

2）夏季与冬季行车注意：夏季高温，轮胎气压不要过高，防止爆胎；机油牌号要符合气候要求；冬季低温，机油牌号要合适；在北方地区，起动应预热；添加防冻液，如采用普通冷却水，夜晚气温低于5℃时，要放水过夜。

知识点3 汽车道路驾驶应急处理

汽车驾驶过程中，可能会发生一些意想不到的事件，作为一名驾驶员应掌握先避人、后避物的处理原则和一些应急处理措施。

1. 高速爆胎应急处理

马上把危险报警闪光灯（图8-8）打开，让后车知道出现紧急情况；不要急踩制动踏板，应采用逐级退档方法，靠发动机制动把车速拖慢并配合轻点制动，车速降到60km/h后，可适当增加踩制动踏板力度，靠路边停车。在退档减速的同时，一定要把住转向盘，爆胎后，车会出现方向跑偏、甩尾，这时一定不能猛打转向盘，因为车速很快时，高速猛打转向盘会造成车辆失控。

图8-8　危险报警闪光灯

2. 制动失灵应急处理

当路况风险较小时，可逐级迅速从高档换入低档，用发动机制动拖慢车速到30km/h以下时采用驻车制动。当下坡而路况不好时，应尽量跳档换入低档后配合驻车制动。高速时不要采用驻车制动，尽可能不采用靠蹭路边障碍物的方法使车辆停止，除非万不得已。

3. 车辆侧滑应急处理

紧急制动导致车辆发生侧滑时，应立即松抬制动踏板，同时向侧滑的一方转动转向盘，并及时回转进行调整。当车辆在泥泞路上发生侧滑时，应向侧滑的一侧转动转向盘适量修正，紧急制动或猛转转向盘易导致失控，甚至造成翻车、坠车或碰撞事故。若车辆因转向或擦撞引起的侧滑，应先控制车辆前进方向后制动。

“最美司机”吴斌：用生命履行职责

现代汽车为人们带来了极大的便利，推动了社会生产效率的提高。然而，汽车交通事故也随之而来，而很多事故的发生是由于驾驶员的安全意识不足和驾驶技术不够娴熟所导致的。因此，驾驶员的角色变得至关重要。驾驶员需要注重每一个细节，要像“最美司机”吴斌一样用生命履行职责，保障路上乘客的安全。当横在他面前的铁块飞来，击穿风窗玻璃，砸中他的手臂、腹部和肋骨时，他以极大毅力完成了一整套安全规范的操作，用生命践行了“一切为了顾客”“诚信、爱岗、敬业”和忠于职守的职业道德观。这种高尚的职业操守是因为他深知生死在一瞬间、安全无小事的道理。他的平凡热爱和顽强执着，在 1 分 16 秒的时间里，扭转了 24 条生命走向死亡的命运。

4. 车辆落水应急处理

因车门受水压力难以打开，应迅速开启车窗（天窗）或用粗重的物体敲碎车窗玻璃（必要时可用脚踹），快速逃生。不得采用关闭车窗阻挡车内进水或打急救电话告知救援人员等错误方法。不要过于惊慌，意外落水通常会有几分钟的时间逃生。

5. 车辆着火应急处理

立即停车，打开危险警告闪光灯；尽快取下车载灭火器灭火（图 8-9），若无灭火器可用湿棉被、衣服、毛巾灭火。若无法灭火，立即拨打 119 和 122 报警电话。树立警告标志，疏散过往车辆和行人，以避免发生意外爆炸。

图 8-9 车辆着火应急处理

6. 交通事故应急处理

首先立即停车保持现场，并打开危险警告闪光灯、树立警告标志（图 8-10）。其次，如有人受伤较重，应立即拨打 120 急救电话，并尽可能就地施救。然后拨打 122 电话报警并报保险公司前来处理。最后疏散过往车辆和行人，避免造成交通堵塞。

图 8-10 交通事故应急处理

任务实施

1. 采用小组合作形式，分工完成汽车道路行驶技巧有关资料收集，并在组内讨论交流。
2. 由小组代表分享行车中遇“团雾”条件下的驾驶技巧。
3. 推选小组代表发表汽车道路驾驶应急处理方法。

4. 练习题

（1）汽车油耗高低不仅取决于动力总成功率，还受什么因素影响？（　　）

A. 合适的轮胎气压　　B. 适宜的发动机冷却液温度

C. 经济车速运行　　D. 空档滑行节油

（2）发动机正常的水温应保持在什么范围？（　　）

A.50~60　　B.70~80　　C.80~90　　D.90~100

（3）如果交通事故现场发生车辆火灾，需要及时拨打什么电话？（　　）

A.122　　B.120　　C.119　　D.110

（4）雾天特点：________低，________湿滑，制动性能降低，车辆易侧滑。

（5）发生交通事故，有人受伤较重应立即拨打______急救电话，并尽可能就地施救。

任务评价

在完成本学习任务后，通过小组会议的形式进行总结与反思，并完成多元化评价，评分细则见表 8–3。

表 8–3　汽车道路行驶技巧评价表

序号	考核内容	配分	评分细则	自评得分	小组评价	教师评价
1	组员准备、学习态度、自主探究与团队协作能力	20	准备是否充分、学习态度是否认真、能否进行自主探究与团队协作 □优秀 □良好 □一般 □不合格			
2	汽车道路行驶技巧资料收集	30	检索工具是否科学、内容脉络是否清晰、内容是否全面充实 □优秀 □良好 □一般 □不合格			
3	分享行车中遇“团雾”条件下的驾驶技巧	20	内容是否描述完整、正确，表达是否流利 □优秀 □良好 □一般 □不合格			
4	分享汽车道路驾驶应急处理方法	15	是否值得借鉴、是否有指导和启示的作用 □优秀 □良好 □一般 □不合格			
5	练习题完成正确率	15	共 5 题、每小题 3 分			
总分（自评 20%，小组评价 30%，教师评价 50%）						
学生建议：			教师指导意见：			

09

认知模块

汽车油料选用与维护

汽车油料选用与维护

- 选用汽车油料
  - 汽油
    - 汽油的主要应用性能指标
    - 国产汽油的牌号
    - 国产汽油的选用
  - 柴油
    - 柴油的主要应用性能指标
    - 国产柴油的牌号与选用
  - 发动机机油
    - 机油的主要应用性能指标
    - 机油的分类
    - 机油的选用
  - 汽车齿轮油
    - 齿轮油的主要应用性能指标
    - 齿轮油分类及选用
  - 汽车润滑脂
    - 润滑脂的主要性能指标
    - 润滑脂的选用
  - 汽车自动变速器油
    - 自动变速器油作用
    - 自动变速器油的主要性能指标
    - 自动变速器油牌号及选用
  - 汽车制动液
    - 制动液的作用及性能
    - 制动液分类与选用
    - 制动液使用注意事项
- 汽车维护
  - 汽车磨合
    - 汽车磨合及意义
    - 汽车磨合的方法
  - 汽车维护
    - 汽车日常维护
    - 汽车一级维护
    - 汽车二级维护
    - 汽车换季维护

任务 1　选用汽车油料

学习目标

- 能够阐述汽车油料的分类、主要性能和牌号。
- 能够正确选用汽车油料。
- 树立生态环境保护与可持续发展的意识，践行“绿水青山就是金山银山”的理念。

任务接收

汽车 4S 店举办“爱车保养”沙龙活动，以 SAE 15W–40 SN 为例，请你为广大的车主解读机油型号及如何正确选用。

获取资讯

汽车常用油料有汽油、柴油、发动机机油、汽车齿轮油、汽车润滑脂、汽车自动变速器油和汽车制动液等，错误选用油料或选择劣质油料、会极大地影响汽车的动力性能、经济性能、排放性能、可靠性和耐久性。

知识点 1　汽油

汽油的使用

1. 汽油的主要应用性能指标

（1）汽油的抗爆性

汽油的抗爆性是指汽油在发动机气缸内燃烧时抵抗爆燃的能力，用辛烷值评定。汽油的辛烷值越高，其抗爆性就越好，汽油的牌号就是以辛烷值划分的。

（2）汽油的蒸发性

汽油汽化的难易程度称为汽油的蒸发性，以馏程作为评价汽油蒸发性的指标。一般用汽油的 10%、50%、90% 的馏出温度来评定，馏出温度越低，蒸发性越好。汽车要求汽油的蒸发性要适当。

2. 国产汽油的牌号

我国汽油按辛烷值高低分 92 号、95 号、98 号（表 9–1）。

> **启示角**
>
> **汽油与四乙基铅**
>
> 小托马斯·米基利发明了四乙基铅，它被添加到汽油中，发动机的爆燃问题迎刃而解。然而这个“伟大”的发明背后隐藏的却是地球被铅严重污染和人类铅中毒的伤害。历史告诉我们，科技的发展不应该单纯追求便利，更应该注重环境保护与人类的安全、健康以及可持续发展。

表 9-1　我国汽油牌号与选用

汽油牌号	适用汽车压缩比
92	8.6~9.9
95	10.0~11.5
98	＞ 11.6

3. 国产汽油的选用

国产汽油的选用主要依据发动机的压缩比。因为压缩比越大，汽油在发动机气缸内燃烧产生爆燃的可能性越大，所以压缩比高的汽油机应采用辛烷值高的汽油。高档汽车发动机压缩比较高，应按使用说明书要求选用较高牌号的汽油，否则容易产生爆燃而无法正常工作。

由于汽油容易挥发，遇到明火极易燃烧，使用时应特别注意防火。严禁在加油站等汽油集聚的场所抽烟、用火（图 9–1）。

严禁烟火
NO SMOKING

图 9–1　严禁烟火

知识点 2 柴油

1. 柴油的主要应用性能指标

（1）十六烷值（$C_{16}H_{34}$）

十六烷值是评价柴油着火难易的一个重要指标。十六烷值小，着火变难，着火延迟期变长，柴油机工作粗暴。汽车柴油机要求十六烷值不小于 45。

（2）凝点

凝点是指柴油失去流动性开始凝固时的温度。汽车轻柴油的牌号就是按凝点划分的。

（3）黏度

黏度是表征柴油稀稠的一项指标。黏度过大，柴油喷雾困难，雾化质量变差，影响燃烧过程；而黏度过小，喷油泵及喷油器中的精密偶件润滑不良，容易磨损。

（4）机械杂质和水分

机械杂质会引起喷油嘴的喷孔堵塞，加剧喷油泵、喷油器精密偶件磨损；水分会使燃烧恶化。机械杂质和水分都应严格控制，尤其是在柴油的运输和添加等环节，应注意防止外界灰尘、杂质及水分混入，同时应进行沉淀和严格过滤。

2. 国产柴油的牌号与选用

柴油汽车使用的柴油为轻柴油，我国按其质量分为优等品、一等品和合格品三个等级，每个等级又按柴油的凝点分为 5 号、0 号、–10 号、–20 号、–35 号和 –50 号六个牌号。

选用柴油时，应该根据当时当地的气温确定，要求柴油的凝点应该低于气温 5℃以上（表 9–2）。

表 9–2　我国柴油牌号与选用

等级	牌号	气温 /℃
优等品 / 一等品 / 合格品	5 号	＞ 8
	0 号	＞ 4

（续）

等级	牌号	气温 /℃
优等品 / 一等品 / 合格品	-10 号	-5
	-20 号	＞ -14
	-35 号	＞ -29
	-50 号	＞ -44

知识点 3 发动机机油

1. 机油的主要应用性能指标

（1）黏度

黏度是指机油受外力作用移动时，分子间产生的内摩擦力大小。

黏度是机油分级和选用的主要依据。黏度过小，在高温、高压下容易从摩擦表面流失，不能形成足够厚度的油膜；黏度过大，冷起动阻力增加，机油不能及时被泵送到摩擦表面，导致起动磨损严重。

（2）黏温性

黏温性是指机油黏度随温度而变化的特性。发动机从起动到满负荷工作，温度变化范围大，导致机油温度变化大。若机油的黏度随温度变化太大，就会使高温时黏度太低，而低温时黏度太高，影响正常润滑。

（3）其他性能

机油的其他性能包括氧化安定性、极压性、防腐性、起泡性、清净分散性等，它们对发动机的润滑都产生一定的影响，需要加入各种添加剂，保证机油的性能。

2. 机油的分类

机油主要由基础油和添加剂两部分组成。基础油是机油的主要成分，含量占 80%~95%，而添加剂含量占机油的 5%~20%。

（1）按基础油组成分类

基础油可分为矿物质机油和合成机油，而合成机油又可以分为全合成机油和半合成机油。

（2）按 API 机油品质等级分类

一般分级用 2 个字母组合表示，以“S”和“C”区分汽油机机油和柴油机机油（S 代表 Spark，C 代表 Compression）。

汽油机机油等级划分从 SA 到 SP（图 9-2），S 后面的字母的排位越靠后，机油的性能品质越高，通常 SN、SM 使用多。到目前为止，SP 级别是最高的，出现在 2020 年。柴油机机油的等级划分分别是 CA、CB、CC、CD、CD-II、CE、CF-II、CF-4、CG-4、CH-4、CI-4，其性能品质逐级递增，CK-4 为目前柴油机机油的最高级别。

（3）按 SAE 机油黏度等级分类

参考 SAE J300—2024 标准，黏度等级以六个含字母 W 的低温黏度等级号（0W、5W、10W、15W、20W、25W）和八个不含字母 W 的高温黏度等级号（8、12、16、20、30、40、

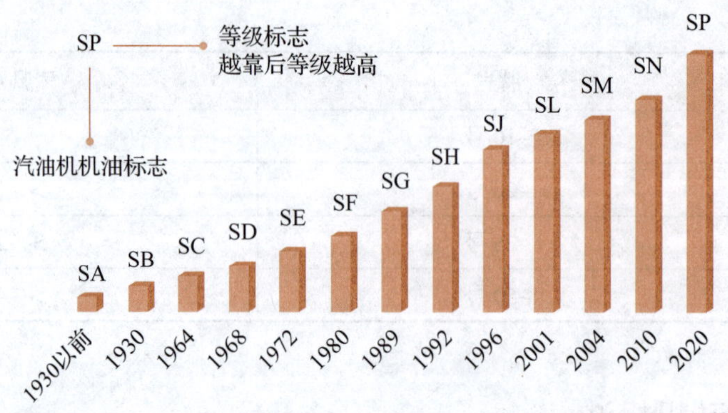

图 9-2 API 机油品质等级

50、60）表示。不含字母 W 的高温黏度等级号，数字越大就说明机油黏度越大，可以起到更好的高温保护性能；含字母 W 的低温黏度等级号，其中 W 是 Winter 的首字母（表示"冬季"），前面数字越小就说明机油流动性越大，在冷起动时对发动机的保护能力越好。

3. 机油的选用

一般可参考发动机的性能、磨损程度、地区气温等因素选用发动机机油，或者按厂家说明书所规定的要求进行选择和换油。

知识点 4 汽车齿轮油

汽车齿轮油用于汽车转向器、变速器、驱动桥等齿轮传动机构中，由于齿轮传动时表面压力高，所以齿轮油对齿轮的润滑、抗磨、冷却、散热、防腐防锈、洗涤以及降低齿面冲击与噪声起重要作用。

1. 齿轮油的主要应用性能指标

1）抗磨性（也称油性）：指齿轮油在运动件间抵抗摩擦保持油膜的能力。

2）极压性：指齿轮油抗摩擦、磨损、烧结和耐冲击负荷的性能。

3）热氧化安定性：指齿轮油抵抗热和氧化作用的能力。

4）抗泡性：指迅速消除齿轮油泡沫的能力。齿轮转动时会产生泡沫，影响油膜生成，加速齿轮磨损，必须迅速予以消除。

2. 齿轮油分类及选用

我国齿轮油分为普通车用齿轮油（L-CLC）、中负荷车用齿轮油（L-CLD）和重负荷车用齿轮油（L-CLE）三类，每类又有若干牌号，其选用必须严格按各种汽车使用说明书要求进行。如无使用说明书，也可以参照表 9-3 选用。

表 9-3 齿轮油分类、牌号及选用

牌号	分类	适用范围	备注
80W-90 85W-90 90	普通车用齿轮油	适用于中等速度和负荷比较苛刻的齿轮变速器及弧齿锥齿轮驱动桥	80W-90 等齿轮油为多黏度等级齿轮油，带"W"为冬季低温用油，无"W"为夏季用油

（续）

牌号	分类	适用范围	备注
75W 80W-90 85W-90 90 85W-140	中负荷车用齿轮油	适用于低速高转矩和高速低转矩的各种齿轮变速器、弧齿锥齿轮驱动桥，使用条件不太苛刻的双曲线齿轮驱动桥	冬季气温不低于 -10℃地区，可全年选用 90 号齿轮油；气温不低于 -12℃地区还可全年使用 85W-90 号齿轮油；气温不低于 -26℃地区可全年选用 80W-90 号齿轮油；冬季气温在 -26℃以下的严寒地区冬季应选用 75W 号齿轮油
75W 80W-90 85W-90 90 85W-140	重负荷车用齿轮油	适用高速冲击载荷、高速低转矩和低速高转矩的各种齿轮，工作条件苛刻的双曲线齿轮传动	冬季气温不低于 -10℃地区，可全年选用 90 号齿轮油；气温不低于 -12℃地区还可全年使用 85W-90 号齿轮油；气温不低于 -26℃地区可全年选用 80W-90 号齿轮油；冬季气温在 -26℃以下的严寒地区冬季应选用 75W 号齿轮油

知识点 5 汽车润滑脂

汽车润滑脂俗称黄油，是介于液体与固体之间的半流动的塑性物质，它是在润滑油中加入稠化剂制成的，主要应用于水泵轴承、发电机轴承、轮毂轴承、万向节轴承以及主销轴瓦等敞开或密封不良及受压较大的摩擦部位，具有润滑、保护、密封等作用。

1. 润滑脂的主要性能指标

（1）稠度

稠度是指润滑脂在受力作用时抵抗变形的程度，一般用锥入度指标衡量。

锥入度越小，润滑脂越硬，越不易进入和充满摩擦面，同时润滑脂的内摩擦阻力大，因而稠度应适中。冬季应选用锥入度大一些的润滑脂，而夏季可选锥入度小一些的润滑脂。

（2）低温性能

低温性能是指润滑脂在低温条件下仍能保持良好润滑的性能，它取决于润滑脂低温条件下的相似黏度和低温转矩。

（3）高温性能

高温性能是指润滑脂在高温条件下仍能保持良好润滑的性能。

润滑脂的高温性能可用滴点、蒸发量和轴承漏失量等指标进行评定。温度对于润滑脂的流动性具有很大影响，温度升高，润滑脂变软易于流失。而且在较高温度下，润滑脂蒸发损失增大，氧化变质与凝缩分油现象严重，引起润滑脂失效。

2. 润滑脂的选用

选用润滑脂必须按各种汽车使用说明书的要求进行。目前普遍推荐使用的是通用锂基润滑脂，它具有良好的高低温适应性，可在 -30~120℃的温度范围内使用，具有良好的抗水性、防锈性、安定性和润滑性，在高速运转的水泵及发电机轴承使用，不变质，不流失，保证润滑。

知识点 6 汽车自动变速器油

1. 自动变速器油作用

自动变速器油被用于液力耦合器、液力变矩器或行星齿轮变速器，作为液力传动介质以传递能量和转矩，并进行润滑和散热。它直接影响液力传动系统的功率和效率。

2. 自动变速器油的主要性能指标

自动变速器油的主要性能指标有黏温性、消泡性、抗氧化安定性和抗磨性等，其含义与其它润滑油相似，此处不再赘述。

3. 自动变速器油牌号及选用

我国自动变速器油按100℃时运动黏度分为6号、8号两个牌号。6号油主要用于内燃机车、载货汽车及工程机械，8号油主要用于轿车。

进口轿车的自动变速器油最好采用其要求的牌号，如果无进口油，也可用8号油替代。不同厂家的自动变速器油不可混用。

知识点 7 汽车制动液

1. 制动液的作用及性能

制动液用于液压式制动系统中传递制动压力。制动液应具备以下特性：高沸点、低蒸发性，以防产生气阻影响制动；优良的低温流动性，以利于正常使用；良好的金属适应性和橡胶适配性，以使制动管路中的金属、橡胶密封圈不易被腐蚀、老化；良好的润滑性、适宜的黏度和稳定性等。

2. 制动液分类与选用

依据我国GB 12981—2012《机动车辆制动液》标准，制动液分为HZY3~HZY6四个质量等级，序号越大，沸点越高，高温抗气阻性能越好，行车制动安全性越好。

制动液选用应按车辆使用说明书要求进行。

3. 制动液使用注意事项

1）定期更换制动液。汽车制动液的更换是以汽车行驶里程或使用时间确定的。例如，吉利帝豪的换油周期为24个月或行驶3万km。

2）不同规格的制动液不能混用。

3）防止水分或矿物油混入。

4）制动缸橡胶皮碗不可敞开放置。

5）汽车制动液多以有机溶剂制成，易挥发、易燃，因此，管理和使用中要注意防火。

任务实施

1. 采用小组合作形式，分工完成汽车油料的分类、主要性能和牌号等内容的检索，并在组内讨论交流。

2. 由小组成员举例解读某一机油型号的含义。
3. 推选小组代表就机油型号选用发表意见。
4. 练习题

（1）我国汽油按辛烷值高低分为哪几种牌号？（　　）

A.92 号　　B.95 号　　C.97 号　　D.98 号

（2）什么是评价柴油着火难易的一个重要指标？（　　）

A. 凝点　　B. 十六烷值　　C. 辛烷值　　D. 蒸发性

（3）按 API 机油品质等级分类，目前为止哪个级别是最高的？（　　）

A.SP　　B.SM　　C.SN　　D.SL

（4）我国自动变速器油按 100℃时运动黏度分为__号、__号两个牌号。

（5）汽车制动液的更换以汽车________或________确定。

任务评价

在完成本学习任务后，通过小组会议的形式进行总结与反思，并完成多元化评价，评分细则见表 9-4。

表 9-4　选用汽车油料评价表

序号	考核内容	配分	评分细则	自评得分	小组评价	教师评价
1	组员准备、学习态度、自主探究与团队协作能力	20	准备是否充分、学习态度是否认真、能否进行自主探究与团队协作 □优秀 □良好 □一般 □不合格			
2	汽车油料的分类、主要性能和牌号等内容的检索	30	检索工具是否科学、内容脉络是否清晰、内容是否充实 □优秀 □良好 □一般 □不合格			
3	举例解读某一机油型号的含义	20	解读是否详细、内容是否正确 □优秀 □良好 □一般 □不合格			
4	就机油型号选用发表意见	15	观点是否鲜明、逻辑是否合理、推理是否清晰 □优秀 □良好 □一般 □不合格			
5	练习题完成正确率	15	共 5 题、每小题 3 分			
总分（自评 20%，小组评价 30%，教师评价 50%）						
学生建议：			教师指导意见：			

认知模块 09

任务2 汽车维护

学习目标

- 能够阐述汽车磨合的意义、原则与方法。
- 能够阐述汽车维护的意义、分类和基本内容。
- 学会汽车日常维护。
- 牢固树立防微杜渐、防患于未然的安全意识。

任务接收

请给一辆汽车做日常维护。

获取资讯

知识点1 汽车磨合

1. 汽车磨合及意义

（1）汽车磨合定义

汽车磨合是指新购的汽车或大修后的汽车在投入满负荷工作前，按一定的规程所进行的适应性运转。

（2）汽车磨合的意义

进行汽车磨合，可以减轻汽车磨损、延长汽车寿命、提高汽车功率、降低汽车油耗和减少汽车排污。

新出厂或大修的汽车，虽然主要配件都是新的，运动件表面也很光滑（如缸套与活塞、曲轴与轴瓦），但从显微镜中看，它们却是凸凹不平的。研究发现，它们摩擦表面的接触面积总和仅为全部面积的0.1%~1%，如果汽车一开始就大负荷工作或高速行车，势必使这些接触面承受压力过大，造成拉伤甚至熔化，出现拉缸、抱轴等严重事故，汽车寿命将大幅缩短。鉴于上述原因，新车一定要经过磨合，使各摩擦表面全面接触。

在汽车出厂前，发动机和底盘传动系统等都经过一定时间的磨合，限于时间和条件，工厂不便进行长时间的使用磨合，用户购车后必须进行使用磨合。

2. 汽车磨合的方法

总的磨合原则是发动机转速及车速由低到高，负荷由小到大，变速器各档位应进行适当时间磨合，及时更换润滑油，注意发现和排除异常现象。磨合期时间随车型有所不同，按使用说明书要求进行，如轿车一般在 1000~1500km。

汽车磨合期使用应该注意以下问题：

1）正确驾驶操作。汽车在起动后，应利用低速在原地升温，待冷却液达到起步要求后再行起步；起步时要慢松离合器，做到平稳、无冲动；加速时，要缓踩加速踏板，不可急加速；不可越级减档，以减少对传动装置的冲击；在行驶中尽量避免紧急制动；新车不宜用作“教练车”。

2）减轻负荷。新车开始使用的 1000km 内，不能超过汽车额定载质量的 80%；当行驶阻力增大时，应及时换入低速档，不能勉强用高速档行驶，以免发动机负荷过大。

3）限制车速。一般车辆各档行驶速度，不得超过发动机最高转速的 80%；不允许把加速踏板踩到底，不要使发动机急剧增速；新车不能用来跑长途。

4）选择道路。车辆在磨合期间，应尽量选择平坦良好的道路行驶，避免在崎岖、陡坡和泥泞等路况不良的道路上行驶，以减少行驶阻力，从而减轻发动机的负荷。

5）注意及时发现和排除故障。行驶中应注意听发动机声音，观察各仪表的工作状态，如有异常，应停车检查；注意紧固松动的螺栓，及时排除故障。

6）更换润滑油　新车在磨合期内，各摩擦副之间配合粗糙，磨损较大，润滑油中金属屑粒较多，因此在新车磨合期完成后（1000km 左右），应及时更换发动机机油和变速器齿轮油，更换滤清器。

知识点 2 汽车维护

汽车在使用中，必然造成零件磨损、调整参数变化或螺栓松动等问题，如果不及时维护，可能造成不应有的经济损失和安全事故。定期维护，可以使汽车的维修费用降到最低，“三分修、七分养”，说明了汽车平时维护的重要性。

汽车维护的时间与内容，随不同车型而不同，应按照使用说明书进行定期维护。依据国家标准，我国汽车维护分为日常维护、一级维护、二级维护三个等级。

凡事预则立，不预则废。我们要积极将安全教育融入实践活动中，牢固树立防微杜渐、防患于未然的安全意识。

1. 汽车日常维护

（1）日常维护时间

汽车日常维护在每天出车前、行车中和收车后进行。

（2）日常维护内容

日常维护以清洁、补给和安全检视为作业中心内容，由驾驶员负责执行。日常维护的具体内容如下：

1）对汽车外观、发动机外表进行清洁，保持车容整洁。

2）对汽车各处润滑油（图 9–3）、燃油、冷却液（图 9-4）、制动液（图 9–5）、各种工作介质、轮胎（图 9–6）及其气压（图 9–7）进行检视补给。

3）对汽车制动、转向、传动、悬架、灯光、信号等安全部位和位置以及发动机运转状态进行检视、校准，确保行车安全。

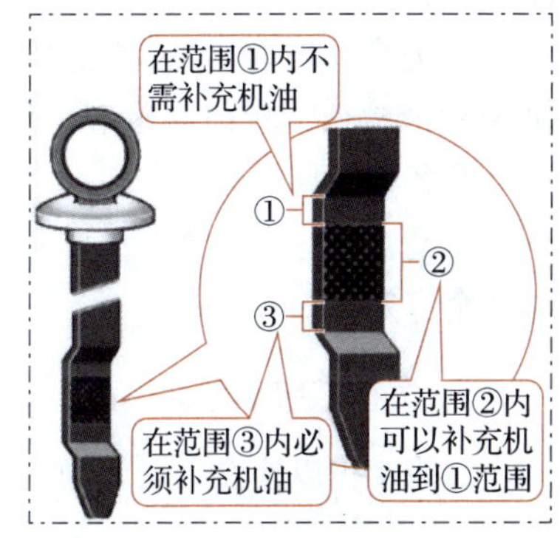

图 9–3　机油检查

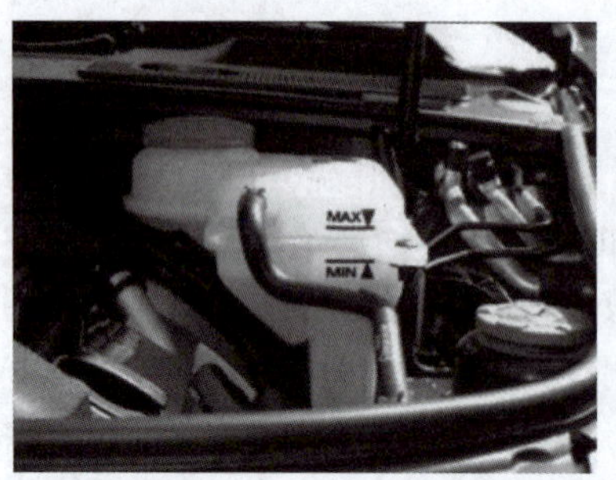

图 9-4 冷却液检查

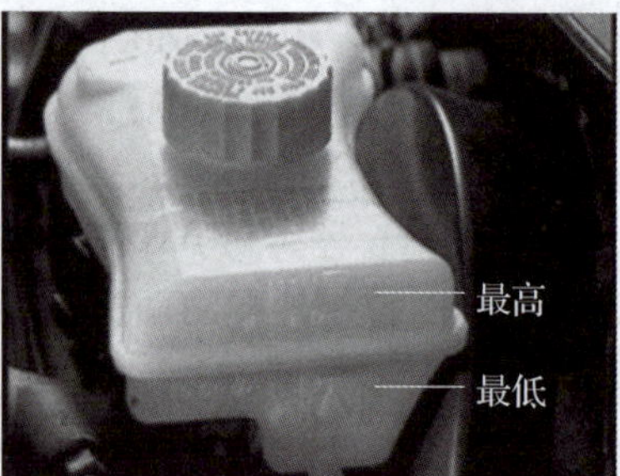

图 9-5 制动液检查

汽车内部操控检查

汽车发动机舱内部检查

图 9-6 清除轮胎杂物

图 9-7 轮胎气压检查

汽车板件外观检查

2. 汽车一级维护

（1）一级维护的时间

汽车一级维护时间应以汽车行驶里程为基本依据，可按使用说明书要求进行，如轿车一般在行驶 5000~7500km 后进行。同时还应该根据汽车使用条件的不同有所区别，如汽车经常在较差路面行驶或经常大负荷工作，则应提前进行维护。

汽车外部检查

（2）一级维护的内容

汽车一级维护除日常维护作业外，以清洁、润滑、紧固为作业中心内容，并检查有关制动、操纵等安全部件，由维修企业负责执行。

一级维护的具体内容包括：点火系统检查调整；滤清器的清洁或更换；油面、液面检查；曲轴箱通风装置、三元催化转化装置检查；散热器、油底壳、发动机前后支垫、水泵、空气压缩机、进排气歧管、燃油喷射系统各部件连接螺栓的检查、校紧；空气压缩机、发电机、空调机传动带检查；转向器检查；离合器检查调整；变速器、差速器检查；制动系统检查；车架、车身及各附件检查紧固；轮胎检查；悬架机构检查；蓄电池检查；灯光、仪表、信号装置检查；全车润滑点检查；全车检查，要求全车不漏油、不漏水、不漏气、不漏电、不漏尘，各种防尘罩齐全有效。

3. 汽车二级维护

二级维护以检查、调整为主，由维修企业负责执行。二级维护的具体内容见表 9-5。

表 9-5　汽车二级维护检测项目

序号	检测项目	序号	检测项目
1	发动机功率，气缸压力	8	前照灯
2	汽车排气污染物，三元催化转化装置的作用	9	操纵稳定性，有无跑偏、发抖、摆头
3	电控燃油喷射系统	10	变速器，有无泄漏、异响、松脱、裂纹等现象，换档是否轻便灵活
4	柴油车检查供油提前角、供油间隔角和喷油泵供油压力	11	离合器，有无打滑、发抖现象，分离是否彻底，接合是否平稳
5	制动性能，检查制动力	12	传动轴，有无泄漏、异响、松脱、裂纹等现象
6	转向轮定位，主要检查前轮定位角和转向盘自由转动量	13	后桥，主减速器有无泄漏、异响、松动、过热等现象
7	车轮动平衡		

4. 汽车换季维护

有的汽车还要求进行换季维护，一般是在入冬和入夏前气温变化较大时进行。换季维护以更换燃油、润滑油、防冻液为主要内容。

任务实施

1. 采用小组合作形式，制订汽车的日常维护计划，两人互相配合完成汽车的日常维护。
2. 举例说明汽车磨合应注意的事项。
3. 推选小组代表分享汽车平时维护的重要性。
4. 练习题

（1）汽车日常维护以哪项工作为作业中心内容？（　　）

A. 清洁　　B. 补给　　C. 安全检视　　D. 紧固

（2）国内汽车维护分为哪三个等级？（　　）

A. 日常维护　　B. 一级维护　　C. 二级维护　　D. 三级维护

（3）二级维护以哪些工作为主？（　　）

A. 润滑　　B. 紧固　　C. 检查　　D. 调整

（4）日常维护内容一般是由________负责执行。

（5）汽车一级维护时间主要以汽车________为基本依据。

任务评价

在完成本学习任务后，通过小组会议的形式进行总结与反思，并完成多元化评价，评分细则见表 9-6。

表 9-6　汽车维护评价表

序号	考核内容	配分	评分细则	自评得分	小组评价	教师评价
1	组员准备、学习态度、自主探究与团队协作能力	20	准备是否充分、学习态度是否认真、能否进行自主探究与团队协作 □优秀 □良好 □一般 □不合格			
2	制订汽车的日常维护计划	20	计划是否全面、合理，是否具有操作性 □优秀 □良好 □一般 □不合格			
3	完成汽车的日常维护	25	配合是否娴熟、操作是否专业、是否符合标准 □优秀 □良好 □一般 □不合格			
4	举例说明汽车磨合应注意的事项，分享汽车平时维护的重要性	20	举例是否得当、分享内容是否有理有据 □优秀 □良好 □一般 □不合格			
5	练习题完成正确率	15	共 5 题、每小题 3 分			
总分（自评 20%，小组评价 30%，教师评价 50%）						
学生建议：			教师指导意见：			

10

认知模块

汽车文化

汽车文化

-  检索国内外著名汽车展览
  -  世界著名汽车展览
    - 慕尼黑车展
    - 巴黎车展
    - 日内瓦车展
    - 北美车展
    - 东京车展
    - 其他国际车展
  - 中国主要汽车展览
    - 北京车展
    - 上海车展
    - 广州车展
  -  概念车
    - 概念车定义
    - 概念车分类
    - 概念车展示
  - 汽车模特
    - 模特及汽车模特
    - 汽车模特大赛
  -  艺术汽车
    - 艺术汽车含义
    - 艺术汽车展示
  -  汽车博物馆
    - 汽车博物馆的功能
    - 世界各地汽车博物馆
-  介绍汽车俱乐部活动
  - 汽车俱乐部及其主要活动内容
    - 汽车俱乐部
    - 汽车俱乐部的作用与主要活动内容
  - 汽车俱乐部类型及其组织
    - 汽车俱乐部类型
    - 汽车俱乐部组织
-  检索汽车媒体
  - 汽车报刊
  - 汽车网站
    - 专业汽车网站或汽车频道
    - 通用网站的汽车栏目
    - 汽车集团公司网站
    - 其他汽车网站
-  检索汽车竞赛
  - 汽车竞赛与分类
    - 汽车竞赛
      - 定义
      - 国际汽车联合会
      - 中国汽车运动联合会
    - 汽车竞赛分类
      - 汽车道路比赛
      - 汽车耐力赛
      - 汽车场地赛
      - 其他汽车竞赛
  - 方程式汽车赛
    - 方程式汽车赛种类
    - 一级方程式世界锦标赛
    - 其他方程式汽车赛
    - 比赛规定与要求
      - 起源时间
      - 积分规则
      - 选手参赛要求
      - 赛车的规定
      - 发动机的规定
      - 比赛结束颁奖仪式
  - 世界汽车拉力锦标赛
    - 类型
      - 巴黎—达喀尔汽车拉力赛
      - 蒙特卡罗汽车拉力赛
      - 港京汽车拉力赛
      - 其他汽车拉力赛
    - 比赛规定与要求
      - 赛程及相关规定
      - 比赛地点
      - 比赛时间
  - 汽车越野赛
    - 北京—巴黎马拉松越野赛
      - 总行程规定
      - 比赛时间要求
    - 参赛车辆的规定
  - 汽车耐力赛
    - 勒芒24h耐力赛
      - 比赛车辆类型
      - 比赛相关规定
  - 其他汽车赛
    - 汽车冲刺赛
    - 老爷车赛
    - 派克峰国际爬山赛
    - 汽车漂移赛
    - 汽车跳远比赛
    - 太阳能汽车赛
    - 泥潭汽车大赛
    - 其他汽车比赛
  -  著名车队与车手
    - 著名车队
      - 法拉利车队
      - 迈凯轮车队
      - 威廉姆斯车队
      - 梅赛德斯AMG车队
      - 红牛车队
    - 著名车手
      - 胡安·曼纽尔·方吉奥
      - 尼克·劳达
      - 阿兰·普罗斯特
      - 埃尔顿·塞纳
      - 迈克尔·舒马赫
      - 刘易斯·汉密尔顿

认知模块 10

任务 1　检索汽车竞赛

学习目标

- 能够描述汽车竞赛的意义。
- 能够描述各种汽车竞赛的发展历史及其内容特征。
- 培养学生不怕困难、勇于拼搏、勇敢、坚强的意识品质。

任务接收

观看一场 F1 比赛，检索竞赛规则、著名车队和车手，并制作 PPT 或短视频进行解说。

获取资讯

知识点 1 汽车竞赛与分类

1. 汽车竞赛

汽车竞赛又叫赛车运动，是指利用汽车在各种道路上进行汽车性能（速度、耐力、油耗等）和驾驶技术等比赛的一种活动。

1887 年，举办了世界上第一次汽车比赛，只有一辆蒸汽汽车参加。

1895 年，进行了第一次有汽油汽车参加的比赛，汽油汽车战胜了蒸汽汽车，从而为汽车的发展开辟了道路。

图 10-1　国际汽车联合会会徽

1904 年，由法国等欧洲国家发起，成立了国际汽车联合会（FIA）组织，其会徽如图 10-1 所示。

中国汽车运动联合会（FASC）于 1975 年成立，于 1983 年加入国际汽车联合会，其会徽如图 10-2 所示。

图 10-2　中国汽车运动联合会会徽

汽车竞赛可以直接推动汽车技术和汽车工业的发展。诸如涡轮增压发动机、自动电子变速装置、扰流板及尾翼、纤维增强复合材料车身及不少最新的技术，都是在赛车上首先采用的。一些汽车品牌也是在汽车竞赛中出现的，如意大利的法拉利、日本的本田和三菱等。

2. 汽车竞赛分类

赛车竞赛的种类很多，比较著名、影响较大的项目大致可分为以下几类：

1）汽车道路比赛：用成批生产的汽车在现有道路上进行的比赛，如拉力赛、越野赛，其车速较低，但赛程较长，比赛很艰苦。

2）汽车耐力赛：用成批生产的汽车或特制的运动原型车，在固定赛场或圈围好的现有道路上进行的长时间连续比赛。法国勒芒 24h 耐久赛，车速很高，比赛既刺激，又艰苦。

3）汽车场地赛：用特制的专用赛车，在固定的赛场中进行的比赛，如方程式车赛、印第车赛。车速很高，赛程只有 2~3h，比赛激烈。

4）其他汽车竞赛：有创纪录赛、冲刺赛、技巧赛、节油车赛、卡丁车赛、太阳能车赛、老式汽车赛、大脚车赛、泥潭赛等。

知识点 2 方程式汽车赛

1. 方程式汽车赛种类

方程式汽车赛是汽车场地比赛的一种，由于参加这种比赛的赛车必须严格依照国际汽车联合会制定的车辆技术规则设计和制造，因此叫作方程式赛车。

方程式赛车的级别主要有 F1、F3000、F3、亚洲方程式、无限方程式、福特方程式、雷诺方程式、卡丁车方程式等，其中 F1 是世界上汽车场地竞赛项目中最高级、也是最引人注目的比赛。

2. 一级方程式世界锦标赛

一级方程式世界锦标赛（Formula One World Championship）简称 F1，也叫一级方程式汽车大奖赛。

F1 起始于 1950 年，每年在世界各地比赛为 16 站，但 FIA 有时会增加比赛站数。每场比赛取前 10 名，获得年度总积分最高者即为世界冠军。

F1 赛道为改性沥青，每个赛道的周长不等，最短的是摩洛哥的蒙特卡罗街区赛道，单圈长度为 3.34km，最长的是比利时的斯帕赛车场，单圈长度为 7.004km。匈牙利布达佩斯赛道如图 10-3 所示。

驾驶赛车的赛手为一个人。比赛时，22 辆赛车根据排位比赛的成绩排列起跑顺序。当信号灯变为绿色时，22 辆赛车同时出发，跑完规定圈数（每场为超过 305km 的最小圈数），时间短者获胜。一场 F1 比赛时间不能超过 2h。

F1 使用的赛车（图 10-4）车身外形、操纵机构及发动机都有严格规定，现代 F1 赛车的基

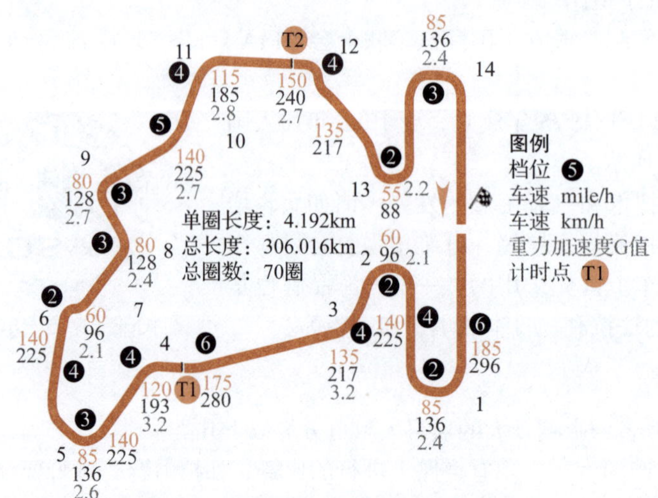

图 10-3 匈牙利布达佩斯赛道

图 10-4 F1 赛车

本特点是：四轮外露，单座，重心低，轮距大，最低重量 550kg。F1 赛车造价达上千万美元，不亚于一架小型飞机。

F1 使用的发动机为四冲程往复活塞式，V8、排量 2.4L 以下，转速超过 19000r/min ，功率 700kW 以上，自然吸气式汽油机，禁止增压。2014 年起 F1 实施新规则，更加关注经济性和环保性，由原来自然吸气的 V8、排量 2.4L 发动机改变为 V6、1.6L 涡轮增压发动机。

F1 使用 6~7 档的自动电子变速系统，变速按钮在转向盘上。

F1 使用框架式结构，采用碳纤维增强塑料或特种材料制造，流线型车身，前有汽车的尖形鼻锥，后有尾翼，以减少空气阻力和气流造成的升力。油箱用特种橡胶制成。

F1 赛车的轮胎只用一个固定螺栓，以方便快速拆换。在干燥路面上使用只有四道花纹的"干地轮胎"，在湿滑路面上使用"湿地轮胎"。前轮胎宽 12in（约 305mm），后轮胎宽 18in（约 457mm）。赛前加热，以提高附着力。

F1 车手必须持有 FIA 签发的"超级驾驶证"方能参赛。F1 赛场上有不同颜色的旗帜作为指挥信号，由赛道各处的裁判执掌，不同旗帜含义（旗语）如图 10-5 所示。

F1 是世界上最昂贵的运动。最便宜的一台发动机，包括零件和维修保养，也要 800 万美元，一支车队有两部赛车和一部后备赛车，每年花费的费用约 5000 万美元甚至更多。现在世界上大约有二十余支实力雄厚的 F1 车队，大多属欧美国家所有。

比赛结束颁奖前，先奏冠军所属国的国歌和车队所属国的国歌，再颁奖，之后开香槟庆祝。

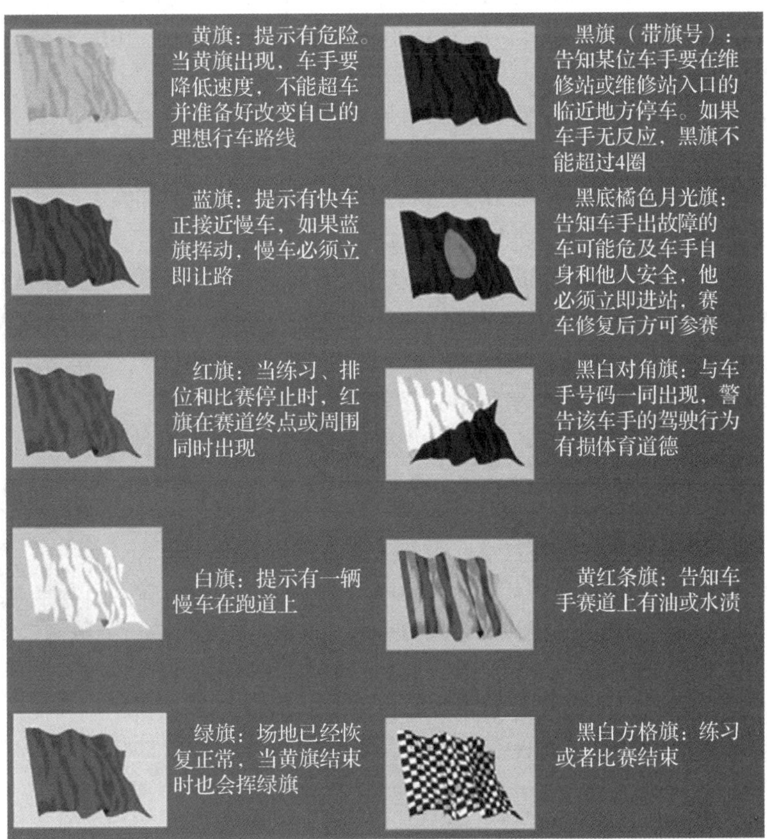

旗语

图 10-5 旗语

3. 其他方程式汽车赛

F3000 是方程式汽车场地赛的项目之一，它也设有国际大奖赛，但只有四个分站。它使用的赛车是四轮外露、单座、纯跑道用方程式赛车，装备 8 个气缸、排量 3L 的自然吸气式汽油发动机，输出功率约 349kW。F3 赛车体积较小，最小重量 455kg，发动机气缸数最多 4 个，禁用两冲程发动机，最大排量为 2L，禁用增压器，功率约 125kW。

图 10-6　卡丁车方程式汽车赛

亚洲方程式汽车赛只限于在亚洲地区开赛。

卡丁车方程式汽车赛是场地比赛项目的一种（图 10-6），是世界方程式赛车的最初级形式，始于 1940 年。由于许多著名的 F1 赛手都是从卡丁车起步的，因此，卡丁车被视为“F1”的摇篮。

卡丁车方程式汽车赛分方程式卡丁车，国际 A、B、C、E 级和普及级 6 种，共 12 个级别。卡丁车是使用轻钢管结构，操作简单，无车体外壳，装配 100mL、125 mL 或 250mL 汽油发动机的 4 轮单座位微型赛车，重心低，在曲折的环型路线上行驶，速度感强。

知识点 3　世界汽车拉力锦标赛

1. 世界拉力锦标赛概述

WRC 精彩飞越

世界拉力锦标赛（World Rally Championship，简称 WRC）又叫集合赛、多日赛，是英语 Rally（集合）的音译。它是汽车道路比赛项目之一，实际上是一种汽车长途越野赛。

汽车拉力赛主要在有路基的土路、砂砾路上进行，也有部分在柏油路上进行。它可在一个国家内或跨越国境举行。汽车拉力赛既能检验汽车的性能和质量，又能考验车手的技术。

汽车拉力赛使用规定的赛车（图 10-7）按规定的平均速度，在完全或部分对普通交通开放的道路上进行比赛，每辆赛车组由 1 名车手及 1 名领航员组成，比赛成绩以时间最少者为优胜。

图 10-7　世界拉力锦标赛

国际汽车拉力赛每年设有世界拉力锦标赛（9 站）、欧洲拉力锦标赛（11 站）、亚洲拉力锦标赛（6 站）、非洲拉力锦标赛（5 站）、中东拉力锦标赛（6 站）等众多大型赛事，比赛设车手奖和车队奖。较为著名的汽车拉力赛有蒙特卡罗汽车拉力赛、巴黎－达喀尔汽车拉力赛等。

2. 蒙特卡罗汽车拉力赛

图 10-8　蒙特卡罗汽车拉力赛

蒙特卡罗汽车拉力赛（图 10-8）是一种国际性的汽车拉力赛。蒙特卡罗是法、意之间的一个欧洲小国摩纳哥的首府。

1911 年，欧洲十国进行了以各自首都为起点，到摩纳哥的蒙特卡罗集合的汽车长途越野赛。全程限七天完成，以各自行驶的平均速度作为胜负的标准。这次比赛，以 RALLY 命名，成为世界上第一次正式的汽车拉力赛。

以后比赛每年 1 月在摩纳哥附近的山区举行，由于冬季冰雪，行驶条件十分恶劣，整个赛程 4~5 天。

3. 巴黎—达喀尔汽车拉力赛

巴黎—达喀尔汽车拉力赛是世界上最长最艰苦的汽车拉力赛之一。图 10-9 是 2005 年的巴黎—达喀尔汽车拉力赛路线图。该赛事自 1979 年开始，每年 1 月举行。从法国巴黎出发，乘船渡过地中海，在非洲北部上岸，然后穿越非洲的撒哈拉大沙漠、潮湿的热带雨林及各种崎岖的路段，途经多个国家，最后到达塞内加尔的首都达喀尔，总行程约 13000km，历时约 20 天。

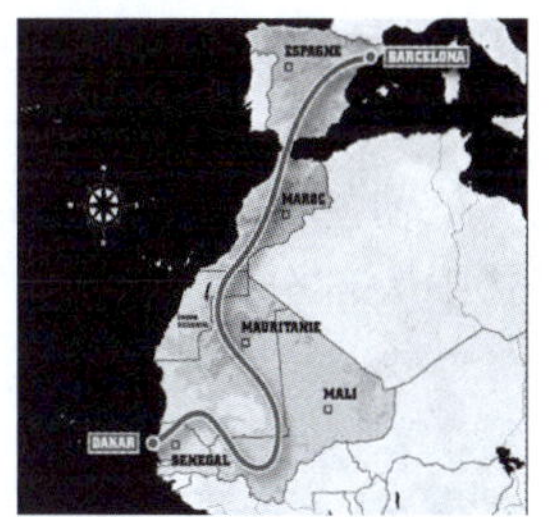

图 10-9　巴黎 - 达喀尔汽车拉力赛

4. 港京汽车拉力赛

该赛事从 1985 年开始举办，1996 年为最后一届。比赛从香港出发，途经广东省韶关市的世界地质公园丹霞山，再经长沙、武汉、郑州、石家庄，终点为北京天安门广场，总行程约 3900km，历时约 7 天。中国车手卢宁军（图 10-10）在该赛事中曾取得过优良成绩。1999 年开始，我国北京怀柔成为世界拉力锦标赛的分站之一，因此不再举办港京汽车拉力赛。

图 10-10　中国车手卢宁军

5. 其他汽车拉力赛

东非沙法里汽车拉力赛，从 1953 年起每年举行一次，比赛途经肯尼亚、乌干达等国家，路面条件十分恶劣，路线长达 6000km，赛程 4~5 天。

还有 1971 年英国伦敦到澳大利亚悉尼的拉力赛，以及摩洛哥、奥地利阿尔卑斯、法国阿尔卑斯、希腊的阿克罗波拉斯、美国的奥林巴斯、芬兰的千湖等拉力赛。

知识点 4 汽车越野赛

汽车越野赛（图 10-11）是汽车道路比赛项目之一，是在一个国家的公路和自然道路上进行的汽车比赛。如果需要经过几个国家的领土，总行程超过 10000km 或跨洲进行的比赛，称为马拉松越野赛。

图 10-11　汽车越野赛

越野赛不同于拉力赛，比赛必须在白天进行。除国际汽联特别批准外，赛程不得超过 15 天，每经过 10 个阶段后，至少休息 18h。参赛车辆必须是全轮驱动汽车。

北京—巴黎马拉松汽车越野赛是世界上最早的汽车越野赛，在 1907 年举行。汽车从北京开到巴黎，有 5 辆汽车参加，3 辆汽车历经两个月才到达巴黎。图 10-12 是当时赛车经过我国八达岭的情况。1992 年 9 月，又举行了一次巴黎—莫斯科—北京马拉松汽车越野赛。比赛从巴黎出发，经莫斯科，进入我国新疆，最后到达北京，全程 16135km，途经 11 个国家，历时 27 天，有 50 辆赛车在规定时间内跑完全程。

图 10-12　赛车经过我国八达岭

知识点 5 汽车耐力赛

汽车耐力赛（Grand Touring Car）亦称“GT 赛”，是一种在规定赛道上进行长时间连续行驶的耐久性比赛，可以考验汽车的动力性能、可靠性和车手的耐力。比赛车辆分旅行车和运动原型车两类，并根据发动机的工作容积分为若干级别。比赛中每车可设 2～3 名车手，轮流驾驶。最著名的汽车耐久赛是勒芒 24h 汽车耐力赛。

勒芒 24h 耐力赛在法国勒芒（Lemans）举行。从 1923 年开始，每年 6 月（1936 年、1940、1948 年除外）都要举行汽车连续行驶 24h 的比赛，它与 F1 及世界拉力锦标赛并列世界汽车三大赛事。

勒芒赛道（图 10-13）是环形跑道，长 13.5km，其中大部分是封闭式的高速公路。比赛时每辆车配备三名车手，轮流驾驶与休息，实行昼夜“三班”制。在 24h 的赛程中，由于夜间气温较低，轮胎抓地性最好，机件运行也进入良好状态，所以车手都趁“夜深人静”之际拼命奔跑，此时竞争最为激烈。汽车每隔 50min 就要加油检修，昼夜汽车行驶约 5000km，平均车速超过 200km/h，在直线路段行驶最高车速超过 400km/h。在 24h 内行驶距离最长者获胜，展示了人类对速度、耐力和毅力完美结合的极致诠释。

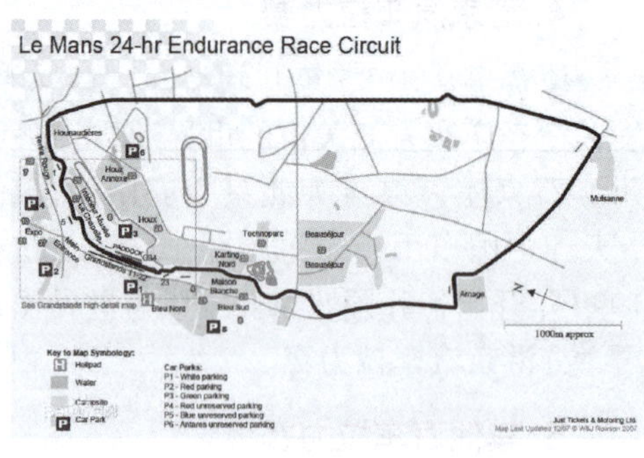

图 10-13　勒芒赛道

知识点 6 其他汽车赛

1. 汽车冲刺赛

汽车冲刺赛是一种由静止加速起跑的竞赛，由两辆车在规定距离上比试速度，规定的距离一般为 402.336m（1/4mile）或 201.168m（1/8mile），胜者进入下一轮竞赛，负者被淘汰。然后两个胜者再一对一地比赛，直到产生最后一位胜者便是冠军。

2. 老爷车赛

老爷车赛起源于 1896 年，当时英国伦敦为庆祝汽车的诞生及放宽的交通条例（即废除“红旗条例”），举办了从伦敦海德公园至布莱顿的汽车赛，总行程为 96km。后来演变成老爷车赛，由皇家俱乐部举办，每年 11 月的第一个星期日在伦敦举行。1927 年第一届老爷车赛开始举行，当时规定只有 1905 年以前生产的汽车才能参加比赛（图 10-14）。

图 10-14　老爷车赛

2000 年，欧洲老爷车协会组织了“环游地球 80 天”老爷车全球行拉力赛，有 100 辆老爷车参赛，从伦敦出发，途径北京、纽约，80 天之后再次返回伦敦。中国的收藏家雒文有（图 10-15）受到邀请，驾驶“大红旗”出征，参加了中国段的比赛。

图 10-15　中国老爷车收藏家雒文有

3. 派克峰国际爬山赛

派克峰国际爬山赛是一个每年 7 月都会在美国科罗拉多州的派克峰（Pikes Peak）山区举行的汽车 / 摩托爬山赛，历史悠久，首度举办于 1916 年。赛道全程共接近 20km，沿途共有 156 个弯道（图 10-16），是全世界比赛场地海拔最高（4301m）、车辆性能水平也最高的越野赛车活动之一。

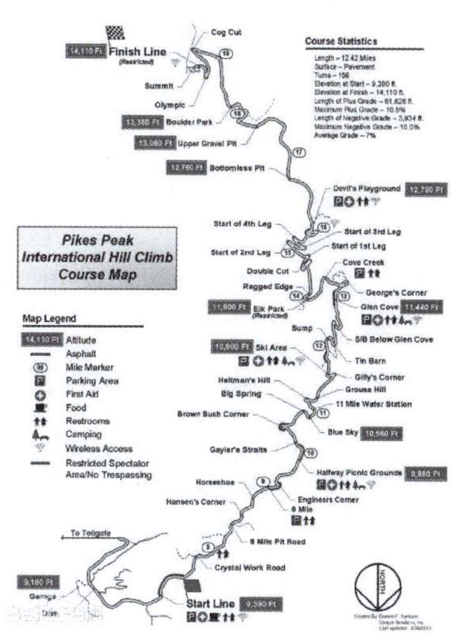

图 10-16　派克峰国际爬山赛路线

4. 汽车漂移赛（图 10-17）

漂移是指让车头的指向与车身实际运动方向之间产生较大的夹角，使车身侧滑过弯的系列操作。漂移是一种极具观赏性的驾驶方式，在拉力赛中也是一项常用的技术。近几年漂移在国内很热门，尤其是很多年轻的驾驶爱好者都喜欢，但方法不当会造成事故。

5. 太阳能汽车赛（图 10-18）

比赛用车的动力能源不是汽油，而是太阳能。目前，许多国家都举办太阳能汽车比赛，但最有名的是自 1987 年开始举办的澳大利亚太阳能汽车挑战赛。比赛路程长达 3000km，比赛目的不是考验车能开多快，而是利用太阳能走多远。

6. 汽车跳远比赛（图 10-19）

西方国家兴起汽车跳远比赛，法国年轻车手迪埃里·罗宾在一次比赛中，驾驶汽车以 165km/h 的速度疾驰，然后汽车冲上高度为 5.6m 的助跑道斜面腾空跃起，在空中“飞越”一段距离后，再重重地落在由数千个纸盒堆成的“沙坑”里。他创造了汽车腾空“跳远”101.17m 的世界纪录。

图 10-17　汽车漂移赛

图 10-18　太阳能汽车赛

图 10-19　汽车跳远比赛

7. 泥潭汽车大赛（图 10-20）

美国德克萨斯州近年来兴起一种泥潭汽车比赛，参赛车均改装自小汽车和小货车。比赛是在一个长 60m、宽 23m 的人造泥潭中进行。赛手们经过抽签后，驾车开进泥潭。跑完全程的最好成绩为 9s。泥潭汽车大赛也在世界其他地方兴起。

图 10-20　泥潭汽车大赛

8. 其他汽车比赛

汽车比赛五花八门，除上述汽车比赛外，还有大脚车赛、“肥皂盒”车比赛（图 10-21）、汽车足球赛、汽车趣味赛、汽车沙滩赛、滑稽车比赛、毁车比赛和汽车选美赛等。

图 10-21　“肥皂盒”车比赛

知识点7 著名车队与车手

1. 著名车队

（1）法拉利车队

1950年首次参赛，1961年首次获世界车队冠军。至2023年共夺得16次世界车队冠军，15人次世界车手冠军。图10-22、图10-23为2023年法拉利车队赛车和2023年赛季车手。

图10-22 2023年法拉利SF-23赛车

图10-23 法拉利车队2023年赛季车手

（2）迈凯轮车队

迈凯轮车队由布鲁斯·迈凯轮于1964年创建。1966年首次参赛，1974年首次获世界车队冠军。至2023年共夺得8次世界车队冠军，12人次世界车手冠军。图10-24、图10-25分别为2023年迈凯轮车队赛车和2023年赛季车手。

（3）威廉姆斯车队

1973年建立，原名ISO车队，1975年更名为威廉姆斯车队。1975年在阿根廷第一次参加F1大赛，1980年第一次夺得世界车队冠军。至2023年共获得过9次世界车队冠军和7人次的世界车手冠军。图10-26、图10-27为2023年威廉姆斯车队赛车和2023年赛季车手。

图10-24 2023年迈凯轮MCL60赛车

图10-25 迈凯轮车队2023年赛季车手

图10-26 2023年威廉姆斯FW45赛车

图10-27 威廉姆斯车队2023年赛季车手

（4）梅赛德斯AMG车队

梅赛德斯AMG车队全称梅赛德斯AMG马石油F1车队（Mercedes-AMG Petronas F1 Team），总部位于英国布拉克利，以德国制造商身份参赛，成立于2010年。2014—2021年，梅赛德斯AMG车队连续8年获得了世界车队冠军。图10-28、图10-29为2023年梅赛德斯AMG车队赛车和2023年赛季车手。

（5）红牛车队

红牛车队是奥地利Red Bull公司旗下的F1车队之一，中文全称甲骨文奥地利Red Bull（红牛）车队，共获得过5次世界车队冠军。图10-30、图10-31为2023年红牛车队赛车和2023年赛季车手。

图10-28 2023年梅赛德斯AMG W14赛车

图10-29 梅赛德斯AMG车队车手

图10-30 2023年红牛车队红牛RB19赛车

图10-31 红牛车队2023年赛季车手

（6）其他著名车队

除上述车队外，还有阿斯顿·马丁车队、阿尔法·罗密欧车队、Alpine 车队、哈斯车队、红牛二队、蓝旗亚车队、莲花车队等。

2. 著名车手

（1）胡安·曼纽尔·方吉奥（图 10–32）

1911 年出生在阿根廷一个工厂主家庭，1934 年进入赛车界。1951 年、1954—1957 年 5 届 F1 年度总冠军。他是赛车史上的一位传奇人物、一代元老、一个神话。

（2）尼克·劳达（图 10–33）

1949 年出生在奥地利。1971 年开始参加 F1，三次世界冠军得主。

（3）阿兰·普罗斯特（图 10–34）

1955 年生于法国圣日尔曼，早年以卡丁车汽车赛起家，夺得 2 次法国冠军。1979 年转入 F3，1980 年加盟迈凯轮车队开始了 13 年的 F1 历程。共夺得 4 次 F1 年度总冠军，曾创下获得 51 次 F1 分站赛冠军的世界纪录。

（4）埃尔顿·塞纳（图 10–35）

1960 年出生在巴西圣保罗市一个汽车工厂主家庭，13 岁时就参加卡丁车汽车赛，17 岁时夺得南美冠军。1984 年进入 F1 车队，1988、1990、1991 年三度夺得 F1 年度总冠军。

图 10–32　胡安 · 曼纽尔 · 方吉奥

图 10–33　尼克 · 劳达

图 10–34　阿兰 · 普罗斯特

图 10–35　埃尔顿 · 塞纳

（5）迈克尔·舒马赫（图 10–36）

德国车手，到 2004 年已获得 F1 7 次年度总冠军，创造了车手五连冠的神话，位居 F1 冠军榜首席（直到汉密尔顿在 2020 年追平迈克尔·舒马赫七冠王纪录）。

图 10–36　迈克尔 · 舒马赫

（6）刘易斯·汉密尔顿（图 10–37）

英国车手，到 2023 年已获得 F1 汽车锦标赛 8 次年度总冠军。截至 2022 年 11 月，获得 103 场分站冠军。

图 10–37　刘易斯 · 汉密尔顿

（7）其他著名车手

其他著名车手还有吉姆·克拉克、布拉海姆、斯图尔特、皮盖特、阿斯卡利、格拉汉姆·希尔、菲蒂鲍尔蒂、哈基宁、阿隆索、莱克宁、赛巴斯蒂安·维特尔、肯库宁、马基宁、麦克雷、塞恩斯、周冠宇等。

任务实施

1. 采用小组合作形式，分工完成 F1 的竞赛规则、著名车队和车手检索，并在组内讨论交流。
2. 将以上检索的内容制作成 PPT 或短视频并进行解说。
3. 推选小组代表就某一种汽车赛事的动态发表看法。
4. 练习题

（1）国际三大汽车竞赛指的是哪几项比赛？（　　）

A. 一级方程式世界锦标赛　　B. 世界拉力锦标赛

C. 勒芒 24h 耐力赛　　D. 派克峰国际爬山赛

（2）为了方便汽车轮胎快速拆换，F1 赛车只用几个轮胎螺栓？（　　）

A.1　　B.2　　C.3　　D.4

（3）勒芒 24h 耐力赛，比赛时每辆车配备几名车手轮流驾驶？（　　）

A.4　　B.3　　C.2　　D.1

（4）F1 车手必须持有 FIA 签发的“________”方能参赛。

（5）派克峰国际爬山赛，全程共接近 20km，沿途共有________个弯道，是全世界比赛场地________最高、车辆性能水平也最高的越野赛车活动之一。

任务评价

在完成本学习任务后，通过小组会议的形式进行总结与反思，并完成多元化评价，评分细则见表 10–1。

表 10–1　检索汽车竞赛评价表

序号	考核内容	配分	评分细则	自评得分	小组评价	教师评价
1	组员准备、学习态度、自主探究与团队协作能力	20	准备是否充分、学习态度是否认真、能否进行自主探究与团队协作 □优秀 □良好 □一般 □不合格			
2	检索 F1 的竞赛规则、著名车队和车手	30	检索工具是否科学、内容脉络是否清晰、内容是否充实 □优秀 □良好 □一般 □不合格			
3	制作 PPT 或短视频进行解说	20	制作软件选择是否得当，制作是否精美，内容是否完整，解说是否表达清晰、到位 □优秀 □良好 □一般 □不合格			
4	就某一种汽车赛事的动态发表看法	15	观点是否鲜明、逻辑是否合理、推理是否清晰 □优秀 □良好 □一般 □不合格			
5	练习题完成正确率	15	共 5 题、每小题 3 分			
总分（自评 20%，小组评价 30%，教师评价 50%）						
学生建议：			教师指导意见：			

认知模块 10

任务 2　检索国内外著名汽车展览

学习目标

- 能够阐述国内外著名汽车展览及分类。
- 能够阐述概念车的含义及作用。
- 培养学生科学创新精神，树立民族汽车品牌自信心和自豪感。

国外著名汽车展

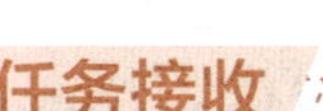

任务接收

图 10–38 是世界著名的北京车展，请检索其发展历史与特点。

国内著名汽车展

获取资讯

知识点 1　世界著名汽车展览

汽车展览（简称“车展”）是专门为汽车举办的展览，是汽车制造商们展示新产品、树立企业形象、展示公司实力、争夺汽车市场的舞台，也是进行汽车技术交流、发展经贸合作的良好机会，同时带来汽车展览风格和文化氛围，促进汽车文化的交流与发展。

图 10–38　北京车展

世界著名的车展主要有慕尼黑车展、巴黎车展、日内瓦车展、北美车展和东京车展五大汽车展。

1. 慕尼黑车展

慕尼黑国际车展前身为德国国际车展“IAA”，即世界五大车展之一的“法兰克福车展”，有世界汽车工业“奥运会”之称。该车展创办于 1897 年，在第 35 届之前，该车展的举办地在柏林，此后移到法兰克福市中心不远的一些大厅进行（图 10–39）。2021 年，法兰克福车展举办地从法兰克福搬迁至慕尼黑，并更名为慕尼黑车展。原来是每两年举办一次展览，现在改为每年的 9 月举行。

图 10–39　法兰克福会展中心

2023 年，慕尼黑车展以“体验互联移动”为主题，领先行业代表集中展示最新汽车技术、智能出行解决方案以及可持续交通创新。通过技术创新，加快产业向可持续及智能化转型是此次展会折射出的产业发展趋势。

2. 巴黎车展

巴黎车展（图 10–40）在法国巴黎进行，创办于 1898 年，现在每两年举行一次。巴黎车展的特色如同时装展，各种新颖独特的概念车争奇斗艳。

图 10-40　巴黎车展

2022 年，巴黎车展以“革命正在进行”为主题，旨在展示汽车行业正在经历的革命性创新。从电动化、混合动力、氢燃料到未来设计、车载技术、智能出行，汽车产销服务及新能源相关领域近百家企业到场展示最新产品。

3. 日内瓦车展

图 10-41　日内瓦车展

日内瓦车展（图 10-41）每年三月在瑞士日内瓦举行。每年的参展作品多得不胜枚举，反映了当今世界的汽车流行趋势，由于欧洲是世界主要汽车市场，各大汽车公司竞相在该车展亮相，推销自己的新产品。大型高级轿车、各种小轿车、面包车、跑车和赛车等是该车展上的主要产品。

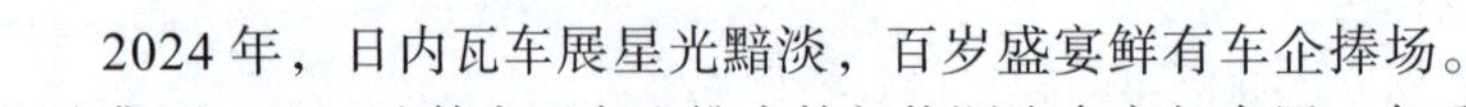

2024 年，日内瓦车展星光黯淡，百岁盛宴鲜有车企捧场。上汽集团、比亚迪等中国车企携多款新能源汽车亮相车展，备受瞩目。此次展会发布的 20 余款车型中，几乎一半是纯电车型，凸显全球汽车行业电动化趋势。

4. 北美车展

北美车展原名“底特律车展”，每年 1 月在美国底特律举行。北美车展始于 1907 年，从 1965 年开始，车展迁移到现在的 COBO 展览中心（图 10-42），这是世界上最大的平面室内展览会场之一，可同时容纳上万名参观者。1989 年该车展更名为“北美国际汽车展”，参展的主要是世界各大汽车公司当年推出的新车型、概念车等。

图 10-42　COBO 展览中心

2023 年，北美车展在密歇根州底特律的亨廷顿广场会议中心举行。虽然有不少品牌的纯电新车亮相，但本届车展却让参观者感受到了一种十年前的氛围。展馆内充斥着各种装备大排量 V8 发动机的汽车，各式各样的皮卡和全尺寸 SUV 依旧是车展的主角，给人一种身处大排量发动机盛会的感觉。

5. 东京车展

图 10-43　东京车展

东京车展（图 10-43）每年 10 月在日本东京举行，交替展出商用车和小轿车。该车展始于 1966 年，聚集了日本本土车厂出产的五花八门、千姿百态的小型汽车，以及各种各样的汽车电子设备和技术。东京车展历来以规模大，注重新产品、新技术的推出，展出产品实用性强而闻名于世界。

2023 年，东京车展以“移动出行”主题，共有 475 家公司参展。此次车展强调了汽车的“电动化”“智能化”和“多样化”，并且焦点集中在提供多场景下的便捷、智能和安全的出行解决方案。

6. 其他国际车展

除上述车展外，还有一些规模较小的国际车展，如伦敦汽车展、纽约汽车展、芝加哥汽车展等，以及各种专项车展，如老爷车展、汽车模型展等。

知识点2 中国主要汽车展览

1. 北京车展

北京车展创办于 1990 年，每两年定期在北京举办（图 10-38）。北京车展秉承展品精、品牌全、国际化的办展理念和特色，规模不断扩大，众多跨国汽车企业将北京车展列为全球 A 级车展，已跻身世界著名汽车展前十位。

2024 年，北京车展以“新时代·新汽车”为主题，展出全球首发车 117 台，其中跨国公司全球首发车 30 台，概念车 41 台，新能源车型 278 个。该届车展集中展示了全球汽车产业在科技创新上的新理念、新成就，全面引领汽车产业以技术创新为驱动的发展方向。

2. 上海车展

上海车展创办于 1985 年，逢单数年在上海举办（图 10-44）举办。2004 年 6 月，上海车展顺利通过了国际博览联盟（UFI）的认证，成为中国第一个被 UFI 认可的汽车展，也是国际上最具影响力的车展之一。

2023 年上海车展以“拥抱汽车行业新时代”为主题，全球车企齐聚上海，中国市场彰显出强大的活力。在碳达峰、碳中和背景下，电动化趋势已势不可挡，该届车展首发的 150 余款车型中，有约三分之二的车型为新能源汽车。仰望、腾势等自主品牌发力高端市场，“高阶智驾”“行泊一体”成为本次车展上发布最多的技术。

图 10-44 上海车展

2023 上海车展被仰望的比亚迪——技术为先，创新赋能

比亚迪仰望品牌携旗下产品 U8、U9 及仰望架构亮相 2023 上海车展展台，多项自研技术成就汽车行业天花板。继刀片电池、DM-i 混动系统、CTB 等关键技术之后，秉持“技术为王，创新为本”的理念，比亚迪仰望 U8、U9 搭载了易四方技术和云辇架构，具备“超高能、无边界、可进化”三个特点，造就了仰望系列车型天赋异禀的独特性能，成功打造了自主新能源汽车的高端品牌和技术高地。

一系列核心技术创新使比亚迪在业内的竞争力不断提升，充分展现了中国车企驰骋新能源汽车赛道的决心与实力。未来，我们期待比亚迪更多新技术的诞生，为全球消费者带来更优秀的新能源汽车。

3. 广州车展

广州车展创办于 2003 年，在广州展览中心（图 10-45）举办。广州车展基于“高品质、国际化、综合性”的定位，经过几年的发展，已成为中国大型国际车展之一。

2023 年，广州车展在中国进出口商品交易会展馆隆重开幕，展车总数达 1132 辆，其中包括全球首发车 59 辆和概念车 20 辆。新能源车的数量达到 469 辆，吸引了国内外观众 84.7 万人次。展会期间举办了 67 场新闻发布会，汇集了近 5000 家媒体机构的 1.2 万名记者参与报道。展览还推出以“新科技、新生活”为主题的专业展厅，涵盖了电动技术、自动驾驶、智能家居等多个领域，展示了汽车产业链的全面发展。

图 10-45 广州展览中心

知识点 3 概念车

1. 概念车定义

概念车由英文“Concept Car”意译而来，它不是将投产的车型，而是向人们展示设计人员新颖、独特、超前的构思。

概念车是内容最丰富、最深刻、最前卫，最能代表世界汽车科技发展和设计水平的汽车。世界各大汽车公司都不惜巨资研制概念车，借以向公众显示本公司的技术进步，提高自身形象。

2. 概念车分类

概念车通常分为两种，一种是能跑的真正汽车，另一种是设计概念模型。

第一种比较接近于批量生产，其先进技术已步入试验并逐步走向实用化，因而一般在 5 年左右可成为公司投产的新产品。第二种概念车虽是更为超前的设计，但因环境、科研水平、成本等原因，只是未来发展的研究设想。

3. 概念车展示

各种车展展示的概念车繁多，本书列举少数概念车，如图 10–46~ 图 10–49 所示。

图 10–46　吉利 Vision Starburst

图 10–47　奥迪 A6 Avant e-Tron

图 10–48　比亚迪 ocean-X

图 10–49　奇瑞 Alan Derosier

知识点 4 汽车模特

汽车模特是产品形象模特的一种。随着汽车展览的兴起，汽车模特格外引人注目，增加了汽车展览的文化品位。中国首届汽车模特大赛于 2004 年在广州天河体育中心举行（图 10–50）。

图 10–50　我国首届汽车模特大赛

模特由英语的“Model”音译而来，1391 年在法国第一次出现了“Model”一词，主要是指担任展示艺术、时尚产品、广告等媒体的人，也代表从事这类工作人的职业。

汽车模特是指从事与汽车相关的模特，在体型、相貌、气质、文化基础、专业知识、职业感觉、展示能力等方面必须具备一定条件。

知识点 5 艺术汽车

1. 艺术汽车含义

艺术汽车是指以汽车为题材传达主体特定的思想、观念、心理与情感活动的一种艺术形态。美国休斯敦每年举办一届艺术汽车展，图 10–51 是 2024 年 4 月 13 日的艺术汽车展，有 250 多辆车参加展出。

图 10–51　美国休斯敦艺术汽车展

2. 艺术汽车展示

部分艺术汽车如图 10–52~ 图 10–55 所示。

图 10–52　艺术汽车 1

图 10–53　艺术汽车 2

图 10–54　艺术汽车 3

图 10–55　艺术汽车 4

知识点 6 汽车博物馆

汽车博物馆是征集、典藏、陈列和研究汽车实物的场所，并对那些有科学性、历史性或者艺术价值的物品进行分类，是为公众提供知识、教育和欣赏的汽车文化宣传、普及和教育机构。

世界各地汽车博物馆星罗棋布，部分著名汽车博物馆见表 10–2，值得汽车爱好者参观学习。

表 10–2　部分著名汽车博物馆

国家 / 地区	博物馆名称	地点
中国	北京汽车博物馆	北京市丰台区
	上海汽车博物馆	上海市嘉定区安亭镇
	长春汽车博物馆	吉林省长春市绿园区
欧洲	梅赛德斯 – 奔驰博物馆	德国斯图加特市
	宝马博物馆	德国慕尼黑市
	奥迪汽车博物馆	德国因戈尔施塔特市
	保时捷博物馆	德国斯图加特 – 祖文豪森市
	大众汽车博物馆	德国沃尔夫斯堡市
	雪铁龙藏车博物馆	法国欧奈苏布瓦市
	标致创业史博物馆	法国弗朗什 – 孔泰大区杜省索肖地区
	米卢斯汽车博物馆	法国阿尔萨斯米卢斯城
	宾利野禽与汽车博物馆	英国东苏塞克斯郡哈兰德
	法拉利博物馆	意大利摩德纳市马拉内洛镇
	菲亚特博物馆	意大利都灵市
	劳斯莱斯博物馆	奥地利福拉尔贝格州多恩比恩市
	沃尔沃汽车博物馆	瑞典哥德堡市
美国	通用汽车博物馆	美国密歇根州斯特林海茨市
	福特博物馆	美国密歇根州迪尔伯恩市
	克莱斯勒汽车博物馆	美国密歇根州底特律市奥伯恩希尔镇
	彼特森汽车博物馆	美国加利福尼亚州洛杉矶市
	国家汽车博物馆	美国内华达州里诺市特拉基河南部

（续）

国家 / 地区	博物馆名称	地点
亚洲	丰田汽车博物馆	日本爱知县长久手市
	马自达汽车博物馆	日本广岛县安芸郡
	世界汽车济州博物馆	韩国济州道西归浦市
	阿联酋国家汽车博物馆	阿拉伯联合酋长国阿布扎比市

任务实施

1. 采用小组合作形式，分工完成国内外车展的发展历史与特点的检索，并在组内讨论交流。
2. 制作一份国内外车展的思维导图并展示。
3. 推选小组代表就广州车展的发展趋势发表看法。
4. 练习题

（1）概念车是最能代表世界汽车科技发展和设计水平的汽车，其内容有哪些特点？（　　）

A. 最丰富　　B. 最深刻　　C. 最前卫　　D. 最快速

（2）国内知名的汽车展览主要有哪些？（　　）。

A. 上海车展　　B. 广州车展　　C. 北京车展　　D. 广东车展

（3）艺术汽车是指以汽车为题材传达主体特定的________、________、________与情感活动的一种艺术形态。

（4）国际著名五大车展包括慕尼黑车展、________、巴黎车展、东京车展和________。

（5）国内首届汽车模特大赛于2004年在广州________举行。

任务评价

在完成本学习任务后，通过小组会议的形式进行总结与反思，并完成多元化评价，评分细则见表10–3。

表10–3　检索国内外著名汽车展览评价表

序号	考核内容	配分	评分细则	自评得分	小组评价	教师评价
1	组员准备、学习态度、自主探究与团队协作能力	20	准备是否充分、学习态度是否认真、能否进行自主探究与团队协作 □优秀 □良好 □一般 □不合格			
2	国内外车展的发展历史与特点检索	30	检索工具是否科学、内容脉络是否清晰、内容是否充实 □优秀 □良好 □一般 □不合格			
3	国内外车展的思维导图制作并展示	20	制作软件选择是否得当、制作是否精美、内容是否完整 □优秀 □良好 □一般 □不合格			

（续）

序号	考核内容	配分	评分细则	自评得分	小组评价	教师评价
4	就广州车展的发展趋势发表看法	15	观点鲜明、逻辑合理、推理清晰 □优秀 □良好 □一般 □不合格			
5	练习题完成正确率	15	共 5 题、每小题 3 分			
总分（自评 20%，小组评价 30%，教师评价 50%）						
学生建议：			教师指导意见：			

认知模块 10

任务 3　介绍汽车俱乐部活动

学习目标

- 能够阐述汽车俱乐部的作用及其主要活动内容。
- 能够识别俱乐部的主要类型及其组织。
- 树立爱岗敬业意识与服务意识。

任务接收

检索国内外有哪些著名的汽车俱乐部，以及它们为其成员提供哪些服务内容。

获取资讯

知识点 1 汽车俱乐部及其主要活动内容

1. 汽车俱乐部

汽车俱乐部是由汽车车主及汽车爱好者组织起来的一种联谊组织，旨在传播汽车文化并为其成员提供各种服务。

2. 汽车俱乐部的作用与主要活动内容

汽车俱乐部的作用及主要活动包括：举办各种活动（发行刊物、举办展览、车赛等），宣传汽车的优点，促进汽车的普及和使用；呼吁政府大力建设公路，放宽对汽车使用的限制，制定有利于汽车发展的政策和法规；为会员提供各种服务，如汽车驾驶培训、汽车救援、组织驾车旅游、代办汽车保险、维修、加油、停车等服务。

知识点 2 汽车俱乐部类型及其组织

1. 汽车俱乐部类型

汽车俱乐部主要分为以下 4 种类型：

1）汽车爱好者俱乐部：主要由具有相同爱好的车主组织起来的俱乐部，如老爷车俱乐部、越野车俱乐部、改装车俱乐部等。

2）汽车品牌俱乐部：主要由拥有同一品牌汽车的车主组织起来的汽车俱乐部，如别克车友俱乐部（图 10–56）、路虎俱乐部等。

图 10–56 别克车友俱乐部

3）汽车救援俱乐部：主要为车主提供各种及时救援服务，著名的有国际旅游联盟（AIT）、美国汽车协会（AAA）等。

4）其他汽车俱乐部。

2. 汽车俱乐部组织

现阶段，世界范围内已有 100 多个全国性汽车俱乐部和附属机构，还有一些各国汽车俱乐部的联合组织，分布在民间的汽车俱乐部组织更是数不胜数。据不完全统计，全球会员总数超过 2 亿，其中美国有将近一半的车主是各类汽车俱乐部的会员。

（1）国外汽车俱乐部

1）德国汽车俱乐部 ADAC：1903 年 5 月 24 日在斯图加特成立，现有 2140 万名会员，是欧洲最大、世界第二的汽车俱乐部（图 10–57），其基本会员费是每年约 54 欧元。一旦成为会员，那么你行驶在德国任何地方，只要你打一个电话，ADAC 很快即派人帮你排除故障。ADAC 的所有交通救援车辆均为黄色，因此被德国人称为"黄色天使"。

2）美国汽车协会 AAA：建立于 1902 年，是世界上最大的汽车俱乐部，目前在美国和加拿大的会员规模超过 6000 万人。下属 100 多个分支机构，各自独立地经营汽车俱乐部，并在加拿大有不下 1000 个办事处（图 10–58）。AAA 也是世界上最大的"美国快速旅行支票"的销售者，向会员们卖出了数以千万美元的信用卡、旅行支票、保险单、行李票。

图 10–57 德国汽车俱乐部

图 10–58 美国汽车协会

3）澳大利亚汽车俱乐部：创建于 1903 年。从 1991 年起，全国统一启用提供道路服务的单一号码系统，这个号码为“131111”，依靠这一电话号码系统，可以随时实现待援者与救援中心的联系，平均每个会员每年有一次要求提供救援服务的权利。

（2）国内汽车俱乐部

我国的汽车俱乐部起步较晚，但发展很快，比较著名的汽车俱乐部有大陆汽车俱乐部、华夏汽车俱乐部、上海安吉汽车俱乐部、江苏苏友汽车俱乐部等。

1）大陆汽车俱乐部 CAA：创办于 1995 年，以汽车道路救援为核心业务，救援网络覆盖全国各类城市（图 10-59）。其产品体系包含安全保障系列、旅游自驾系列、汽车增值服务系列、车生活系列等车生活服务。

图 10-59　大陆汽车俱乐部

爱岗敬业、诚信服务——“大陆救援”深入人心

365 天、每天 24 小时，在接到救援电话后的 45 分钟之内赶到车主的身边，平均到达时间为 18 分钟。在高达 86% 的情况下，专业技术人员在现场直接排除故障，若无法排除的故障，派拖车将客户的爱车拖到本人指定的维修地点。大陆汽车俱乐部技术人员凭借爱岗敬业的意识，专心、专注、专业的服务承诺，使得“大陆救援”深入人心，客户满意度高达 96%。诚信的服务也巩固了大陆汽车俱乐部成为北京最专业高效的汽车救援和服务组织的地位。

2）华夏汽车俱乐部 SCC：以华夏大地所有汽车拥有者、汽车驾驶者及汽车爱好者为服务对象（图 10-60）。其业务覆盖我国 31 个省、市、自治区，提供 24 小时呼叫服务、紧急医务救护、紧急汽车救援、特惠汽车保险、汽车修理、汽车养护、汽车租赁及汽车信息咨询等服务，以及超低折扣的酒店、机票、鲜花、演出票预订，餐饮、娱乐、运动、健身、洗衣、体检、家政等服务，定期举办各种自驾游、品牌车友会、特色活动等。

图 10-60　华夏汽车俱乐部

任务实施

1. 采用小组合作形式，分工完成国内外汽车俱乐部及其主要活动内容的检索，并在组内讨论交流。
2. 举例说明国内汽车俱乐部的活动内容。
3. 推选小组代表就国内汽车俱乐部的发展趋势发表看法。
4. 练习题

（1）汽车俱乐部是由什么人及汽车爱好者组织起来的一种什么组织？（　　）

A. 经销商　　B. 车主

C. 调研　　D. 联谊

（2）汽车俱乐部能为会员提供哪些服务？（　　）

A. 汽车驾驶培训　　B. 汽车救援

C. 组织驾车旅游　　D. 代办汽车保险

（3）哪个俱乐部是世界上最大的汽车俱乐部？（　　）

A. 德国汽车俱乐部　　B. 美国汽车协会

C. 澳大利亚汽车俱乐部　　D. 华夏汽车俱乐部

（4）德国汽车俱乐部在________成立，是欧洲最大的汽车俱乐部。

（5）大陆汽车俱乐部以汽车________为核心业务，救援网络覆盖全国各类城市。

任务评价

在完成本学习任务后，通过小组会议的形式进行总结与反思，并完成多元化评价，评分细则见表 10-4。

表 10-4　介绍汽车俱乐部活动评价表

序号	考核内容	配分	评分细则	自评得分	小组评价	教师评价
1	组员准备、学习态度、自主探究与团队协作能力	20	准备是否充分、学习态度是否认真、能否进行自主探究与团队协作 □优秀 □良好 □一般 □不合格			
2	国内外汽车俱乐部及其主要活动内容的检索	30	检索工具是否科学、内容脉络是否清晰、内容是否充实 □优秀 □良好 □一般 □不合格			
3	举例说明国内汽车俱乐部的活动内容	20	举例是否恰当、说明内容是否丰富、条理是否清晰 □优秀 □良好 □一般 □不合格			
4	就国内汽车俱乐部的发展趋势发表看法	15	观点是否鲜明、逻辑是否合理、推理是否清晰 □优秀 □良好 □一般 □不合格			
5	练习题完成正确率	15	共 5 题、每小题 3 分			
总分（自评 20%，小组评价 30%，教师评价 50%）						
学生建议：			教师指导意见：			

认知模块 10

任务 4　检索汽车媒体

学习目标

- 能够阐述汽车媒体种类。
- 能够利用国内外汽车网站快速获取汽车资讯。
- 培养汽车人的责任担任和使命感。

任务接收

检索国内外最新的汽车资讯，用表格列出一些专业的汽车网站名称及网址。

获取资讯

知识点 1 汽车报刊

国外著名汽车报刊主要有《汽车工业》（美国）、《汽车工程杂志》（美国）、《汽车与驾驶员》（美国）、《汽车技术杂志》（德国）、《自动车技术》（日本）、《汽车工程师》（法国）、《汽车工程师》（英国）、《汽车工程》（意大利）、《汽车工业》（俄罗斯）等。

国内主要汽车报刊有《汽车工程》《汽车技术》《世界汽车》《中国汽车报》《汽车之友》《汽车维修与保养》等。

知识点 2 汽车网站

1. 汽车网站含义

汽车网站能及时反映出汽车的新信息，每天都有大量的国内外汽车发展新动态、新技术以及广大网民的意见和评论，是快速获取汽车资讯的一种方法。

2. 汽车网站类型

（1）专业汽车网站

专业汽车网站是指专门从事汽车信息发布的网站，国内主要专业汽车网站见表 10–5。

（2）通用网站的汽车栏目或汽车频道

它是指综合性网站在其内部专门开辟了汽车栏目或汽车频道。大部分网站现在都具有这种功能，比较著名的见表 10–6。

表 10-5 国内主要专业汽车网站

序号	网站名称	网站地址	序号	网站名称	网站地址
1	中国汽车工业协会	http://www.caam.org.cn	5	爱卡汽车	https://www.xcar.com.cn
2	汽车之家	https://www.autohome.com.cn	6	新车评网	https://www.xincheping.com
3	易车	https://www.yiche.com	7	58 汽车	https://www.58che.com
4	懂车帝	https://www.dongchedi.com	8	中国汽车报	http://www.cnautonews.com

表 10-6 国内著名网站的汽车栏目与频道

序号	网站名称	网站地址	序号	网站名称	网站地址
1	太平洋汽车	https://www.pcauto.com.cn	4	凤凰网汽车	https://auto.ifeng.com
2	新浪汽车	https://auto.sina.com.cn	5	搜狐汽车	https://auto.sohu.com
3	腾讯汽车	https://auto.qq.com	6	网易汽车	https://auto.163.com

启示角

《中国汽车报》作为中国汽车行业的权威媒体和汽车主流价值的传播服务者，在中国汽车工业 70 年之际，对汽车行业、对企业的发展进行系统地梳理和总结，体现了传播媒体的责任担当和使命感。

（3）汽车集团公司网站

它是指汽车集团公司为了宣传、贸易等需要而建立的公司网站，几乎所有汽车公司都有自己的网站，只要在搜索引擎中搜索该公司便能找到。

（4）其他汽车网站

除此之外，还有大量的汽车销售、学校及个人创办的网站，根据各自需要，介绍汽车的相关内容，各有特色。

任务实施

1. 采用小组合作形式，分工完成国内外最新的汽车资讯检索，并在组内分享讨论交流。
2. 用表格列出一些专业的汽车网站名称及网址。
3. 推选小组代表就国内某一汽车网站的特点发表看法。
4. 练习题

（1）以下哪些是国内著名汽车报刊？（　　）

A.《自动车技术》　　B.《汽车维修与保养》

C.《汽车技术》　　D.《汽车之友》

（2）以下哪些是专业汽车网站？（　　）

A. 汽车之家　　B. 新浪汽车　　C. 懂车帝　　D. 易车

（3）汽车网站类型主要分为以下哪几种？（　　）

A. 专业汽车网站　　B. 通用网站的汽车栏目

C. 通用网站的汽车频道　　D. 汽车集团公司网站

（4）在汽车网站上可以获取汽车的新信息、国内外汽车发展新动态、________以及广大网民的意见和________，是快速获取汽车资讯的一种方法。

（5）网站地址 https：//www.pcauto.com.cn，对应的网站名称是________。

任务评价

在完成本学习任务后，通过小组会议的形式进行总结与反思，并完成多元化评价，评分细则见表 10-7。

表 10-7　检索汽车媒体评价表

序号	考核内容	配分	评分细则	自评得分	小组评价	教师评价
1	组员准备、学习态度、自主探究与团队协作能力	20	准备是否充分、学习态度是否认真、能否进行自主探究与团队协作 □优秀 □良好 □一般 □不合格			
2	国内外最新的汽车资讯检索	30	检索工具是否科学、内容脉络是否清晰、内容是否充实 □优秀 □良好 □一般 □不合格			
3	用表格列出一些专业的汽车网站名称与网址	20	汽车网站名称与网址是否专业，正确 □优秀 □良好 □一般 □不合格			
4	就国内某一汽车网站的特点发表看法	15	观点是否鲜明、逻辑是否合理、推理是否清晰 □优秀 □良好 □一般 □不合格			
5	练习题完成正确率	15	共 5 题、每小题 3 分			
总分（自评 20%，小组评价 30%，教师评价 50%）						
学生建议：			教师指导意见：			

参考答案

认知模块 1　内燃机汽车的基本认知

任务 1　认识内燃机汽车总体组成与行驶原理　练习题

（1）ACD　（2）A　（3）ABCD

（4）滚动阻力、空气阻力　（5）底盘

任务 2　认识内燃机汽车的主要操纵机构与使用　练习题

（1）A　（2）AD　（3）C

（4）驻车制动（5）清洁空气

任务 3　认识汽车的分类与汽车产业　练习题

（1）B　（2）ABC　（3）A

（4）载货汽车（5）17

认知模块 2　汽车发明与汽车工业发展简史

任务 1　检索汽车的由来　练习题

（1）AB　（2）CD　（3）B

（4）僧一行、汽车　（5）人、路

任务 2　检索汽车工业发展史　练习题

（1）B　（2）A　（3）B

（4）长春　（5）解放牌

认知模块 3　国外著名汽车公司介绍

任务 1　了解欧洲主要汽车集团公司　练习题

（1）C　（2）ABD　（3）BD

（4）菲亚特－克莱斯勒、标致－雪铁龙

（5）意大利

任务 2　了解美国主要汽车集团公司　练习题

（1）ABD　（2）D　（3）C

（4）亨利·福特、T 型车

（5）特斯拉、横截面

任务 3　了解亚洲主要汽车集团公司　练习题

（1）B　（2）C　（3）A

（4）现代、起亚　（5）路特斯

认知模块 4　国内主要汽车公司介绍

任务 1　了解上汽集团　练习题

（1）A　（2）B　（3）AC

（4）凤凰牌　（5）桑塔纳

任务 2　了解一汽集团　练习题

（1）B　（2）A　（3）ABCD

（4）一汽　（5）FAW

任务 3　了解东风集团　练习题

（1）A　（2）C　（3）ABCD

（4）东风　（5）第二

任务 4　了解广汽集团　练习题

（1）B　（2）A　（3）B

（4）广汽　（5）GAC

任务 5　了解长安集团　练习题

（1）A　（2）B　（3）ABCD

（4）长安　（5）V

任务 6　了解吉利集团　练习题

（1）B　（2）C　（3）ABCD

（4）吉利　（5）沃尔沃

任务 7　了解比亚迪集团　练习题

（1）ABCD　（2）B　（3）C

（4）西安秦川（5）比亚迪

任务 8　了解北汽集团　练习题

（1）A　（2）B　（3）ABCD

（4）北汽　（5）BJ212

任务 9　了解奇瑞汽车公司

（1）C　（2）ABCD　（3）B

（4）奇瑞汽车（5）21

任务 10　了解长城汽车公司　练习题

（1）B　（2）ABCD　（3）C

（4）长城汽车（5）保定

认知模块 5　传统汽车基本结构及工作原理

任务 1　认识汽车发动机结构原理　练习题

（1）ABCD　（2）A　（3）A

（4）互感、自感　（5）深绿、深红

任务 2　认识汽车底盘结构原理　练习题

（1）A　（2）ABC　（3）B

（4）斜交、子午线　（5）ABS

任务 3　认识汽车车身、电器结构原理　练习题

（1）C　（2）ABCD　（3）ABCD

（4）电热丝　（5）压缩机、膨胀阀

认知模块 6　新能源汽车与智能网联汽车

任务 1　认识电动汽车结构　练习题

（1）A　（2）ABCD　（3）A

（4）电能、电机　（5）氢气、空气

任务 2　认识智能网联汽车结构　练习题

（1）B　（2）C　（3）AB

（4）云、端　（5）方位、距离

任务 3　认识其他新能源汽车结构　练习题

（1）CD　（2）C　（3）BCD

（4）发酵、蒸馏

（5）太阳能电池组、驱动系统

认知模块 7　汽车选购与保险索赔

任务 1　辨别汽车的主要性能指标　练习题

（1）C　（2）ABCD　（3）ABCD

（4）耐久性　（5）特性曲线

任务 2　汽车选型　练习题

（1）AD　（2）D　（3）发动机

（4）安全　（5）车身

任务 3　新车现场选购技巧　练习题

（1）A　（2）B　（3）A

（4）驾驶　（5）窜动、自由行程

任务 4　选择汽车保险　练习题

（1）A　（2）AB　（3）D

（4）商业　（5）24

任务 5　进行汽车保险索赔　练习题

（1）ABCD　（2）A　（3）C

（4）赔付结案　（5）实事求是

任务 6　进行汽车的消费贷款　练习题

（1）A　（2）B　（3）ABCD

（4）抵押贷款　（5）汽车消费贷款

认知模块 8　汽车驾驶与考证

任务 1　考取汽车驾驶证　练习题

（1）A　（2）D　（3）B

（4）90　（5）灯光

任务 2　了解汽车道路行驶技巧　练习题

（1）ABCD　（2）C　（3）C

（4）能见度、路面　（5）120

认知模块 9　汽车油料选用与维护

任务 1　选用汽车油料　练习题

（1）ABD　（2）B　（3）A

（4）6、8　（5）行驶里程、使用时间

任务 2　汽车维护　练习题

（1）ABC　（2）ABC　（3）CD

（4）驾驶员　（5）行驶里程

认知模块 10　汽车文化

任务 1　检索汽车竞赛　练习题

（1）ABC　（2）A　（3）B

（4）超级驾驶证　（5）156、海拔

任务 2　检索国内外著名汽车展览　练习题

（1）ABC　（2）ABC

（3）思想、观念、心理

（4）日内瓦车展、北美车展　（5）天河体育中心

任务 3　介绍汽车俱乐部活动　练习题

（1）BD　（2）ABCD　（3）B

（4）柏林　（5）道路救援

任务 4　检索汽车媒体　练习题

（1）BCD　（2）ACD　（3）ABCD

（4）新技术、评论　（5）太平洋汽车

参考文献

[1] 郑锦汤，蔡兴旺. 新能源汽车结构与维修[M]. 3版. 北京：机械工业出版社，2024.

[2] 刘仁鑫，蔡兴旺. 汽车构造与原理：中册　底盘车身[M]. 4版. 北京：机械工业出版社，2021.

[3] 蔡兴旺. 汽车文化[M]. 2版. 北京：机械工业出版社，2020.

[4] 郑锦汤，蔡兴旺. 汽车概论[M]. 4版. 北京：机械工业出版社，2020.

[5] 蔡兴旺. 汽车构造与原理：上册　发动机[M]. 4版. 北京：机械工业出版社，2018.

[6] 蔡兴旺. 汽车发动机构造与维护[M]. 北京：机械工业出版社，2014.

[7] 林平. 车标：世界著名汽车标志[M]. 北京：化学工业出版社，2012.

[8] 程国华，程盛. 追根溯源：百年汽车工业[M]. 北京：机械工业出版社，2007.

[9] DAIMLER CHRYSLER AG KONZERNARCHIV，NIEMANN H. 百年奔驰：DaimlerChrysler Chronik 1883—1998 [M]. 朱华，王梅，KIM N，译. 北京：电子工业出版社，2006.

[10] ECKERMANN E. 从蒸汽机到汽车[M]. 孙伟，译. 北京：电子工业出版社，2006.